U0745112

美在乡村

BEAUTY IN THE COUNTRY

潘鲁生 著

Pan Lusheng

山东教育出版社

（摄影：李舸）

潘鲁生

第十二届、第十三届全国政协委员，中国文联副主席，中国民间文艺家协会主席，山东省文联主席，山东工艺美术学院院长、教授，艺术学博士。

系中央联系的高级专家、国家“万人计划”领军人才、享受国务院特殊津贴的专家、中国文化名家暨全国宣传文化系统“四个一批”人才、“泰山学者”特聘教授、教育部高等学校教学指导委员会设计学类专业指导委员会副主任委员、国家社科基金艺术学重大项目首席专家。

第三章·手艺农村

第四章·农民画乡

第五章·乡愁记忆

后记

绪言　美在乡村

美在乡村

从儿时鲁西南黄河故道滩涂与平原相连的乡土亲情，到求学和工作后对乡土文化的探寻，我与乡村结缘已有数十年。乡村的文化、乡村的生活，既是我观察和研究的对象，也是生活和经历的重要组成部分。走乡村、进田野、探访村民，从民艺的生活流里亲历乡村的变迁，深切体会到乡村社会个体的、村落的、社会的生命存在，感受到时间、记忆和历史的积聚。乡村是一片文化的乡土，社会变迁的脚步越快，我们越需要文化的根基和土壤，从乡土中寻找源头并弥补快速迭变中产生的匮乏和缺失。正是因为热爱这片乡土，更应以虔敬审慎的态度去面对乡村。古往今来，稼穑艰辛，乡村的生产和生活从来不是田园诗的幻象，在漫长的历史磨砺、靠天吃饭的自然之力下，乡村经历了现实的苦难与艰辛。20 世纪以来，社会转型历程中，乡村经历了冲击和困境。直到今天，我们的国家仍然把农村、农民、农业问题作为发展的重中之重。乡村作为我们民族两千多年来繁衍生息的生活共同体，仍然是数以亿计乡村父老生活的家园，是我们文化的家园。

应该说，美在乡村，不是一个抽象的命题，既是具象的乡村风貌之美，是可感的风土人情之美，是我们理想中要振兴和传承发展的乡村之美，也是我们面对乡村的深沉情感和美学态度，是关注乡村中个体与文化的存在，关注乡村生命的价值，认识乡村本身不可替代的意义和生命力。如果说民族也是一种美学的存在，共有的光荣与悲哀是一个民族存在的起点，那么，美学中的悲哀与乡愁就是这样的起点。美在乡村，使我们在历史长河中始终葆有一种关于生命、关于亲情、关于生活最本质的情感，溯源而上总能找到那个锚定的源头，不会迷失；使我们在物质的海洋、技术的迭变中总有一种关于人生本质的怅惘，记得住的故园、最初的向往使我们拥有文化的、事业的初心。乡村是我们民族之乡愁，情感维系之原乡。美在乡村，是我们认识乡村、理解乡村、求解乡村问题的原点。

一、乡风文明

关注乡风文明，有一个现实的背景，就是一段时期以来在现代化发展过程中，工业化和城市化成为社会演进的主要方向，作为农业文明载体的乡村倍受冲击，其内生秩序、基础结构甚至凝聚认同与期望的意义世界都发生了改变甚至瓦解，大量农民进城务工，农业纳入工商社会的市场化格局，以血缘关系为基础的“差序格局”、“熟人社会”不断弱化甚至解体，乡村的生计方式、人际关系、价值归属等发生改变。乡土之变既是一个自然而然的渐进的过程，也包含乡村以及乡村文化“空洞化”的隐忧。如何从文化生态、文化传承、文化发展的意义上去关注乡村、认识乡村、探寻乡村的内生动力，成为我关注和研究的一个重点。从世界范围内看，现代化进程中，乡村的“生存还是毁灭，衰败或是复兴，遗弃抑或重建，这是任何一个从传统向现代转型的国家都必然面临并必须解

a

a 贵州省黔东南苗族侗族自治州黎平县堂安侗寨的自然景观与农业景观资源丰富

①[法]孟德拉斯著，李培林译：《农民的终结》，社会科学文献出版社，2005，第279页。

决的难题”，孟德拉斯在《农民的终结》中描述法国乡村惊人的复兴，“一切将乡镇再次集中的努力都失败了，这有力地说明，乡村社区重新获得了罕见的生命力……这种生命力以事实证明，人们无法将乡镇融入一个辖有地区的市镇”[①]，并非以城市取代乡村、以工业文明取代乡村文明。乡村顽强的生命力恰恰在于内在的人文逻辑、精神力量。我国传统文化的根在乡村，道德和亲情的根在乡村，天人合一、安土重迁的生活节奏、温柔敦厚的文化品格、文质彬彬以及天地有大美而不言的美学精神都是从乡土中孕育和绵延的，乡村里沉潜着我们民族精神文化的矿脉。我们需要着眼社会变迁的新的语境，从文化的意义上认识乡村、关注乡村、求解乡村问题，不仅是寻找和夯实乡土重建的精神基础，也是涵养我们社会发展的情感力量。

2013年全国“两会”上，我提出了《关于加强农村文化生态建设的提案》，提出“农村是中华传统文化的母体，农村文化是中国社会文化体系的重要组成部分。农村文化生态不仅关系到6.5亿农村人口的精神生态、道德素养和文化素质，影响地域意义上达城市建成区面积320倍的广大农村的发展动力，而且保存着中华民族宝贵的文化基因，是民族文化的根脉。农村文化生态得不到有效保护，将严重影响民族文化发展。作为历史积淀的母体文化，如果不断遭到破坏，所谓文化的创新与发展无异于无源之水、无本之木，必须引起重视”，就“实施青年农民‘固土’培训计划”“设立农村传统文化发展资助项目”“发展农村文化产业”“加强农村特色文化服务体系建设”“建立农村‘产学研’合作基地”提出建议。在研究中，我们不仅要调查乡村传统文化资源的存量与状态，也需关注乡村的文化生活、乡村的价值体系，关注农民的文化心理和精神生活水平，考察乡村文化新旧并存的过渡形态，分析乡村作为文化共同体的危机，就乡村文化建设主体、传统文化资源存续与再生问题以及乡村公共文化空间重构等具体方案提出建议，把乡村变迁作为内在的“软性”变化过程来认识，

a 2015 年赴山西灵石县董家岭村考察依山而建的传统村落

从根本上把握乡村发展的文化动力，以文化为关键，求解乡村现实发展中面临的传统与现代、经济与文化、城市与乡村、国家—市场—民间社会等现实的关系问题。事实上，当我们从文化的角度认识乡村并开展调研的时候，也获得了一种生态化的视野，现实的复杂性和精神的多维度为我们展开了无尽的探索空间而非一个确定的停滞的结论，这正是数十年探寻、研究的动力，是乡村文化深广的魅力所在，也是继续探索研究的方向。

二、村落保护

在这样的探寻之路上，传统村落更像一个个研究节点，是乡村文化的蓄水池，包含人文精神的薪火，让人为之吸引，也激起了更深沉的思考。在 2002 年后沟村的第一次普查式探访后，以传统村落为焦点开展了一系列研究与保护实践。在社会范围内看，这也是我们经过“五四”反思传统文化、政治运动改造传统文化以及 80 年代本土文化与外来文化碰撞、90 年代文化遭遇经济和市场巨流冲击后，对民族传统的文化意义、文化生态以及未来发展走向展开的广泛深刻而且持续不绝的研究和保护实践。其实，一衣一帽尚且留存记忆风霜，更何况世代繁衍的村落古宅、辈辈传习的手艺呢？怎么能铲除、填平并由新建替代呢？中华民族灿烂的文化财富、祖辈留下来的文化遗产，除文字记载的以外，还有大量的蕴藏在民间的各种文艺形式之中，如果只是口传心授，任其自生自灭，在转型冲击下，很容易消失、断流。保护传统村落，留下标本，续存记忆，更刻录了民族文化的基因图谱和文化复兴的希望，是对文化乡土的守望。

为此我们组织专业团队走访了许多传统村落，测绘勘查，访谈记录，从民艺、民俗、民生不同角度展开研究。虽然在这场“与时间的赛跑”中有不少无奈和困惑，也不断地由历史的、民俗的、工艺的、美术的遗存向现实的存在与发展拓展和深化，去探寻传统村落的内生动力，去探讨村民的发展权益，去细分厘清现实的民生与文化的传承之间的关系，去思考和分析传统村落的生活样态里哪些永恒不变、哪些将过渡到未来。乡村的生活是现实的，尤其当我们从文化出发去提出主张时更应该怀着审慎负责的态度，以郑重深切的感情去面对乡村，以严谨科学的态度去全面分析和梳理其中的乡村社会的姓氏比例、宗族关系、家庭结构、房屋状况、生计方式、婚育观念和情况等等，避免顾此失彼，避免将现实简化为某种概念，避免以自己的知识体系凌驾于乡村生命和生活之上。正因为如此，关于传统村落的研究向更加

a 2011 年“手艺农村——潘鲁生主持山东农村文化产业调研成果展”在中国美术馆举办

专业的领域深化，生活方式、民居建筑、生产生计、权利权益，它考验我们的专业基础和认知广度，也使研究和建议理念更加质实。村落是民间文化发生和变化的场域，生产的经验、交往的规则、潜移默化的地方知识、代代传承的技艺和乡村仪式的象征意义，都在村落这个空间得以生存和发展。我们希望保留和延续这样的文化母本，也必须面对它的变化与新生。悖论的存在也考验探索求解的智慧，这是一个具有使命感的命题，要面对的是民族的历史、传统的变迁、我们的后人还有今天的生活。

三、手艺农村

“手艺农村”是近 20 年来一直研究推进的一个命题，既是在以往民艺研究基础上的一种发现和聚焦，也是对中国传统工艺发展现状的深度追踪和调研，涉及城镇化进程和乡村发展的现实与规律。“手艺农村”与农村特色产业发展相关，我们认为，发展农村文化产业是一个现实的社会命题。曾经的乡土中国，在经历现代化的发展过程，但仍有一半以上的人口是乡村人口，在农业劳动力向第二、第三产业流动的同时，产业升级与农民工素质提升、农村人口老龄化及留守人口中，妇女比例和受教育程度低的人口比例相对较大，造成相应的就业问题、生活问题，亟待解决。在加强教育、加快城镇化发展的同时，就地发展农村文化产业是现实的解决方案。正如解决农村问题是推动中国社会发展的关键命题，正如一段时期以来各个城市也在找寻历史文脉，塑造“创意之都”“设计之都”，把握新的经济与文化发展机遇，发展农村文化产业，将在经济与文化协同建构中，推动农村的建设与发展。发展农村文化产业也是一个承前启后的文化命题。无论是保护和传承广大农村孕育的手艺文化和造物智慧，还是面向知识经济开启的广阔空间和文化创意引领的未来，都需要现实可行的路径和方案。我们必须思考和探索传统手艺承载的习俗、情感、价值观念和生活方式，在“后工业化”时代，多大程度上可以被激活，实现演进和新生；传统手艺的传承方式、手艺生产中人与人的关系及默识性的技艺、凝结在文化符号中的认同感和归属感，如何更有效地发挥效用，参与当代的文化建构；以及手艺创作中的美感、文化心理、造物智慧，多大程度上能够发挥作用，成为“中国设计”的文化支撑。这一系列问题，不只需要学理上的研究，还需要实践的贯通。手艺产业吸纳农民参与，激发农民创造力，在生产、流通、消费以及生活应用的体系中发挥生命力，这也是手艺产业化的价值。我们也是在这个过程中进一步开启了“手艺学”的思考与研究，手艺作为传统造物文化的历史脉络，手艺传承与生产的历史形态及现代运作机制，手艺与审美、认知、伦理以及教育、政治、经济和器物、观念、制度文化的内在联系，手艺所蕴含的人与自然、人与人、人与自我的深层内涵，等等，既是手艺本身的问题，也关涉生态学、社会学等诸多领域。作为一门学科，“手艺学”的建构有助于为分析和解决实际问题，提供有效、有针对性的知识基础和方法论。2011年，“手艺农村”的汇报成果展在中国美术馆举办，乡村手艺登上国家艺术殿堂，来自各界的积极反响也印证了“手艺农村”发展的希望。

2014年，我们承担了国家社科基金艺术学重大项目“城镇化进程中民族传统工艺美术现状与发展”。在三年时间里，课题组就广东、浙江、山东、天津、河南、河北、陕西、上海、江西、江苏、湖南、湖北、广西、甘肃、北京、内蒙古、云南、青海、西藏等20多个省区市的传统工艺开展普查调研，走访手工艺生产专业村400余个，完成了一系列个案普查和调研报告，成为具有综合视野的“艺术社会学”研究。我们始终认为，传统手工艺具有生产性、生活性、传承性和艺术性，它的去向是成熟的生活样态，而不只是进博物馆；它的存在是鲜活的经验智慧和精神境界，而不只是文献史料，因此必须关注今天传统工艺生产和创造的主体以及他们的思想和生活，必须关注今天传统工艺发展的动力和需求，必须关注什么在改变传统工艺、什么促使人们坚守传统工艺、什么构成冲击和挑战等诸多现实的问题，也更需要还原社会历史文化的现实语境，从手工艺的形态、分类、材料到手艺学的本体研究，推向乡村变迁、城镇化进程与传统工艺的历史联系拓展，从社会学、政治学、经济学、艺术学多角度加以观照，分析和把握技术进步、人口流动、产业发展、生活方式和思想观念变迁对手工艺的冲击性、诱变性、潜在性影响，在社会历史联系中认识和把握传统工艺的发展现状和规律。正是在“手艺农村”的个案追踪、城镇化进程中传统工艺的历史发展、演进动因、危机机遇、文化积淀、创造转型、村落聚落等一系列研究过程中，我们进一步深化了对乡村的认识，乡村的手艺传统所关联的还有人们的审美、生活的愿望、风土人情的联系以及生活器用、村容村貌的形态肌理。我们看到，历史上手工艺作为家庭副业曾经是农业经济的重要组成部分，今天，多元化的市场经济里，乡村手艺所具有的文化属性，使它成为独具特色的农村文化产业的组成部分；历史上，形塑了乡村民居、手工行业等种种物质载体的传统工艺，今天依然是我们维系乡愁、修复乡土最关键的力量和纽带。当我们希望复兴乡村土地上积淀已久的文化动力时，手工艺是一个契机，手工的劳作、传统的审美、生活的智慧在今天的社会语境中呈现出更本质的意义和价值。我们也将这个课题拓展到大学教育和行业产业研究中，就传统工艺的保护、传承、创新、衍生展开研究与实践，续写传统造物文脉，振兴工艺，振兴乡村。

四、农民画乡

“农民画乡”是我国独特的文化艺术现象，作为政治和文化发展的产物，具有丰富的内涵和意义。农民画由农民创作，以民族民间艺术为根基，以乡土村落为母体，融合了时代内容和民族传统美术的样式、观念和功能，是民族传统文化及民间美术体系构架的重要组成部分。农民画自20世纪50年代兴起，以直观易懂的图式艺术形式表现特定历史时期的社会主题，进一步展现丰富多彩的农村生活和乡土记忆，融合了农耕生活文化、民间艺术传统和鲜明的时代主题。我自1987年开始研究农民画创作，30多年来一直关注农民画的演变发展。近年来，我们带着城镇化进程中的民族传统工艺美术研究课题，再次走进农民画乡，进一步就农民画进行深入调研，包括从乡村到社区、从农民到市民的“农民画”创作与生活变迁。几年来，调研组的行迹遍及大江南北，有少数民族边疆地区，也有城镇化演进中的繁华市郊，有20世纪50年代发展起

a 潘鲁生创意并监制，菏泽巨野书画院李联起等农民工笔画家绘制的巨幅工笔作品《花开盛世》

来的传统创作基地，也有新成长起来的农民画乡，通过深入访谈、创作观摩、作品分析，我们找到了农民画发展的规律与趋势，在图式、色彩、内容的背后，是乡村生活的场景和状态，在有形的场景深处是人们对乡村生活的理解和希望。其中的变与不变充满了丰富的研究主题，它们是来自乡村的艺术镜像、心灵图景。2017 年，课题组会同中国民间文艺家协会在中国美术馆举办了全国农民画展览，将农民画作为融合新时代农民情感与民间美术传统、国家时代精神与农村生活图景、社会历史主题与农村生活理想的艺术形态和文化载体生动展出，艺术地展示了中国民间文化和乡村发展面貌。

应该说，乡土生活改变使农民画创作者、接受者的生活体验、主办方诉求等多种因素发生了变化，但农民画中最本质的昂扬向上的生活状态、对美好生活的向往与追求、对劳动对耕耘对收获的歌颂，是任何时代都需要的，是民间的价值观诠释和表达，在今天仍然具有生命力。所以，我们需要认识今天农民画的现状，分析和把握其中的变与不变，了解农民画创作群体的心态和生活状态，把握农民画背后的新乡土生活。我们认为，农民画是乡村振兴战略中乡村公共文化服务体系的有机组成部分。在乡村文化建设中，发挥农民画在伦理教化、审美娱乐、人格培养、启蒙认知、情感交流、文化塑造等方面对人的培育作用，在启蒙教育、素质教育、专业教育、职业教育、社会培训、大众传习等方面形成多层次的教育传承体系，有助于培养提升人文素质。通过农民画的集体创作，达成群体性认同，形成整体性承传，也有助于深化文化凝聚力。同时，深入挖掘农民画蕴藏的民族精神、乡土精神，将农民画中的文化基因与当代文化相适应、与现代社会相协调，以民众喜闻乐见、具有广泛参与性的方式进行推广和传播，有助于筑牢中国传统文化价值体系。农民画是可贵的，以农民之手绘乡村之景，状乡村之情。岁月的长河里会有变迁，会有发展，但农民画永远是我们走进乡村的艺术之门。

五、乡愁记忆

这些年，常常怀想自己的家乡，常常想起儿时的经历、家乡的人与事、老家的味道还有戏文曲韵。乡愁的滋味清晰而又懵懂，会在某时某刻突然被唤起，也因为是回忆，多少有些怅惘。所以，笔者试图清晰地梳理这一切，带着研究的眼光去记述和探寻那些民间玩具、家乡美食、不同曲牌的戏曲和老家的历史文化。故乡的人、故乡的生活、故乡的回忆就是自己最初的文化启蒙，是自

a b

a 2002 年赴山东曹县考察曹县江米人
b 2000 年调研杨家埠年画

己文化的根，是精神和情感的指引，就像母亲给予的温暖和智慧，铺就了人生的底色。我热爱乡村生活，热爱家乡风土人情，热爱作为我们民族文化家园的一个个乡村，乡村里文化的传承、精神的滋养、情感的维系是大地般坚实的支撑。

回想几十年来，我的研究从民艺起步，民艺不是孤立的存在，它依附于民间生活，是乡土中孕育生成的活态文化。民艺研究离不开田野调研，总要执艺术之一端而回溯生活之流，就像一张生活之网，要细寻其中的每一个节点。因此从博士学位论文《民艺学论纲》开始，乡村、乡土、乡情中广阔厚重的生活就成为我扎根的土壤。在社会快速变迁演进中，我曾致力于留住行将消逝的传统工艺和生活之美。在 20 世纪 80 年代参与《中国民间美术全集》编纂，对民艺的坚守久而弥坚；20 世纪 90 年代，创办了民艺博物馆，将田野调研以来收集的数万件藏品以生活线索展出，也在调研行走中记录整理了濒临失传的百余项手工技艺，在大学建设民艺学科，但这样的努力似乎还不足以对抗岁月之流中传统民艺的流逝与被遗忘。于是，我进一步从文献、博物馆、学科的研究与实践向生活、向生态、向民艺的土壤和基础推进，在 20 世纪 90 年代提出了“民间文化生态保护”的理念，组织志愿者开启了“民间文化生态保护计划”，出版了《民间文化生态调查》丛书。应该说，民间文化生态、农村文化生存状态、乡风文明等问题，是我们文化传承发展的内生基础，不容忽视，不可荒芜。包括民艺在内文化的传承与发展离不开现实的生产生活，无论乡村还是城市，生产生活也不能缺少文化、情感、审美的维系。所以当大工业的流水线、作为“世界工厂”的代工吸引了愈来愈多的乡村青壮年，“二元结构”以及乡村劳动力的城市化流动加剧乡村的“空心”甚至衰落，关于民族本元的文化创造力以及孕育民族文明之根的乡村问题的研究更加紧迫。“手艺农村”是这一背景下延展的课题，我们深入调查梳理一个个手工艺专业村的案例，分析把握其中的发展基础、发展机制、发展规律和发展前景，并将这个持续十余年的研究课题定位为“乡土中国的手艺农村”，因为历史上“男耕女织”的“乡土中国”里手艺曾担起了生产生活的半边天，而今，乡土之变中，传统的智慧之光依然包含乡村文化、田园生活的创造力，是农村特色产业的组成部分，其中包含了破解“空巢化”、“老龄化”、“留守儿童”、返乡创业的良多契机。在这个基础上，我们可以进一步探寻城镇化进程中的传统工艺振兴与发展问题。城市、城镇、乡村之间正在发生的变化以及变化背后文化的动因是一个焦点，因为包括传统工艺在内的文化是一种赋形机制，它塑造了今天的城乡面貌，也是物态、人心的纽带，当我们关注和研究传统工艺保护与发展问题时，面对的不只是艺人个体和行业组织，而是城镇化进程中万千生活主体的生活方式、文化认同、审美趣味和精神追求。由此我们也在新的变化联系中、在更广阔的视野里深化了对于文化、对于乡村的认识和研究。国家“乡村振兴战略”是破解世界难题的中国方案，是对乡村文化之

a

a 山东工艺美术学院·中国民艺博物馆

根的定位，意味着不以城市发展取代乡村，不任其荒芜、留守以及停留于记忆，而是振兴和发展之举措，这是我们民族复兴、文化复兴的重要组成部分。认识乡村、理解乡村、发展乡村、振兴乡村是一个使命，把握乡村振兴的文化动力是根本。

总之，乡村问题的观察和研究并不是一般意义上的学术探讨，不只在于建立某种学术模型，得出某种结论，完成某种体系性的工作，更在于关注村庄生命的价值，避免去做居高临下的启蒙，避免从理论概念出发去做模式化的原型分析，也不断呼吁接受了城市文化洗礼的人们，不要简单地以城市文化去评价和改写乡村。当我将目光从民艺投向乡村社会生活更深处，去体会和寻找乡村文明命运更深的肌理与脉动时，总是回到了更笃定的原点，那就是乡村之美、乡村的生命力和意义。

当前，国家的“乡村振兴战略”正在稳步实施，是乡村民生的福祉，也是乡村文化、乡村文明的复兴。所谓“发展工作的焦点，始则经济，继则社会，终而为文化”。乡村文明包含农业生产经验、熟人社会的交往规则、节日民俗仪式的象征意义、民间传统手工艺的经验和审美等，既凝结在有形的民居庭院、庙宇祠堂以及某些标志建筑中，包括古树、戏台、水井等空间和村落整体的错落布局，也以无形的生产经验、生活习惯、道德传统、价值观念、日常礼仪与民间信仰等形态存在；在思想、情感和观念世界里，有诚实守信、守望相助、尊老爱幼、勤俭朴素、热爱家乡的纽带维系。孔子曾“礼失求诸野”，如今村庄不只是一个物质世界，也是一个意义世界；不仅象征一个与城市空间相异的生活空间，也意味着一种生活方式和价值选择。如果说建设中国现代性部分的资源必然离不开中国“轴心期文明”的文化传统，那么，乡村振兴的意义不仅在于作为中国现代化的稳定器和蓄水池，更在于文化、文明的存续与发展，具有关乎民族文化的深远意义。

一路走来，从民艺的田野调研到乡村文化的理论研究，视角和领域不断拓展和深化，关于乡村文化振兴所包含的乡风文明建设、乡村道德高地建设、传统工艺振兴、手艺学学科建设、民间文化种子工程等问题的思考和研究，还将继续。时间总在前行，总要经历变化与新生，回望与坚守之所以必要，是因为我们文化的根在乡村，精神的源头在乡村，文化的根脉在乡村，田园的风光在乡村，美在乡村。

第一章　乡风文明

现代化背景下的中国乡村文化问题研究

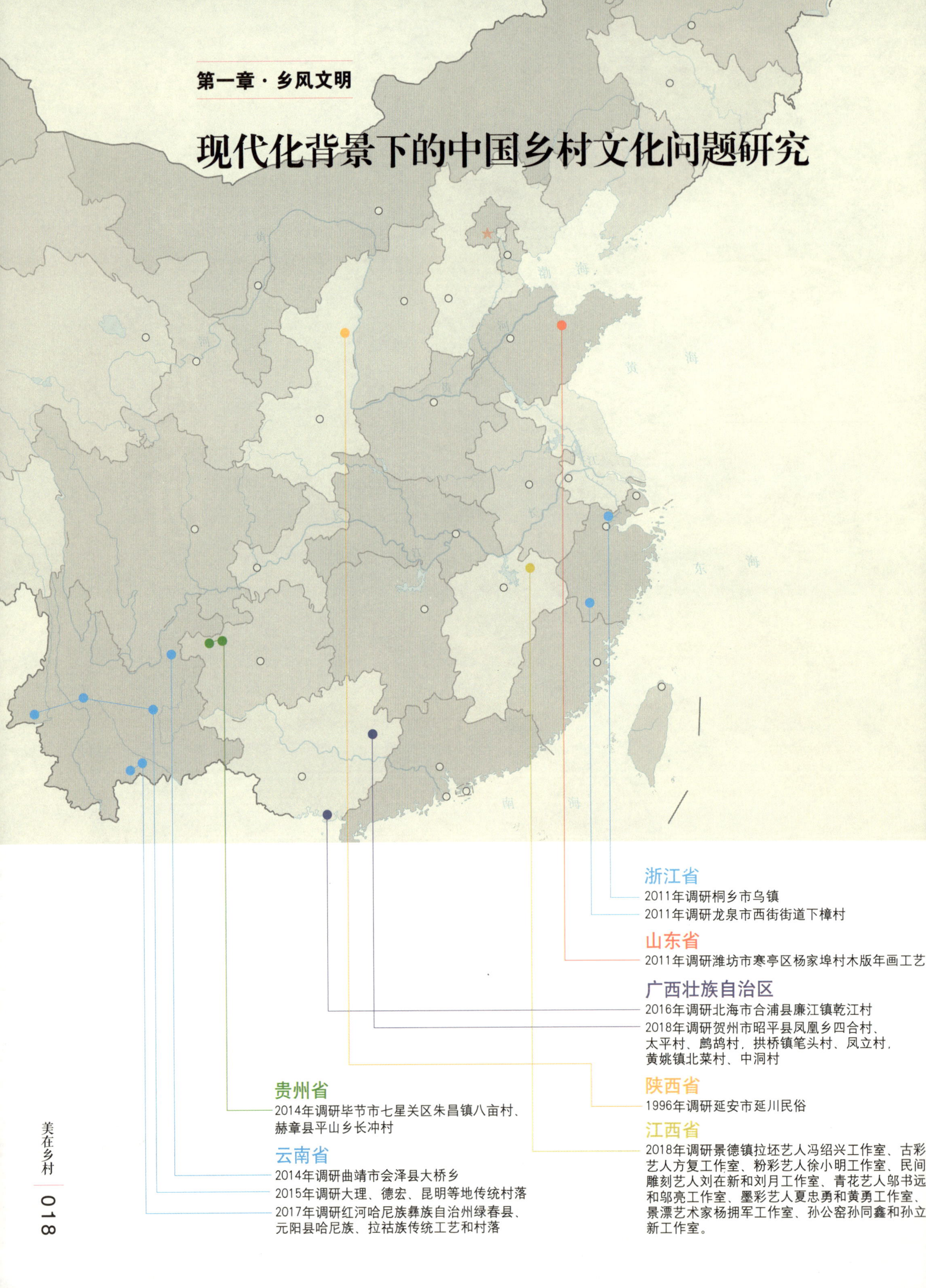

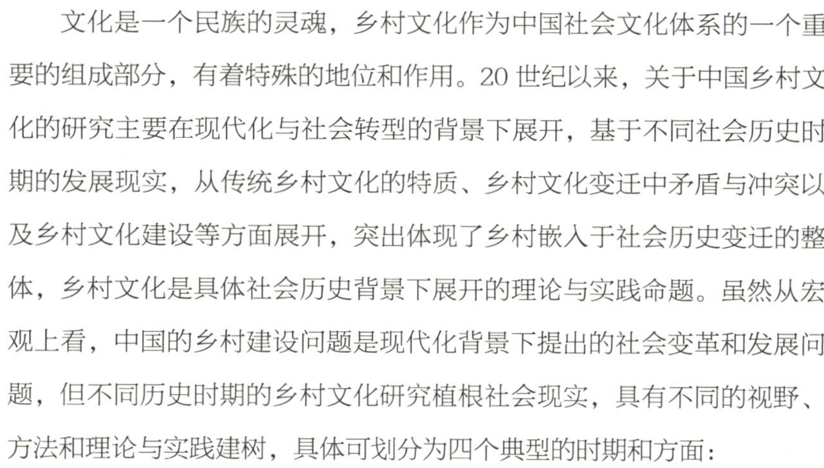

文化是一个民族的灵魂，乡村文化作为中国社会文化体系的一个重要的组成部分，有着特殊的地位和作用。20 世纪以来，关于中国乡村文化的研究主要在现代化与社会转型的背景下展开，基于不同社会历史时期的发展现实，从传统乡村文化的特质、乡村文化变迁中矛盾与冲突以及乡村文化建设等方面展开，突出体现了乡村嵌入于社会历史变迁的整体，乡村文化是具体社会历史背景下展开的理论与实践命题。虽然从宏观上看，中国的乡村建设问题是现代化背景下提出的社会变革和发展问题，但不同历史时期的乡村文化研究植根社会现实，具有不同的视野、方法和理论与实践建树，具体可划分为四个典型的时期和方面：

一是 20 世纪上半叶，在内忧外患、救亡图存的社会环境中展开的乡村文化研究与建设，具有鲜明的时代主题，体现了特定历史环境下乡村文化的发展现实和迫切需求，具有理论与实践紧密结合的特点及影响。

其中，20 世纪二三十年代，梁漱溟的乡村建设派和晏阳初领导的中华平民促进会开展的乡村文化建设具有代表性，旨在通过乡村文化建设，改造农民，重建乡村，进而改良中国。梁漱溟认为中国传统文化的根在乡村，道德和理性的根在乡村，保存中国传统文化必须从乡村入手。其乡村建设派在理论上强调中国的国情和特殊性，反对生搬硬套外国模式，主张积极吸收中国传统优秀文化和外来文化的精华，并创造新文化，以拯救日益破败的乡村文化，重建乡村秩序；在实践上将改造乡村作为解决中国现代化的关键问题，主张通过乡学村学，继承乡约的传统，在中国培育个人和团体的新伦理，教育农民以使农民自觉地组织起来，树立集体意识、团体意识，通过引进先进技术，改善农村经济，强调知识精英必须到农村去与劳动人民相结合，以达到民族整体振兴的目的。晏阳初把平民教育运动与太平天国、宪政运动、辛亥革命、五四运动、国民

a 2018 年调研广西贺州昭平县黄姚镇中洞村
b 1996 年调研陕西延安延川县节庆民俗

革命并作现代中国第六次救国运动，以平民改造为核心，在农村进行政治、教育、经济、自卫、卫生和礼俗“六大整体建设”，解决中国农民普遍存在的“愚、穷、弱、私”四大病根，主张培养农民基本的文化素养，使他们成为有教养的现代公民，由对农民的改造推及整个社会的改造。整体上，乡村建设运动从理论上对乡村教育、乡村建设进行研究，从文化的角度分析当时中国农村衰落的原因，并将理论付之于实践，试图以乡村教育为先导为农村建设找出一条道路，作出积极的探索。

20 世纪上半叶，在农村开展土地革命、加强农村建设、农民解放的背景下，中国共产党的乡村文化建设思想体现在一系列与农民的经济、政治解放密切结合的实践行动中，紧密结合战争、政治需要，开展农村文化建设，取得了非同寻常的成绩。中国共产党的乡村文化建设思想及领导农村文化建设始终是为农民的政治解放、经济解放、社会觉醒服务，以提高农民的文化素质和科学文化水平、发展农业、改变农村贫穷落后面貌为目的，培养造就了大批革命干部、普及了相当程度的农民教育，创建了一定数量、较为正规的学校。中国共产党和根据地政权在各个时期领导的农村文化建设，适应当时中国政治、经济、社会发展的客观规律，反映了时代的要求，积累了丰富的农村文化建设、农村工作经验，赢得了广大农民的广泛支持和拥护。

a

a 2017 年调研广西昭平黄姚古镇竹编手艺

二是社会学、人类学的研究方法传入中国以来，从乡村社会的基础结构出发对中国乡村的本质属性、文化特性的研究。

其中，最具代表性的是费孝通的《乡土中国》，深刻总结中国传统农耕社会的乡土性，从“乡土本色”“差序格局”“熟人社会”“礼治秩序”“无讼社会”“无为政治”“长老统治”等方面生动描绘和解释了“乡土中国”的特点，“从基层上看去，中国社会是乡土性的。我说中国社会的基层是乡土性的，那是因为我考虑到从这基层上曾长出一层比较上和乡土基层不完全相同的社会，而且在近百年来更在东西方接触边缘上发生了一种很特殊的社会。这些社会的特性我们暂时不提，将来再说。我们不妨先集中注意那些被称为土头土脑的乡下人。他们才是中国社会的基层”。[①] 今天仍是研究中国乡村文化建设，特别是传统乡村文化现代转型的基本理论背景。

此外，英国汉学人类学家莫里斯·弗里德曼以宗族为单位研究乡村社会，在1958年和1966年出版的《中国东南地区的宗族组织》、《中国的宗族与社会：福建与广东》两部著作中提出宗族共同体结构是中国传统乡村社会的基本结构单元。美国人类学家施坚雅于1964年出版《中

a

a 2017年调研云南绿春县传统村落

①费孝通：《乡土中国》，北京出版社，2005，第1页。

国农村的市场和社会结构》，提出农村基层市场所覆盖的区域就是农民的生活空间和文化空间，并以此解释中国农村社会的村落增长与市场变化之间的各种复杂关系。美国历史学家、汉学家杜赞奇于1988年出版《文化、权力与国家》，将乡村社会生活中的权力关系统称为“权力的文化网络”，分析20世纪上半叶中国村庄市场、宗族、宗教和水利控制的等级组织以及亲戚朋友间相互关系构成的权威基础。

这一系列研究“都是试图从乡村社会的根部来寻求中国社会的底色”，熟人社会、社区市场、宗族关系、权力网络等是对中国乡村社会基本要素和文化特性的概括，对广泛而具有同质性的乡土社会作出阐释。

三是改革开放后，工业化、市场化深刻地影响乡村社会，针对乡土文化转型、乡村文化变迁展开的深入研究。

如王沪宁在《当代中国村落家族文化：对中国社会现代化的一项探索》一书中提出了转型期村落家族文化向现代社会变迁的主要特征：“群体性质由血缘性转向社团性，居住方式由聚居性转向流动性，组织结构由等级性转向平等性，调节手段由礼俗性转向法制性，经济形式由农耕性转向工业性，资源渠道由自给性转向交易性，生活方式由封闭性转向开放性，历史走向由稳定性转向创新性。”[①] 李友梅在《快速城市化过程中的乡土文化转型》一书中指出，大规模的城市化与工业化对乡土文化的冲击，从过程上来看，基本上可以概括为“三个阶段、四个路径”：一是20世纪80年代改革开放之初开始的乡镇企业的崛起，在“离土不离乡”的情况下，一亿多中国农民实现了职业身份的转变，接受了现代“工

a

a 山东潍坊杨家埠木版年画

①王沪宁：《当代中国村落家族文化：对中国社会现代化的一项探索》，上海人民出版社，1991，第207—208页。

a 2017 年考察云南元阳县乡村梯田景观

业文明”；二是从 80 年代末到 90 年代初开始的农民工进城，又有一亿多农民不但实现了职业身份的转变，而且实现了“离土又离乡”，直接承受了现代“城市文明”的洗礼；第三阶段是从 90 年代中期开始，并在 21 世纪进入高潮的大规模的征地拆迁，它使得几千万农民在“不得不”接受工业化与城市化的同时，实现了社会身份的转型，在户籍制度上变成了“城镇人口”。

大量研究成果论述了农村市场化改革背景下，农村物质生活和精神生活的巨大变化及中国农民价值观念的变迁，对乡村文化演变的含义、动因、规律、周期及意义等进行了理论解析，同时也进一步论证了包括乡村文化在内的乡村的价值。如贺雪峰认为中国农村为中国现代化提供了稳定器和蓄水池，“以代际分工为基础的半工半耕的农村劳动力再生产方式”，为全球化背景下出口导向的中国经济提供了充足的高素质廉价劳动力，从而支撑了“中国制造”在全球化中无可匹敌的竞争力。朱启臻、芦晓春认为，“村落作为一个重要的载体，它的存在有利于土地的利用和保护、生物多样性的保育和生态环境的修复以及传统文化的保存和延续，同时还有利于维持社会的发展和稳定。这是农村存在的重要价值。”[①]孙庆忠分析农业文化的生态属性，主张开掘传统的文化资源，发挥乡土知识的生态调节功能，并从社会记忆的角度重申村落的价值，认为村落社会的文化传统与价值观念不仅是乡土重建的精神基础，也是社会再生产的情感力量。

四是党在农村工作的一系列决策部署中确立的乡村文化建设思想和方针，是乡村文化建设理论成果与实践的结合。

中国共产党向来重视农村文化建设问题，在关于农村工作的许多决定中作出了明确部署。1998 年，党的十五届三中全会通过的《中共中央

①朱启臻、芦晓春：《论村落存在的价值》，《南京农业大学学报》（社会科学版）2011 年第 11 卷第 1 期。

关于农业和农村工作若干重大问题的决定》，提出了建设中国特色社会主义新农村的奋斗目标，明确指出，建设中国特色社会主义新农村，必须大力开展农村文化建设，明确将"在文化上，坚持全面推进农村社会主义精神文明建设，培养有理想、有道德、有文化、有纪律的新型农民"作为建设中国特色社会主义新农村的一个重要目标，并就加强农村文化建设作了专门论述。2005 年底，中共中央办公厅、国务院办公厅还专门下发了《关于进一步加强农村文化建设的意见》，对新农村文化建设进行了专题部署，并高度评价了新农村文化建设的意义，明确指出："加强农村文化建设，是全面建设小康社会的内在要求，是树立和落实科学发展观、构建社会主义和谐社会的重要内容，是建设社会主义新农村、满足广大农民群众多层次多方面精神文化需求的有效途径，对于提高党的执政能力和巩固党的执政基础，促进农村经济发展和社会进步，实现农村物质文明、政治文明和精神文明协调发展，具有重大意义。"

综上，乡村文化发展具有时代性，乡村文化建设与乡村社会以及全社会的文明进步、发展现实相联系，在不同历史时期突出了相应的研究重点和主题，在具体实践中产生影响，一些结构性研究与把握为后续研

a 2014 年调研山东莱州面花工艺
b 浙江龙泉下樟村村庙

究提供了理论参照。回顾新中国成立以来我国的乡村发展道路，一方面，以经济建设为中心的社会改革解放了农村生产力，解决了数亿农民的穿衣吃饭问题，带来了农村社会发展的历史性变革；另一方面，城乡二元的结构性矛盾仍然存在，“三农”问题始终是“全党工作的重中之重”，尤其受市场经济发展、城镇化进程加快、乡村人口大规模流向城市等因素影响，传统乡村的“内生秩序”基础结构快速解体，从熟人社会到半熟人社会，从安土重迁到离乡创业，从以血缘、地缘、礼俗为底色的乡土社会到以市场、理性、法制为特征的现代社会，农村文化存在断裂，面临新生。当我们拥有较为强大的物质基础，应更加深刻地认识到历史上集家成乡、集乡成国的中国和今天保存传统仍然必须从乡村入手的现实基础，振兴乡村而不是消灭乡村，是“对有着悠久历史的中华农业文明和乡村文明进行现代性的改造与传承，走出一条农业文明与工业文明共生、乡村文明与城市文明相长的中国特色发展道路”，乡村振兴战略中的文化建设研究是新的时代命题。

a

a 2011 年调研浙江嘉兴乌镇传统民居

乡村振兴战略的文化意义

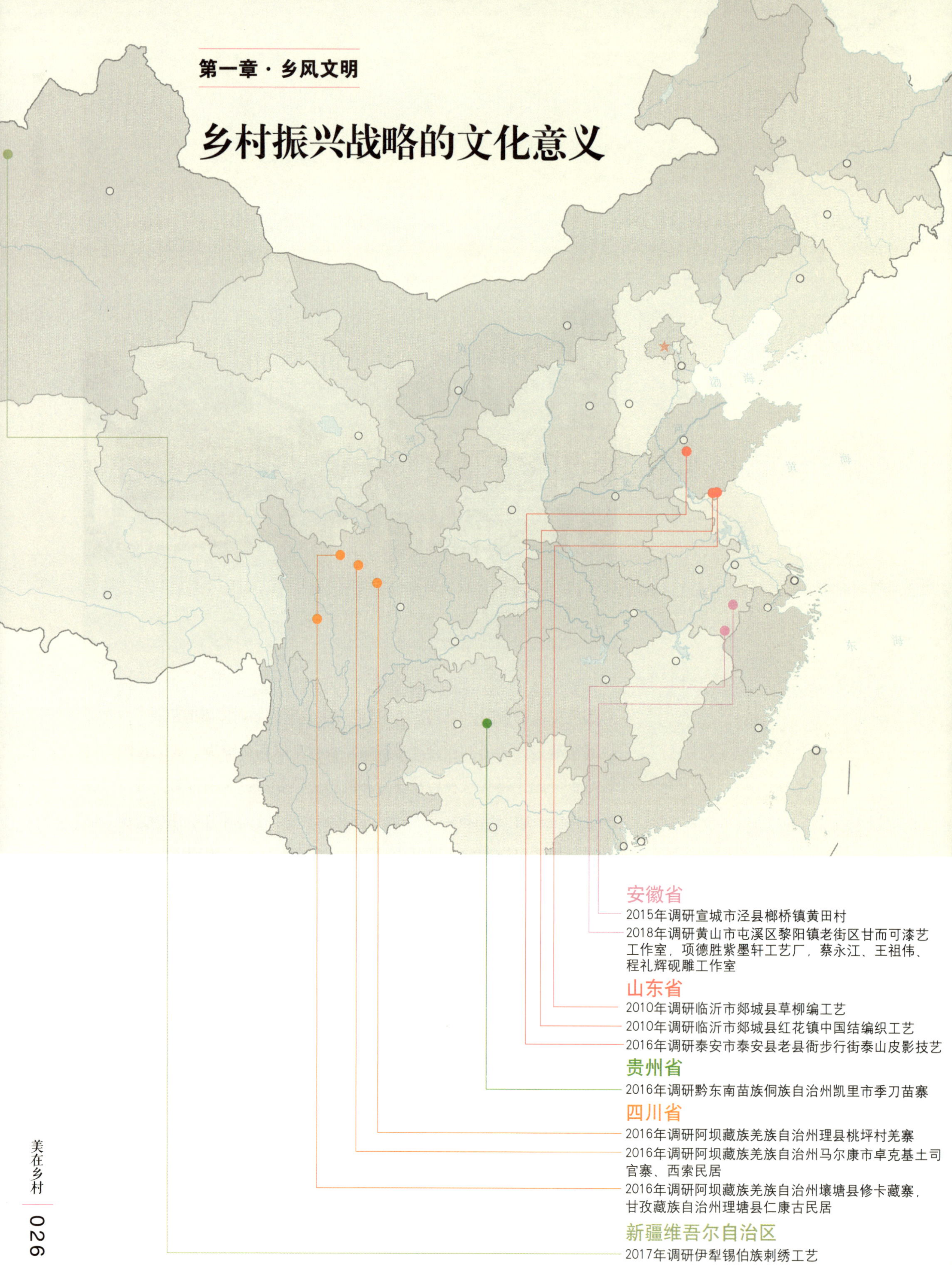

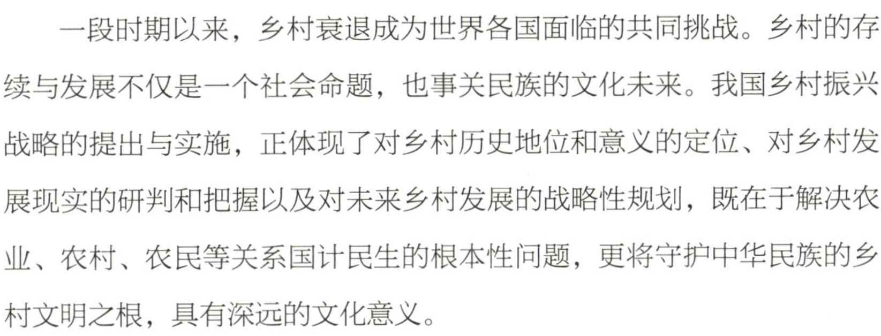

一段时期以来，乡村衰退成为世界各国面临的共同挑战。乡村的存续与发展不仅是一个社会命题，也事关民族的文化未来。我国乡村振兴战略的提出与实施，正体现了对乡村历史地位和意义的定位、对乡村发展现实的研判和把握以及对未来乡村发展的战略性规划，既在于解决农业、农村、农民等关系国计民生的根本性问题，更将守护中华民族的乡村文明之根，具有深远的文化意义。

一、描绘未来三十年美丽乡村新格局

乡村振兴战略是关怀生产生活、关注文明文化、关切民族命运意义上的发展战略，描绘了未来三十年美丽乡村的新格局。乡村振兴战略从中华民族历史与文化的高度，深刻阐释了乡村的文化意义，强调“乡村文明是中华民族文明史的主体，村庄是这种文明的载体，耕读文明是我们的软实力”，明确了决定中国乡村命运的乡村地位，强有力地扭转了以狭隘的经济主义思维判断乡村价值的认识，对乡村文明的传承、文化载体的续存乃至中华民族精神家园的回归与守护都发挥了及时而长远的作用。

从富有诗意的“乡愁城镇化”思想，到2014年中央一号文件提出“创新乡贤文化，弘扬善行义举，以乡情乡愁为纽带吸引和凝聚各方人士支持家乡建设，传承乡村文明”；从文明文化的生态基础上强调实现城乡一体化，“建设美丽乡村，是要给乡亲们造福，不要把钱花在不必要的事情上，不能大拆大建，特别是要保护好古村落”，强调搞新农村建设要注意生态环境保护，注意乡土味道，体现农村特点，保留乡村风貌，坚持传承文化，发展有历史记忆、地域特色、民族特点的美丽城镇，到

a 2015 年调研安徽宣城泾县黄田村
b 2016 年调研四川马尔康西索村

原文发表于《中国政协》2018 年第 4 期。

全面提出“乡村振兴战略”，明确了“产业兴旺、生态宜居、乡风文明、治理有效、生活富裕”协同一体的总要求，绘制了综合生产生活、自然禀赋、文化传统、制度体制的蓝图。

乡村振兴战略与应对新时代我国社会主要矛盾变化以及经济、民生一系列方略有机契合、紧密相关。“我国社会主要矛盾已经转化为人民日益增长的美好生活需要和不平衡不充分的发展之间的矛盾”。其中的不平衡不充分包括城乡差距，正所谓“中国人口多、底子薄、发展不平衡仍是基本国情，农村就是这一基本国情的最大实际”，“只要乡村在中国发展的根性地位不变，‘乡村兴则中国兴、乡村衰则中国衰’的规律就不会变”。从发展全局看，乡村振兴战略是国家优化结构、增强动力、化解矛盾、补齐短板上取得突破性进展的一个重要方面。包括对巩固和完善农村基本经营制度作出全面规划和部署，如“第二轮土地承包到期后再延长三十年”这一促进农村经济社会发展和保持“稳中求进”的定心丸，以及与“我国经济已由高速增长阶段转向高质量发展阶段”的科学论断紧密相关的农村发展导向，在“幼有所育、学有所教、劳有所得、病有所医、老有所养、住有所居、弱有所扶”等系统的民生理念统筹下，实现的是农业基础稳固、农村和谐稳定、农民安居乐业的美好图景。

二、守护中华优秀传统文化的土壤和种子

振兴是内在活力的激发，是内生动力的培育和发展，不仅包括物质上的脱贫致富、生活基础设施和社会福利的改良与提升，更有内在凝聚力、创造力的壮大和提升。乡村振兴涉及历史记忆、文化认同、情感归属和经过历史积淀的文化创造基础，往往不是片面以城市为主导的“送文化下乡”或就所谓先进模式进行移植和嫁接所能实现的，关键要实现文明再生产，要有坚定的文化自信，尊重乡村文明，恢复和重建乡愁记忆，对乡村文化资源有再认识再发展，从而实现振兴。

以传统工艺为例，农村是民间传统文化的母体，是传统手工艺的富集地，尤其当传统工艺经过城市化、工业化、市场化剧烈冲击后，其生活基础、历史载体等主要留存在农村，而且少数民族贫困地区的手工艺

文化资源尤其丰富。这些手工艺文化是活的文脉，既形塑了乡村传统的民居建筑、家居装饰、用具器物、特色服饰，装点维系着民间礼俗、节日气氛，其本身也是一种文化生产、文化创造，是一种文化生产力。比如在贵州省丹寨县的调研中我们看到，依山而建的木质吊脚楼，家居简单朴素，蜡染的衣服美丽大方，村民中不少男性从事建筑和木匠工作，女性从事蜡染画蜡，传统民居建筑里保留的是传统的生活气息，蜡染图案里寄托的是美好寓意，这些手艺文化凝聚的是人文之美、乡村之美。这样的乡土文化有形、有记忆、有劳作参与、有文化传承，是一种聚人聚心聚气的文化认同，而且可以在知识经济、创意经济发展的形势下为生产发展、经济发展提供文化支持。

以传统民俗为例，我国传统农村社会是熟人社会，有稳固的情感基础，这些亲情乡情通过风俗习惯巩固和表达，也成为日常生产生活相互帮助的重要途径，好的乡风民俗富有凝聚力，为生产发展和社会进步提供了支持和保障。目前，广大农村对优秀乡约习俗的自觉度不断提升，在岭南地区的年例调研中，我们感受到传统节日民俗的感染力，粤剧、歌舞、飘色、舞龙、舞狮等充满热情，昂扬向上。这些文化活动、仪式礼俗以及乡土乡音和传统的建筑雕塑、村社地标等就是共同记忆和情感归属，正是我们抵御村落的空心化、老龄化等乡村衰落的一种精神基础和情感纽带。

乡村是我国传统文明的发源地，乡土文化的根不能断，农村不能成为荒芜的农村、留守的农村、记忆中的故园。乡村振兴战略是乡村的振兴，是对中华优秀传统文化土壤和种子的守护，在我们民族文化传承发展的历史上有重要意义。

a 2014 年调研新疆伊犁锡伯族刺绣技艺
b 山东郯城县红花镇中国结编织技艺
C 泰山皮影演出

三、重塑城乡互补的乡村文明风貌

一段时期以来，农村被作为城市发展的原料和劳动力供应基地，导致城乡失衡。破解历史性难题，“要把工业和农业、城市和乡村作为一个整体统筹谋划，促进城乡在规划布局、要素配置、产业发展、公共服务、生态保护等方面相互融合和共同发展”，“建立健全城乡融合发展体制机制和政策体系”。通过逐步实现城乡居民基本权益平等化、城乡公共服务均等化、城乡居民收入均衡化、城乡要素配置合理化，以及城乡产业发展融合化，城市和乡村共生共荣，共同发展。

就“促进农村一二三产业融合发展，支持和鼓励农民就业创业，拓宽增收渠道”而言，从“手艺农村”调研情况看，传统手工艺是富有特色的地方文化资源，符合生态环保需求，依托地方物产和自然资源，进行手工艺制作，无污染，是绿色产业；具有循环经济价值，手工艺原材料及产品可再生、可降解、可循环利用，生态高效；具有劳动力密集特点，有益于发展生产，促进就业；具有文化创意空间，特色手工艺反映地方文化传统，体现人文风土特色，融会当下创意创新，是特色文化产业不可忽视的组成部分；具有产业辐射效能，特色手工艺发展有助于带动当地民俗旅游、土特产加工、智慧农业发展，具有产业延伸和拉动效应，农村手工艺生产发展是富有特色的农村文化产业。

总之，“乡村振兴”战略下的城乡互补，是留住乡村文化根柢、保留乡村文化源的互补，是保护和激发乡村文化活力的发展举措。从这些年的乡村调研的情况看，无论少数民族贫困地区，还是广东、浙江等经济发达地区，乡村发展的基础和机遇往往在于富有特色的乡土文化。乡土手艺、民俗礼仪、民居建筑等是振兴发展的历史文化财富，其中包含民间的创造智慧，蕴含优秀的地域精神，维系和凝聚着我们民族的集体记忆，是乡村振兴的文化生产力。在“乡村振兴”战略的指导下，我们要进一步形成乡村的文化自觉，坚定乡村的文化自信，更深刻地理解“乡村振兴”战略的人文关怀、人文情愫和文化使命，扎扎实实去探索和践行。

城市与乡村是一个有机体，二者均应实现可持续发展、相互支撑。

a

a 山东临沂草柳编工艺产业带动农民致富

通过建立城乡融合的体制机制，形成以工促农、以城带乡、工农互惠、城乡一体的新型工农城乡关系，将实现农业现代化，农村繁荣富强，农民安居乐业，实现乡村文明与城市文明的交融互补，在生产发展、生活幸福、文化繁荣的基础上迎来中华民族的伟大复兴。

a 2016 年调研贵州凯里季刀村苗寨

第一章 · 乡风文明

乡村文化繁荣与乡村社会复兴

乡村文化是乡村社会得以延续的核心，乡村文化作为一种最基本、最深沉、最持久的力量，以其原发性、活态性特点，为乡村社会可持续发展，提供了精神激励、智慧支持和道德滋养。一段时期以来，策源于对西方经济逻辑和城市社会理论的片面复制，不仅破坏乡村物理空间，也正在稀释一个民族持续生长和持久成长的文化动量。在这样的历史节点上，国家新型城镇化规划以及“乡村振兴战略”，具有事关乡村文化繁荣与乡村社会复兴的重要意义。

a 2010 年调研山东潍坊杨家埠民间艺术大观园
b 山东燕崖镇双泉村的“樱桃人家”

本文系 2014 年度国家社科基金艺术学重大项目“城镇化进程中传统工艺美术发展现状与发展研究”成果。

一、城镇化与乡村振兴带动民间文化生态变革

在城镇化深入发展的关键时期，国家新型城镇化规划明确将“发展有历史记忆、文化脉络、地域风貌、民族特点的美丽城镇，形成符合实际、各具特色的城镇化发展模式”作为一项重要原则，具有重大现实意义。这是对如何推进我国城镇化建设作出的清晰定位，是对城镇化建设的初衷和目的作出的明确阐释，也是对近年来城镇化过程中一定程度上片面追求速度、忽视质量和实效的纠正。同时，实施“乡村振兴战略”，也是正视在工业化、城镇化进程中出现的乡村荒废、民风不淳、文化式微现象，把宜居宜业、记住乡愁的工作方式、生活方式与造物文化、历史文化、农耕文化、生态文化融为一体，提升为一种理想的生存状态，满足人民群众对美好生活的追求。

新型城镇化与乡村振兴都将“文化传承，彰显特色”作为国家战略决策的重要原则之一，必将为重构民间文化生态和美丽中国建设提供强大的助推力。

二、乡土文化的根性和遗产价值将进一步释放民族传统文化的活力

聚落、村社、礼仪、民俗、节会、信仰、道德、生态等在内的“文

化河床”，是一切民间造物文化和精神文化活动生发、创新、传播的源头活水。千百年来，人们在长期的乡村劳作和生产中积累和孕育的乡村族谱、家风家训、人文历史、乡风民俗、乡贤乡绅、百工之事等，无一不是得益于源头文化的滋养与浸润。河水是形，河床是本。文化的河床是涵养、保护、滋生民间文化的基础，是民间文化创作主体意识和共同价值的信仰高地。民间文化主要是通过人、聚落、礼仪、自然节律和生境等活态载体进行活动，任何一种载体的变化都可能对民间文化活动的存灭产生影响。传统手工艺往往也是将整个造物活动融入生产、生活现场，汲取文化的营养，一旦脱离生产、生活，活体就无法继续生存，绝大部分正在或已经消亡的传统工艺样式都属于这种情况。因此，重新审视乡土文化的根性和遗产价值，重构传统手工艺与新型城镇化双边互动关系将成为可能，具体包括：修复传统手工艺的自然节律载体，还原和培育传统节日里丰富的手工艺内容，在当下生活空间里发展工艺文化活动。修复传统手工艺的人生礼仪载体，培育传统手工艺应用的文化空间。修复传统手工艺的社会聚落载体，推动传统村落保护，促进恢复传统民居以及生态环境营建。尊重民俗信仰，增强文化凝聚，恢复优秀的乡约民规。t修复传统手工艺的传承人群载体，推动城乡民众双向交流，让更多传承人回归情感沃土和精神家园。

三、乡村文化的涵化、濡化与创新将进一步延展民族传统文化的功能

在当前全球化、城市化和互联科技迅猛发展的现实背景下，传媒影像、消费催化、互联网社交、学校教育、民族旅游等大规模发展，成为文化传播的常态，乡村已不可能回到以前封闭寂静的固化状态。为满足外来

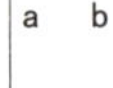

a 2011年调研安徽省黄山市黟县宏村镇古村落
b 2015年调研山东荣成烟墩角村海草房

者近距离的文化理解与文化消费的要求，民族传统文化中往往要融入新的元素，并借助多种形式进行文化包装与展演，传统文化因涵化与濡化带来文化接触与变迁的现象不可避免。

由于缺乏文化自觉和自信，乡村文化受西方文化扩张而引起原有文化的涵化与变迁尤为普遍。以乡村传统工艺为例，在创作动机、内容、样式以及表现形式上出现了不伦不类、崇洋媚俗的文化症状。与此同时，发生在同一文化内部、垂直传播过程的濡化现象，也较为严峻，个体或群体对继承和延续传统存在不同程度的分歧甚至抗拒。无论是横向的文化涵化，还是纵向的文化濡化，两者相交产生的动力触点将会促成两种潜移默化的文化路径：文化变迁和文化创新。文化变迁是一个渐行不息、对话交流的过程，既有对传统的萃取与摈弃，也有对外来文化的批判与吸收；文化创新是民族文化的自觉建构、吐故纳新的过程，既要有“拦河防洪”的文化抵御能力，又要有“蓄水发电”的文化传播能力。树立以传承、建构而不是毁灭为导向的涵化与濡化观，需要创新，而且需以最大程度保持本原文化的原汁原味为前提。

四、乡村文化的创新与保持将成为民族传统文化发展的主流

乡村聚落是乡村居民生存、生产、生活、繁衍、发展的基本地理单元和重要的精神原乡，既有社会组织功能和生产功能，也有精神和价值育化功能。从中国乡村聚落文化生态角度看，自古至今，无论遇到何等的异质文化冲击和人为破坏，都能发展出一种强韧的文化适应性，并经过自我修复使得本土文化的基因得以传承和传播。经与外部文化接触产生的应激反应，往往传导给内群体文化遗传基因，在通过与周围环境进行物质、能量、文化和信息交换、加工之后，产生“变异性适应”、“应激性适应”和“免疫性适应”三种不同的乡村文化类型。“变异性适应”

a

a 2016 年为非物质文化遗产传承人培训活动授课

使乡村文化体能够派生出新的性状，形成新的文化形态以适应外部变化。“应激性适应”是文化体内部对环境中某一刺激做出的短时间动态反应，通过调节自身的存在样式及造物行为，以适应环境的变化。“免疫性适应”是文化体识别、排除外来的和内在的异质文化，以维持机体相对稳定的一种适应能力。

以乡村工艺为例，不同手工艺面对同一刺激的反应不一样，形成各不同的形态、结构、功能和审美，也往往以自身强大的文化排斥与文化自信能力使传统工艺的种群得以存续和发展。当前，随着乡村生产力水平的不断提高以及“自然、经济和社会等区域环境的不断更新变化，为处于不同阶段的乡村聚落提供了不同的发展机遇，乡村空间结构由分布上的同一性、职能上的同构性逐步向多样性和综合性方向发展”①，乡村聚落空间及其自身文化的适应性将大大增强，乡村功能也将由单纯的生产型分化为生产、消费、休闲、旅游、创意等多功能形态，本土文化将会变得更为开放、多元和兼收并蓄。

五、乡村文化的消费与传播将极大唤醒民族传统文化的自信与自觉

当代社会之所以被称为消费社会，很大程度上是由于消费已经逐渐

a

a 2016年调研四川阿坝藏族羌族自治州壤塘县壤巴拉节庆活动

①李君、陈长瑶：《生态位理论视角在乡村聚落发展中的应用》，《生态经济》2010年第5期。

取代生产，由纯粹物质化交换行为演变成一种集体性的和主观意识的文化行为，并关联着道德坐标、意识形态、价值体系以及交往系统的方方面面，成为占据社会生活的主导力量，生活剧本化、情景化、仪式化、意义化、怀旧化和象征化等要素开始在消费领域兴起。北京大学社会学系郑也夫教授表示，在物质极大丰富，人们已跨过温饱的今天，物质炫耀将失去其优势，取而代之的是人们为了渴望得到承认而在技能、品位、精神等文化消费方面的炫耀和竞争。换言之，社会的重心正在从物质生产转向带有本原文化色彩的精神消费。从乡村文化母体中，自觉寻找和明确共有的历史记忆、情感维系、乡愁寄托和文化凝聚的精神内核和文化本原，并将之内化于心灵空间、工艺境界和生活现场，进而升华为文化的自信。

乡村文化中蕴藏着一个民族的集体意识，铺陈着一种文化的共同底色，也是以文化创新形塑文化自信的最好抓手，处在人类现代化、全球化、信息化的转折点上，只有持续重视并深入挖掘民族本原文化潜藏的核心价值，才能塑造中国人的文化认同和身份认同，打造最持久、最深沉的文化自觉、文化自信和文化自强，这也是繁荣乡村文化、复兴乡村社会更为重要而深远的意义所在。

a

a 2018 年调研山东菏泽枣梆戏

关于加强乡村文化建设的建议

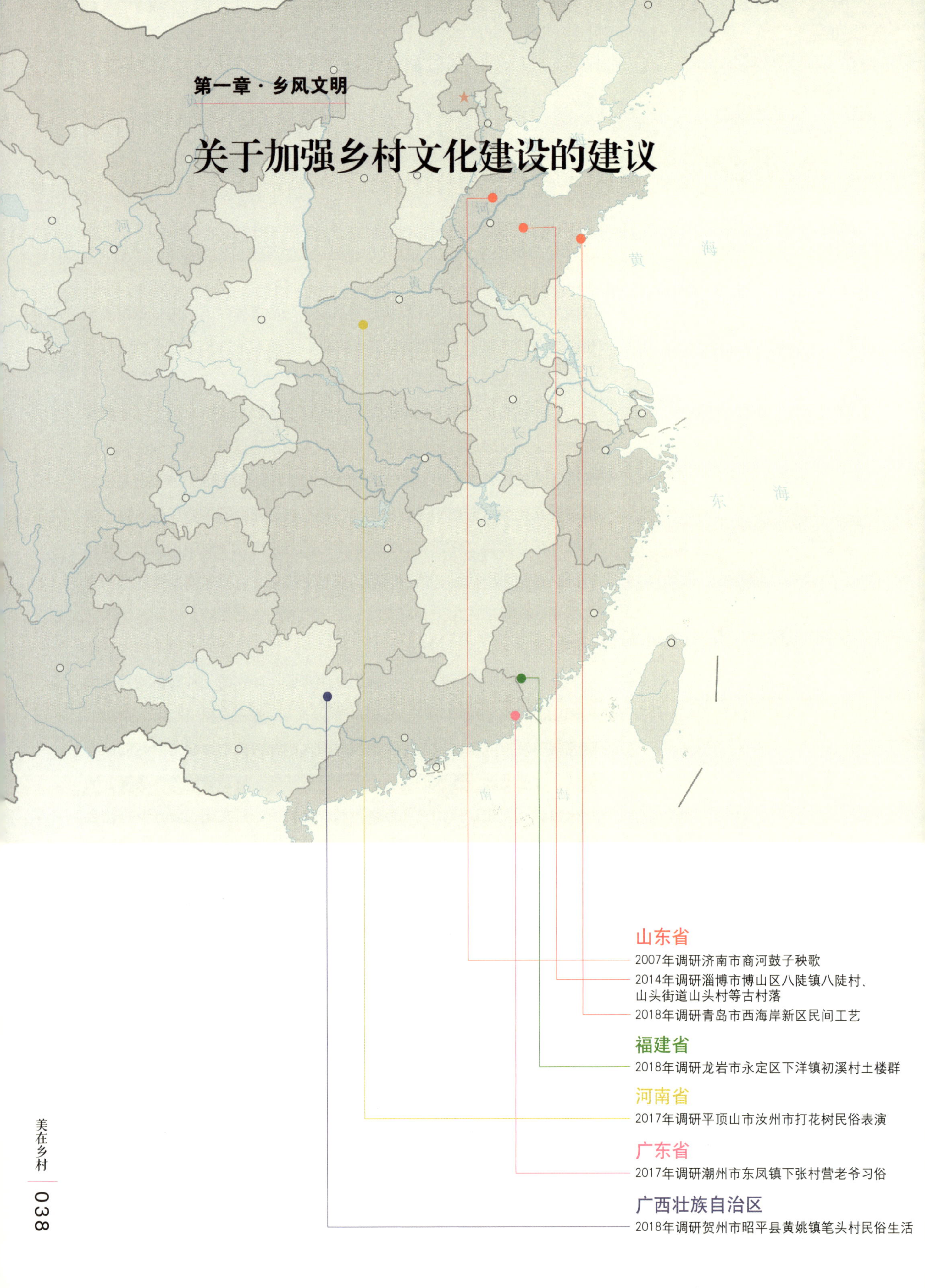

a 2007 年调研渔民习俗
b 2007 年调研山东民俗秧歌

乡村是中华传统文化的母体，乡村文化是中国社会文化体系的重要组成部分。乡村文化生态不仅关系到数以亿计的乡村人口的精神生态、道德素养和文化素质，影响地域意义上达城市建成区面积 320 倍的广大乡村的发展动力，而且保存着中华民族宝贵的文化基因，是民族文化的根脉。乡村文化生态得不到有效保护，将严重影响民族文化发展。作为历史积淀的母体文化，如果不断遭到破坏，所谓文化的创新与发展无异于无源之水、无本之木，必须引起重视。

一、乡村文化生态建设存在的问题

乡村文化生态面临的首要问题，是人的问题，即文化传承与发展的主体缺失的问题。一段时期以来，由于中青年劳动力大量外流，农村留守人口中妇女、儿童、老人比例较大。据统计，早在 2010 年外出农民工中“80 后”新生代农民工比例达 58.49%，外出农民工和年轻农民工中初中及以上文化程度分别占 88.4% 和 93.8%。另据《第二次全国农业普查主要数据公报》，截至 2006 年末，农村劳动力资源中，初中及以下受教育程度人口比例达 89%，其中 44% 人口为小学文化程度及文盲。而早在 2000 年我国农村 65 岁以上的人口所占比重已为 7.69%[①]，标志着我国农村已进入老龄社会。

由此造成的直接后果，是乡村文化生态建设主体相对缺失。一方面，国家公共文化服务资源无法辐射到接受程度更强的青年农民，公共文化的服务效力减弱；另一方面，乡村留守人群具有年龄、文化程度等自身局限，文化传承与创新能力不足，减弱了乡村文化的发展后劲。

乡村传统文化资源急剧流失，包括传统村落空间、民俗民艺样式、文化传承人以及可发展生产的文化资源。虽然乡村文化本身是历史传承

①国家统计局：《第五次全国人口普查主要数据公报》，2001 年 3 月发布。

本文在 2013 年全国“两会”《关于加强农村文化生态建设的提案》、2018 年全国“两会”《关于加强乡村文化建设的提案》基础上修订完善而成。

和时代发展的产物，在社会现代化发展过程中，必然受到相应冲击和影响而不断发展和变化，但数千年积累传承的传统文化资源以不同形式加速流失，也与我们对乡村文化的价值认识不足，对乡村文化的生态保护不够，甚至片面以城市文化同化乡村文化有关。

文化的“空心化”甚至精神贫瘠问题不同程度存在。乡村的文化生活相对匮乏，调查显示，文化消费在乡村家庭支出中所占的比例较小，乡村的主要文化娱乐活动一般以听广播看电视、打牌下棋为主，部分地区在春节期间赌博活动比例剧增，甚至有农民工在节日赌桌上输掉一年的打工收入。传统文化模式对农民思想行为的影响力和约束力减弱，原有的文化价值体系和社区记忆正在逐步消失，引发当代乡村的民风民俗、伦理道德等问题。传统乡土文化边缘化、恋土情节弱化，在一定程度上加剧乡村 “空心化”问题。如果农业生产缺乏科技吸引力，乡村生活缺乏文化活力，村庄格局缺乏协调性推进，也将进一步制约乡村发展。

二、加强乡村文化生态建设的建议

加强乡村人力资源建设，聚人气，能传承，有后劲，是当前乡村文化建设乃至整体振兴的一个关键。实施“新乡贤培育计划”，重在重建乡村的知识阶层，培育精英资源，充实精英力量。包括：加强知识技能培训，着力提升本地农民素质。加强思想道德建设，以文化人，培育乡贤文化。以社会主义核心价值观为引领，弘扬“好为德于乡”的乡贤精神，建设乡村思想道德高地。吸引新乡贤反哺，鼓励各方社会贤达投身乡村建设，推动人才回乡、企业回迁、资金回流、信息回传，使优秀资源回到乡村、惠及乡村。在产业劳动力自然转移流动的同时，实施青年农民人力资源培训的“固土”计划，以农业生产技术和乡村手工艺等为重点，因地制宜开展乡村职业教育，培育新型职业农民，将农民培训与补贴优惠措施结合，鼓励并留住一部分青壮年农民扎根乡土，以更高的生产和经营能力发展农业，或结合特色民间文化发展手工艺等乡村副业，促进优秀传统文化传承，缓解“空心化”以及留守儿童、空巢老人等问题，并通过转岗培训解决农民工回流安置问题。

修复乡村文化景观，提高乡建文化质量，是乡村生态宜居的基础。具体要尊重自然环境，尊重历史肌理，尊重地域文化，建议基于县域总体规划，编制镇村规划，坚持“多规合一”“一村一规”“绿色优先”，并严格依法依规开展村落保护、村庄整治和民居建设，提高乡建文化质量。要对耕地和建筑用地做出规划，严禁违法占用耕地开展建设，对于民居建设面积、高度、形态等应规必规，当限必限，坚决不走回头路。要对文物建筑、传统民居保护做出规划，对建筑现状、用地现状、基础设施、自然环境因素等做出评测，制定明确的保护规划目标、原则和措施内容。要对村容村貌整治做出科学规划，涉及垃圾处理、雨污排放、电线电路入地、家畜家禽集中饲养等，提出总体整治方案，打造与自然环境、历史文化匹配的美丽乡村，提振乡村自信和吸引力。

夯实产业基础，提振产业活力，可因地制宜发展乡村特色文化产业，服务“产业—生态—人文”一体化发展。以农民为创作和生产主体，发

a

a 2018 年调研广西贺州昭平县巩桥乡笔头村乡土文化（摄影：李舸）

挥乡村特色文化资源和自然资源优势，因地制宜发展乡村手工艺、乡村旅游、地方土特产等乡村文化产业。建议出台《国家中长期农村文化产业发展规划》，设立相应组织机构统筹管理，将财政支农资金增量重点向乡村文化产业方面适当倾斜，加快制定相关乡村文化产业技术标准和生产规范，健全相关产权交易与融资平台，加强商标注册与保护，形成“文化支农，文化惠农，文化富农”的产业发展新格局。比如在工艺美术资源丰富地区，实施“手艺农村”计划，构建“手艺农村”站点，实现“一村一案”“一乡一业”网格化布局，在条件成熟地区探索建立传统手工艺原创生产示范基地，以手艺带农户，以农户带农村，以农村带基地，以基地带销售，建设“手艺农村”原创手工艺品线上线下营售商业模式，开展“国家农村手艺产业示范基地”建设试点，实施“农村手艺进城市”计划，发展农村手艺文化产业。同时，在民族及边远贫困地区实施“手艺文化扶贫”，推动少数民族及边远贫困地区手工艺产品品牌、企业品牌向区域文化品牌转移，加强手工艺知识产权法律援助，开展创意研发等文化帮扶，开放手工创意产品发行传播通道，帮助产品直销，动员吸收社会力量来发展民族地区及贫困地区特色手工艺。

加强乡村公共文化服务体系建设，改变单纯的“送文化”“种文化”等城市文化输入模式，以乡村特色文化资源为出发点，开展公共文化服务体系建设。一是丰富群众文化生活，充实乡村内生动力。我国农村地区经济社会发展水平各不相同，风土人情各异，乡村文化建设应根据各地实际，体现地域特色。从地方文化出发，开展群众喜闻乐见的文化活动。调动农民参与热情，自创文化阵地。鼓励各类民间艺人为乡村文化服务多做工作，让民间文艺活跃在民间。加强“三农”题材文艺创作，反映乡村振兴的历史进程，叙述优秀的“三农”故事，体现乡村价值、乡村精神，鼓舞人们建设乡村、发展乡村。二是从乡村文明出发，完善基础设施。如建设具有共同价值的“乡土博物馆”，结合乡村特色手工艺资源建立“手艺传习所”，成立“乡村特色文化服务中心”，探索政府出资、

a 电影《百鸟朝凤》剧照

企业参与、行业协会主办、机构联办的管理模式，为乡村特色文化资源转化搭建“招商引资平台”、“公共技术研发平台”、“信息咨询平台”、“知识产权交易平台”、“人才培训平台”、“展示交易平台”、“质量检测平台”以及“成果转化平台”等服务管理平台，提供全程、一站式服务。三是设立乡村传统文化发展资助项目。注意填补“非物质文化遗产”保护和乡村日常生产生活之间的空档，关注尚未纳入“非遗”范围的普通文化习俗、活动或技艺，对相关民俗民艺等传统文化活动、传承人、农民专业合作组织给予资助，鼓励和支持富有特色、具有历史传承内涵的乡村文化活动。

发展优秀乡风民俗，增强乡村文化凝聚力。优秀民俗文化能够凝聚民心、教化人心，是情感的纽带，能够增进乡土生活的幸福感，实施“民俗文化＋”计划，有助于充分发挥民俗文化作用：一是“民俗文化＋乡村治理”，积极利用优秀传统民俗文化的正能量，把传统道德约束与村民自律、村组织管理有效结合起来，促进和谐稳定。二是“民俗文化＋公共活动”，使优秀民俗成为乡村公共活动的平台资源，在文化上有传承，在发展中有凝聚和认同。三是“民俗文化＋经济发展”，在自觉传承民风民俗的基础上，发展观光农业、现代农庄和特色小镇等，使农民在家门口致富，使乡村成为宜业宜居的新家园。同时，可参考国外乡村文化建设经验，发挥我国传统修史立志传统，鼓励和支持县志、乡史、村刊等文化出版和文化档案建设工作，如印制村庄明信片、创办村刊、编纂乡史、创办乡村网站等，使村民参与其中，丰富文化生活，留存历史档案，增强文化认同，提升文化凝聚力，促进乡村文化交流与传播。

a

a 2017 年调研河南汝州打铁花民俗文化

第一章 · 乡风文明

论新乡村精神的构建路径

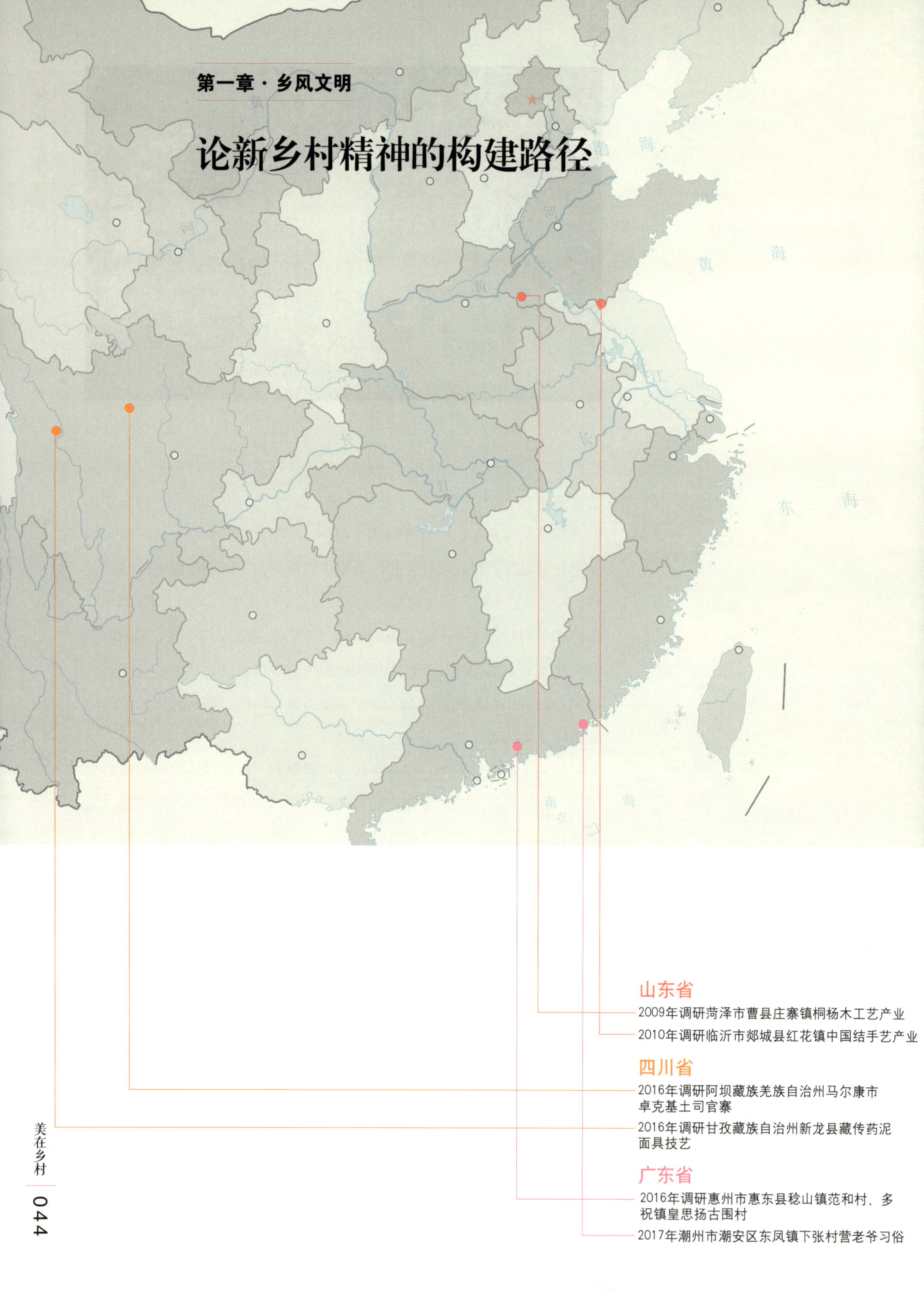

随着城镇化进程加快，以往常说的“十亿人口、八亿农民”的格局已经发生改变，2014年底统计数据显示，乡村人口为6.18亿，中国不仅面临有史以来最大规模的劳动力转移，还因此遭遇乡土社会迅速瓦解后的乡村文化建构问题。应该说，改革开放30多年，农村温饱问题已经基本得到解决，但农村及农民发展仍面临一系列结构性困境，农民的持续增收和可持续发展面临困难，而且包括城市在内的社会整体发展存在乡愁寄托等文化根基和内在动力问题。从文化生态层面关注社会转型期发展，不容忽视。

一段时期以来，专家层面积极呼吁保护和传承民间文化资源，政府从政策扶持和立法上加以重视，“民间文化遗产抢救工程”“非物质文化遗产保护”等一系列措施和实践带来新的发展契机，但传统乡土文化得以孕育和维系的土壤、空间、载体以及创造主体均发生改变，传统的乡土文化仍然面临断裂和边缘化，我们在精神层面对乡土的需要和现实发展中乡土内核和载体遭受的碾压并存。如何解读以人为核心的新型城镇化发展，如何找回失去的乡村文化精神，传统村落保护中政府、专家、村民如何定位以及如何重振传统工艺，都将是探索破解之道的关键。

在国家社科艺术学基金重大项目“城镇化进程中的民族传统工艺美术现状与发展”调研中我们看到，乡村文化的传承系统、革新动力、存在方式、经济收益等都在新兴社会环境的急速旋转中发生改变。比如在陕西省太白县二郎坝村，村里60岁以上营造匠人往往一人多能，既是木匠，又是铁匠、篾匠、石匠，且工具专业齐全，手艺精良，但由于年轻人因陪读、购房、务工、偏远闭塞等原因逐渐迁离传统村落，多年来村中无新建传统式民居，部分远离聚居地的民居甚至荒废，营造等传统工艺的传承也荡然无存，这种已成为普遍现象，成为传统乡土民艺的窘迫

a 2016年考察四川马尔康卓克基土司官寨

b 观众参观山东工艺美术学院·中国民艺博物馆

原文《论新乡村精神价值与民间工艺载体重建》发表于《民间文化论坛》2016年第3期，本文有删减。

现实。而传统营造技艺生境一旦遭到破坏，农村景观异质性难以维系，传统村落民居所蕴含的传统文化习俗、道德观念、审美趣味也因此逐渐褪色、异化、消亡，具有独立的生存形态、文化形态、价值取向和风貌特色的乡村渐行渐远，村落凝聚力、发展力、竞争力逐渐下降，村落系统化、精细化、品质化发展举步维艰。如果土地产出低效、村落内涵发展滞后、公共服务水平低下、新村规划建设管理落后、文化教育活动匮乏、劳动力流失等不同程度存在，那么，“土地撂荒”“空心村”空的则不只是人，传统文化、传统民居、营造技艺、民艺民俗、公共服务、管理运营等也会日渐趋“空”。社会发展需要共有的历史记忆、情感维系、文化寄托和凝聚，在历史演进、社会变迁中，当传统村落、民间礼俗、生产生活方式等遭到不同程度的冲击和改写，我们更需从社会不断生成变化的现实出发，进一步厘定中国新乡村文化精神以及新乡村文化的构成、形态、载体和作用机制，探索增进乡村文化凝聚、创造乃至复兴的可能路径。

一、重塑乡村文化自信

费孝通先生在出版于1947年的《乡土中国》中提出：“从基层上看去，中国社会是乡土性的。”这种乡土社会是农业文明的缩影，它与长期以来的农耕生计紧密结合，是一个有其自身的社会结构特征、人际关系特征以及权力结构特点的社会。在这种社会里，文字无足轻重，人与人之间依据“差序格局”划分亲疏远近，男女授受不亲，依据礼治而不是法治对社会进行规范管理。近三十年来，工业化、市场化发展打破小农经济基础，同时也打散了农村文化的生活格局。20世纪80年代，开始形成走出农村外出打工的“民工潮”，乡村农民生计发生转型，一直以来

a 2016年调研少数民族民俗

作为民间文化创造主体的农民的生产方式、生活习惯、价值观念发生深层次变化。在城市化的生产和生活中，不仅日常生活中以使用功能为主的物品、工具为新材质、新形态的工业化产品所替代，传统文化生活和形式语言、审美价值等也失去载体和应用空间，传统民间信仰、礼仪、习俗、艺术等也趋于弱化、减化和边缘化，物质消费很大程度上冲击消解了传统节日原有的集体经验、文化认同和超越日常生活的神圣精神空间。

就此，要树立文化自信，重构乡村文化的当代价值，摆脱乡村文化边缘化乃至消亡的困境。从学术研究的历程看，百余年来，我们在研究范式上也经历了一系列转变，包括关注更广大的民众而不只是普通劳动者，开展田野研究而不只是文化史研究，关注民间日常生活而不只是理论文本，但对于疾速变化的生活实践的全面关注、系统剖析以及发挥影响和导向作用而言，还有较大的研究空间。相对于西方民俗学研究在20世纪60年代以来“从村落转向了城市，从历史转向了当下，从均质化、固定化的文化观转向了多样性、变化性的文化观”[①]，我们的研究也需建立在乡村社会的传统村落变迁与城镇化过程中人口流动、思想文化变化的基础上，依据现实中的社会关系、劳作方式、情感交流等作进一步丰富和深化，进一步认识中国民间文化、民间艺术的深刻内涵和新乡土社会的内在联系，研究新乡土的生成与发展规律，中国民艺学、手艺学等不仅在于建构独立意义的学科体系，也是为现实发展提供理论思辨与阐释，解决现实问题。

二、回归乡村文化本元

回归文化本元，从乡村文化母体中寻找和明确属于我们民族精神内核的、具有生命力的本源，有助于重塑民族文化力量。近百年来，从

a 2017年考察广东潮州民间节庆活动

①［德］沃尔夫冈·卡舒巴（Wolfgang kaschuba）、安德明：《从“民俗学”到“欧洲民族学”：研究对象与理论视角的转换——德国民俗学家沃尔夫冈·卡舒巴教授访谈》，《民间文化论坛》2015年第4期。

五四时期歌谣学运动开始，我们的民俗学、民艺学发端，现代知识分子进一步发现“乡土”“民间”的意义，乡土社会、民间艺术、民间文学与民俗等被纳入中国现代文化建构之中。但也应该看到，五四运动批判封建传统而缺少对上古以来文明本根和内核的发掘，从实用立场出发反传统和取用西学，最终趋向是从新文化运动、新文学运动发展为爱国学生运动。思想文化批判和取用的目标很大程度上不在于文化自身，而是指导社会改良与革命实践，未能从自身文化土壤里找到一个坚实的立足点，中国文化精神的贯通成为一个被悬置的问题①。此后较长时间里，民族救亡和国民经济修复重建成为社会主题，文艺服务社会成为历史必然，同时自身文化精神体系的追溯与建构仍显不足。改革开放后，国门敞开，西方思潮再次涌入，文化艺术领域吸纳、效仿现代后现代的思想观念和语言形态，批判和颠覆传统，成为新的姿态。虽然同时期文化“寻根”意识觉醒，形成相关文学主题，在美术领域对民间美术等相关研究、教学也受到特别重视和发展，但从社会整体看，文化本源以及乡村文化母体的认识和发现仍然不足，这也体现为以城市文化同化乡村文化等现象。应该说，人文精神的孕育和创造性发展需要扎根社会历史现实，寻找到创造性的内核。乡村文化的本源意义与当代价值亟须认识和阐发。

三、留住乡愁乡情载体

留住乡愁寄托，就是守护我们共有的历史记忆、心灵空间、工艺境界和生活气息。在调研中我们看到，甘肃省临夏回族自治州永靖县海家崖头村，沿袭几百年来祖辈“白塔寺川”木作、木雕工艺的精髓，创造了新的村居风尚。该村虽经历过“硬化、绿化、亮化、美化”为主的建设过程，但村民对传统乡土建筑深厚的情感记忆、明确的价值选择和当

a

a 2010 年调研山东曹县桐杨木工艺

①参见陈思和：《“五四”与当代——对一种学术萎缩现象的断想》，《复旦学报》（社会科学版）1989 年第 3 期。

a 2009 年调研潍坊杨家埠木版年画
b 2010 年调研曹县桐杨木工艺产业

地运用永靖县“白塔寺川”木作、木雕创作施工群体的雄厚力量，最终在乡建村居中使文化与价值的传统底色得以保留，在与时代生活的交互中，创造了有历史人文底蕴的生活环境与空间。乡愁不能仅寄予一轮明月，我们要下功夫留住乡愁的载体和文脉。

要尊重民俗信仰，恢复优秀的乡约民俗，增强文化凝聚。民俗活动是一种文化凝聚力，传统村落保护要有生活内容，要有传承人。在一些传统村落，要充分尊重当地的民俗信仰，可以自发恢复一些地方性民俗礼节活动，自愿举行宗亲祭祀活动，鼓励恢复本地优秀的乡约民规。比如云南腾冲的传统村落，家家户户有宗族和随时代更新的“天地国亲师”供奉，是当地老百姓朴素的信仰，也是民间的文化血脉，对于这种文化的凝聚力应当重视和维护。同时，专家学者可以组织志愿者，帮助开展乡村口述史整理，修家谱、族谱，留存村落记忆，增强传统村落的向心力，开展传统村落宣传，增强村民的文化优越感。

四、培育乡村建设队伍

培育乡土情怀，培养扎根乡村、有思想、有意愿、有情怀、有能力的乡村人才队伍，鼓励精英文化知识等回归乡村，将发挥关键作用。在调研中我们看到，在甘南安多藏区一个海拔 3200 米的仁多玛村，设计师 Dechen 在纽约完成学业后回到藏区，创建了以手工生产牦牛绒围巾、服装及饰品的工坊 Nortlha（诺乐），开始了连接藏地文化过去与未来的美学探索之路。她将藏族当地手工织造技艺、牦牛绒毛纺织与设计结合，吸纳国际团队介入，发掘纯手工价值，彰显生态意识、手匠精神与品牌设计三者合一的产品价值，形成“全球化 + 在地化”的国际时尚风格，产品远销国际，带动了当地工艺文化的传承传播和经济生产发展。从中可以看到，文化发展不是非此即彼，而是和谐共生、融会创造，精英回乡能够带来更多前瞻性的思考，也是从自我的生活资源中积聚力量，是充满活力的新行为的开始。

五、激发乡村文化活力

乡村有深厚的历史文化积淀，要把文化的资源优势转化为创造发展的动力和活力。从近十年“手艺农村”课题的跟踪调研来看，传统工艺等乡村文化发展得好，村民安居乐业，乡村发展有新的生机。比如山东潍坊杨家埠村，有 600 年历史的年画和风筝制作技艺，现在风筝年画年产 2300 万张、风筝 260 万只，收入 1.16 亿元、利税 1000 多万元。传统手艺成为生产生活的文化财富。传统手工艺发展得好，也有助于提高农村生活的幸福指数，提升新乡土社会的精神内涵。例如山东临沂郯城红花乡，承传祖辈的编织工艺，形成了中国生产销售“中国结”最大的生产基地和销售网络。村里大多数老人和妇女是生产制作者，回乡大学生是市场推广者，村民各有分工，新乡土社会的营销模式已形成。全乡镇有 1 万多农民从事生产，红花乡生产的“中国结”占全国总产量的 60%，占全国总产值的 60%。不少村子的堂前屋后，大家做着手艺活儿，话着家常事，看着孩子，其乐融融。像这样发展传统手工艺，村民增收致富有了实惠，一些农民工返乡也有了自己的作坊，有了生产和市场，

a

a“手艺农村——潘鲁生主持山东农村文化产业调研成果展”潍坊风筝产业展区

有了家庭的团聚和家乡的归属感。

从根本上说，文化的发展不是孤立的，有赖于整个社会系统的平衡和稳定。乡村社会的民间文化和艺术如果游离于百姓生活、脱离了民众创造主体，剥离于乡土社会的根基，仍将丧失发展的根基和动力，新乡村社会文化的主体参与和健全内部发展机制是解决问题的关键。重塑新乡村社会文化精神，要回归生活，树立自信，面向发展和不断变化的生活现实，寻找、梳理、明确既往文化传统、文化资源与生活千丝万缕的联系，通过培育乡村文化情怀，唤起更广大民众的文化传承与创造力，真正在现代视野里、在社会变迁发展中，找到精神支点并续写积淀深厚、传承不辍的文化动力。

a

a 广东惠州惠东县多祝镇皇思扬古围村村落民居
（摄影：周胜金 ）

乡村是民间文艺生态修复的基础

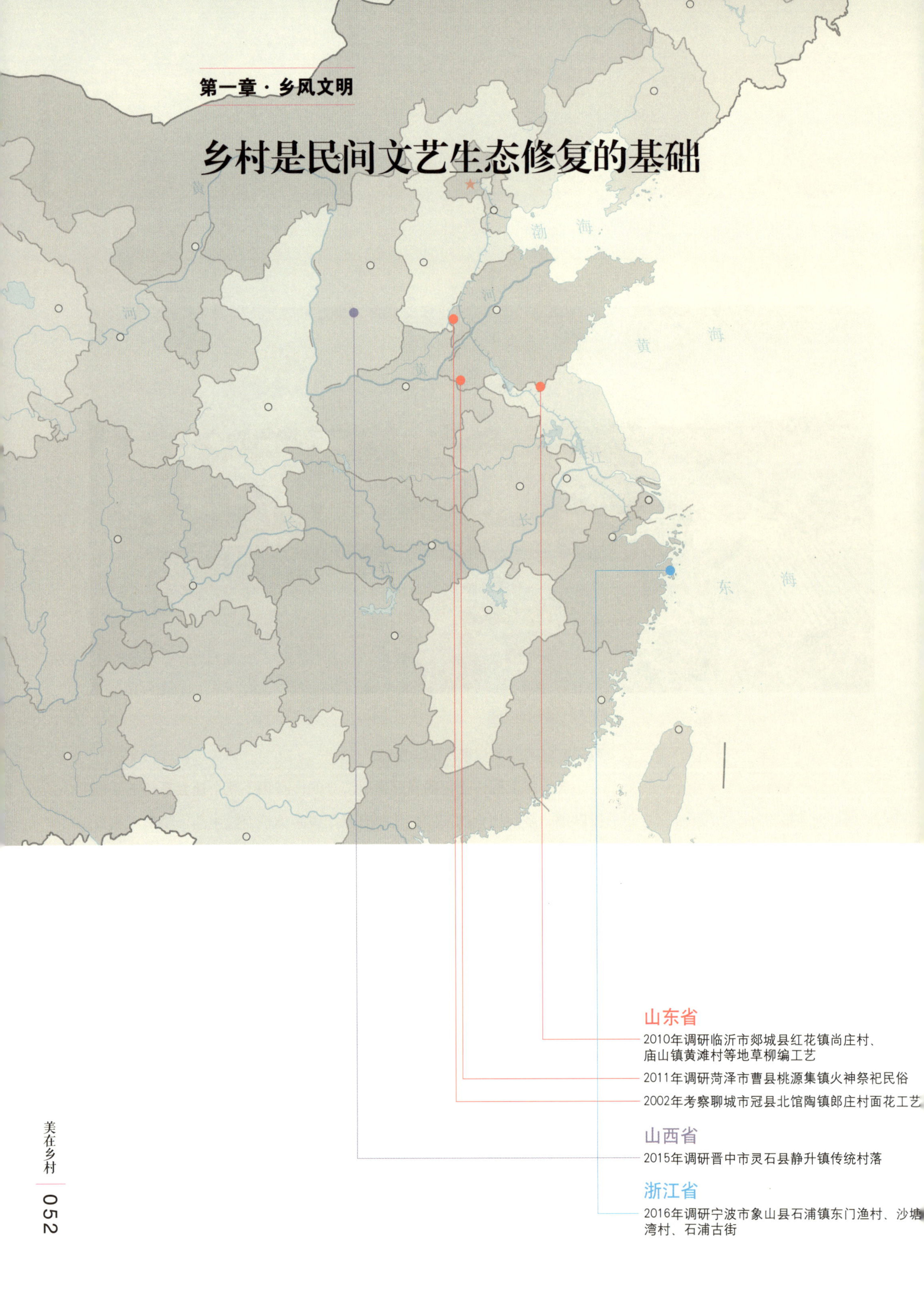

a
b

a 山东聊城冠县郎庄面花制作工艺
b 山东临沂郯城柳编技艺

2014 年以来，我们就国家社科基金艺术学重大课题“城镇化进程中的民族传统工艺美术现状与发展”进行了一系列较为系统深入的调研，在城镇化变革与发展背景下，民族传统工艺美术的生存现状带给我们不少思考。一个比较深刻的感受是，中华民族源远流长的民间文艺，其保护、传承、振兴与发展亟须强基固本，回到文化生态这个基础上来，深刻认识文化生态的整体性，把握价值，尊重规律，保护载体，修复主体，在更深层次上续存包括乡愁记忆、民间信仰、礼仪习俗、境界追求在内的精神纽带，增进人文关怀，提升民间文艺传承发展的内在动力。事实上，缺少系统性的文化基础和生态基础，碎片化的保护与发展往往难以为继；缺少情感的、人文关怀的深度自觉，容易走向片面的功利化保护与开发，甚至与文化传承发展的初衷背道而驰。当前，是时候回到民间文化生态这个基础上来，采取有效措施加以修复，以更加宽广深沉的文化视野认识和推进民族文化的传承与复兴发展。

一、民间文艺生态修复的必要性

首先，文化具有整体性，各组成部分是相互关联的。如爱德华·泰勒在《原始文化》中指出：“文化（或文明），就其广泛的民族学意义来说，是一个复合的整体，它包含知识、信仰、艺术、道德、法律、习俗和个人作为社会成员所必需的其他能力及习惯。”[①] 有学者也因此提出：“由于文化具有整体性（holism）而不具有自然现象的可分割性（例如我们不能把节日与民间信仰，把仪式操作与人们对这些操作的道理或信仰分割），所以学科最多只能作为我们研究民间文化的技术出发点，而不能作为有再生产能力的研究范式。”[②] 因此当我们在理论或实践层面认识文化问题并探索保护与发展时，须从根本上明确文化的整体性、复合性。民间文艺在日常生活中孕育和发展，是民众在日常生活中表达生命意识和地缘环境的一种“文化丛”，它来自生活且完全依托于生活，具有复合意义，它“不会像精英艺术那样可以脱离特定的历史情境在一个完全自律的艺术王国中传承、发展，一旦社会、文化发生断裂性的转型，特定形态的民间艺术就可能完全失传”。在社会转型发展过程中，

①［英］爱德华·泰勒著，连树声译：《原始文化》，广西师范大学出版社，2005，第 1 页。
②张海洋：《中国社会转型期的民间文化研究》，《民间文化论坛》2007 年第 2 期。

由于产业重点转移，人口城市化流动，加之生活方式和价值观变化，传统民间文艺赖以生成和依托的生活文化基础发生改变，导致民间文艺在应用空间、精神意涵、集体传承与创造基础、文化感染力与创造力等方面出现深刻变化。部分民艺样态濒危，还有相当比例的民艺存在单一化、扁平化和空壳化特点，不同程度面临萎缩和衰落。

具体来看，一方面，传统民间文艺的赖以生成的文化空间、生活空间发生改变，传统村落大量消失，农村“空心化”问题不同程度存在，传统民间艺术在一定程度上丧失昔日的生活土壤和应用空间。另一方面，生活方式改变，价值观多元，传统民艺中原有的价值取向、情感寄托甚至精神信仰受到不同程度的冲击和肢解，传统民艺原有的丰富含义不断被消解，甚至走向商业化、符号化。比如不少地区的民间剪纸面临相似的问题，即传统剪纸的民俗功能、民俗内涵趋于弱化，与传统民俗相关的母题内容和图式减少，与传统民间传说故事、信仰寄托、民俗应用相关的创意发展趋于弱化，年轻人对其中的内涵了解得越来越少，剪纸程式的商业化、市场化则起了更强的决定作用，传统剪纸的精神和情感内涵被稀释甚至消解。相似的现象在民间刺绣中也存在，以苗绣为例，传统女红已不再是日常生活之必需，进城务工、现代通讯以及家庭生活改变了苗绣原有的生活角色和地位，年轻一代女性不再深刻理解传统纹样图式的内涵，在日常生活选择中传统民间工艺内涵被淡忘。也是在这样的背景下，民间文艺集体创造与传承的基础、文化的感染力和创造力受到影响。应该说，民间文艺在具有集体创造和程式化特点的同时，也在即兴创造和现场感中不断更新和发展，而且“正是因为即兴性和现场感，才出现了多元混杂的美学特点，即是将历史叙述和当下现场叙事杂糅，构成一个多元混杂的叙述空间，体现出民间艺术形式的非统一性、无逻辑性以及意义的不确定性，而这是经典艺术理论所反对的。传统的乡民将正统历史叙事拉入乡土日常生活、族群生活空间中反复叙述，构成了混杂并置的空间，属于集体认同的生存体验空间，用提升境界的经典美学理论来看，就会认为民间艺术是混杂、无逻辑、粗糙的。实际上，即

a

a 山西灵石民居构件

兴性、现场感和混杂性成分使民间艺术成为超越经典艺术范畴，鲜活的群体生活经验的活态艺术，成为人类文化创造的不竭源泉和动力”。所以当传统民艺的集体基础相对弱化，民众这一民间文艺创造的万千生活主体，不同程度地演变为传承坚守的艺人个体，原有的生机蓬勃、即时更新的创造力和感染力相应受到影响，但这也是民间文艺生态的现实。

因此，相对于重点的、针对性的名录式保护，生态式保护更重视内在的关联、寻求整体保护，全面把握民间文艺的养分和支撑因素，包括与民间艺术紧密相关的民间习俗、民间信仰、生活应用等，进一步寻求在当代的发展空间和积极意义，采取有效措施保护和培育发展的空间和基础。比如“我国自 1978 年改革开放以来，部分民间传统、仪式、信仰、社会交往模式得以复兴，庙宇、祠堂和旧戏台被修葺翻新，再度成为民众生活的公共场所，民间传统集市迅速恢复，成为人们交易和交流的重要场地，许多族谱恢复重写，宗族仪式和关系网的回归使旧的族亲关系和人情关系重新回到历史的舞台。据美国学者丁荷生的统计，到 1992 年，整个福建省重修的民间神庙多达三万个，每个县有三百到上千个神庙被修葺一新，同时多数村庄已恢复了他们的祠堂，在民间庙宇和祠堂被修复的同时，一大批传统的仪式和象征（如神像）也回到地方舞台上来了”[①]。类似这样的空间、载体、环境氛围的修复，映射的是国家历史文化大传统的内容，包含我们民族的文明体系里人们的精神寄托和世代相循的价值追求，也是民间文艺生成、传承和发展的重要基础。我们要振兴发展民间文艺，但不能局限于民艺样态本身，必须“从物质看到人心，从村落看到地区，从地区看到民族国家”，把握民间文脉数千年交织生成的肌理，修复其赖以生成和发展的土壤。

a b

a 山东临沂郯城草柳编艺人
b 2011 年“手艺农村——山东农村文化产业成果展”在济南再度展出

二、民间文艺生态修复的基本原则

正如没有森林难以保护树木，没有海洋难以保护鱼群，关注文艺生态，关注环环相扣的“文化链”，要深刻把握具体因素环节变化可能导致的连锁反应，在把握总体文化结构的基础上促进民间文艺的繁荣。具体而言，

①王加胜：《民间传统的复兴与非正式制度安排》，《山东师范大学学报》（人文与社会科学版）2008 年第 3 期。

修复民间文艺生态应把握以下几个原则：一是关注民众的日常生活，关注日常生活中习俗、信仰、娱乐、生产劳作等必需的、恒常的、良善的构成，培育民间文艺的生活载体和意义世界。二是关注民间文艺最广泛的参与者，不仅包括相对少数的创作主体和传承人，还有广大的接受群体、文艺受众。三是关注民间文艺的多元载体，包括年节习俗、人生礼仪等时间载体，传统村落、传统民居、庙宇宗祠等空间载体，以及与民间文艺发展水乳交融的歌墟集市、手艺劳作、乡戏娱乐等活动事项。要从日常生活、参与受众、多元载体上关注和修复民间文艺生态。

民间文艺来自生活，要实现在当代的复兴与发展必须厚植生活基础，在老百姓“过日子”的过程中实现传承、创造与发展，同时也作为一种情感的、审美的纽带，在礼仪互动、经济往来和节日欢腾中，“使乡土社区得以凝结，乡土生活得以组织，乡土传统得到鲜活的维系或传承”。诚如研究者指出：中国正经历着千年未有之大变局，日常生活逻辑也受到前所未有的冲击，“我们不仅应该关注社会转型期的‘变’，还应该关注‘不变’，正是人们稳定的生产生活方式和价值观，使社会转型保持稳定性和连续性”。“农民在生活中依然以家庭为本位，践行着一套‘家庭主义’的行动逻辑。换句话说，尽管农民生活已经发生多元变化，代际关系、夫妻关系和邻里交往逻辑都有许多新趋势，但总体上而言，尚

a

a 传统手工技艺受到小朋友欢迎

a
b

a 大漆工艺：《幻·惑》，翟娜作
b 木作工艺：眼镜

未突破以‘家庭’为中心的生活方式，‘家庭主义’依然是农民生活哲学的内核。”①如果说中国传统文化的存续本质是建立在以家庭、邻里、村落为群体关系基础之上的，民间艺术发挥重要的凝聚作用，在当代，群体的团结互惠以及对礼仪秩序和人文关怀的追求仍是不可失落的维度，那么，我们要把握民众日常生活中恒常和稳定的基础，这绵延不断的世俗生活正是民间文艺从传统走向当代的内生结构。

民间艺术从来不是曲高和寡的存在，作为具有传承性的集体创作，在民众的生产劳动、衣食住行、人生礼仪、节日风俗、信仰禁忌中发挥作用，很大程度上代表了民族文化群体的文化意识与精神观念。因此要从民间文艺受众等最广泛的意义上关注民间文艺传承、创造和发展的主体。不仅关注创作者、传承人，还要关注民众群体对传统民间文艺的认知、接受和参与。事实上，正是后者在一定层次上的不足会加速传统民间文艺的异化和边缘化。因此我们看到《伊斯坦布尔宣言》就非物质文化遗产指出：“它的存在必须依靠传承主体，即本民族群众的实际参与，体现为特定时空下的一种立体复合的能动活动；如果离开这种活动，其生命便无法实现”。就此而言，首要的是深化民间的“文化自觉”，激发当代社会民众对于传统民间文艺的主体参与感和集体存在感，使广大民众、万千生活主体成为丰富多彩的民间文艺的创造者、享用者和传承发展者，全面激发民间艺术的创造力，代代相传、永不消逝。

此外，在生态意义上要关注民间文艺的多元载体，包括时间维度上，修复民间文艺的自然节律载体，充分认识传统生活中节气以及与岁律相合的传统节日作为民间口头文学、民间歌舞、民间美术、民间工艺等生成土壤的重要意义，进一步还原和培育传统节日里丰富的民间文艺内容，在当下生活空间中进一步充实民间文艺活动；修复民间文艺的人生礼仪载体，有计划地恢复和培育优秀民间礼仪，增强传统文化认同与情感维系，培育民间文艺应用的文化空间。在空间维度上，修复民间文艺的社会聚落载体，深刻认识民间文艺对传统村落、居民、生活的依存关系，推动传统村落保护，促进恢复传统民居营建等，保护民间文艺的丰富性。在

①陈辉：《“过日子”：农民的生活哲学——关中黄炎村日常生活中的家庭主义》，华东理工大学博士学位论文，2013。

精神、情感、意义世界的维度上，鼓励和恢复良善的民俗和信仰，包括“营造一种宽松的信仰文化氛围，去除民间信仰即封建迷信的魔咒，让传统民间信仰获得必要的社会尊重”[①]。在自觉自信的基础上，修复民间文艺生态，守护文化乡愁。

三、民间文艺生态修复的几点建议

民间文艺生态修复虽涉及面广，但并非庞大虚无，可找到切实抓手，逐步深化，具体提几点建议：

第一，实施“民间文艺乡土回归计划”，丰富民间文化生活。首先要把民间文艺工作的重心“放在社区、乡村，把博物馆办在社区、乡村，把演出舞台搭在田间地头，让人民自己创造的文化艺术回到人民中间，亲民近民，成为人民生活的一部分”[②]。服务推动地方特色文艺在农村和城乡社区扎根，开展传习、展演等群众文化活动，并针对不同群体和地方民间文艺样式因地制宜实施传承计划，使普通民众成为传统民间文艺传承的重要基础，使民间文艺成为社会、社区和民众自然、和谐、稳定、有序、良好互动的重要纽带，增强文化认同与凝聚。同时，积极吸收群众创作成果，培育民间文艺繁荣的基础。同时，要鼓励和恢复包括良风易俗、良善信仰等的民间优秀文化传统，建设好民间文艺的精神家园。

第二，将民间文艺发展纳入公共文化服务体系，夯实传承发展基础。在精神文化层面，要把握民间文艺在内涵创作与社会主义核心价值观的内在联系，发挥民间文艺对社会主义核心价值观的承载与传播作用，积极开展“中国梦”主题民间文艺活动，发展包含核心价值观内涵的传统民俗、节日活动，充分结合地方文化和传统习俗，发掘和应用具有深厚基础的传统民间文艺，用好庙会、灯节、歌会、赛龙舟等民间文艺载体，用老百姓喜闻乐见的形式发挥陶冶作用，形成具有积极价值观导向和深刻自觉的健康生活方式，增强人们对优秀传统文化的理解和当代主流价值的认同。通过组织开展 “民间文艺之乡”建设，评选慈孝文化之乡、重阳文化之乡、忠义文化之乡等，使民间文艺传承与道德建设相互促进。在基础设施建设等物质层面，要加强宗祠、庙宇、戏台等维系民间文化

a

a 2017 年清明调研河南开封民俗文化

①萧放：《文化遗产视野下的民间信仰重建》，《探索与争鸣》2010 年第 5 期。

②刘奇葆在中国民间文艺家协会第九次全国代表大会上的讲话。

的基础设施维护、修缮和保护，加强相关公共文化空间，特别是传统公共文化空间的保护与利用，发挥基础载体作用。

第三，将民间文艺纳入国民教育体系，增进民间文化自觉。面向国民教育，实施中国民间文艺乡土教材编纂计划，成立教材编纂团队，发掘地方民间文艺特色，充分梳理适合不同年龄阶段青少年的民间文艺样式，编纂体现中华传统美德、弘扬社会主义核心价值观的儿歌、童谣、民间故事等民间文学读本，编制地方民间美术、民间工艺、民间音乐、民间舞蹈等乡土教材，探索推进民间文艺进教材、进课堂。同时，积极开展“民间文艺进校园”活动，制定相关展演计划、培训课程及论坛讲座，面向中小学生和大学生，加强民间文艺知识普及、民间文艺情感培养。加强大学民间文艺学科体系建设，推动“民间文艺学”升级为一级学科，完善“民间文学”“民间艺术学”等相对独立的二级学科，完善我国“民间文艺学”学科体系，深化学术研究，为现实发展提供理论思辨和阐释，培养专门人才，为民间文艺繁荣发展提供人才和学术支持。切实加强跨学科研究，推进学术体系建设。深化民间文艺价值的社会共识，深化对于民间文艺“人民性”的深度解读，明确中国民间文艺创作应该葆有的作品样式、应该拥有的健康养分以及传承发展应该具备的文化土壤，夯实“讲好中国故事，弘扬中国精神，传播中国声音”的民间文艺基础。整体上，推动建立涵盖幼儿教育、中小学教育、职业教育、继续教育、高等教育以及社会传习的民间文艺国民教育体系。

第四，加强民间文艺的原生态、衍生态认定，促进多元发展。一是具有鲜明民族历史文化特色但处于濒危困境的传统民间文艺的传承与活化，加强文化生态基础研究，制定保护与传承措施，从丰富中华传统民艺存量、续存民艺母本、保持民艺多样性的意义上，促进濒危传统民艺的活化与发展。二是与传统民间习俗、民间信仰和新时期的社会主义核心价值观一脉相承，有助于加深民族文化认同，增进文化凝聚，有助于丰富传统民间文艺，要从文化建设意义上加以倡导和扶持发展，丰富文化生活，增强民间文化创造力，延续匠心文脉。三是对发展基础较好、

a

a 2007 年调研江南水乡

具有较好的传承与生产基础并有望拓宽发展空间的传统民艺，要进一步丰富题材和品种，提升设计与制作水平，培育知名品牌，提高传统工艺等行业管理水平和市场竞争力，提高从业者收入，增强对城乡创业就业的促进作用，促进传统工艺在当代生活中的广泛应用。

第五，完善民间文艺主体保护与传承机制，分层分类制订保护制度。可综合借鉴相关经验，通过专家论证，推出认定的“民间国宝”系列活动，尊重和推广杰出的民间艺人代表。“民间国宝”的认定包括个体的民间文艺家和集体的民间文艺传承团体，涉及相关领域最佳水平和传承贡献的代表，以及严重濒危、能使其保护传承的民间文艺代表。要本着“为求名下无虚士，忍令沧海有遗珠”的态度，保证认定的权威性和公信力。弘扬民间的文艺创造精神、大国工匠精神，尊重民间文化，鼓励民间传承，为民间文艺发展发挥导向作用。同时，进一步健全和完善民间文艺家保护与传承机制，分层分类制订保护制度。将认定标准架构到民间文艺家从“年龄—从业年限—资助激励”的模型中，分类认定、分类保护、分类奖励，从而形成自上而下的由不同民间文艺家构成的“保护链”，最大化释放传承活力和实现可持续传承。充分考虑构建 “民间传人—民间大家—民间国宝”的“传承链”，强化分类认定、激励机制，颁发能代表不同层级传承人身份的认证书，既起到保护立档的作用，又起到挖掘发现、鼓励发展的作用，使“民间国宝”制度设计成为促进民间传承人、传承项目可持续发展的助推器。

第六，实施“民艺设计转化战略”，发挥政策导向作用。一方面，要依据国家“十三五”有关文化建设的发展规划，植根民间文艺发展规律，结合我国经济、文化、社会、立法、教育、“三农”等现实问题，进一步研究制定“中国民间文艺保护与创新发展规划”，包括完善民间文艺保护与创新体系构架，加强传统民间文艺“创新链”建设，加快传统民间工艺的定制化、品质化的创新传承进程；积极推动传统工艺供给侧提质增量，逐步完善各项保障机制，在优化相关要素配置的同时，出台政策、采取举措，就传统工艺投资、消费、出口全面、深度挖潜，培育需求市场，

a 为山东省选调到村任职大学生进行辅导

并找准传统工艺产品及服务的消费痛点，提高传统工艺产品及服务供给对需求变化的适应性、灵活性，满足大众消费需求，推动消费成为生产力；关注传统工艺产品及服务，引导传统工艺产品（或制品）在研创、生产（制作）、销售、服务等方面系统化发展，增强传统工艺相关产业延展性，增大收益空间；进一步探索实施“中国民间文艺志愿者”计划，充实民间文艺志愿者队伍，发挥建设性作用，进一步在保护与发展、传承与教育、文化产品共享和建立创意产品国际传播渠道等方面发挥积极作用；推动民间文艺创造性转化与创新性发展。另一方面，构建民间文化资源设计转化战略，要解决文化的产业融入与提升问题。从国际经验看，日本保护发扬传统手工艺，将简洁实用的美的标准融入现代制造业，形成日本制造的美学风格。“中国制造”等产业价值的提升，不仅需要科技创新驱动，还要激发民间文化资源的价值和效能，赋予产业更高的文化、情感附加值，为产业发展注入文化的支撑力和持续动力。

总之，民间文艺是有形的，它在乡土，在民间，在老百姓的生活里；也是无形的，它在民心、在民情、在民智，是民间文化之魂，是我们的中华文化立场，联结着数千年的文化传统，凝聚着中华民族深沉博大的创造力。一段时期以来，农耕文明生产方式和宗法社会家庭、人伦制度改变，农村聚落及其人际关系经历了历史性变革，现代生活方式和生活观念变化，在大的历史潮流和环境里，从续存民族文化的集体记忆、留存民族文化基因的意义上，要进一步展开民间文艺生态保护与修复，使中华民族源远流长的民间艺术在新的文化空间获得新的生命力，推动优秀传统文化的传承与创新发展，夯实当代中国发展的人文基础，增进中华民族的文化认同、文化凝聚与创造活力，实现民族复兴的中国梦。

a

a 福建永定县初溪土楼群

关于乡村文艺扶贫的调研

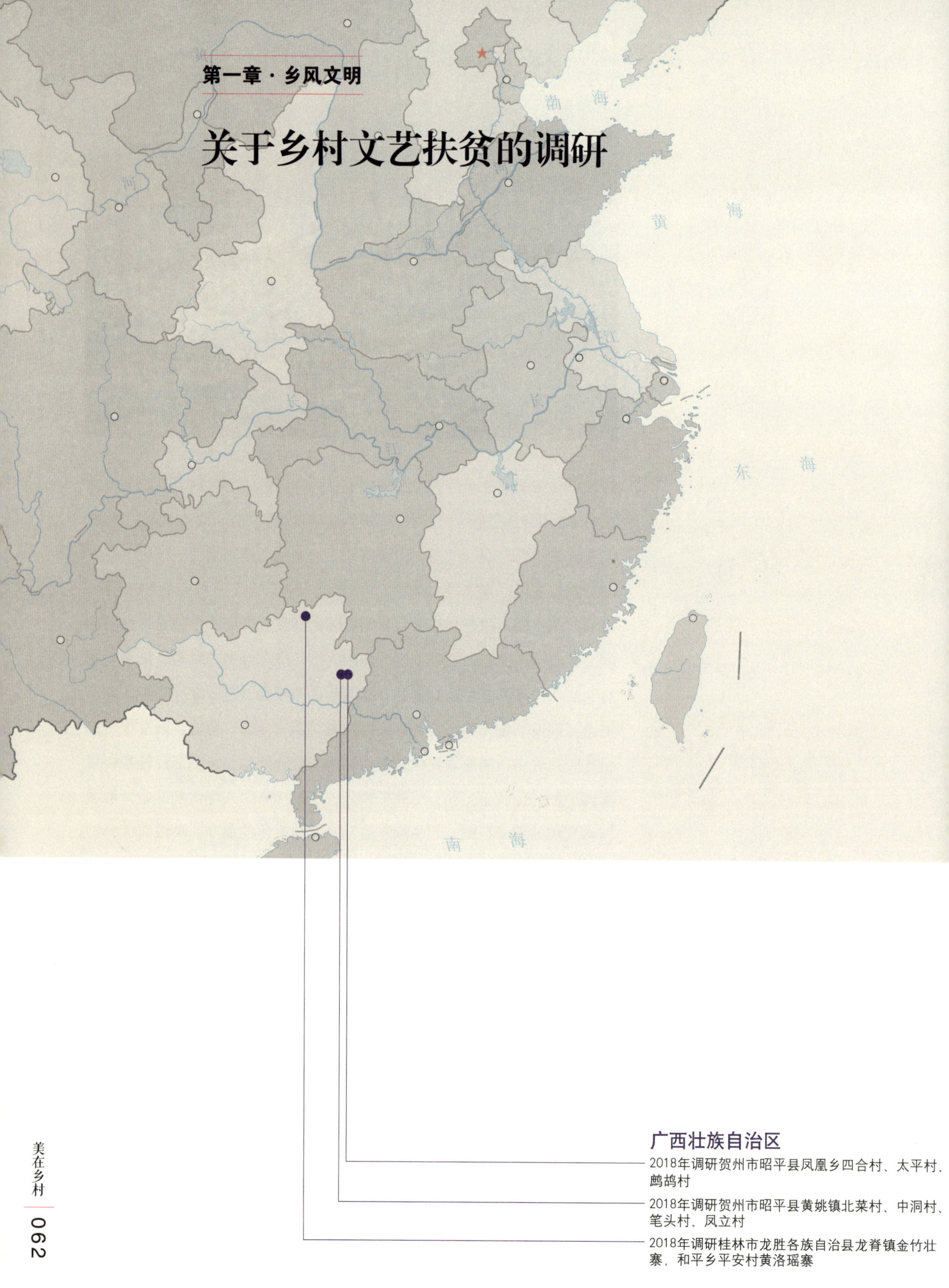

广西壮族自治区

2018年调研贺州市昭平县凤凰乡四合村、太平村、鹧鸪村

2018年调研贺州市昭平县黄姚镇北莱村、中洞村、笔头村、凤立村

2018年调研桂林市龙胜各族自治县龙脊镇金竹壮寨，和平乡平安村黄洛瑶寨

a

a 2018 年调研广西贺州昭平县

2018 年 1 月 14 日至 18 日，我受中国文联志愿者服务中心委托，率国家社科基金艺术学重大项目课题组调研团队，就广西昭平县文化扶贫工作进行了深度调研。先后赴广西昭平黄姚镇北莱村、黄姚古镇、凤立村、笔头村、中洞村，樟木林镇新华村，凤凰镇鹧鸪村、四合村、太平村共计 9 个村镇，调研村支部书记等村干部 9 人、竹编艺人 25 人、村民 20 多人，就乡村文明建设、传统村落保护、民间手工艺生产等进行了深入访谈，集中对当地乡村文化建设和产业发展基础进行了调查研究，并于 1 月 17 日在昭平县委县政府召开专题座谈会，与党委政府有关部门负责同志进行专题交流。

座谈会上，我们提出，发掘文化特色、整合文化资源是基础工作。文化资源的整合是一个大空间、大概念意义上的“文化”。全县抓旅游，一定要有一个龙头，黄姚古镇和传统村落就是重头。目前看，以古镇为抓手，县城周边做了很多规划，但传统村落资源的利用还不足，而且有一部分在建项目是让人忧虑的。旅游公司做一个大的旅游项目，一定要把文化资源转化为当地的发展优势，把古村落作为旅游文化的精华和提升项，而不是作为旅游的改造项，作为发展的负担。这个差异性非常大，如果是纯粹的改造，改造的过程就是破坏的过程。自 2002 年传统村落的抢救保护工作在全国启动以来，有很多成功的案例，我们也一直呼吁和关注传统村落发展中的失败的教训。作为文联扶贫的点，我们在这个过程中不能出现问题。我们走进当地，在当地寻找文化资源，特别是文化不可再生资源，是稀缺的、宝贵的，对于如何利用，要从文化的规律出发想办法，不能盲目地搞经济开发。比如今天我们看到的新华围屋，中国摄影家协会提出了作为影像小镇展览基地的设想，这就是文化的思路，让文化活起来，带动当地百姓的发展，才是正道。

从发掘文化特色、整合文化资源的意义上说，首先要有大规划，不要仅停留在艺术家和小众的一种文化项目上，要把文联和文艺家作为一种文化资源，作为县委县政府的一个文化智库，在大的文化项目上多请文联的文艺家参与顶层设计，体现中国文联及全国文艺家协会的最高水平。具体来看，我们目前在传统工艺的保护和衍生发展上存在不少问题，一些传统工艺资源正在消失，还没有和当地的旅游文化、特别是旅游产品结合起来。到古镇上一看，旅游商品和产品主要食品，当地的酱菜还属地方特色，咖啡酒吧是舶来品，除了民宿，旅游的消费有限，文化附加值较低，缺少文化提升。在这样大的景区里，政府投入这么多，老百姓的回报是什么？他们能否受益？这一块值得我们深入思考，发展的空白和空间还比较大。再就茶产业来说，茶产业发展离不开茶文化。从我在广东潮州的调研情况看，潮汕地区的茶文化做得非常成功，从种植生产到旅游体验，以及茶具用品的生产销售，形成了一整套品牌链、产业链、文化链。比如当地的手拉壶，过去是不值钱的，和宜兴的紫砂壶比差价非常大，但是现在手拉壶产业也争取了一席之地。茶文化带动的是一个非常大的产业，还要全方位规划，广下功夫，形成抓手，把握好发展空间和机遇。再就是发展生态旅游。黄姚古镇的整个景观和我们县城周边的景观，生态环境非常好，必须明确：生态旅游的概念怎么去做？生态旅游到底是看什么？国家旅游局现在大的扶持推广项目就是生态，不是做太多所谓的地上建筑，而是利用当地的自然资源，让更多的旅游项目

a

a 2018 年调研广西贺州昭平县黄姚镇北莱村

落地。依托国家政策，立足当地资源，把握旅游者需求，要围绕“生态”展开规划。我们文联参与的扶贫，要重视文化，要讲文化规律，要真正通过文联的制度建设介入具体项目，使文化在扶贫脱贫中发挥关键作用。

我们抓扶贫攻坚，首先要从党的十九大精神中寻找出发点，特别是习近平总书记非常关心的“乡村振兴战略”。“乡村振兴战略”是继土地改革、包产到户之后，中央高度关注和解决“三农”问题的又一举措，是战略性的、全局性的深层次的规划。我们要深刻理解和把握“乡村振兴战略”的目标、要求和内涵。最近，习近平总书记在江苏徐州扶贫点调查指导工作时跟老百姓说，不仅仅是腰包要鼓起来，同时还有乡风民风要好起来。乡村振兴是乡村文明的振兴，生活富裕离不开文明和文化。如果我们的传统村落，包括现在的自然村和行政村，在建筑上乱建乱搭，没有规划，影响的不只是村容村貌，也可能给传统的村落景观造成不可修复的破坏，给旅游文化发展造成影响。我们要做扶贫工作，一定要了解吃透党和国家的政策，理解“乡村振兴战略”。县里工作是最基层的工作，对于乡镇文化和产业发展来说，“十三五”规划当中有两项大的政策可以寻找落地实施的项目点，一个是传统村落保护规划，一个是传统工艺振兴计划，国家大力支持，也是功在当代利在千秋的文化项目，应该结合自身的历史资源特色做好规划、申报和落实。特别是目前扶贫发展中和文联有关的工作，我提三条建议：

第一，建议县委县政府考虑出台一项中国文艺家扶贫项目的落地规划。每个文艺家协会到文联的扶贫点来，这个点是长期的，是驻下的，

a

a 2018 年调研广西昭平民俗

要产生可持续的效益。比如今天中国摄影家协会提到建立摄影小镇，在围屋做一个，能不能在黄姚古镇也做一个？这样的项目非常实。比如中国民间文艺家协会，我们可以到这来做一个基地，每年派调查组过来，每年参与到扶贫项目的文化规划和咨询工作中来，民协不少专家学者研究古村落，研究现代建筑，对于传统村落和现代村子之间的关联度，对于整体规划中的文化厚度等，可以做好提升，避免私搭乱建等问题。作为中国文联文艺家的扶贫落地项目，县委县政府要做好与中国文联的对接，做实，落实、落细，真正落到项目上，让老百姓受益。作为文联来说，我们要围绕扶贫项目建立文艺家智库，文艺家要有项目，各个文艺家协会要跟我们当地结对子，跟扶贫项目结对子。比如新建旅游项目，找全国最知名的专家将规划项目中不合时宜的地方提出来。文联的资源是智库，我们不走马观花，要做对当地政府、对老百姓、对民族文化负责任的事。

第二，建议县委县政府出台传统村落资源的当代转化实施方案。我们一定要把传统村落作为县里的文化资源。资源不只是自然资源、物质

a

a 广西贺州昭平县民居

资源，传统村落就是我们的文化“金矿”。这个资源到底怎么保护？如何转换？转换为财富一定要有个实质的过程。方案现在要建立，如果要做开发，企业肯定要介入的，但专家要先介入。我在全国传统村落保护研讨会和全国政协提案当中都提到过，传统村落保护，要由政府主导、专家介入、村民受益、统筹规划。政府主导不仅是投入的问题，政府主导要分层次，不能一个项目给了旅游公司就公司说了算，没有专家介入，可能好的项目得不到有效的保护。在这一点上，文艺部门要介入，民间文艺家要介入，只有尊重文化，保护好文化，才能谈发展，才是一个完整的旅游景点项目。目前，这一块力度不够，走访了这几天，明显感觉传统村落的保护和后续旅游产业的推广，还是“两张皮”，有的是没保护好，也存在乱开发。比如在古村前面建一个牌坊，在古围屋的门口建一栋新楼，是一种破坏。昨天走访的几个村都比较新，这么好的资源，没有好好利用，自然村里老百姓乱建，这方面能没有一个制度吗？县委县政府要想打造一个全旅游的县，房屋乱盖能行吗？城市有城市规划，乡村振兴要县乡村总体规划，得有一个风貌。老百姓需要盖房，这是正常需求，但是得有正确的指导。扶贫的根本目的是让村民受益，要有文化的、发展的、长远的眼光和规划。

a

a 2018 年黄姚镇北莱村考察

第三，做一个传统工艺振兴与旅游产品研发的实施方案。发展旅游，要有大的产业布局，要有旅游产品、纪念品的具体设计。旅游产品一方面是软性的，涉及文化推广、品牌推广，一方面是硬性的，包括落地项目、茶产业、农副产品生产销售等。以当地红茶为例，还要有成系列化的产品，产业不只是卖茶本身，茶叶关联产品还要加强开发。如果县里茶叶包装都用竹制品包装，既生态环保可持续，当地有大量竹子可以利用，又把竹编手工艺恢复了，形成一条龙式的文化产业链，可以带动更多的农户致富。工业的产业链需要，文化的产业链也需要。传统工艺振兴是一项国家举措，要做好具有关联度产业规划和发展，做好资源的整合开发，提高产品的文化附加值。总之，要有总规划，有落地项，要重视文化，保护和利用好文化资源。这一块我们文联有资源，当地政府如果把一个规划两个方案能做好，文联工作才能有的放矢。我看了看墙上的牌子，其实我们文联文艺家扶贫项目就这四句话：访民情，听民意，帮民富，保民安。

综合调研整体情况，对昭平县文化扶贫工作形成如下认识和建议：

第一，文艺扶贫，规划先行，科学认识和保护文化资源基础。

昭平县是广西 20 个深度贫困县之一，也是自然和历史文化资源的富集地，由于地处桂粤湘三省区交界，风光秀美，壮、瑶、客家等多民族聚居，中原文化、百越文化、湘楚文化等多种文化交汇，自然和人文景观丰富，具有发展旅游文化产业的资源优势。相关资料显示，以黄姚古镇为核心，已形成地方旅游产业的积聚和拉动效应，“据统计，2016 年，黄姚古镇产业区实现旅游业 GDP19.56 亿元。据估计，2017 年，产业区将实现旅游业 GDP28.35 亿元，增长 44.94%”。同时，黄姚古镇距桂林 170 公里，具有吸引游客发展旅游的地缘优势。

习近平总书记指出“绿水青山就是金山银山”，依托自然和文化资源发展旅游产业，带动乡村脱贫致富，是一条生态的、文化的致富之路。必须明确，依托历史文化资源发展旅游，要以做好文化资源的基础保护为前提，特别是对于不可再生的历史景观、特色景观、标志景观，要划

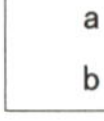

a 2018 年调研黄姚镇北莱村民居
b 2018 年凤凰乡鹧鸪村考察

定保护红线；对于历史与当下、自然与人文、生活与生产相互依存的文化生态、自然生态等的内在联系和总体格局，要有全面认识和系统规划，避免建设性破坏；以“人文无干扰、生态无破坏” 作为文化旅游的首要基础。

以北莱村为例，古民居群绕螺山据山势地形层层建造，约有上百座，按上安寨（张家）、潘屋寨（潘家）、大银寨（张家）依次呈扇形展开。其中青砖屋 34 座、泥砖与青砖混合民居 81 座，最早的青砖灰瓦民居历史可追溯到光绪年间，其他均为 1930 年建造，夯土泥砖房至今也有三十多年历史。古民居形制多为单檐尖山式悬山顶，硬山顶多集中于潘屋寨，木架构为抬梁式，天井、厢房、正堂组合成庭院，墙体相连高矮错落，外立面极富层次感，部分古民居仍保留有墙头彩绘和浮雕，门前有插香的石头宝瓶。村中另有水井 3 口、土地庙 4 座、村坪 1 个，原有 4 座门楼已毁于战火，仅存山上石门。上安寨马蹄井前有碑刻对联：“马蹄鲛洁钟甲第，井泉生气启人文。”村中屋前水塘边古道呈东南走向，横穿寨子，据传为张家立寨时始建，石子铺砌，沿用至今。另有姚江源头溪水从潘家寨前流过，村中有池塘数口，古民居与地形地貌相融，背山面水，处处见山见水，在村落规划、建造方面体现出传统营造观念和匠心。由于古民居建筑已基本无人居住，年久失修，破坏严重，多数已成危房。如果不能及时整修，因自然原因，风蚀日晒，崩塌损毁，将造成无法挽回的损失。如果因人为原因，盲目拆建、翻新，也将造成不可修复的损失。所以，从古村落、古建筑等专业角度，进行勘测、评估，制定保护修复的规划，并在充分科学论证基础上，以尊重历史、保护文化为原则开展保护和修复，是当务之急和必由之路。如果失去这些宝贵的历史、人文景观和资源，无论建设多么现代、豪华、便利的旅游设施，也是无本之源，难有独特的文化魅力和旅游吸引力。

另以鹧鸪村为例，背山面水，建寨至今的封闭式清式古建筑群，有传统民居 30 余座，古屋均为砖木结构，每排进深 100 多米，整体建筑坐东朝西，建筑风格基本一致，青砖黑瓦，窄门高屋，部分建筑墙壁上还保留有精致的花纹浮雕，墙沿绘写有花鸟、人物、书法等，雕龙刻凤，每户天井上方均布有六边形肌理的铁丝网为安全防护之用。整体有古街巷 3 条，古井 1 口，以及重建的李家公祠。街巷规划为直线型，有门楼祠堂和石板街。我们在调研中看到，鹧鸪村已就传统村落保护制定形成了规划书，明确作出了价值特色分析，包括民居的“活文化价值”，院落结构布局体现了村落社会关系演变和村落发展历程，整体景观、体量和院落及房屋结构反映了村落生长和村民生产生活，客家文化特有的建筑元素和符号为现代建筑的民族化设计提供了基本参考等。规划对文物建筑保存现状进行了类别划分，对建筑现状、用地现状、基础设施、自然环境因素等做出评测，制定了明确的保护规划目标、原则和措施内容。其中划定了核心保护区和建设控制区、环境协调区等，是一项科学、系统、翔实的保护规划。古建筑具有脆弱性和不可再生性，将这一科学的规划充分落实到位仍具有迫切性。

在广西昭平，调研所及的中洞村、新华村、四合村、太平村也保留有大量的客家围屋等古民居建筑，是宝贵的历史文化遗产，是重要的旅游文化资源，保存传统村落建筑遗产和历史环境的完整性具有紧迫性和现实而长远的意义。既要做好建筑保护，避免风吹日晒、雨水侵蚀等造成的木材腐化、砖瓦风化，年久失修造成的破损残缺，以“修旧如旧”为原则做好修护，保护本来面貌，也要做好整体环境的保护，认识和尊重传统村落布局和生态环境，避免建设性的破坏，包括旅游开发可能导致的建设性破坏和居民自身较为盲目的私搭乱建造成的破坏。要从根本上形成保护的共识，制定和落实保护的规划，珍惜祖先留下的宝贵的历史文化遗产，留住文化遗产和绿水青山，依靠当地文化资源，走一条靠文化脱贫致富之路。

第二，文艺扶贫，扶心扶志，因地制宜激活文化内生动力。

在调研中，我们看到，昭平县有丰厚的少数民族文化资源和良好的自然生态，但依托自然材质和生活文化的手工艺发展相对不足。以黄姚古镇的旅游产品经营为例，本地传统手工艺转换不到位，特色工艺产品

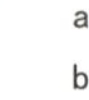

a 广西贺州昭平县民间竹编工艺
b 广西贺州昭平县民间制作面食的果模

a b

a b 农耕生产工具

尚显不足。扶贫扶志，授人以渔。手工艺是生态环保的农村特色文化产业，应加以重视和发展。因此，我们对当地竹编等传统工艺进行了深入调研，从调研情况看，发展竹编工艺具有资源优势、文化基础、市场空间和良好的致富前景。

从竹类自然资源看，昭平县志记载，昭平县“竹类的种类共有 12 属 30 余种。全县现有竹林面积 12206.7 公顷，其中毛（楠）竹 6273.3 公顷，占竹林面积 51.3%，篙竹 3620 公顷，占竹林面积 30%，是主要的竹类，毛（楠）竹蓄积量（立竹）1400 万株，平均立竹度为 220 株 / 亩，篙竹蓄积量（立竹）780 万株，平均立竹度为 380 株 / 亩。2010–2011 年全县完成竹子造林面积 655.3 公顷，其中毛（楠）竹 184 公顷、篙竹 403 公顷、杂竹达 68.3 公顷。县大脑山林场、富罗林场、县林业局世行办、县竹业公司等单位相继营造毛竹基地。其中梧州公路局与昭平镇财政所共同投资在裕益林场联办 66.7 公顷毛竹基地；昭平镇龙潭村多年坚持种竹子，已有毛（楠）竹 66.8 公顷、杂竹 133.3 公顷，全村拥有竹林面积 666.7 公顷；在福登村，以土地租赁形式向外发包集体林场 26.8 公顷种植竹子，该村竹子种植面积达 2866.7 公顷”。

从竹编工艺基础看，当地老一辈村民（20 世纪 40 年代至 60 年代生人）大多掌握竹编技艺，编制篮、筐、篓、帽等生活器皿和用具，就地取材，量材为用，朴素实用，富有地方特色。通过调研采访我们了解到，20 世纪，昭平竹编曾经历两个发展高潮，一是农村合作社时期，竹编由供销社收购，部分产品出口日本，有的村庄形成了家家生产、户户编织的局面；二是改革开放后，实行家庭联产承包责任制，农业生产积极性大大提高，耕田时戴的斗笠、装粮食用的竹筐需求量大增，当时一次圩市能销售竹筐上百担（一担两只）。现在笔头村、鹧鸪村等留村的村民大多从小耳濡目染学习编织，亲身经历了这两个发展时期，掌握关于竹编的全套娴熟工艺，并有愿望继续发展竹编生产。从目前情况看，由于塑料制品等大量使用，竹编市场需求自然萎缩，从事竹编的农户艺人已大幅减少，编制的筐、篓等仅在附近圩市出售，购买的农户主要用于盛装水果或家庭日常使用。竹编的自然和人文基础亟待与更广阔的市场需求对接，激发脱贫致富的文化动力、内生动力。

从市场前景看，发展竹编工艺有助于丰富黄姚古镇等旅游文化产品，以旅游拉动工艺生产，以特色工艺产品带动旅游消费，就此需要在现有产品基础上进行多样化设计开发，不仅生产富有地方特色的传统日用产品，还可进一步开发文具、挂饰、摆件等美观精巧、携带方便，并符合现代生活方式和观念的日用品、观赏陈设品等。同时，发展竹编工艺可以对接当地茶产业，设计开发竹编包装、竹编茶器等，可拉长茶产业链，提升产品文化附加值，使茶产业和竹编生产相互带动，形成产品特色。此外，可积极吸收我国浙江、福建、台湾地区发展竹编产业的成功经验，并坚持广西竹编特色，争取形成昭平竹编品牌，进入国内国际市场。也可在先行先试阶段，尝试加入公平贸易组织，突出扶贫脱贫的公益性，建立昭平竹编的销售渠道，解决脱贫致富的发展问题。

从村民群众的发展愿景看，掌握竹编手艺的农户艺人普遍渴望拓展竹编市场，不离土不离乡，守着家里的竹木就能靠手艺致富。特别是村里六十岁以上的老年人，生活仍然艰苦，以手艺为依托，老有所养、安享晚年是他的愿望。在笔头村，我们看到年纪在七八十岁的老人仍在批量购买竹材，在家从事编织。竹编是手艺，是文化，也是生计，积极有

a 2018 年调研凤凰乡四合村
b 黄姚镇中洞村古村落调研

效地加以发展，是文化的传承，也有助于解决现实的民生问题，增强生活的幸福感和获得感。

第三，文艺扶贫，振兴乡村，以民间文化为杠杆改善乡村民生。

习近平总书记在党的十九大报告中提出乡村振兴战略，将乡村振兴列为全面建成小康社会决胜期的重要战略之一，明确指出“农业农村农民问题是关系国计民生的根本性问题，必须始终把解决好‘三农’问题作为全党工作重中之重”。党的十九大报告提出乡村振兴战略的总要求是“产业兴旺、生态宜居、乡风文明、治理有效、生活富裕”协同一体的，是综合生产生活、自然禀赋、文化传统、制度体制的宏伟蓝图。

在调研中我们也深切感受到，把握乡村振兴战略的总要求，“生活富裕”需要与“产业兴旺、生态宜居、乡风文明、治理有效”协同，也要以之为前提，要全面认识“产业兴旺、生态宜居、乡风文明、治理有效”与“生活富裕”的内在联系及其必要性。从此次调研情况看，作为贫困县，昭平县在“产业兴旺”方面仍在积极探索和下大力发展，在“生态宜居”、“乡风文明”、“治理有效”方面，也需要积极探索和发展。生活垃圾治理和农村住宅建设规划等仍需加强。如河畔塘边、村道路旁、村头屋后生活垃圾散乱抛置，环境卫生存在不足，影响村容村貌，反映出有效的垃圾处理设施和运行管理机制还不够到位。复制可复制的经验，借鉴其他地区农村垃圾处理的成功经验，加强农村生活垃圾治理是对民生的改善，也是为旅游发展做必要的准备，是乡村振兴的基本环节，需要加以重视。此外，农村新建住房应有合理的规划和引导，在古民居建筑群中建造红砖水泥住房、在清代围屋出入口毗邻不足数米处建造现代钢混毛坯楼房等现象仍存在，自发的、无序的，甚至较为粗糙的新建建筑往往割裂了

a

a 2018 年调研广西昭平长发瑶寨

原有的传统村落规划格局，割裂了耕地林地使用面积，对生活的历史文脉和生产的用地发展都造成破坏，也直接破坏了乡村的自然景观和历史文化景观，盲目建设制约后续的健康发展。

生态宜居、乡风文明是生活富裕的前提和基础，也是生活富裕的品质反映。利用老宅基地拆旧建新、私占耕地开展民居建设等情况普遍，一方面合法性存疑，另一方面侵占耕地，导致村落格局散乱，民居建设无序，土地利用效率低下；由于村落缺失针对性规划，村落布局已经由传统的看风水察地理，重视人与环境和谐统一永续发展，转变为逐利趋便主导的沿路建设生成，村落整体环境缺乏与自然环境相宜的美感与兼容性。宝贵的自然资源、优秀的传统文化遭到一定程度破坏；民居营造缺乏有效规范与引导，村民自建房形式简单粗陋，很显然，将难以为全域旅游开发提供高质量的村落景观；民居建设贪大求多，造成耕地、资金、物资、人力等的巨大浪费，致使民居外观粗陋，内里空洞，使用品质低下，宜居水平不高。村民攀比心态风靡，经济压力持续不断，幸福指数低迷；村落及民居营造与传统文化产生严重撕裂。传统院落格局、民居营造手艺、传统民居营造材料、传统民居营造仪轨等在新居营造中全无传承。新民居营造因此缺失地方特色、民族特色，粗鄙低劣、千村一面问题突出；村落集体经济水平低下，村民经济来源相对单一，收入水平总体不高；村容村貌亟待整治：垃圾收集与处理、家畜家禽散养、雨污排放、水管电线漏明等问题明显；空心村现象普遍。青壮年人口流失，创新创业，脱贫致富中间力量缺失；传统民居保护状况不佳。传统民居空废、损毁、坍塌现象普遍。我们建议从以下几个方面着力改进：基于县域总体规划，编制镇村规划，坚持“多规合一”“一村一规”“绿色优先”，并严格依法依规开展村落保护与建设。尤其严禁违法占用耕地开展建设，对于民居建设面积、高度、形态等应规必规，当限必限，坚决不走回头路，不入死循环。对传统民居、传统手工艺等重要的优秀传统文化进行梳理，采取分类、分区、分档等有效措施加以保护、传承，在合适时机以恰当方式发扬光大，使之成为开展全域旅游的重要物质和

文化资源，争取实现传承优秀传统文化，发展村落特色经济双赢；针对现有普通民居出现的诸多问题，组织聘请设计院所、高等院校等设计、教育机构的专业人员，吸引镇村干部、广大村民广泛参与，开展针对性调研，把脉问诊，提出总体整治方案，提交经济适用、具体可行、特色鲜明的设计方案。可以从传统村落开始，有的放矢地依照设计方案逐一规范、引导、改善，耐心打造民族特色、地域特色、传统特色鲜明的村落样本，以起到示范带动效用。可以将村容村貌整治工作与旅游开发、精准脱贫相结合，精准发力，连片带动，整体提升；开展村容村貌整治工作，打造与自然环境匹配的美丽乡村，提振村落自信心和吸引力。比如生活垃圾由专人打扫，集中收集处理，建筑垃圾由建设方按规范定期清扫处理；电线电路入地；雨污排放规范合理；家畜家禽在村外远离饮用水源的区域，辟出专地建设集中饲养场等；在全域旅游的总体规划和引领下，按照“宜工则工、宜商则商、宜旅则旅、宜农则农”的原则，突出发展特色产业、文化产业、绿色产业，推动“家门口”就业创业，加快实现村落及村民脱贫致富。整体上，既要从管理层面加强规划和治理，也要从文化层面加强交流和引导，使人民群众认识和传承优秀的乡村文化传统，珍惜历史遗存，热爱家乡自然，进一步激发建设发展的责任感和积极性，坚定文化自信，加强文化的认同、尊重和传承，从具体环节出发，从现实问题着眼，发展乡风文明，增强脱贫致富的动力活力和持久潜力。

a　b

a 广西贺州昭平县桂岭镇平安村平安村村貌
b 广西贺州龙胜县龙脊镇金江村镇金江村织绣技艺

民族边疆地区乡村发展调研

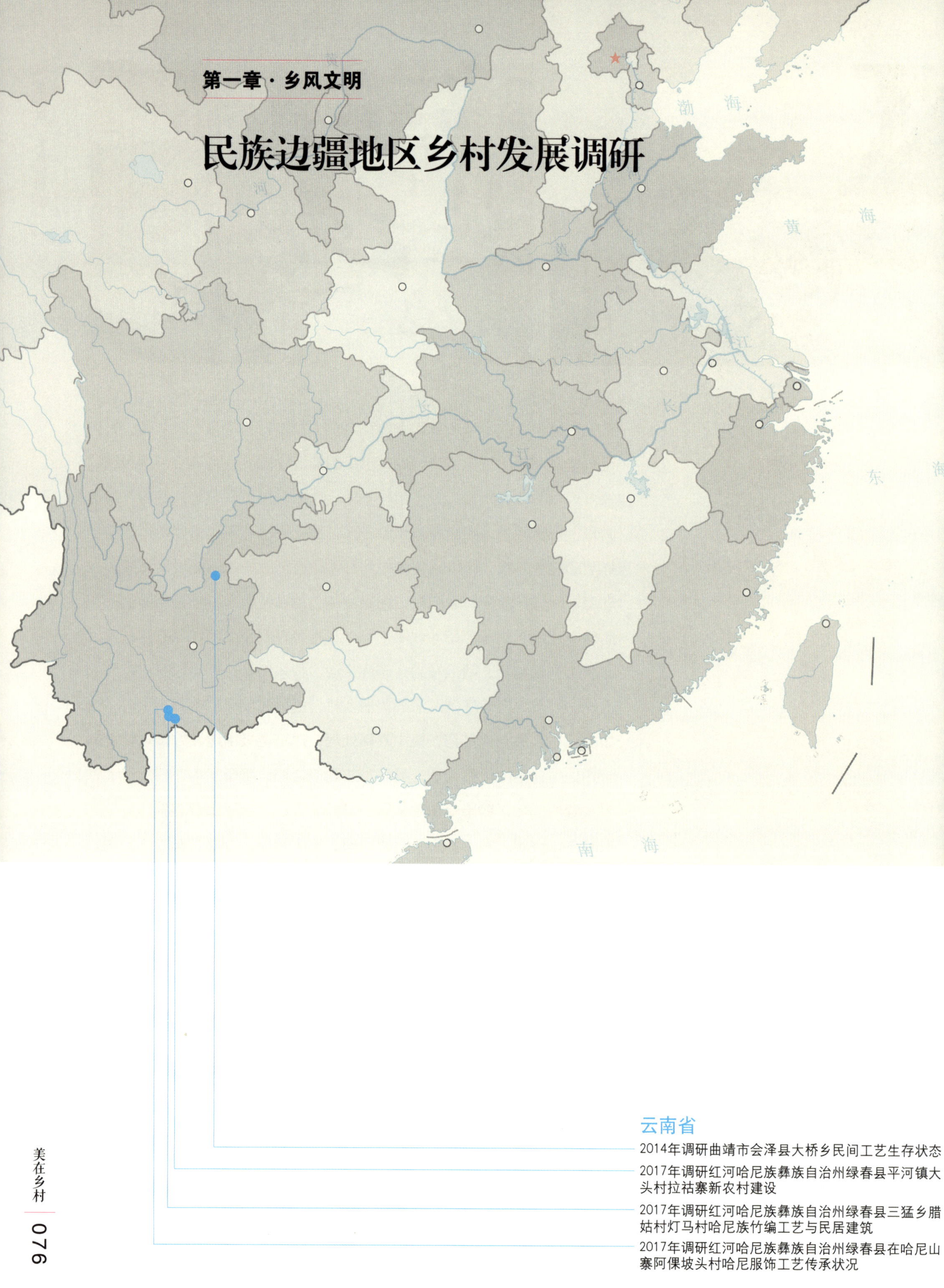

2017年4月15日至20日，全国政协民族和宗教委员会调研组一行赴云南少数民族乡村调研，先后就绿春县、元阳县哈尼族、拉祜族村落进行了考察和座谈。此行不仅加深了对于少数民族边疆地区乡村发展现实的认识，也深化了对于乡村文化与社会发展的思考。

a 2017年考察云南省元阳县梯田耕作文化

b 2017年调研绿春县灯马村哈尼族的手工艺传承

一、元阳县梯田文化与扶贫攻坚

调研组一行抵达红河州元阳县对扶贫脱贫工作进行调研。元阳县位于云南南部，红河南岸，哀牢山脉南段，山高谷深，无一平川，构成了“两山两谷三面坡，一江一河万级田”特殊的地形地貌，具有“一山分四季，十里不同天”的气候特点。世居哈尼、彝、汉、傣、苗、瑶、壮七种民族，少数民族人口39.56万人，占总人口的89.32%。元阳是集边疆、山区、民族、贫困四位一体的国家扶贫开发工作重点县。有关资料显示，2015年年底，全县有9个贫困乡、92个贫困行政村、建档立卡贫困人口11.72万人，贫困发生率为29.22%，贫困人口在全省排第8位、全州排第1位。为确保到2019年全县14万余贫困人口如期脱贫，全县展开了脱贫攻坚工作。

元阳县素有“哈尼梯田故乡”的美誉。红河哈尼梯田规模宏大，气势磅礴，绵延整个红河南岸的红河、元阳、绿春及金平等县，仅元阳县境内就有19万亩，现有记载已有1300多年历史。山高谷深，空气湿润，水源丰富，气候多变，梯田景致富丽多姿。哈尼、彝、汉、傣、苗、瑶、壮各族人民围绕梯田生产生活，形成了富有特色的衣食住行、节日庆典、生死嫁娶和祭祀活动，成为丰富多彩的梯田文化。目前，以梯田景观为核心发展乡村生态旅游业成为当地脱贫攻坚的一个主要抓手。

在调研过程中我们看到，梯田耕作非常艰辛，人多地少，如果仅依靠农耕很难脱离贫困。在发展旅游的过程中，给贫困建档农户优先提供在有关景区经营的资质，确实拓宽了生计渠道，发挥了积极作用。但也必须深刻认识到，生态旅游是一个综合系统，必须保护好自然生态、民族文化生态整体，突出村民主体，实现永续发展。

首先必须全面认识梯田生态文化的内涵和价值，有研究者将之总结为自然生态的翻版、平现农耕文化的移植、社会结构的基础、物质生活的依托、自然人生观的桥梁、民族性格的写照、社会人际关系的纽带、人神交流的祭坛、生命情调的源泉、文化传承的载体，是值得我们深刻认识和思考把握的，在合理开发和利用其经济价值的同时，也要充分保护好其他方面的价值。因为“农业文化遗产与其他遗产类型不同的是，它主要体现的是人类长期的生产、生活与大自然所达成的一种和谐与平衡。它不仅是杰出的景观，对于保存具有全球重要意义的农业生物多样性、维持可恢复生态系统和传承高价值传统知识和文化活动也具有重要作用。与以往的单纯层面的遗产相比，它更强调人与环境共荣共存、可持续发展”。从根本上说，农业文化景观遗产是一个有人参与的、不断发展变化的系统，而且至今仍然是许多地方居民生计来源，必须全面认识它的历史价值、文化价值，在全面的、尊重的、保护的基础上合理求发展。

同时，须让村民成为乡村生态旅游的主体和主要受益者。要建立村

a 2017 年调研云南少数民族村落
b 2017 年调研云南少数民族民俗

a 2017 年调研云南少数民族手工艺
b 云南少数民族纺织工艺

民的参与机制，保障他们在旅游业发展中的应得利益。尤其要吸取其他地方在乡村旅游发展过程中产生的教训，避免村民在旅游发展中被边缘化，避免“门票经济”与村民无关、发展的景观表象与村民主体的实际割裂脱节，避免旅游经济发展盘剥村民利益。事实证明，村民如果仅作为旅游经济链的低端环节，从事低效雇佣劳动，则缺乏提升发展空间。要关注村民能否在地方发展中获得长远收益和提升，村民的生计生产、文化生活等应与地方发展有效对接，使特色农业、副业等成为地方发展的有生力量，实现可持续发展，避免旅游资源开发脱离村民“架空式”发展。要关注村民祖祖辈辈生活的乡土自然生态是否得到保持。避免“复制式”的设计建设，避免与少数民族传统不符、肢解破坏乡土自然特色和文化肌理的建筑建设，避免文化的“同质化”，保护多样性。

此外，乡村生态旅游在产业链构建上要因地制宜、突出特色，发展有机农业和特色农副产品生产、发展乡村手工艺等不离乡土，都是乡村旅游的重要内容。比如红河梯田红米以及丰富的肉、鱼、蛋等农产品及相关生态食品，做好品牌建设，提高综合价值，在发展生产的同时也有助于提高农民种植维护梯田的积极性。当地丰富多彩的传统工艺文化的生产性发展，有助于广大群众在保护和发展中增收致富。

发展乡村旅游是生活文化需求，有生态文化价值，具有综合优势。我们脱贫攻坚、发展乡村旅游要突出人文关怀，突出文化生态，突出村民的主体地位，相信守护文化、助益村民生活才是长效持续发展的根源。

二、彝族刺绣融入旅游产业发展

全国政协民宗委到达元阳县攀枝花乡保山寨猛弄村进行调研。猛弄村属于山区，世居彝族、哈尼族，人均收入主要以种植、劳务输出为主。村民多为土司家丁后人，承袭了土司盛年时期的工匠、纺织、裁缝、刺绣、饮食等技艺，彝族刺绣工艺也成为当地脱贫致富的一支产业力量，与旅游业融合发展，发挥了积极作用。

彝族传统刺绣纹饰精美，色彩丰富，具有独特风格。主要用于服饰装饰，从美化和耐用出发，绣饰于领边、门襟、袖口、围腰、衣摆。通

过刺绣图案、缝贴彩边，增加了美感和服装的牢固性。图案纹样有山水云雷、飞禽走兽、花木虫鱼等自然图案，四方八虎、福禄寿喜、鸾凤和鸣、榴开百子等人文图案，三角、方形等几何图案，马缨花、镰纹、太阳纹等最为常用。配色上，红、橙、黄、绿、青、蓝、紫等大量使用，华丽多彩，尤其尚黑喜红，高饱和色彩鲜艳对比强烈，反映了热烈奔放的民族性格。绣法灵活多变，多以挑、压、镶等工艺结合，视觉效果突出，有明显的地域特色。彝族传统刺绣是彝族灿烂民族文化与悠久历史的写照，融入了彝族先民的起源故事、宗教信仰、图腾崇拜和生活愿望，具有重要的文化价值。

近年来，随着哈尼梯田申遗成功，乡村旅游快速发展，当地以“梯田魂、民族情、刺绣美、小康梦”为主题，建成猛弄土司绣品坊，将猛弄村及周边村寨的优秀绣娘组织起来，成立猛弄刺绣农民专业合作社，建成民族刺绣传承实训基地，加快民族刺绣衍生产品的开发。当地资料显示，猛弄刺绣农民专业合作社已发展社员 200 余人，当前，全乡正打造 2 个彝绣专业村，彝绣协会 1 个，有彝绣营销大户 4 户，营销者 10 人，从业者 500 余人。“通过对绣娘进行系统化、专业化、市场化的培训，

a

a 2017 年调研云南彝族刺绣工艺

使绣娘从丝线色彩搭配、图案整体设计、服装裁剪到刺绣手法要领等方面得到提升，增强绣娘设计理念和技艺水平的同时还提高了绣品的质量和美感。此外，还与相关企业合作，将本土民族特色与时代流行元素相融合，探索打造设计—生产—销售（微店销售、网上销售）为一体，产品生产实行顾客与绣娘一对一定做的农村电商运作模式，使得绣品的价格从原来的几十元，提高到百元乃至千元，帮助当地农村妇女不离乡土、不离家庭就能增收。”

猛弄彝族刺绣的发展，在促进扶贫脱贫、传统工艺衍生发展方面积累了不少好的经验，也带给我们一些深层次的思考。现实意义首先在于使当地村民对民族服饰有自豪感，不离乡背土、足不出户就能就业创业，让手艺与旅游产品相结合，并引入专业设计师帮扶，形成真正由村民自己组成的刺绣合作社，持续良性发展，培育文化种子，培训技艺水平，培养一支农村文化产业队伍。从长远发展看，如何保护好彝族刺绣的文化种子，关键把真手艺传下去，是发展的根本所在。

应该看到，产业化发展确实给传统工艺发展带来一系列改变：比如在刺绣品方面，不再局限于传统民族服饰，创意了挎包手袋、手机套、

a

a 2017 年调研云南少数民族刺绣工艺

桌布杯垫、抱枕靠垫、围巾披肩、壁挂装饰等，图案纹样上融入了一些现代观念的视觉元素，颜色搭配上也打破了不少传统模式，丰富了民族传统工艺元素在当代家居服饰中的应用范围，体现了当代生活和审美的特点。同时，一些彝族妇女的生计方式发生改变，很大程度上转化为职业化的民族民间艺人、商人。市场化、批量化生产，往往用现代印染方法和缝纫设备代替传统手工盘花、贴花、挑花等工艺，传统的自染自织的土布大部分被不同材质、不同规格的布料替代，有传统民俗寓意和功能、随着刺绣者心意而动的带着创作意味的个性化刺绣图案纹样受到市场化、订单化、批量化、程式化的图案纹样的影响。

因此我们建议加强传统工艺的原生态、衍生态认定，促进多元发展。一是加强文化生态基础研究，制定保护与传承措施，保护好工艺文化的母本，尊重手工，尊重原创，鼓励原汁原味地传承。二是在生产发展过程中，加强规范和引导，面向当代生活，丰富题材和品种，提升设计和制作水平，培育知名品牌，提高传统工艺等行业管理水平和市场竞争力，提高从业者收入，提高对城乡创业就业的促进作用，促进传统工艺在当代生活中的广泛应用。要从根本上增强文化自觉和自信，相信少数民族群众自己穿的服饰就是艺术品，就是民族品牌，当然也能转化为高档旅游产品，以勤劳智慧的双手创造更加美好的生活。

三、拉祜寨的工艺文化史诗

全国政协民宗委调研组一行抵达云南省红河哈尼族彝族自治州绿春县。一路长途跋涉，遥见云山雾海间民居楼上五星红旗迎风飘扬，宛如画卷，拉祜山寨今昔之别映现眼前。

绿春县平河镇大头村拉祜寨，地处中越边境，位于“大仰龙”山顶，四周山高林密，较为偏远，耕地面积稀少，集“边境、特少民族、直过区”为一体，是典型的“直过民族”聚居村落。统计资料显示，全村有 33 户 167 人，157 亩耕地，人均不足 1 亩。在相当长的历史时期里，拉祜族群众过着打猎、刀耕、火种的原始生活，是绿春县脱贫攻坚任务最集中的一个村寨。

近年来，贯彻习近平总书记脱贫攻坚部署，作为平河镇乃至绿春县脱贫攻坚的“关键少数”，拉祜寨扶贫攻坚，依据《平河镇拉祜寨易地扶贫搬迁方案》，依山就势建设民房。2016年12月至今，33户村民都搬进了新居；政府配套产业发展，扶持发展生猪养殖、家禽养殖、土豆、玉米、板蓝根种植，实施中低产田改造和经济林提质增效，切实提高了生产和经济发展水平。

据了解，绿春县境内的拉祜族是清朝中后期（1786—1886年），先后由当时的他郎厅（墨江）迁入，自称“果聪”，他称“苦聪”。1984年底，红河州人民政府责成州民委和金平县民委调查研究。同年12月，组织金平、绿春两县的乡村干部、小学教师、农民等28名代表到澜沧拉祜族自治县走亲认族。代表们走访了3个乡4个村，与当地群众交流了有关生产、生活方面的日常用语，同时了解拉祜族的历史、节日、习俗、音乐舞蹈等，经互相比对后，认为拉祜族同“苦聪人”同是一种祖源。1985年10月，红河州人民政府根据本民族的意愿，“苦聪人”归属拉祜族族称。绿春境内的拉祜族有平河镇和半坡乡的黄拉祜支系，还有居住在牛孔镇、大黑山镇的黑拉祜支系。其余还有一部分居住在骑马坝乡。据2012年统计，

a

a 自然环境优美的云南少数民族聚落

境内拉祜族共有 3222 人。生计文化方面与瑶族相似。

在民间文学方面，拉祜族民间传说、故事，是拉祜族民间文学的一个重要组成部分，涉及社会生活的各个领域。在民间广泛流传的故事主要有如：神话传说《扎努扎别》、《葫芦兄弟》，神话爱情故事《雅祝西和左雅咪》等。在宗教信仰方面，以“万物有灵”为基础的自然崇拜和祖先崇拜是拉祜族宗教信仰的主要表现形式。虽然明末清初佛教曾传入过拉祜族地区，民国初期基督教和天主教也传入部分拉祜族地区，但绿春境内的拉祜族的宗教观念并没有受到影响，他们仍固守“万物有灵”为核心的原始宗教观。在节日民俗方面，当地拉祜族的传统节日主要有春节、六月二十四、新米节、清明节等。在民间音乐和舞蹈方面，绿春境内的拉祜族母语诗歌、音乐已失传。如今的拉祜族传唱的诗歌、音乐与周围的哈尼族诗歌、音乐完全相同，只是在歌唱的形式表达中用拉祜语即兴填词。传统乐器有芦笙、三弦、巴乌、哩嘟嘎、牛角号、电努答、竹笛、木叶等。绿春县境内拉祜族的民间传统舞蹈主要有《芦笙舞》。由十多个男人围圈，手持芦笙边吹边跳。伴舞者手拉手围圈，踏着节奏而舞。在民间手工艺方面，拉祜族竹编工艺精美耐用，竹编的各种生产

a

a 2017 年考察云南绿春县少数民族民俗

生活用品密实得滴水不漏，深受当地人民喜爱。

拉祜族的服饰以黑色与红色为主色，彩虹图案也是主要元素，重色迭彩，深厚热烈，服装在胸前和后背部位绣出精美的图案，配以花边，并沿衣领及开襟装饰雪亮的银泡银牌，端庄纤丽。拉祜族服饰作为一种成型的文化象征，投射着民族历史的影子，是无字的史诗。如长袍开岔口、衣边镶嵌上红、白、蓝等花边，长衫袖口有三道红色的花纹，据说是为了纪念在拉祜族迁徙过程中经历的三次大的战争。妇女的包头长穗，一说是远古时期与外族作战失败后，妇女在围困中用九十九条包头分三十三路逃出城墙，作为纪念，在包头两端各留了三十三条长穗。另外一说是为了纪念历史上牺牲的三十三位巾帼英雄。随着文化交流和经济发展，汉族简洁实用的服装逐渐成为拉祜族民众日常劳动生活的着装，但传统服饰仍是文化的盛装。

在民族传统服饰的背后，是完整的文化和工艺体系，就传统工艺而言，染织、剪裁、刺绣以及佩饰制作等，都富有特色，不仅具有属于民族自身的鲜明的符号意义、民俗功能和历史内涵，也最广泛意义上的生活之美的体现。工艺之美，是劳动者歌唱，是生活的礼赞，是对美好的追求和创造。复兴传统工艺，复兴的正是一种精神、情感、创造力的载体，找到一种有根有源的振兴的纽带和依托。

在调研中，我们看到，拉祜寨是民族文化资源的富集地，如何使特色文化转化为独特的发展优势，仍是扶贫脱贫的深层命题。扶贫贵在扶志，增强生产生活发展的内生动力，也将是彻底脱贫、永续发展的关键所在。

a

a 2017 年考察云南省元阳县梯田耕作文化

乡村社区公共文化服务体系建设调研

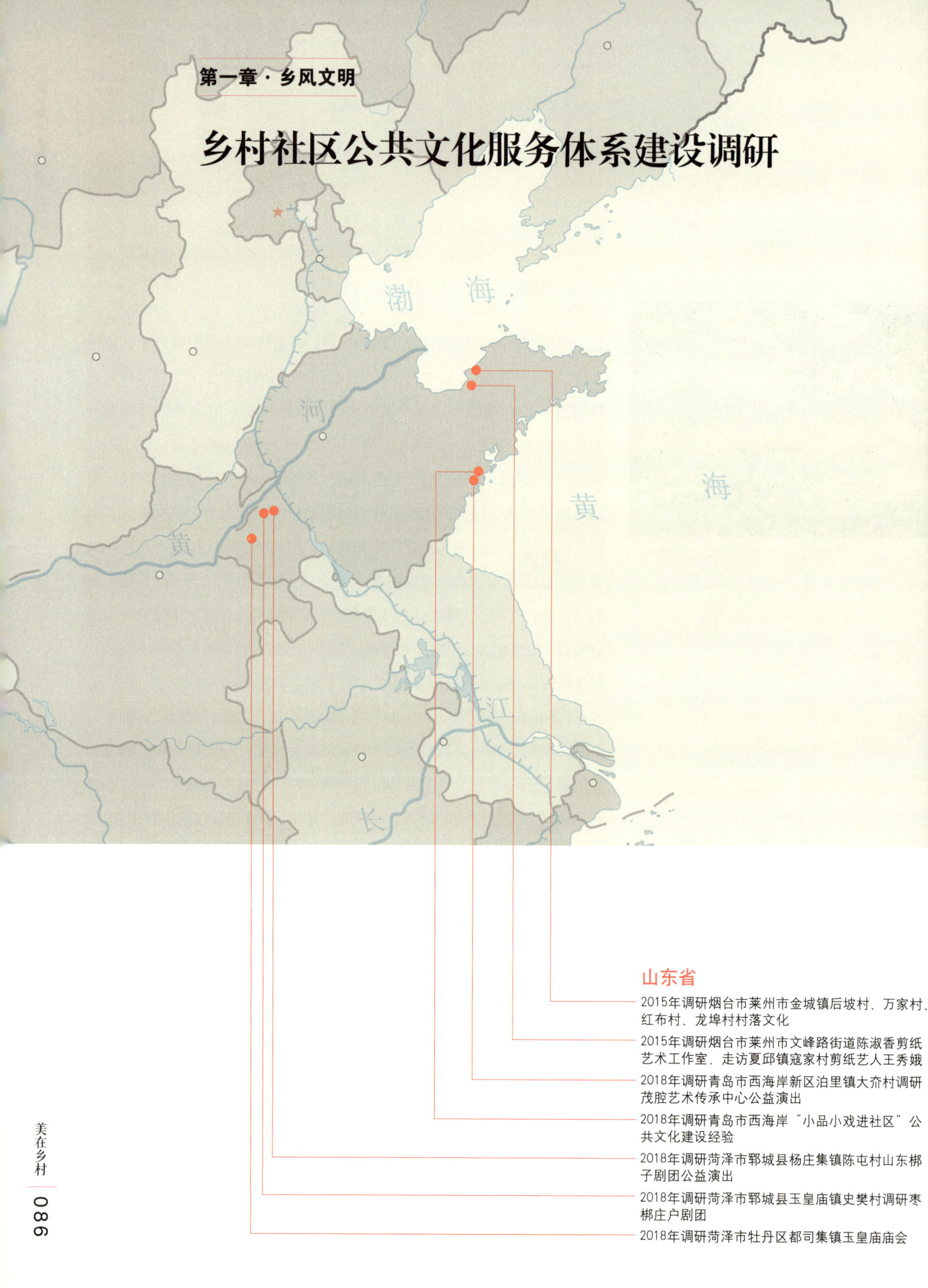

山东省

2015年调研烟台市莱州市金城镇后坡村、万家村、红布村、龙埠村村落文化

2015年调研烟台市莱州市文峰路街道陈淑香剪纸艺术工作室，走访夏邱镇寇家村剪纸艺人王秀娥

2018年调研青岛市西海岸新区泊里镇大夼村调研茂腔艺术传承中心公益演出

2018年调研青岛市西海岸"小品小戏进社区"公共文化建设经验

2018年调研菏泽市郓城县杨庄集镇陈屯村山东梆子剧团公益演出

2018年调研菏泽市郓城县玉皇庙镇史樊村调研枣梆庄户剧团

2018年调研菏泽市牡丹区都司集镇玉皇庙庙会

a 调研青岛西海岸新区隐珠街道台兴路剪纸中心

随着社会转型加快，乡村发展以及乡村社区的公共文化服务体系建设不断呈现出新特点和新需求：一方面，在城镇化发展过程中，乡村的文化需求具有和城市文化共通融会的一面，原因在于农村人口跨区域、跨城乡大规模流动以及现代传媒技术在农村社会的广泛应用，交流频繁，以往乡村相对封闭的局面被打破，对公共文化服务的内容与形式提出了新要求；同时，村民的文化权利意识增强，对基本公共文化服务均等化以及建立开放的公共文化服务参与机制等有需求；还有政府、市场、社会多元参与的公共文化产品供给，以及数字化、智能化、及时性的文化传播方式对乡村的影响，都使乡村公共文化服务呈现出与城市公共文化服务体系相通的新特点。另一方面，我国地区经济发展不均衡，传统文化的传承与发展也存在地域差异，不同地区的乡村公共文化需求具有差异性。从城乡一体化发展的总体布局和乡村生产生活、自然禀赋、文化传统、制度体制等综合因素出发，研究乡村公共服务体系建设的作用和实践机制，是一项与时俱进的课题。

2018 年 4 月，课题组就山东省青岛市西海岸新区的乡村公共文化服务体系建设进行了不同角度的调研，涉及乡村剧团、农民画院、民间文艺活动室等不同内容和机制，形成了一系列较为深入的观察和思考。

一、公共文化资源的传承与发展：茂腔戏

茂腔戏又叫肘鼓子戏、周姑子戏、老拐调等，是流行于山东半岛地区的一种地方传统戏曲艺术形式，其戏词多使用本地方言土语，平白如话，曲调质朴自然，唱腔婉转幽怨，深受山东半岛地区人们的喜爱。青岛西海岸新区的胶州南乡泊里、藏马一带是茂腔戏的发源地，自康熙年间产生至今长盛不衰，迄今已有近 300 年的历史。作为西海岸新区城乡民众中属于认同度高的地方性剧种，茂腔戏是一种地域性的公共文化资源。

（一）内容样式的传承

茂腔戏之所以在当地民众中广受欢迎，在于茂腔戏词剧目贴近百姓生活，唱腔曲调表达民众情感，是优秀乡风文明的价值载体。从内容上看，茂腔戏最有代表性的传统剧目是“四大京”、“八大记”，据统计，全部茂腔戏剧目有200余种，为女性伸张正义的主题占内容的绝大部分，备受女性观众喜爱，俗称“栓老婆橛子戏”。茂腔戏词皆为方言土语，用乡间俚语叙说老百姓身边的事，直抒民意，代言民心，为民呼、为民哭、为民喜、为民愤，将生活中的喜怒哀乐、爱恨情仇淋漓尽致地展现出来，老百姓对戏文故事有真切感受。清代文人刘墉撰写戏台楹联评价茂腔戏，“乍来一听，酥一阵，麻一阵，难受一阵，速速拔腿就走；听上三天，生也好，旦也好，唱的也好，问问哪里接台”，横批“与民同乐”。原中国戏曲家协会主席陶钝认为：“茂腔戏有股子悦人的甜蒜味，有麻、辣、酸、甜的地方戏特色。”地方民谣：“茂腔一唱，饼子贴在锅台上，锄头锄到庄稼上，花针扎在指头上”、“肘鼓子戏，娘们儿的事，姑娘喜欢听，老婆抹上蜜”，反映了当地民众对茂腔艺术的喜爱。

从曲调唱腔上看，茂腔以民间说唱小调山东肘鼓为骨干，吸收了老拐调、海冒调等外来曲调，以及本地秧歌调、大鼓书等演唱方式，以绵延、婉约、悠长著称，表演上以凄美、深沉为主。茂腔戏中女腔尤为发达，给人以悲凉哀怨之感，唱腔似哭，悲喜表现富有感情色彩，脍炙人口，多反映男女爱情、伦理道德等生活片段，最能引起女性的共鸣。当地茂腔研究专家游祥书认为，茂腔音乐的形成发展，大致经历了由民俗俚曲—板腔、曲牌的雏形板腔体确立—板腔体组合的过程。茂腔的声腔音乐“基本调”是整个茂腔音乐的“母体”和程式，这种程式主要体现在声腔的调式、旋律特点、落音归属、字位安排、板式变化规律等方面。由于这些具有浓郁地方特色的程式存在，才使得熟悉本剧种的观众能够很快辨认出来，听来易懂，形成了观众在审美习惯上的延续性。

作为当地重要的公共文化资源，茂腔在某种程度上就是乡土文化价

a 茂腔戏 《西京·裴秀英寻夫》
b 茂腔戏 《借年》

a b

a 茂腔戏 《张郎休妻》
b 茂腔戏 《寻儿记》

值观念的“基因库”。茂腔戏在故事演绎中融入了忠孝仁义、敬天法祖、崇德向善、勤俭持家等具有教育意义的内容，婚嫁、庙会、礼节等民俗情节完全以当地民间风俗为依据。在西海岸新区茂腔艺术传承中心下乡演出的剧目中，最受欢迎的戏目都是具有现实教育意义的传统老戏目。如《小姑贤》讲的是婆婆虐待儿媳妇，小姑子成功劝解，婆媳和睦。《墙头记》《三子争父》演绎的是农村养老的事情。《寻儿记》教育子女要孝顺父母，不能贪图享乐，不能忘本。《张郎休妻》，教育丈夫应该好好爱护自己的妻子，要夫妻恩爱，善待老人。《罗衫记》讲了主人公不徇私情，大义灭亲，按照律法处斩了自己的养父。《西京》有桂花亭、裴秀英寻夫、火焰驹三本戏，讲了亲情、爱情、事业的故事内容，劝人向善。经典的传统剧目能够久唱不衰的重要原因在于，大多反映了传统乡土社会认同的价值观。

茂腔戏在西海岸新区具有十分深厚的群众基础，即使在没有专业茂腔戏剧团演出的偏远村落，民众通过戏匣子听茂腔戏，不管是劳作还是生活，都能够沉浸在戏曲营造的故事世界中。茂腔戏成为当地民众生活意义的源泉和精神的家园。民众听戏能够获得审美上的享受和处理人生问题的智慧，形成了积极向上的生活态度和伦理道德观念。在茂腔戏流传的乡村，民众会不自觉地按照戏中主人公的处事方式作为标尺解决问题，民风淳朴，离婚率低，这充分说明茂腔戏在凝聚人心、教化群众、淳化民风中所起的重要作用。乡村文化是中华优秀传统文化的道德高地，是中华民族的文化底气和元气，是民众获得自强不息精神的动力源泉，激活茂腔戏对传播优秀传统文化起重要作用，让优秀传统伦理价值观念回归乡村，有助于提升农民精神风貌，培育文明乡风、良好家风、淳朴民风，建构和提升乡村社会文明。

（二）演出发展的机制

西海岸新区茂腔戏演出队伍分专业剧团和业余剧团两部分。专业剧团的存在保证了茂腔戏艺术水准的提升以及剧种的剧目创新，大量业余剧团为爱好茂腔的群众自发组织，通过茂腔戏演出丰富业余生活。

茂腔艺术传承中心是西海岸新区唯一一家茂腔专业院团，前身为胶南市艺术团。胶南市艺术团始建于1956年8月，是胶南唯一的专业艺术团体，常年在本县农村及诸城、青州、寿光等县演出，曾在1967年解散，于1980年10月再次成立，此后每年下乡演出300余场，创编、排演了《东京》《罗衫记》《三子争父》《茶瓶记》《火焰驹》《姊妹易嫁》《双借亲》《张郎休妻》《杨八姐游春》《王定保借当》《莫愁女》《胡林抢亲》《林娘》《桃李梅》《小姑贤》《西岐州》《墙头记》《西京》《状元与乞丐》《恩仇记》《半把剪刀》《铁碑怨》《借官记》《孟江女》《徐福东渡》《秦香莲》等。现代茂腔剧目有《老药罐》《半月肥》《庭院深深》《团圆》《七仙女下凡西海岸》《生日》《碧血丹心铸警魂》《俩老头》等大型古装茂腔剧目，多次获奖。[①] 2012年，黄岛区茂腔艺术传承中心在胶南市艺术团的基础上挂牌成立，作为文化事业单位，隶属胶南市文广新局，开展传统剧目和创作剧目公演，近年来，《西京》《东京》等传统戏、《仲秋夜》《徐福东渡》、大型现代茂腔《支书张玉刚》都受到好评。专业院团之外，当地还有大量的业余剧团存在，显示了茂腔戏具有广泛的群众基础。据西海岸新区戏剧舞蹈家协会主席王本宏介绍，本地能演起整台戏、能演多个剧目的剧团有11个，皆属于民营剧团，春秋两季的农闲季节出去联系演出，同时参加区里面组织的“小品小戏进社区”表演活动，下乡演出；能够演出茂腔折子戏的剧团有64个；能够参加活动民众剧团有100多个。此外，西海新区戏剧舞蹈家协会也通过组织活动凝聚茂腔戏曲爱好者和演出团体，多方面指导业余剧团和茂腔爱好者提高演出水平，组织“茂腔论坛”“茂腔名家名段演唱会”“业余戏曲比赛”“茂腔艺术节”等活动，在沟通专业院团与群众自发性演出团体方面发挥了积极作用。区茂腔艺术传承中心的品牌文化活动“送戏下乡”已经开展近三十年，每年组织茂腔艺术传承中心专业剧团到乡村社区进行各种主题活动演出200余场。

从茂腔戏传承传播体系建设经验看，“茂腔振兴”计划，依托茂腔

① 1982年，传统剧目《李亚仙》《寻儿记》被山东电视台录制播放；1987年12月24日，现代戏《林中缘》录音在中央人民广播电台播放。艺术团与青岛话剧院联合排演的儿童音乐剧《二小放牛郎》荣获中宣部“五个一工程”奖。2007年11月，在参加中国第八届艺术节剧目评选活动中又荣获“文华新剧目奖”。创编排演的大型古装茂腔戏《徐福东渡》，2004年7月被山东省委宣传部授予山东省第七届精神文明建设“精品工程”入选作品奖。

艺术传承中心从人才培养、观众培育、精品创作、形式创新等多个角度发力，开辟出一条行之有效的传承推广之路。一是加强人才培养。在茂腔艺术传承中心设立茂腔传习基地，2013 年政府出资委培茂腔学员 26 人到潍坊学院特幼教中心进行系统学习，目前已学成归来，充实了年轻演员队伍。在张桂华等老演员的指导下，排练出了《状元与乞丐》等剧目。参演了《西京》，新编开设“名家传戏”课程，邀请国内戏曲艺术家和茂腔名家等到新区授课指导，传帮带徒。二是加强剧目传承。复排复演了《西京》《张郎休妻》《罗衫记》等 16 部传统经典茂腔戏，改编并新排了《徐福东渡》《赵氏孤儿》《白蛇传——断桥》等剧目或折子戏。三是加强精品创作。创演大型茂腔现代戏《支书张玉刚》，根据原黄岛区灵山卫镇北窑村党支部书记、村主任张玉刚的先进事迹进行创排，剧情真实展现了他无私奉献、殚精竭虑的大爱情怀，塑造了他为父老乡亲的幸福生活奔走的感人形象。该剧成为近年来全国茂腔创演的精品剧目，在北京、济南、青岛及新区演出 60 余场次，摘取了全国戏剧文化奖、山东省文艺精品工程奖和泰山文艺奖等重量级奖项，再次刷新了青岛市文艺精品创作的亮点。四是加强观众培育。连续三年开展“新戏贺岁·梨园迎春”大型茂腔演出活动，排演经典折子戏十余部，向观众免费发放戏票近万张。在社区、学校等地开设茂腔艺术传习点，将茂腔艺术欣赏纳入中小学校的校本课程，培养年轻的观众群体。茂腔艺术传承中心与

a 现代茂腔戏 《支书张玉刚》

隐珠小学、育才小学、易通路小学开展了茂腔特长培训课程，结合中小学生特点设计课程方案，每周二或周五由专业演员指导小学生从经典唱段的唱腔、动作等基础开始学习茂腔。五是加强艺术创新。组织参加全省非物质文化遗产博览会，在青岛国际啤酒节、国际模特大赛等大型国际文化活动中进行茂腔艺术表演展示，并在驻区高校的外国留学生中组织茂腔文化体验活动，推动茂腔艺术“走出去”。同时，在近年来的剧目创演中，着重突出了茂腔婉转动人的唱腔、精美的服装道具等优点，并创新设计了舞台布景，结合舞蹈、声光等现代舞台剧的新元素，让茂腔艺术更加丰富，也吸引了更多年轻的观众。六是加强电视网络传播。为了让更多观众能够了解茂腔艺术，新区文广新局及茂腔艺术传承中心通过“文化黄岛”“青岛西海岸文化惠民卡”“黄岛文博”“茂腔艺术传承中心”等微信公共号和腾讯网发布演出信息和演出视频，多渠道传播优秀茂腔文化，扩大了茂腔艺术作为一种地方剧种的社会认知度。

整体上，传统文化资源在公共文化服务体系建设中得到传承和发展，当地老百姓喜闻乐见，成为乡村公共文化服务的重要组成部分，是乡土文脉的传承和发展。

二、公共文化载体的创新与传播：胶南剪纸与胶南年画

近年来青岛西海岸经济迅速发展，2016 年青岛西海岸新区实现地区 GDP 总值 2871.1 亿元，总量位居国家级新区前三强，其中第三产业正在突飞猛进地发展。在经济发展的同时，乡村社区的公共文化载体也呈现出创作创新与传播发展的新特点，胶南剪纸和胶南年画的创新与传播特色最为鲜明。

（一）胶南剪纸与乡村社区文化服务

胶南剪纸是山东省非物质文化遗产项目，广泛流传于琅琊、隐珠、宝山、辛安等地，有着悠久的历史和深厚的文化积淀，具有广泛的群众基础。作为一种传统民间艺术形式，胶南剪纸的功能和形式正在发生着变化。从村落迁入社区生活的民众建立了新的群体关系，剪纸成为一种维系社会群体关系的纽带，继续在社区文化中得以发展和传承。在城镇

a
b
c

a 农民观众
b 学员练功
c “文化下乡，惠民演出”临时舞台搭建

化发展过程中，逐步渗入社区群众文化生活、教育系统、公益活动等方面。

随着人们生活环境的改变，胶南剪纸的社会功能正在发生着变迁，传统胶南剪纸的节庆、婚俗、丧俗等民俗功能在生活中日渐淡化，尤其是搬进楼房以后，人们对传统文化产生了新的精神需要，逐步发展成为具有宣传和美化功能的现实剪纸题材。随着近年来旅游经济的发展，作为旅游文化产品的剪纸，在形态和规格上趋于更为多样的发展。

胶南剪纸题材经历了从民俗题材向装饰题材，再到现实题材的创作转变。在融入社区公共文化建设的过程中，剪纸作为促进社会和谐的艺术元素，具有宣传教育功能的现实题材剪纸也越来越多地进入人们的视野，成为社会主义价值观的载体，进入宣传栏、广告牌等公共媒体中。在造型技法上，由于信息社会的影响，作者通过各种渠道互相学习，交流更加多样化，在作品审美上则体现为多元化的艺术取向。根据不同的用途需要，剪纸的规格大小、纹样内容、题材类型等都更加细分化，以方便不同的市场需要。

传统胶州剪纸有窗花、天棚花、镜子花、饽饽花、喜字花、鞋花、枕花、裙围花等形式。胶州剪纸题材非常广泛，花鸟鱼蝶是剪纸的主要题材，如“鸟语花香”“百鸟朝凤”；代表着吉祥如意的题材，如“喜鹊登梅”；历史人物题材，如“二十四孝”“八仙过海”“四大美女”；传统民俗题材，如“龙凤喜字”“喜上眉梢”等。

胶南剪纸题材类型分析表

序号	题材类型	剪纸题材	主题内容
1	民俗题材	婚庆剪纸、人生礼仪、吉祥如意、节庆主题	十二生肖、寿字、喜画、喜鹊登梅
2	装饰题材	窗花、天棚花、饽饽花、炕围花、镜花、枕花	花鸟鱼蝶、百鸟朝凤
3	人物题材	历史故事、名人、神仙教化	二十四孝、八仙过海、四大美女、八十七神仙卷、梁祝
4	现实题材	城市新貌、市政宣传、弘扬社会主义核心价值观	跨海大桥、新区风貌、百姓大舞台、喜迎十九大等

胶南剪纸融汇北方剪纸的粗犷豪放和江南剪纸的纤巧细腻，阴阳结合，粗细兼用，突出朴实简练、朴实率真的艺术风格，富有胶东沿海地区剪纸艺术风貌。随着时代发展，青岛西海岸新区发生日新月异的变化，在剪纸题材中出现反映时代环境变化的题材如“跨海大桥”“新区风貌”；反映新区对外交流的主题，如“德国总理施罗德头像”；反映对当前政策和社会繁荣的主题，如“欢迎十九大”等现代题材。这些紧随人们生活现实的剪纸题材，表达人们对于生活的感悟和对美好生活的向往。新题材的出现，记载了西海岸新区随着时代发展的步伐，日新月异的城市变化，突出了人们积极向上的精神面貌和乐观向上的情感追求。传统村落中剪纸民俗的维系关系，在现代城市发展中形成了一种新的传承关系，并逐步繁荣。

胶南剪纸由传统题材到创新题材的发展，伴随着人们生活空间和文化生态的变迁与重组，形成了以社区文化为中心的新型传播体系。辛安街道剪纸中心是青岛西海岸新区建立的第一个以剪纸为主体的街道社区文化中心。剪纸艺术在辛安的历史悠久，当地婚庆、节日、日常用品剪纸具有非常广泛的使用，尤其是历史上辛安剪纸剪法细腻精巧，题材多样，颇具有胶东地区的传统韵味，在当地人们的婚礼礼仪、节日生活中得到了广泛的运用。2008 年，出于社区文化的发展需要，剪纸艺术顺理成章地成为辛安社区文化服务发展的重要抓手。在新的城镇生活中，剪纸的传承走进了现代居民社区文化生活。经过了十年的发展，青岛西海岸新区已经有多个社区街道为组织单位的剪纸技艺发展群体，在人们的社会群体文化发展中显示出重要的文化服务功能。

辛安街道剪纸中心主要服务范围包括社区文化引领，参与公共教育，举办剪纸大赛与对外交流，开拓剪纸的文化产业发展渠道，参与社会公益活动，并将剪纸融入旅游经济等各种社会活动事物中。剪纸中心在发展过程中，不断与时俱进地找寻剪纸发展的新渠道、新路径，以把这种传统村落中的民间艺术形式，在当前社区为主体的民众生活中得以延续和壮大。胶南剪纸具有重要的社区文化引领作用。自 2008 年辛安剪纸

a
b

a 赵丽华在黄岛街道大福岛社区义务给孩子们传授剪纸技艺
b 乡镇社区组织的春节剪纸进万家活动

中心成立以来，剪纸协会已经发展会员 200 多人；隐珠街道台兴路社区自 2016 年以来已经发展了 150 多名会员，具有非常好的群众基础。首先，剪纸的娱教功能为社区文化的和谐发展提供了良好的基础。在这个集体中，人们交流剪纸技艺，利用剪纸形式来满足社区居民的娱乐需求。其次，通过组织免费的培训，吸收具有剪纸爱好的社区居民参加到剪纸队伍中。通过评选优秀的作品，分出奖项在中心陈列，以提高作者创作积极性。作为对外展示的平台，还通过剪纸形式宣传社会主义价值观和正能量，对于社区文化的和谐发展发挥了重要的宣传引领作用。

在社区文化宣传栏，在里面贴着这些剪纸，成为宣传正能量的平台。在社区宣传栏中，常看到体现和谐社区、弘扬文化社区邻里关系、美好家庭、尊老爱幼等社会主题的剪纸，还有欢迎十九大召开等紧跟时代发展的各种主题剪纸，表达了作者们积极向上的精神面貌。比如防火、宣扬和谐社会、好人好事、五好家庭等。每逢年节，以社区中心为单位，组织剪纸作者给社区送福，剪福字、节日主题的剪纸作品送给居民，增加节日气氛，养成对于社区集体的向心作用。在社区创办剪纸小组，以“家文化建设”为主题，举办了迎新春剪纸展览。还把剪纸艺术搬到纳凉晚会的舞台上，参加了辛安剪纸中心举办的剪纸邀请赛并取得了好成绩。胶南剪纸作为一种文化符号，在社区送福、文化下乡等公益活动中服务更多的群众生活，让人们感受社区大家庭文化的温暖。

社区文化中心通过组织剪纸大赛促进业务交流，进一步提升创作水平，以中心作为大家切磋技艺、展示成果的平台，依托街道文联剪纸家协会，借助辛安剪纸艺术展厅的平台，加强与学校联合，加大特色作品开发和营销力度，拓宽销售渠道，发展壮大剪纸文化产业。辛安街道先后承办了 9 届“辛安杯”省、市、区级民间剪纸邀请展和 2009 年国际儿童电影节辛安少年儿童剪纸展。2001 年、2002 年辛安剪纸技艺表演成为博鳌亚洲论坛的活动亮点。

目前关于西海岸剪纸产业化发展尚处于探索阶段，没有形成系统化有效的模式，但是以社区为主体的剪纸中心正在逐步探索进行产业化发展的正确路径，实施以剪纸文化带动经济发展的双轨发展道路，在山东省非物质文化遗产艺术体验中心，通过剪纸作品展示、剪纸培训、现场体验等方式吸引民众的关注，注重剪纸与其他教育模式和商业运作结合的方式，增加消费附加值，从而达到提高作者手艺、促进剪纸群体队伍建设的目的。

在对外文化传播方面，富有地方传统文化特色的形式最能够彰显西海岸新区的地域文化，剪纸就是一种能够代表地方特色的民间艺术形式，因此在国际交流日益紧密的今天，社区剪纸活动参与到对外交流中，有助于传承中国传统文化，提高地方文化品牌形象。剪纸对于西海岸新区社区文化建设发挥着重要的作用，剪纸元素的文化符号性，使剪纸成为青岛西海岸新区的一种品牌形象。辛安剪纸多次参加国家、省、市展览活动，不少作品在省、市民间艺术博览会以及国际文化交流中获奖。社区剪纸中心举办文化旅游节，把获奖作品在展厅里展出，同时还开发一些衍生产品，放在剪纸中心展示和销售。为方便游客购买剪纸，辛安剪纸文化艺术中心与各大景区积极接洽，比如与地处青岛市黄岛区珠山风景区的珠山国家森林公园达成协议，在景区设置了专门的剪纸销售点，并以现场剪纸体验的方式销售作品。

青岛西海岸新区剪纸进校园的规模非常大，系统非常完善，受益面积非常广泛，其中隐珠街道台兴路社区的剪纸中心自 2016 年建成以来，在短短不到两年的时间里，为社会教学和剪纸工艺传播方面作出了富有样板作用的传承模式，使剪纸这种传统工艺美术迅速成为公共文化教育的一部分，对当前学校传统文化进校园方面作出了诸多尝试。

在隐珠社区剪纸团队组织带动下，从幼儿到小学普教为主体的少儿组，从初中到高中的青年组，从壮年到老年的成年组，还有老年大学为主体的社会教学，开展各类教育教学活动近 150 次，培训人员 600 人次。在教学上，从娃娃抓起，弘扬传统剪纸文化；培养学生静心学习，锻炼动手能力。剪纸走进青岛华文教育学院，中国石油大学，青岛高职校，西海岸育才小学，西海岸新区王家楼小学，西海岸新区新世纪小学，西

a 外国友人学习剪纸
b 滨海新村幼儿园大三班剪纸课堂

海岸新区胶河中学，西海岸新区滨海新村幼儿园，西海岸新区实验小学幼儿园大三班、大四班，西海岸新区文化路幼儿园大二班，西海岸新区老年大学剪纸班。此外，还参加了诸如世界名模学习剪纸、舞台剪纸、地税局宣传税法剪纸等多种形式的公益活动。隐珠街道台兴路社区剪纸课分为几个不同年龄和人群的课程层次，根据不同的作者，不同的对象做不同的课件，以方便不同学生的需要。目前已经初具规模，形成了较大的社会影响力，并在校园文化传承传播中起到了纽带作用。近几年，西海岸新区的十几处学校建立剪纸社团传授剪纸知识，青年军民融合学院建立第一个工作室。从 2012 年至今已经培训了 200 多名学生。青岛军民融合学院学生通过创作剪纸作品，把剪纸作品送到敬老院，教育了学生尊老爱幼、军民一家的情谊。2016 年，隐珠街道台兴路社区响应党的号召文化进社区，成立剪纸协会，建立“德蕊剪纸艺术培训室”，这是隐珠街道党委研究命名的机构，希望剪纸文化在社区扎根、发芽、发扬光大，让更多的剪纸爱好者加入到剪纸协会队伍中来，营造文化社区，创建和谐社区。剪纸协会制定活动计划，作为公益性的群体，免费提供材料、免费教学 ，每周搞一次活动，一年举行一次比赛，一年一次送福活动。目前已经由原来的 56 名会员发展到了 165 人。从启动以来到现在，进行了路易暖公益活动、喜迎十九大、克利伯帆船赛公益活动等。把“大手拉小手，共同传承剪纸文化”作为传播传承传统文化的公益性品牌团体，在幼儿园、小学和老年大学建立其桥梁，弘扬社会主义核心价值观和民族精神，在社会中收到了很好的反响。

早在 1985 年，辛安山陈剪纸就走出国门，作为一种文化符号受到墨西哥的欢迎。青岛西海岸作为海滨城市，青岛啤酒节、影视节等大型活动的举办，也为一个民间艺术展提供了舞台。在许多公益活动中通过礼品赠送、剪纸表演和培训的方式促进文化的交流。比如华人夏令营，隐珠社区台兴路剪纸中心组织作者们，通过教 80 多个孩子学习剪纸活动，宣传和传承剪纸文化，受到了孩子们的欢迎。

来自于国外的 50 名世界名模，通过剪纸课堂促进了文化的交流。

2014年6月，西海岸新区老年大学和胶南市老年大学合并，拥有钱塘江路、双珠路和崇明岛路三个校区。老年大学发挥志愿者协会和关工委的作用，服务学校，关心下一代；发挥德育教育基地的作用，与驻区七所高校建立德育教育基地，资源共享、互利双赢。发挥文化引领的作用，学校艺术团积极开展“五进”活动，并承担全区重大活动文艺演出和上级展示表演。借助老年大学的平台，剪纸课程的加入，也同时迎来了更为宽广的舞台。老年大学与实验小学幼儿园举办“大手牵小手共同传承剪纸文化”为题目的培训，孩子们学习一段时间剪纸，再去老年大学，老少同堂上课。在小学或幼儿园学过一个阶段剪纸的学生，再到老年大学与老人们一起上课，促进剪纸技艺提高的同时，养成尊老爱幼的社会风尚。

总之，青岛西海岸剪纸作为地域文化延伸的重要文化元素，在社区文化中扎根，并迅速地形成了非常稳定、广泛的群体，将农村生活的文化生态在城市社区生活中得到文化传承，较好地维系了农村和城市的发展关系。这种区别于传统村落民俗剪纸的传承关系，在新型城镇以社区组织为主体的新型剪纸传承关系，发挥了独特的组织和教育功能，体现出地方传统文化的强大生命力和民众感召力。在剪纸进校园活动中，从幼儿园到小学、到中学大学，甚至于老年大学中的剪纸培训，动员了全社会对于传统民间剪纸文化的学习和发展，并在新区建设中借助于各种平台展现民间剪纸文化魅力。对于剪纸进课堂的教育模式、知识系统化，以及剪纸传统文化的发掘方面还需要进一步提高水平，尤其是在教学方法和教师培训方面，提供新的更具有针对性的传承人培训，提高剪纸教育水平和业务水平。在文化产业方面，正在进行着积极的探讨，因此需要政府层面提供平台，企业投注策划和创意理念，与剪纸传承人共同努力带动剪纸文化产业经济的创新发展，使剪纸民间艺术进一步融入新区公共文化服务中，创建与新区经济文化发展匹配的文化产业发展，更好地服务于人们的生活。

（二）胶南年画与乡村社区文化建设

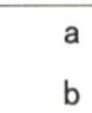

a 青岛西海岸新区乡土文化读本

b “大手牵小手”小学生与老年大学一起剪纸

青岛西海岸新区地处黄海之滨，胶州湾畔，是青岛市最大的市辖区，还是中华人民共和国第九个国家级新区，属鲁东丘陵区，境内山岭起伏，岛屿众多，海岸线蜿蜒曲折，当地民间艺术资源丰富。2014 年以来，由黄岛区和胶南市合并形成的青岛西海岸新区经济发展迅猛，在发展经济的同时，区政府对于文化建设也非常重视，胶南年画作为当地重要的文化资源，对其发掘、整理和转换成为当前文化建设和乡村振兴的重要突破口。今天人们所说的胶南年画，从创作手法上已经从传统年画发展成为富有当地特色的现代民间绘画。新中国建立以来，胶南年画的功能经历了从日常节庆、礼仪用品到具有宣传功能的农民画，再到抒发民众精神面貌的现代民间绘画，绘画内容与题材始终与时俱进，其文化功能越来越多元化，在当地文化部门的组织和关注下，正逐步随着城市巨变渗入社区公共文化服务中，在乡风文明建设中经历着绘画风格的蝶变。

早在 20 世纪 50 年代，青岛西海岸新区文化部门开始组织民间艺人进行新年画创作。1972 年，胶南县革委会（革命委员会）举办美术学习班，第一批作者包括管本善、范鑫国、张振先、杨景春、陈守宗、薛家国六人；后来从 24 个公社选拔，每个公社选拔 2 人，组成近 50 人的创作队伍，逐步形成了身份来源较为多样的社员创作主体。从这一年起，县（市）文化部门每年都办两期以上胶南年画创作培训班，全区工人、农民、教师、学生形成了学绘画的热潮。1985 年 6 月，青岛西海岸新区成立了山东省第一家年画学会。1988 年开始，当地文化部门多次组织胶南年画爱好者、专业画家、美术类院校毕业生等赴北京、天津、上海、浙江、重庆、潍坊等地交流学习，借鉴兄弟画乡创作经验；组织外出写生采风，深入生活，搜集素材，进行再创作；邀请著名现代民间绘画专家指导点评，开阔作者的视野，提高绘画创作水平。1989 年 1 月，文化部命名青岛西海岸新区（原胶南）为“中国民间现代绘画画乡”，随后人民美术出版社确定青岛西海岸新区（原胶南）为“年画基地”，这标志着胶南手绘年画在新时期绘画风格的形成。1991 年 4 月 5 日，“胶南年画”展在阿根廷首都布宜诺斯艾利斯隆重开幕，共展出七十多幅年画作品，从此胶南年画作为一个地方文化品牌建立起来。

总起来看，胶南年画的作者有三个主要来源，逐渐经历着三种绘画风格的嬗变。20 世纪 70 年代，生产队的社员在专业画家的辅导下从事创作，在创作中讲究准确透视和构图，逐渐形成了写实年画创作的方向；20 世纪 80 年代到 21 世纪初，以地毯厂图案设计师为代表的各行各业作者，他们在色彩、图案的绘制方面，吸收各种民间艺术符号语言，扩充了胶南年画表现的主题，形成了装饰绘画语言；21 世纪以来，以中小学为主力的美术老师，正在从传统民间绘画中寻找绘画语言，结合专业优势，进行着多元化的探索。

胶南年画创作主体与风格变迁，胶南年画绘画语言沿袭了传统潍县木版年画特点，在不同时期吸收了工笔绘画、剪纸艺术、过门笺、上海月份牌等艺术造型手法。此外早期从事胶南年画辅导的艺术家多数受到西方美术专业训练，因此造就了追求严谨造型的特点。在 20 世纪初，青岛现代印刷业的繁荣使传统手工制作的年画受到冲击。1949 年 11 月，中央人民政府文化部发布了《关于开展新年画工作的指示》，掀起全国范围的年画创作运动，这一时期的胶南年画出现新旧并存的格局。一些源自西画创作手法的年画，比如王珏的《学好本领保卫祖国》、母振元的《服兵役是保卫祖国的光荣义务》、赵洁的《慰问志愿军叔叔》、陈辅的《向社会主义的女英雄们致敬》等，带有鲜明的宣传画色彩；还有一些画家，如赫保真、张郁丞和王企华、于希宁专业画家合创的《四季花鸟》类题材，把传统绘画变成了印刷品推向市场。这时候图像印刷技术进入青岛，逐步代替了传统木版年画，随后手绘年画、擦笔年画、现代民间绘画各种形式的演进，胶南年画在保留年画贴近生活、寓意深刻、反映民风民俗的基础上，创作技法、风格、题材更加多元。20 世纪 80 年代，一些作者来自于原地毯厂设计师队伍，把图案色彩绘制技法吸收进来，使胶南年画色彩搭配层次更加丰富。由于胶南年画一直没有真正走向市场，所以极少有批量复制的现象，作者们十分追求完美，这是胶南年画创作队伍的共同特点。以下不同时期的胶南年画作品体现出非常明显的

a

a 赵丽华在黄岛街道大福岛社区义务给孩子们传授剪纸技艺

a《绣锦旗》，刘汉进绘（1985 年）

艺术风格转变。

刘汉进的作品《绣锦旗》创作于 1985 年，这幅作品表现了妇女巧手们为云南十年中越边境战争保家卫国的战士们绣锦旗的场景，姑娘们脸上洋溢着笑容，充分体现了欢迎英雄边防部队凯旋的欣喜之情，作品具有鲜明的时代特征。

陈明等作者创作的擦笔年画作品《正月里》体现了被大量发行的年画艺术形式，在这个画面中孩子手拿糖葫芦，后边是传统两扇开门上的木版年画何过门笺，说明当时印刷年画的盛行，作为挂历的形式大量进入寻常百姓的家庭。此外，20 世纪 90 年代以后的胶南年画在创作手法上实际上已经转变成了现代民间绘画样式。作者们将现实生活和理想融合在一起，热情赞颂祖国的繁荣昌盛和人民生活的兴旺。由于画家的生活经历不同，每位作者都有自己的绘画风格。生活在农村的作者，他们的画作体现了对胶南民俗生活的记忆和童年的乐趣；女性作者对于传统生活记忆的追忆，体现母爱的创作主题；渔民对海上渔作场景的表现；生活在当代生活转型期对于生活境遇的反思和思索，在胶南年画中都能够体会出不一样的味道。贴近日常生活，创新于当代生活，是胶南年画能够与时俱进、持续拥有旺盛生命力的一个重要原因。胶南民间手绘年画作品注重吸收传统文化的精髓，又不断注入新时代的内容题材。

张存玫的作品《大花褥子大花被》，表现了胶东媳妇们缝被子的场景，花花绿绿的大花被面充满红红火火的生活气息。徐明斋的作品《祭海》表现了当地三月的祭海节，他说自己非常喜欢大海，把祭海的民俗活动和丰富生活内容提炼到作品中，画面上有舞龙庆祝渔猎丰收、扭秧歌、锣鼓、放鞭炮，画面上还有表现主题的祭文等。由于在地毯厂工作的经历，徐明斋的作品色彩层次感非常强，用他的话说，地毯图案的高级灰色彩表现在手绘年画中具有非常漂亮的艺术效果。

李增梅的色彩应用具有情感化的特点，画面中的造型色彩与作者的心情相关。比方作品《春曲》表现的是作者小时候养鸡的场景，作者认为应该寻找不一样的造型形式，如果把小鸡画得与生活中的场景一样就

没有意思了，于是她把小鸡表现的像风车一样的造型，画面就有了动感。

庄向辉作品中吸收了剪纸的元素，作品《春分—耕耘》运用剪纸的形式和抽象色彩描绘春分时期农忙的场面，画面中燕子、耕牛的形式体现出欢快喜悦的劳动场景。胶南民间手绘年画在绘画工具和颜色材料使用上敢于创新，随心所欲，不拘于常规，刘文艳使用腮红作为颜料，娃娃红扑扑的脸膛表现得非常生动，这体现了胶南年画作者非常善于就地取材，善于变通的造型特点，构图造型夸张大胆，富有节奏韵律感。

在绘画内容上也具有明显的变化趋势，20 世纪七八十年代，胶南年画主要表现学雷锋做好事等先进事迹；20 世纪 90 年代以来，则表现改革开放后，农村翻天覆地的变化，人们的生活改变，具有寓教于乐的特点。胶南年画延续了传统年画的造型技法，表现了人们的真实情感和环境变迁，充满浓郁的生活气息。胶南年画的展览由起初的国内展到走出国门，到 2000 年以来走进社区及公共文化体系，体现了其贴近生活、表现当下的文化引领作用。

牛增娥的作品《扎糊棚》是青岛西海岸新区胶南年画的一幅代表作。作品以平面化的手法表现了胶东地区糊顶棚、张贴团花的生活场景，顶棚花的图案福禄寿喜字样，以及胶东窗花、过门笺、刺绣枕顶等图形元素表现了传统胶南民间生活的丰富民俗语言，既有民间元素的使用，又有现代生活气息。这幅作品在中国美术馆展出后，又在《中国日报》等媒体上发表，形成了胶南新年画艺术的典型样式。从此，这种根植于民间土壤的胶南年画以现代民间绘画的形式不断地反映着胶东地区的民风、风俗、节日庆典、百姓劳作生活，在人们生活中发挥着重要的文化功能。马洪顺《童乐》运用抽象绘画语言，体现了“儿童散学归来早，忙趁东

a《春风万里暖人心》，邓泽胜绘（1977 年）

a b

a《正月里》，陈明绘（1995 年）
b《大花褥子大花被》，张存玫绘（2005 年）

风放纸鸢”的生活情境，富有浪漫主义的气息。刘文艳《奔富》表现了改革开放背景下的青年骑着摩托车穿梭田间的场景，表达农民富裕起来的欢乐情感。

在当前的文化体系中，各镇、街、社区的公共文化服务工程建设为胶南年画提供了场地、展馆、设备、材料、设施等优越的创作条件，越来越多的现代民间绘画人才广泛参与，胶南年画成为当地精神文明建设的主阵地。在年画进课堂方面，中小学、社区文化礼堂等进行了卓有成效的尝试；在年画及其衍生产品开发方面，政府和企业进行了积极探索；社区文化展览增加了年画与民众的接触，使胶南年画这一富有地方特色的艺术形式进入大众的视野。

青岛西海岸新区文化馆作为胶南年画的主管单位，每年组织培训、参展、宣传联络等诸多事务，为年画作者搭建对外宣传联络平台。胶南年画作为一种地方文化，表现国家政策、社会主义核心价值观、反腐倡廉等主题，配合国家宣传，以生动的形象和诙谐的绘画语言，表达人们的期许。青岛西海岸新区文化馆还举办了一系列文化惠民活动来促进胶南年画的发展，如“张家楼籍作者回乡巡回展”。胶南年画的许多骨干作者来自于张家楼地区，所以通过组织这个展览来增加作者队伍的凝聚力，增强作者的文化自信和荣誉感。

胶南年画很早就开始进入课堂教学。除了文化部门从各级挑选骨干进行培训以外，民众也在进行各种尝试。胶南师范学校的刘献珍老师，在学校里开设了“图案课”，主要就是讲胶南年画的创作方法。因此 1993 年以后胶南师范学校毕业的中小学教师，纷纷在自己的教学中融入了胶南年画的创作，刘献珍老师的教学形成了一个隐形的传播渠道，为

胶南年画培养了许多潜在的教师作者。2016 年，当地文化局组织的美术培训班中，40％的作者是中小学美术老师。年画进课堂不仅实现了教学的多样化，更重要的是将地方传统文化融入教学当中去。

弘德小学通过年画社团的形式上课，在学校里建立了胶南年画博览馆和一座传习所。这座学校从门牌设计、校园、装饰到宣传栏的设计，都融入了胶南年画的符号，让生活在当地的孩子们认识胶南年画，为当地的传统文化自豪。2017 年，弘德小学的校长带领足球队到德国参加足球比赛，把年画社团的作品赠送给德国友人，年画走出国门，引起了社会的关注。

青岛六中举办文化讲堂，通过公益讲堂和校园开放日活动的形式，介绍年画的历史，拓宽学生对胶南年画的认识。中国石油大学出版社出版的《青岛西海岸新区乡土文化读本——我的家乡》六册读本，向学生展示家乡手工艺，展示胶南年画和剪纸、泊里红席、藏南麦草画、西红石村竹编等丰富内容，引导学生热爱故乡，了解故乡民间文化。

青岛西海岸新区举办“现代民间绘画文化活动周”“现代民间绘画交流展览”等公益活动，扩大现代民间绘画知名度。区文化管理部门先后组织现代民间绘画作品展览 70 多期。2017 年，青岛西海岸新区胶南年画获评青岛市级非物质文化遗产项目，青岛西海岸新区获批“山东省民间文化艺术之乡”称号。当地政府建立“青岛西海岸新区优秀传统文化传承示范点”评选机制，加大政策引导、资金扶持，为现代民间绘画的普及发展注入了新活力。政府鼓励各类画院、协会组织健康发展，全区涌现出从事现代民间绘画创作的各类画院画室 140 多所、社团协会组织 20 多个。

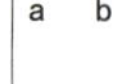

a《春分一耕耘》，庄向辉绘（2017 年）
b《扎糊棚》，牛增娥绘（1989 年）

a《童乐》，马洪顺绘（1984 年）
b《奔富》，刘文艳绘（1991 年）

青岛西海岸新区一直在探索胶南年画文化产业发展的方法和途径。各种民营性质的现代民间绘画院兴起，这些画院集研究、收集、培训、创作、展示、销售为一体，推出各种类型的胶南年画作品，以满足市场需求，迈出了胶南年画市场发展的步伐。政府在重视投入和扶持的基础上，有计划、有步骤地实施现代民间绘画产业战略，把民间绘画从国内推向国外，形成一条产业链。政府和企业纷纷关注胶南年画及其衍生文化产品的发展问题，在消费生活、旅游体验、文化转换等方面逐渐形成规模化的发展。2016 年，入驻西海岸新区阳光平台景区的山东非物质文化遗产展示体验中心设置了年画体验馆，通过现场操作木版年画印制和对胶南手绘年画的展览，来普及年画知识，促进年画衍生产品的销售，这是对年画衍生产品的新尝试。

胶南年画以独特的造型体系和通俗易懂的艺术语言，记录着生活变迁，弘扬伟大民族精神，倡导文明、和谐、乐观、节俭等健康向上的正能量，是弘扬和培育乡风文明的重要载体，担负着塑魂育人、引导风尚等重要功能。青岛西海岸新区的经济增长幅度、速度都令人瞩目，区政府一方面推动经济发展换挡升级，一方面大力发展民族文化、市民休闲文化，以软实力撬动综合竞争力。未来胶南年画的发展只有在继承传统的基础上，融入当代经济发展中，不仅作为乡村振兴中的文化力量，还要为拉动地方文化产业发挥其品牌效应，才能保持源源不断的生命力。

三、公共文化服务的生活基础与精神引领：小品小戏进社区

青岛市西海岸新区“小品小戏进社区”文化活动始于 2006 年，开展 12 年来，实现了乡村、城镇、社区全覆盖，广受城乡居民欢迎，在宣传党的方针政策、传承民间文艺传统、创新地方文艺样式、丰富乡村文化生活等方面产生了深刻影响，体现了乡村文化建设的鲜明特点、主要

规律和重要价值。通过实地调研、分析比对和文化理论研究，我们认为，青岛市西海岸新区“小品小戏进社区”文化活动的经验主要体现在以下几个方面：

（一）文化建设因地制宜，抓住乡村文化的“鲜活”载体

青岛市西海岸新区“小品小戏进社区”文化活动抓住了小品、小戏这一群众喜闻乐见的文艺载体，在说唱表演、互动共鸣中实现文化交流、文艺审美、政策宣传、教育普及等综合作用。

“小品”是青岛市西海岸新区“小品小戏进社区”文化活动的主体。从我国喜剧小品或戏剧小品的发展历程来看，这一文艺样式自 1983 年中央电视台春节联欢晚会上首次被搬上舞台，就从艺术学校表演考试的“小众”艺术转变为广受欢迎的“大众”艺术。它短小精悍、幽默风趣、题材广泛、贴近生活，是雅俗共赏、富有感染力的文艺样式。“小品小戏进社区”活动中的小品创作和表演抓住了小品艺术的精髓，以幽默诙谐的语言、短小精练的表达、简单明了的抒怀、意味深长的主题为特色，抓住日常生活里的小题材、小事件、小人物的喜怒哀乐，从乡里乡亲的家长里短、社会热点的世相百态出发，反映生活里的琐碎烦扰，并从这些琐碎中升华出对真善美的深情呼唤。“艺术的伟大意义，基本上在于它能显示人的真正感情、内心生活的奥秘和热情的世界”，优秀的小品创作和演出交流，起到了审美、教育、交流、文化娱乐等多方面的作用。相对于调研中看到的农家书屋遇冷、乡村电脑室闲置等现象，小品演出作为互动性强的大众文艺活动，深受乡村群众喜爱，常常是锣鼓一响、村喇叭一广播，就有万人空巷的盛况。值得指出的是，不同于电视等媒体上的一些小品因盲目追求喜剧效果而一度沦为“语言秀”，或以“毒舌”等方式制造娱乐，缺少生活和情感温度，活跃在乡村群众舞台上的小品

a 青岛西海岸新区弘德小学年画馆展品
b 青岛西海岸新区弘德小学年画社团教室

始终坚持小品的真谛，走进生活、创新题材、挖掘内涵，在接地气的同时传递艺术的真、善、美，丰富寓教于乐的表达形式，不仅给观众带来欢乐，更带来思考。乡村文化建设要抓住鲜活的载体，因为“文以化人”不是一个生搬硬套的僵化过程。青岛市西海岸新区“小品小戏进社区”文化活动对于把握当下语境中乡村文化鲜活的、富有感染力的、人民群众喜闻乐见的文艺载体，作出了深入的探索和开拓。

“小戏”也是青岛地区具有深厚群众基础的文艺样式，从历史渊源看，小戏大部分源自农村，是“地方戏”一词的前身。在历史形成与发展过程中，主要是民众自己参与创作、表演和观赏，娱乐自我、表达自我，演出方式往往因陋就简，演技也难免粗糙稚拙。但作为自由表达的形式，融入民众的生活情感，反映民间的生活状况，成为民族文化精神最鲜活最重要的载体之一，在发生剧变的社会环境中，也被视作民族戏剧精神走向的代表。青岛具有民间戏曲说唱表演的历史文化传统，茂腔等地方戏曲在乡村社会拥有广泛的群众基础。相关历史文献表明，早在清康熙时期，茂腔前身的肘鼓子戏作为表演形式一出现，即深受胶东农村人民喜爱，在内容方面，秉承了元杂剧与宋元南戏对家庭伦理和社会道德状况的反映，与人们的日常生活息息相关，具有浓郁的生活气息、强烈的地方色彩和深厚的群众基础，形成了自己鲜明的特点和风格。在形成和发展过程中，以茂腔为主的地方戏，从形式上看，曲调质朴，唱腔悠扬，念白和唱词多用地方语言，当地人听起来亲切易懂；从内容上看，剧本创作多取材于当地民间流传或发生的故事，包括日常生活事件、民间故事传说、时事新闻，并融入民歌小唱、曲艺等，因此备受农村人民的喜爱，有着广泛的群众基础。有文献曾这样描述：“他们主动从家里给艺人拿来地瓜和饼子，有的干脆从家里拿来小板凳、玉米皮蒲团、长条凳等，大家围成一个唱戏的场子，就地坐下来听戏。”

a

a 学生体验木板年画印制

“小品小戏进社区”活动把握具有深厚历史文化基础和广阔群众基础的民间文艺载体，抓住“小品小戏”精髓，把握“小品小戏”之“小”，篇幅短小，情节简单，人物关系简明，演员少至三两个，艺术形式保留了乡土歌舞的戏剧特色。坚守“小品小戏”之“朴”，由城镇乡村中民众自发创作，表演者往往未受专门训练，表演时采用日常生活动作或歌舞动作，表演特点、人物装扮等与日常生活更为接近，歌舞化、程式化程度不高。追求“小品小戏”之“真”，剧目内容源于生活事件、新闻等，表现人们日常的生活、情感，真实、迅速地反映当下群众的生活状况和思想，“尤其一些由自己身边熟悉的人或同处于草根阶层者创作表演的作品，常以风格幽默、创意新颖取胜，即使表演手法业余、道具简陋，也一样受到欢迎”①。因此，从根本上说，这些“小品小戏”保留了民间文艺的“民间”品格，正如《中国民间戏剧研究》所指出：“直接由人民大众或民间艺人所创作或传播的小型歌舞剧，反映的思想感情和艺术趣味，完全是民间的。专业剧作家有时也创作过一些小型戏剧，有的经过长期流传后，得到人民大众和民间艺人加工、润色，基本上或完全民间化了，这也应承认它是民间小戏。”

在调研中，不少小品小戏的创作者和演员表示，在乡村，小品小戏比传统大戏的受众面要广，群众的反响要热烈。主要的差异在于，传统戏曲剧目多为历史题材和程式化表演，受众以老年人居多，一定程度上与现代社会脱节；小品小戏常演常新，取材现实生活，新事物、新词汇、新观念融入其中，有浓厚的时代气息。因此，在综艺小品和传统戏曲不同程度地面临发展困境之时，乡村舞台上的“小品小戏”却如山花烂漫，深受群众喜爱，根本原因是作品内容与生活的联系。把握鲜活的民间文艺载体，关键是把握鲜活的内容生产机制，“文以化人”根本要实现生活相连、心灵相通。青岛市西海岸新区“小品小戏进社区”文化活动在小戏传统的传承和内容的创新上，做出了卓有成效的探索。

（二）城乡民众自发创作，启动乡村文化的“众创”机制

①徐冰：《民间小戏在当前困境中的新变》，蔡碧霞主编《2013年狮城国际戏曲学术研讨会论文集》，上海大学出版社，2014，第246页。

青岛市西海岸新区“小品小戏进社区”文化活动的展演剧目均为城乡社区居民的原创作品，由城乡民众自发创作，不仅不同于专业的、精英的文艺创作，具有民间文艺的乡土本性，而且基于业余创作者和表演者职业、身份的多元化，具有城乡文化融合的内在基础和动力，在乡村巡演的互动交流过程中，形成了新时代乡村文化的“众创”机制。

青岛市西海岸新区“小品小戏进社区”文化活动抓住了文化建设的“生活”本质。一段时期以来，在社会转型发展过程中，由于产业重点转移，人口城市化流动，生活方式和价值观变化，传统乡村的“内生秩序”基础结构快速解体。从熟人社会到半熟人社会，从安土重迁到离乡创业，从以血缘、地缘、礼俗为底色的乡土社会到以市场、理性、法制为特征的现代社会，传统乡村文化赖以生成和依托的生活文化基础发生改变，乡村文化不同程度面临萎缩、断裂和衰落。在一些问题相对严峻的农村和小城镇地区，农村传统文化受到冲击，传统价值体系面临挑战，文化发展不足导致道德凝聚力下降，聚众赌博、非法宗教活动等滋生，养老观念淡薄，攀富比贵现象严重，原本勤劳善良、仁义守信、乐于助人、自立自强的民风受到侵蚀，出现了信仰迷茫、精神空虚、道德滑坡、孝道缺失等一系列精神层面的问题。作为文化晴雨表的民间文艺在应用空间、精神内涵、集体传承与创造基础、文化感染力与创造力等方面发生深刻变化，部分民艺样态濒危，存在单一化、扁平化和空壳化问题。在这种形势下，一些民间文艺活动走入了脱离生活语境的误区，“民间文艺经过大肆创编，逐渐被搬上舞台，变为专门的表演”[①]，“民间文艺被连根拔起，脱离了其生长的环境，演变为无需生活语境的专门供人观赏的表演，不可避免地搬上了聚光灯照耀下的舞台”，甚至直接服务于旅游开发等盈利目的，由此还加剧了原生态民艺的衰落，“那些仍处于土生土长状态的没有从生活中挣脱出来的民间文艺，因其粗放、随性、局限于某一区域及非纯粹的审美意向，则未能获得应有关注，陷入自生自灭的困境，久而久之，便可能消亡殆尽或改弦易辙了”。青岛市西海岸新区“小品小戏进社区”文化活动突破了这样的困局，从根本上把握了

a

a 隐珠街道烟台东剧团表演小戏《秋菊的嫁妆》

①万建中：《民间文艺认定的三个维度——基于民间文艺认识误区的反思》，见《民族艺术》，2016年第4期。

乡村文化、民间文艺作为生活方式组成部分的根源和规律，从生活出发回归生活，在民间生长反哺民间，坚守小品小戏的群众文艺本质，持之以恒地发展了日常生活状态的民间审美活动。正所谓“在极少流行作家艺术品的一些农村、山区，没有歌剧院，没有音乐厅，也几乎没有专门而又独立的艺术时间和空间，但人们依然舞之蹈之歌之，同样充溢了欢歌笑语。这种文艺作为生活的一部分，与当地的生产行为和生活样式融为一体，并未演变成超越于当地日常生活之上的纯粹的艺术实践”。乡村文化建设的本质，不是舞台聚光灯下的佳绩、展赛名录上量化的成果，而是民间日常世俗世界里的人文气息、善与美的追求和比物质更恒久的幸福感与获得感。仲夏之际，乡村广场上的一段小戏、一个小品、一阵喝彩，生活里的故事、故事里的生活，没有裂隙和距离，从生活中来，到生活中去。“小品小戏进社区”历经12年发展，保持了本来的生活属性，成为民间生活方式的有机组成部分。没有商业的市场异化，没有评奖的功利目标，小品小戏的创作、演出和观看与现实生活相关，与劳动有关，是生产和生活方式的自然延伸，是当地日常生活和生产劳作审美化的表现，体现了文化建设与发展的本质。

青岛市西海岸新区“小品小戏进社区”文化活动抓住了民间文艺“民”的本质。“小品小戏进社区”文化活动中的创作者、演出者和观众来自城乡社区、各行各业，他们是生活在同一地区、承袭同一文化传统的群体，拥有共同的民间文艺传统，秉承共同的历史记忆、生活知识、文艺技艺和乡土情感，他们对方言乡音、乡土民情构成的小品小戏充满了创作、表演、观赏的热情，任何一员都不是被动的接受者，而是积极的参与者。作为不同于作家文艺、学院派文艺的民间文艺活动，其开展的动机，首先在于能够给参与者和在场者带来身心的愉悦和快感。人们热衷于参与其中，主要在于可以获得审美享受。在调研中，诸多骨干作者表示，十几年如一日的坚持源于发自内心的热爱。这种表演的形式、内容、语境，都是完全归属当地的和传统的，由地方民众群体在其原生场域共同实现。“小品小戏进社区”文化活动体现了“民”的本质。

a

a 长江路街道琴韵剧团表演茂腔小戏《沉甸甸的爱》

值得指出的是，演、创团队的多元化形成了多元化的视角和观念，基层文化站工作者、城镇企业职工、军转干部、大学生志愿者的加入，增加了剧作内容的时代气息，对现实生活的理解、对时政热点的解读、对日常矛盾关系的处理等，都有更开阔的视野。“小品小戏进社区”在其多元化的创演机制上是一种城乡文明的融合，而且这个融合的过程，不是说教，不是城乡文化孰优孰劣的区分和“给”与“送”，而是在某一个具体生动的戏剧冲突里通过共鸣来实现。

就乡村观众而言，在乡村广场式演出的过程里，村民观众也是“小品小戏”集体创造的一部分。小品小戏演出是熟悉的人演身边事，演员与观众在地缘、业缘乃至亲缘上都有联系，演员是乡里乡亲，或是和观众同样出身的人，观众免费看戏，不存在“上帝”“衣食父母”的自我定位，演员可以利用即兴表演发挥自己的创造力、个性、特长技术，对舞台没有特别的规范和概念，不讲究上下场身段或表演程式，现场互动的成分较多，演出是表演者与观众共同经历的狂欢。在乡村广场的演出里，即使是简陋的临时舞台，也经常可以看到有孩童出于好奇，扒着舞台的边，总想离得更近一些。事实上，民间文艺正是在即兴创造和现场感中不断实现更新和发展。

青岛市西海岸新区“小品小戏进社区”文化活动创建了乡村文化的“众创”机制，把握了民间文艺集体创造与传承的基础，回归民众这一民间文艺创造的万千生活主体，保持文化的感染力和创造力，为乡村文化建设以及民间文艺的传承与发展提供了可贵经验。

（三）剧本主题寓教于乐，建设乡村文化的“共享”课堂

青岛市西海岸新区“小品小戏进社区”文化活动的展演剧目在内容主题上把握社会主旋律，弘扬社会主义核心价值观，追求真善美，发挥了以文化人、以艺养心、以美树人、价值指引的积极作用，是新时代乡村文化建设的生动课堂。剧目关注时事，反映当下，探讨民众关心的社会问题，引领民众正确处理国事与家事、社会与自我的关系，引导乡村群众树立现代公民意识，更加明确自己应担负的责任和应有的追求。剧

目关注生活，家长里短、人情世故等平常事真实动人，入情入理，树立了正确的价值导向。对于乡村群众而言，传统戏曲剧目新鲜感缺失，露天电影鲜有人驻足观看，甚至无人问津、流于形式，“小品小戏进社区”却让群众十几年如一日保持了认同感和参与的热情，已然成为乡村生活中规模最大、范围最广的公共文化活动。乡村广场上，男女老少、远亲近邻聚集在同一时空，分享同一场景，经历相似的情感过程。他们为小品小戏表演中的一个动作、一句话开怀大笑，为剧目中悲情的唱段、感人的场景流下同情的热泪。在这个过程里，国家意识、社会认同、公民素养等在一种全民性的情感共鸣中得到强化，社会的核心价值观在潜移默化中成为民众的价值准绳。“小品小戏进社区”成为乡村文化名副其实的“共享”课堂。

a 新区明月剧团表演小品《立嘱》

青岛市西海岸新区“小品小戏进社区”文化活动把握了民间戏曲的“教化”功能，对于发挥戏曲的作用是一种传承。在我国传统文化里，礼乐教化是重要方法之一，戏曲被称作“高台教化”，“舞台虽小能演天下事”，而且“戏曲的唱词自然是可顺口而歌的诗，即使宾白也具有能吟诵的意义，押韵整齐且节奏鲜明。戏曲有地方特色，因此语言都带有方言的韵味，很切合观众的口味，而且戏曲出生于民间，因此通俗易懂，还穿插着不少活泼俏皮幽默的打诨语言，叫人忍俊不禁。再加上戏曲的韵律，使得语言本身生彩生辉，充满诗情画意”，它比其他艺术形式更加容易深入到人们的心灵。因此这种不需要书面语、具有音乐性及表演性的娱乐活动寓教于乐、雅俗共赏、劝善惩恶，使教化直达人心，起到劝人为善、化民成俗的作用。“忠孝节义”、爱国主义主题的伦理道德成了古代民众生活的价值准绳，戏曲所体现的思想激发了人们内心向善的渴望，潜移默化地引导了人们对于历史叙事、社会角色、生活情趣、道德价值甚至于意识形态的接受、理解和创造。鲁迅在《马上支日记》中曾言：“我们国民的学问，大多数却实在靠着小说，甚至于还靠着从小说编出来的戏文。”潘光旦在《中国伶人血缘之研究》“绪论”中指出：“一样教学生知道一件故事，读不如讲，讲不如一二人表演，一二人表演不如多数人自演。读来的故事最隔膜，自己搬演的故事最亲切。……一般民众所有的一些历史智识，以及此种智识所维持着的一些民族的意识，是全部从说书先生、从大鼓师、从游方的戏剧班子得来的，而戏班子的贡献尤其是来得大，因为一样叙述一件故事，终究是'读不如讲，讲不如演'。"张鸣在《乡村社会权力和文化结构的变迁（1903—1953）》一书称戏曲在内的民间教育为"小渠道"，小渠道得来的文化知识，即使原本是属于大渠道的，也常常经过改造，添加了乡间人们的想象以及他们认为的真理。从这个意义上看，"小品小戏进社区"文化活动是对民间文化教化传统的传承和发展，包括"讲仁爱、重民本、守诚信、崇正义、尚和合、求大同"的中华优秀传统文化，以及讲求托物言志、寓理于情，讲求言简意赅、凝练节制，讲求形神兼备、意境深远，以达到"知、情、意、行"统一的中华美学精神，融入以爱国主义为核心的民族精神，以改革开放和现代化建设为核心的时代精神和以追求真善美为目标的当代中国精神，从而同中国当代文化相适应，同现代社会相协调，实现创造性转化与创新性发展。

青岛市西海岸新区"小品小戏进社区"文化活动是对社会主义文艺传统的继承和发展。社会主义文艺在发展的不同时期均把握了小戏的特色，充分发掘和发挥了小戏的社会功能。1942 年延安文艺座谈会以后，延安解放区出现了一种愈来愈引人注目的新型小戏品种——秧歌剧。它是在旧秧歌中的"小场子戏"基础上，综合吸收各种音乐与表演形式而成，内容都是反映边区人民大生产运动、参军、学文化、减租减息斗争等，出现了《兄妹开荒》《夫妻识字》等成功的作品。秧歌小戏作为百姓喜闻乐见的民间文艺形式，在特定的历史时期发挥了积极的宣传作用。1951 年，中央人民政府政务院颁布《关于戏曲改革工作的指示》，标志着"戏改"政策正式推出。文件指出："地方戏尤其是民间小戏，形式较简单活泼，容易反映现代生活，并且也容易为群众接受，应特别加以重视。今后各地戏曲改进工作应以对当地群众影响最大的剧种为主要改革与发展对象。为此，应广泛搜集、记录、刊行地方戏、民间小戏的新旧剧本，以供研究改进。”剧目整改工作在加强民众文化教育、提升审美品位、匡正社会风气上有很大贡献，造就了一批经典作品。相比大戏、文人戏剧来说，小戏通常来得更为快速真实，更能打动人心，成为民众的教材。大戏由于自身题材规模的原因，反映的事情较为复杂，而民间小戏及时反映时事，一些小戏类别更是本来就依靠传播时事而兴起；大戏由于艺术上有更深厚的积累，表演形态上更高级凝练，入门学习的门槛更高，戏剧的演职人员、表演的用具以及场地的专业化过程，也是表演与观看活动分裂、疏离的过程。青岛市西海岸新区“小品小戏进社区”文化活动发挥小品和民间小戏在文化传播、信息传递以及造就个人人格、维护社会秩序方面的重要作用，把握城乡群众积极的精神需要，创建了新时代乡村文化的课堂。

（四）社区居民喜闻乐见，构建乡村文化的“互联”纽带

青岛市西海岸新区“小品小戏进社区”文化活动以小品、小戏为媒介，构建了乡村社区的互联互通的文化纽带。特别是在传统乡土文化受到冲击、新的社会联系交往持续变革与构建的过程中，乡村作为生活的共同体，保持文化认同，保留乡土情感，增进村民之间的互动交流，是一个重要的文化和社会命题。“小品小戏进社区”文化活动构建乡村文化的“互联”纽带，作出了卓有成效的探索。

传统乡土社会是农业文明的缩影，与农耕生计紧密结合，是一个有其自身的社会结构特征、人际关系特征以及权力结构特点的社会。在这种社会里，文字无足轻重，人与人之间依据“差序格局”划分亲疏远近，男女授受不亲，对社会进行规范管理依靠礼治而不是法治。费孝通先生认为，这种乡土格局直到20世纪70年代还是稳定存在的，直到1978年改革开放大潮拉开序幕，从根本上动摇了乡土文明的根基。由于工业与其他产业的迅猛发展，农民的流动性大大加强，大量农民走出家庭、离开土地，冲破血缘和地缘的限制从事市场化、职业化的生产劳动。农民基于平等身份进入市场进行商品交易，促使农村打破传统的人伦等级秩序，按市场经济的标准划分社会阶层，作为传统乡土社会主导关系的

血缘与地缘关系受到强烈冲击，出现所谓“差序格局的理性化”，表现为“家族解体，姻亲关系日渐重要，有选择地走动亲戚，朋友关系广泛存在，兄弟关系疏远，农村养老问题日益严峻，生育子女时的理性考虑，父母与子女分家，传统习俗和仪式衰落等”[①]。整体上，构成农村社会内生秩序基础的宗族和农民家庭结构发生改变。村民对原有乡村共同体的认同已经逐渐弱化，功利主义不断侵蚀着人与人之间的亲密情感。在这种形势下，重建乡土文化相互联系的纽带，要考虑乡村的文化土壤和具有生命力的媒介。

小品小戏在当地人的习惯、爱好中生成，这些短小活泼的节目，形制虽小，却有大的接受空间。小品小戏在乡村文化建设中发挥了新的人际纽带作用。

特别是从近一段时期以来的乡村常住人口构成来看，青壮年进城务工，乡村常驻者以老年人和女性居多，小戏在历史上就有“栓老婆橛子戏”的别称，切中这一乡村群体的文化需求。所谓“炒鸡蛋，烙烙饼，弹起弦子唱道情。宁看道情《小姑贤》，不去方山做巡监”，“听见一勾勾唱，饼子贴在门框上”。历史上，农村妇女本来生活自由度、空间就有限，生活内容也相对单调，听戏对于她们来说是最为奢侈的娱乐。关于村妇看戏痴迷的笑话，最具代表性的是：一位女戏迷听说晚上有戏演，抱起孩子就慌忙赶场，跑进瓜地时摔倒，孩子抛出老远。她迅速爬起来抱起孩子继续跑，总算没耽误看戏。听完戏才发现怀里不是孩子而是个冬瓜。她想一定是自己摔倒时把孩子撂在冬瓜地里了，就赶忙跑回去找，但冬瓜地里只找到一只枕头。她哭着回家，进门一看，孩子安然睡在炕上。原来她因为一心听戏，错抱了枕头出门。小品小戏诙谐风趣，生活气息浓郁，有自己擅长表现的题材和人物，深受乡村观众特别是妇女的喜爱。由于青壮年男劳动力外出打工，留守妇女挑起了本应由夫妻双方共同承担的孝敬老人、抚养小孩等家庭重担，乡村妇女也成为树立进步的思想意识和道德观念、形成文明健康的生活方式、建立和睦友善的家庭伦理关系和乡村邻里关系的主体。小品小戏所传递的健康积极的价值观，对

a

a 大场镇彩虹剧团表演的小戏曲《张老栓圆梦》

①贺雪峰：《新乡土中国：转型期乡村社会调查笔记》，广西师范大学出版社，2003，第 34 页。

乡村妇女的思想意识、道德观念以及对邻里关系和家庭关系的处理方式有直接影响，在乡村精神文明建设方面发挥了重要作用。

从根本上说，乡村是一个生活共同体，乡村社区天然包含人文精神，“一定的地域”“共同的纽带”“社会交往”以及“认同意识”是生活共同体的基本要素和特征。纯粹从社区文化建设角度看，社区精神的培育才是问题的核心和根本。费孝通先生曾对社区概念作过解释：“社区，它的含义中一个重要的部分，就是‘共同的’‘一起的’‘共享的’，就是一群人有共同的感受，有共同关心的事情，也常常有共同的命运。”“社区的真正本质是社区精神——社区精神理念，人们通过参与社区生活，形成对于自己生活和工作社区的认同。” 小品小戏成为乡村社区重要的公共文化活动，维系了乡村熟人社会中更具情感性质的生活，在一定程度上化解了乡村文化变迁过程中显露出的矛盾，这种以艺术审美和文化交流为核心的互动也在重塑和改变着乡村共同体的结构和内容。

a 薛家岛街道海韵剧团表演茂腔小戏《一条项链》

文化具有整体性，各组成部分相互关联，文化里“包含知识、信仰、艺术、道德、法律、习俗和个人作为社会成员所必需的其他能力及习惯”[①]，是“一个复合的整体”。特别是民间文化，是民众在日常生活中表达生命意识和地缘环境的一种“文化丛”，在日常生活中孕育和发展而来。“不会像精英艺术那样可以脱离特定的历史情境在一个完全自律的艺术王国中传承、发展，一旦社会、文化发生断裂性的转型，特定形态的民间艺术就可能完全失传”[②]。当我们面对文化这个命题时，往往不能把节日与民间信仰，把仪式操作与人们对这些操作的道理或信仰分割[③]，不能做割裂的研究和认识。当我们着力弥补社会发展过程中产生的文化裂痕并促进文化的繁荣发展时，要回归文化生长的出发点，寻觅乡土中孕育的文化种子，厘清其依存的主体与环境，不做盲目的改造或复制，而是因地制宜守护和传承我们民族祖祖辈辈积淀发展的文化精神和样式；不是仅仅追求职业化和精英化，而是发掘和凝聚真正使民间文化具有无穷创造力的万千生活主体，实现共同创作和创造；不是走向娱乐化、去崇高化的误区，而是追求和传播永恒的真善美；不是脱离生活，而是关

①［英］泰勒著，蔡江浓编译：《原始文化》，浙江人民出版社，1988，第1页。

②季中扬：《当代文化空间中民间艺术的生存方式》，见《南京社会科学》2013年第6期。

③张海洋：《中国社会转型期的民间文化研究》，见《民间文化论坛》2007年第2期。

注现实，不断编织和构建新的社会条件下人文精神的纽带。青岛市西海岸新区“小品小戏进社区”文化活动在文化建设上因地制宜，抓住了乡村文化的“鲜活”载体；在文化主体上，实现城乡民众自发创作，形成了乡村文化的“众创”机制；在文化内容上，做到了剧本主题寓教于乐，建成了乡村文化的“共享”课堂；在文化传播上，做到了社区居民喜闻乐见，构建了乡村文化的“互联”纽带；为乡村振兴、乡村文化振兴，作出了卓有成效的探索，积累了宝贵经验，是新时代党的文艺方针政策在基层文化工作中的深入落实，也体现了对民间文艺规律的深刻把握，具有启示意义。

a 新区春光剧团表演茂腔小戏《割肉还母》

第一章 · 乡风文明

关于中国乡村设计命题的调查报告

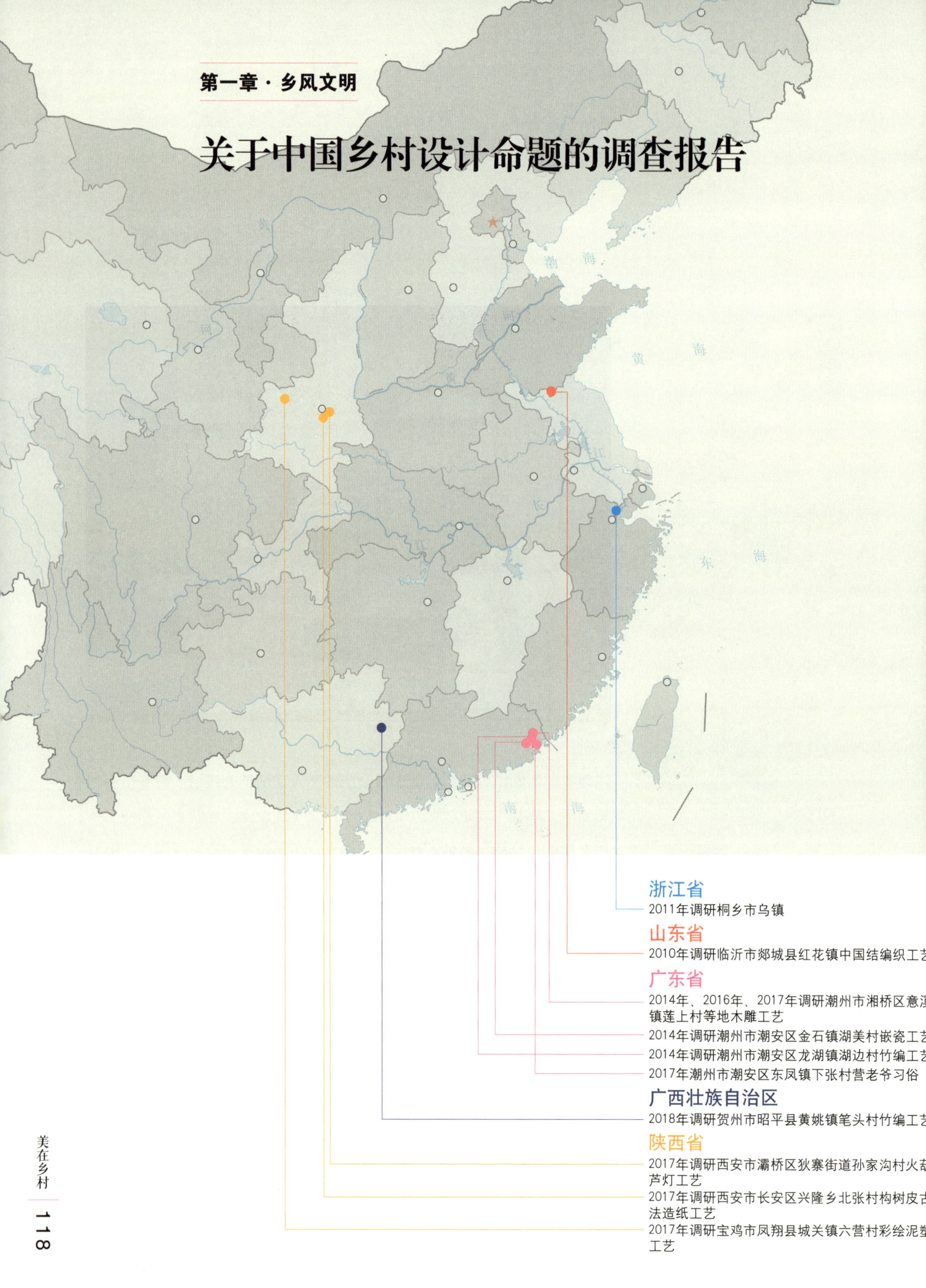

农村发展一直是我国社会发展的关键问题。作为传统农业大国，农业文明绵亘数千年，农村、农民、农业很大程度上成为社会发展的基础和命脉。近现代以来，虽然经历了从农业文明向工业文明的转型，2010 年农业总产值在国民生产总值中所占的比重已降至 10% 左右，但地域意义上的“农村”面积仍达城市建成区面积的 320 倍，农村人口占总人口相当大的比例，促进农村发展的意义不言而喻。当前，从国家宏观战略出发，促进农村发展，不仅要消除经济意义上的二元分化，更要深入探究农村经济文化要素与国家整体产业布局和文化发展的内在联系，真正从产业联动、文化与经济协调的意义上推动农村发展。因此，问题的关键不是要以城市模式去改造乡村，而是从农村的实际——包括农村的文化生态和产业要素等出发去统筹城乡发展，发掘建立内在的互动联系。

一、农村文化生态与设计

近现代以来，农村传统文化受到现代工业文明、商品经济冲击，一方面，经济发展改变了农民对土地的依赖，扩大了农民的活动范围，经营中的契约关系冲破了血缘伦理纽带，科学技术理性地改变了经验的思维与教育方式，农村文化经历了现代化的建构与发展。另一方面，在相当程度上，天然的情感纽带、经验化的思维方式、生活重复而又丰富的农村文化状态，仍然更深层地延续在农民的衣食住行和社会交往方式中。具体来看，伴随农村劳动力外流和工业化冲击，加上文化建设相对滞后和缺失，农村文化存在的一系列具体问题值得关注。包括：（一）在社会持续转型的大背景下，现代多元文化不断流入农村，乡土文化的本源凝聚力减弱，文化认同开始下降，原有文化模式对农民思想行为的影响力和约束力减弱，引发农村民风民俗、伦理道德等一系列问题。（二）中青年农村劳动力大量外流，农村留守人口中妇女、儿童、老人比例大。据《第二次全国农业普查主要数据公报》，截至 2006 年末，农村劳动力资源中，初中及以下受教育程度人口比例达 89%，其中 44% 人口为小学文化程度及文盲。此外，早在 2000 年，我国农村 65 岁以上的人口所

a

a 2010 年调研山东临沂郯城县红花镇中国结工艺

占比重已为7.69%，标志着我国农村已进入老龄化社会。可以说，在劳动力流动转移的过程中，转移出去的多为受教育程度相对较高或较容易接受技能培训的劳动力，“农民工”作为新兴产业工人没有获得相应的城市居民地位，同时，“非农化”形成的剩余劳动力人力资本（指受教育程序、技能水平等方面的内容）整体水平较低。（三）工业文明导入使原有的农业生产方式受到了近乎毁灭性的冲击。如农业问题研究专家所指出，“在中国农业发展的历史中，我们的祖先通过使用农家肥、青肥、土地轮种、套种、灌溉、修建梯田等多种方式，基本实现了对土地的永续利用，而在现代社会，土地有了问题就依靠化肥和农药，天气有了问题就用大棚，农民更多的是以能获得最大经济效益的经济作物作为劳作的第一选择。随着化肥、农药等工业产品的进入，土地在短短的30多年时间里就出现了硬化、板结、地力下降、酸碱度增高”。农业生产本身包含生态价值观的文化选择。（四）就农村延续的传统文化而言，一方面，原有的文化价值体系和社区记忆正在逐步消失，传统民俗、技艺等面临危机；另一方面，传统文化在“非物质文化遗产”保护的意义上受到重视，在艺术形式、活动仪式、集体记忆、情感认同、传统技能等方面受到关注，同时也存在盲目的商业开发，对传统文化等造成肢解和破坏。

一段时期以来，我们的农村文化政策主要目标是以现代化的文化来建设和发展农村，很大程度上忽视了农村文化自身的意义以及农村传统文化对现代生活方式的无形影响。城市“文化下乡”以及消灭所谓的城乡差别，往往把农村当成了没有文化的区域。事实上，切断传统意义上的乡土文化之根，将直接对文化生态构成人为破坏，引发文化的“水土流失”，离散传统文化的凝聚力。与西方文明的源头在城邦文化不同，中国文明的源头在乡土文化，中国的乡土文化之根必将是中国当代发展

a

a 广东潮州木雕，陈树东作

的历史传承和文化观照。中国的农村拥有几千年传统文化的遗存，缺少的不是文化，而是当前社会发展中认识和传承文化的整合机制。在思考解决人与人、人与自然沟通问题的过程中，我们也需要让“农村文化进城”，我们要做到的是统筹城乡发展，而非同化城乡文化。设计在其中应当发挥重要的协调作用，探索解决以下几个问题：

其一，设计能否有效发掘农村文化价值？农村是传统文化的母体，农村文化中包含的生活方式、乡土信仰、道德习俗等，成为农民精神世界和整个乡村社会的文化生态系统。虽然在现代化进程中经受冲击并发生转折，但仍作为一种内在的、稳定的、隐性的传统，存在于人们的生活方式、习俗、情趣、人际交流活动的无意识中，具有内在的凝聚力。从设计视野看，应当充分理解和认识这一具有无形影响力的文化价值观，把握其在民间起居、器用、穿戴、祭祀、装饰以及游艺等民俗活动中的具体表现形态，形成具有文化根脉的当代设计，一方面使乡土文化传统在新的文化生态环境中经过涵化、调适而获得重生；另一方面，也是通过具有文化血脉的设计真正唤起农民对自己家园的记忆和认同，实现传统乡土文化在当代文化环境中的复兴。

其二，设计能否促进优秀传统文化的传承？在现代教育的背景下，依据学历教育考量，近九成农村人口是初中以下文化程度。不可忽视的是，农村也有自身的文化体系、文化信息和语言，例如手艺、民俗、乡礼等具有较强的社会性和传承力，广大农民就是天然的传承者。这些经验形态的传统文化，固然不同于科学，往往是日积月累而获得的感性认识，是文化层面的技艺经验，只能在具体的生产过程中直接传授，但在信息化和创意化的时代，文化和艺术本身也成为生产力的要素，农村手艺、乡土民俗等经验形态的文化应当作为重要的设计资源受到重视，通过设计介入，从符号、技艺、价值观等层面进行发掘和转化，实现优秀传统文化的设计传承。

其三，设计能否创造与生产生活结合的农村文化发展方式？我们认为，农村文化建设必须与农民生产生活相结合。无论是增强文化认同感和凝聚力，还是改善农民的精神需求，都应当有具体的着力点。文化认同不是凭空建立的，农民精神需求的改善也不是抽象的，往往植根在具体生活中，需要在其切身利益不断提高的过程中完成。农村文化建设，一方面必须与改善农民生活、增加农民收入结合起来，提高农民的幸福指数；另一方面，必须与传统文化的保护联系起来，使农民有尊严，有自信，有认同，不盲目攀比，不盲目崇拜，更不盲目放弃，自觉自信地传承和发展传统文化，造福一方水土、一方百姓。就此可将设计作为增强内生动力和区域竞争力的核心要素，充分发掘广大农民潜移默化传承的知识和技能，就地发展手工艺等农村特色产业，实现农村文化生态和产业生态并举的永续发展思路，以设计为突破口，增进民众的综合文化素质、幸福指数和社会责任，推进新农村文化建设，利用低碳经济创富。

其四，设计能否整合关乎农村发展的产业与教育资源？农村文化建设应融入优秀的教育和产业力量并形成合力。发挥设计的协调与整合作用，目标是在农村文化遗产保护、农村手工艺的产业开发中，真正使农民作为生产和文化的主体，并融入专业的教育和产业资源，整合优秀的艺术创造力量、工程技术力量与市场研究力量，借助新的科技思路、创意思路与营销思路，形成综合性、本土化的“创意产能”，全面提升工艺水平，突出文化内涵。事实证明，只有找到合适的切入点，搭建合作桥梁，才能在拉长做大农村文化产业链、集聚文化资源的意义上，把农村文化服务落到实处，实现“文化富民”。

总体上说，农村文化是一个完整的开放的动态的文化生态系统，既建立在相应的自然生态环境、农业生产方式和农村生活方式之上，也在工业化和城市化进程中受到多元文化的影响，需要在更广阔的背景下分析和把握。事实上，无论是非物质文化遗产保护，还是科技普及培训，无论是重建传统记忆、群体认同，还是拓展现代性的文化空间，都不是孤立的举措，应当把握内在的系统联系。农村的文化生态建设也将成为中国文化生态建设的基础工程。设计介入，有助于从转化实践层面进一步深入认识和把握农村文化资源，发掘其文化要素间潜在的逻辑关系和

网络系统，激发其稳定性、自洽性和发展演变的动力，从农民生产生活的实际和本土文化的实际出发，开展文化建设，激发民族文化的自信和生命力，实现以文化为动力的发展和繁荣。

中国设计要面向广大的农村和小城镇需求，建构中国当代生态田园的生产生活方式和空间。中国传统村落多为家族或宗族聚居模式，注重人与人之间的和谐，在村庄选址、建筑布局和风格等方面注重人与自然的和谐。一段时期以来，固有的文化凝聚力和人居环境，在新一轮产业发展、人员流动和城乡建设过程中，遭到不同程度破坏。设计如何充分发挥作用，使优秀的文化资源得到有效发掘和传承，使民间智慧和创造力得到有效应用，使人与自然亲善和谐的生活方式得到保留和延续，是重要命题。

二、传统村落保护与设计

就维护村落文化生态环境而言，当前最为突出和紧迫的莫过于古村落保护和发展。如果说村落作为中国农村广阔地域上和历史渐变中的一种实际存在的最稳定的时空坐标，作为一个个有活力的传承文化和发挥功能的社会有机体，其变迁始终是中国历史变迁的主要内容，那么，古村落则更是社会传统的活化石，具有突出的历史文化价值，古村落的破坏消逝是民族文化历史性的损失。但现实发展中，古村落及其文化景观的破坏、消失仍在加剧。

导致古村落破坏的原因，主要有以下几个方面：其一是历史性老化，即历史性老化造成老房子的自然颓败和无力修复。其二是城市化冲击，从外在角度看，城市化发展进程对古村落保护构成的压力在于“无序的

a b

a 2018 年调研浙江省遂昌县独山村
b 陕北窑洞民居样式

随意的抢占性的新建、翻建，与乡土环境、历史风貌不和谐的各类现代建材破坏着村落的古风古貌；公路和高速公路的建设对村落景观的破坏，如穿膛破肚、砍伐古木；国家和地方水力发电站建设对流域下游古村落的冲击，大量古村落因此拆迁移址”，还有土地集约化导致的对民居宅基地的兼并。一些地方在推进农村发展中，忽视故有的自然生态和文化传统，导致原有的文化特色资源大量流失。从内在要素看，村民对现代城市生活方式和品质的合理追求与对原有居住环境的不满意，构成古村落保护的内部压力，村民外出务工造成的空巢现象加速村落颓败，老房子倒塌，传统习俗和生活方式后继乏人。其三是开发性破坏。一些地方对新农村建设目标与实质的误读造成了对农村的“大拆大建”。有调查显示，我国村落的个数平均每天减少约 70 个，造成大量历史文化村镇和乡土建筑遗产的消失和损毁。此外，还有经济利益带来的开发性破坏，追求利益最大化造成“旅游污染”。一些盲目追求经济效益的旅游项目导致村镇文脉资源被破坏，加剧农村文化“空心化”问题。

如何在当代社会空间里实现古村落的可持续发展，是问题的核心。在加紧保护传统民居、古亭、庙宇、祠堂、戏台等建筑物，及碑刻、雕塑、书籍、书法与绘画、铭文、家谱、传统生产工具等历史文物、物质文化遗产的同时，需进一步从非物质文化遗产的层面寻找突破点，尤其是至今还被人们使用，其生活方式、产业模式、技术工艺、艺术传统和行为观念没有中断而且继续发展的文化遗产，要加以发掘和发展，使传统生产、生活方式融入当代空间。

就此，加强设计实践，发掘古村落文化遗存，既可在传统与现代中找到平衡，促进古村落的活态保护与发展，也可不断为设计注入文化的

a 竹编作品《咏鹅图》

灵魂。例如，日本在古城及村落保护中广泛确立了一种“尚技”意识，尊重并推进传统手工艺发展，提出“造物技能启发事业”；日本设计界亦强调对传统的尊重和爱护，提出“未来设计，源于地方传统工艺”，“让传统工艺与思想融入现代设计，进而活化地方产业”。设计与传统的结合在古城和村落保护中发挥了支撑生产、生活发展的深层作用。我国也有设计与传统工艺结合，从而带动村落原生态保护与发展的案例，如贵州雷山县西江镇控拜村以打制苗族银饰作为主要经济来源和生活方式，全村几乎家家户户都会制作银具，其银饰手工艺不仅成为独具控拜风格的苗族装饰艺术，其制作工艺、演变、类型，也是研究苗族精神信仰和社会关系的重要依据。而今，该村由以前只有十几户人家打制银饰，发展到 190 余户，不仅是从事传统意义上的手工艺制作，也不断融入了当代设计语言。在新的文化语境中，记录苗族人的精神世界，诠释苗族图腾崇拜、宗教巫术、历史迁徙、民俗生活等方面的文化记忆，表达控拜村苗族人民对本民族文化的理解和认同。控拜村的银饰产品销往广西及其他苗族支系，并远销欧美、泰国、日本、中国台湾等国家和地区，在产业发展和文化传播过程中，其村落文化生态得到涵养和发展。又如山东潍坊杨家埠村，早在明初村民就凭借祖传的雕版技艺刻版印制年画以维持生计，同时用印年画余料绘制扎糊风筝，逐渐发展为商品。清乾隆年间，风筝制作已成为当地重要的手工产业，杨家埠风筝作坊已达 30 余家，年产风筝 40000 只。清末民初，杨家埠风筝从业户达 60 余家，从业人员 200 余人，年产风筝 18 万只。现在，杨家埠成为潍坊风筝的主要生产地，所产风筝占潍坊风筝市场总量的 95%，产品销往山东各地及河北、河南、安徽、江苏、福建等地。

a

a 2017 年陕西宝鸡凤翔县六营村调研泥玩具

由此得到的经验和启示在于，结合古村落自身的资源特点，加强设计开发，对实现具有文化内涵的、可受益的、可持续的发展，具有重要意义。应该说，发展旅游并不是第一选择，更不是唯一选择，还有多方面路径可探索。应具体以当地丰厚的文化资源为基础，依托自然条件，发挥村民的积极性和创造力，开展手艺等特色文化资源的设计创作和生产，加强品牌和产业链建设，这不仅有助于促进村民就业，带动其增收致富，而且有利于在发展生产和生活的基础上，增强文化认同感和凝聚力。同时，将村民作为非物质文化遗产的创造者和传承者，重视对村民“活态”文化的保护，并通过保护改善村民的生产、生活条件，让绝大多数村民在保护中得到实惠，使活生生的文化得到延续，是当前古村落保护中不可忽视的重要内容。

因为古村落是一个文化生态系统，古村落的保护要从生态系统整体着眼，单体保护则较难实现“活态”保护与传承。保护古村落必须充分考虑村民的发展问题。就此，在更深的层面上，可围绕手工艺等设计项目进一步建立城市和古村落在经济、文化上的互动联系，充分发掘古村落传统文化的辐射力和影响力，为设计产业、创意产业发展提供文化资源，并充实建构当代民族文化心理；同时借助市场机制以及全球化的信息和营销体系，拓展古村落文化和产品的传播渠道，提升村民知识信息、契约协作等方面的素养和能力，这也是古村落及传统手艺生产的可持续发展，从而真正使古村落保护工作由少数专家呼吁演变为全民参与的保护运动，从保护与发展两个方面，实现古村落的现代转型。

从设计实践的角度看，古村落保护的关键，还是其可持续发展的问题。这既是在社会转型、经济发展过程中产生的，也是关系文化传承和发展的核心问题。传统农业文明向现代工业文明转型中，具有突出历史文化价值的古村落受到了严重冲击。在生产、生活相联系，农村和城市文化资源相结合的基础上，以文化传承为核心，充分发掘广大农民潜移默化传承的知识和技能，有助于加强文化认同并在传承传统文化的同时吸收前沿信息技术，融入当代生活，实现动态的、生态意义上的保护和发展。

这应作为切实的发展方案加以探索和完善，促进古村落文化的“活态”传承以及整体上的可持续发展。

三、农村文化产业与设计

农村文化产业是中国特色设计产业不可忽视的重要组成部分。以农民为创作和生产主体，集聚在特色文化资源和自然资源丰富的农村地区，集中在手艺文化产业、乡村旅游产业、地方土特产等领域的产业形态，具有生态环保、劳动力密集以及循环经济的特点。

从国情看，我国是传统农业大国，农村是数千年传统文化的天然载体。从文化建设层面探索解决发展问题，以文化为核心驱动，通过整合农村自然和文化资源，激发农民创造力，健全包括生态农业、手艺产业、民俗旅游、土特产加工等在内的产业机制，可以促进手工艺等非物质文化遗产的生产性保护，拓展具有中国特色的文化产业空间，更好地弘扬中华民族文化传统；有助于实现文化富民，增加农民收入，改善农民生活；有助于进一步为传统文化传承提供物质保障，助推中国文化走向世界。这不失为解决农业、农村、农民问题的一条新路，一举多得，意义重大。以山东农村手艺文化产业为例，当前年生产总产值已突破千亿元，带动150万农村人口就业，创造了显著的经济和社会效益。但是推进农村文化产业发展非常不易，涉及农民思想观念特别是市场观念、商品观念淡

a

a 手艺农村创意展区

薄的问题以及如何保护传统手艺的问题，涉及一家一户、小作坊式生产与社会化大生产衔接的问题，涉及政策扶持问题，等等。农村文化产业的发展需要一个较长的培育和发展过程。尤其当前，农村手艺文化产业等很大程度上仍处于自发状态，亟待加以全面规划、有效引导，采取切实措施加以扶持。

根据笔者多年来对于“手艺农村”的调研，就设计介入农村手艺文化产业而言，可以实现以下几个方面的提升和发展：

其一，是以当代设计观念转化传统手艺样式。随着新的生产方式、工作方式、生活方式、家庭模式、新的道德伦理关系的深刻变化，中国经济、社会、文化价值坐标体系也明显发生变化。生产的过分规模化、批量化、标准化和文化的过分精英化、山寨化，正逐渐趋于小型化、多

a

a 传统民间工艺设计转化：首饰设计

样化、情感化、仪式化、原创化、娱乐化。在这种观念调整的时代背景下，设计的关注点必然更多地从物质走向文化，从功能靠向情感。中国传统手艺所蕴含的生态循环意义、生活审美意蕴和人文社会价值等特点，恰好契合和满足了社会转型过程中民众对创新转化的心理需求。传统手艺是伴随社会发展和生活实践过程的一种生产、生活方式，具有情感传递和交流的功能。手艺的优势在于个体主观的表现和创造发挥，与当代设计观念的高度融合，不仅可以满足民众生产、生活对日常用品的文化需求，而且可以快速融入现代城市生活空间，发挥设计服务大众的最大效能。

其二，是以当代设计语言转化传统手艺文化元素。中国传统文化资源库中存有大量与手艺相关的传统知识、象征符号、艺术形态、生态材料和文化空间。在整合现代制造技术、设计创意和传统文化元素，塑造中国产品设计语言的过程中，应注意三点：一为“传承”。能在“中国制造”全球推广体系下发挥设计创新的有效功能，使产品成为中国文化基因的携带者和中国人文理念的载体，用传统的价值观眺望未来。二是“尊重”。因大多产品选用自然材料，采取手工制作，故在制造、流通过程中摒除造成环境负担的因子，以示尊重自然生态与消费者的决心。三为

a 青少年当代艺术创作体验活动现场

“融合”。以人文与自然、设计与制造、使用者与创造者、传统与现代、东方与西方之间的和谐关系为出发点，以文化精神、精工技艺和生态环保为产品语言追求，使中国设计重新回归民众的生活基底。

其三，是以当代设计创意产业转化传统手艺产业。未来，传统的第三产业将面临产业结构调整和转型升级的巨大机遇与挑战，实体经济的粗放式发展开始在更多领域让位于可持续发展的理念，传统产业业态与新兴产业、新兴技术、新的国际惯例融合的趋势已成为可能。产业与设计样态的互动衍生，将给设计产业自身以及相关产业延伸带来前所未有的调整机会。通过设计创新，因地制宜、因势利导地将手艺资源优势转向设计发展强势，并与小城镇经济中的第一、二、三产业体系充分融合，实现“结构优化、产业升级、财富积聚”的跨产业、多行业联动效应。加强传统手艺资源战略性、生态性、生产性创意设计研发，促进传统文化与当代设计融合，培育和发展以创意设计为核心的“创意农业”“创意生态产业”“创意生活产业”“休闲观光产业”“创意会展产业”和“创意商贸产业”等新型业态体系，以此探索设计在小城镇空间再造、产业结构调整、发展方式转变和稳定劳动力就业等方面的应用和实践。

其四，是以当代品牌设计转化传统手艺代工。中国制造业发展模式基本是依靠国际企业、资本、技术和国外市场（特别是美国市场）的大循环来带动本地的小循环。在这个经济运作模式中，生产利润的绝大部分让外资获取。如果从手艺整条产业链来看，中国除了发展低价格的劳动密集型贴牌代工之外，其他环节的版权和定价权几乎都被西方发达国家所控制。设计与品牌文化是国家经济成功突围的两大利器，从单项设计到工程、系统设计，都亟须传统手工文化智慧的启明，这些稀缺的国家文化战略资源才是我们创新的动力。中国传统手艺通过设计资源转化为品牌资源，关键依靠优良的设计、精湛的工艺和成功的国际市场开拓能力。让品牌植入到传统手艺创新中，让传统手艺创新支撑品牌，这对

a b

a 家具设计
b 藤编坐具设计

中国设计“走出去”，并被世界广泛接受，是一个非常有效的方式。

具体而言，一要发挥流程管理和行业标准制定两个端口的作用，切实提高手艺产品的质量和标准。二要加强手艺产品源头创新，孵化若干各具特色的“贴牌”产品和更多“创牌”产品，全面实施农村手艺产业的品牌战略。三是发挥手艺产品名牌效应，因地制宜地实施品牌带动战略，提升手艺产品的附加值，扩大手艺产品市场占有率，提高市场覆盖率，实现手艺产业规模效应。之所以把手艺农村与设计创造有机地联系在一起，是希望中国的设计师应关注美丽中国的田园乡村，关注生态文明最有代表性的中国手艺，关注那些农村的手艺人，关注我们生活中到底缺少了什么。

总之，从设计与农村的联系可以看到，中国的设计应调整战略定位，既要引领风尚，又要服务民生；既要关注时尚，更要关注农村；真正面向大众，面向现实，解决产业发展和文化传承的现实问题；真正从概念的艺术设计转向大众的生活设计，从奢华的装饰设计转向朴素的实用设计，做到回归生活，服务产业，服务民生，服务消费者。我想，设计既是时代的产物也是领跑者，中国设计要植根中国现实，体现中国智慧，真正具有时代性并持续而有效地发挥引领作用。

a b

a 编织灯具设计
b 传统民间工艺设计转化：风车书架

乡村文化产业的“六大集群”

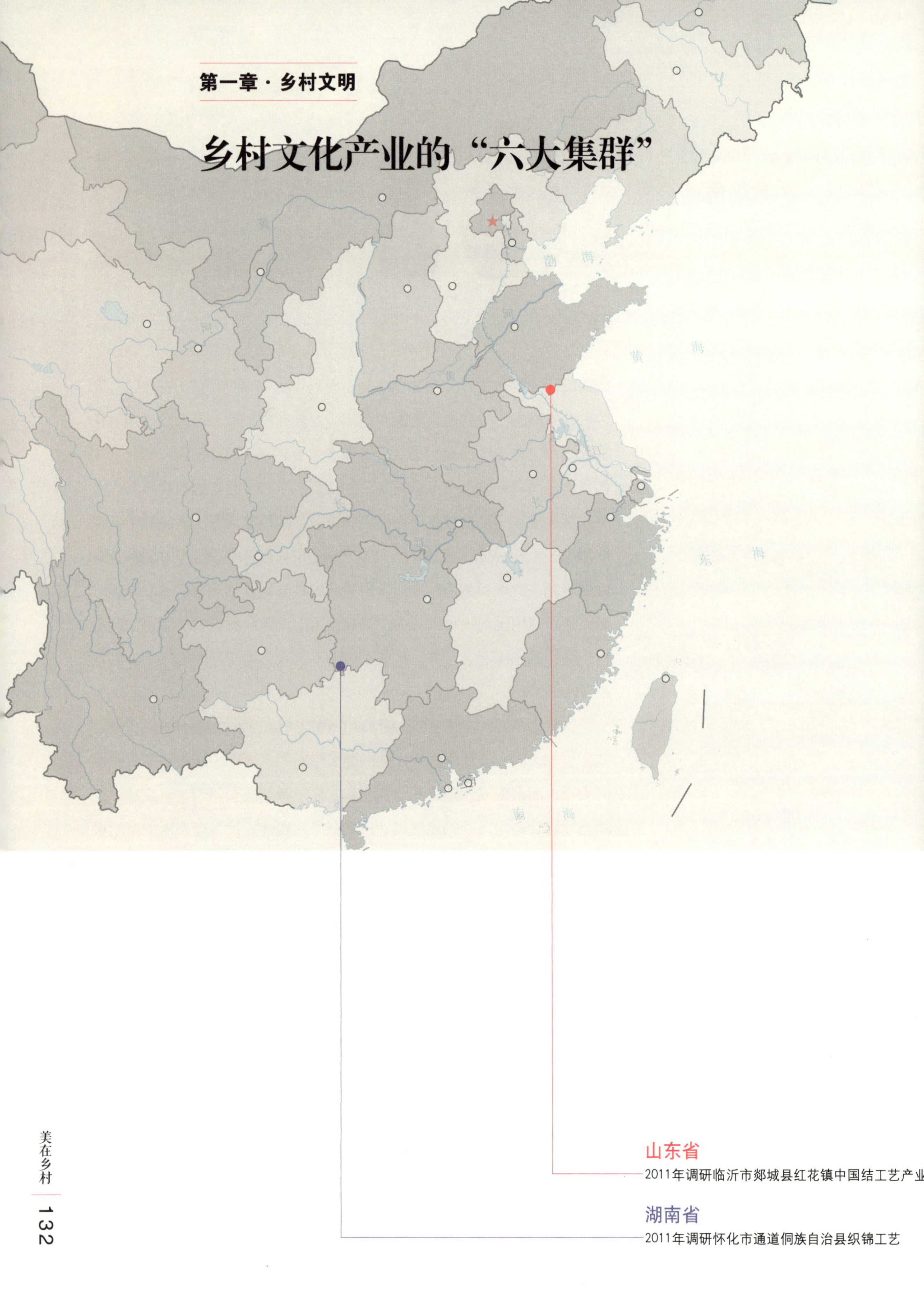

山东省

2011年调研临沂市郯城县红花镇中国结工艺产业

湖南省

2011年调研怀化市通道侗族自治县织锦工艺

乡村是中华优秀传统文化的母体，乡村文化中包含的生活方式、乡土信仰、道德习俗等，成为整个乡土社会的文化生态系统，具有内在的凝聚力。一段时期以来，我们以现代化的城市文化来建设和发展农村，很大程度上忽视了乡村文化自身的意义以及乡村传统文化对现代生活方式的无形影响。中国的乡村拥有几千年传统文化的丰富遗存，缺少的不是文化，而是当前社会发展中认识和传承文化的整合机制。我们自 2006 推广"手艺农村"项目以来，以乡村传统工艺文化资源为基础，从传承乡村文化、重塑文化生活、发展特色产业等多维视角，提出发展乡村文化产业的新命题。①事实证明，以文化为核心驱动，发展乡村文化产业，对于拓展具有中国特色的文化产业空间，弘扬中华民族文化传统，创造性地解决农业、农村、农民问题具有重要意义。特别在当前国家推动乡村振兴的战略背景下，促进乡村全面发展，不仅要消除经济意义上的二元分化，更要深入探究乡村经济文化要素与国家整体产业布局和文化发展的内在联系，真正从产业联动、文化与经济协调的意义上推动乡村可持续发展。

乡村文化产业是以农民为创作和生产主体，将乡村特色文化资源与生态资源转换为文化商品和文化服务的现代产业形式。乡村文化产业首

a

a 湖南通道侗锦制作

① "手艺农村——山东农村文化产业调研"系 2006 年中宣部批准设立的全国宣传文化系统"四个一批"人才资助项目，潘鲁生为项目负责人。

本文摘自 2018 儒商大会演讲稿，《大众日报》2018 年 10 月 10 日刊发，有删改。

先是乡村的特色产业类型，扎根乡村生活，依赖乡村资源，服务乡村消费，吸引城市人民下乡。乡村文化产业也是“乡村文化”的产业化发展方向，推动优秀传统文化的创新转化，促进乡村文化进城。推进乡村文化产业的发展，应遵循保护、传承、创新、衍生的基本发展理念，保护原汁原味的乡村自然与文化生态、传承优秀的传统文化基因、创新发展现代文化生活方式、衍生特色手艺产品消费。山东是农业大省和文化大省，农业发展基础良好，儒家思想与齐鲁文化资源丰富，乡村文化产业发展的优势明显；当下，山东正致力于塑造新旧动能转化的试验区和乡村振兴的齐鲁样板，着力发展乡村文化产业具有示范引领意义。本文以山东为例，提出培育乡村文化产业的“六大集群”：

一、乡村手工艺产业

历史上，在“男耕女织”的农耕社会结构中，作为农民家庭副业的手工艺生产是主要的产业形态。自 20 世纪二三十年代，传统手工艺被作为重要的精神价值和审美资源，纳入中国现代文化构建中。新中国成立后，20 世纪 50 到 80 年代，传统手工艺作为对外贸易的重要抓手，在国家经

a

a 民间传统剪纸技艺

济建设时期发挥重要作用。1956年，根据毛泽东主席在《加快手工业的社会主义改造》中关于保护、发展和提高手工业的指示精神，国家和政府制定了一系列发展措施。先后成立“中央手工业管理局”、“全国手工业生产合作社联合总社”等各级管理机构，推动以往分散的、作坊式的手工艺生产走向集中，形成了以集体所有制经济形式为主体、城乡结合、专业生产与副业加工结合的生产体系。与此同时，中央工艺美术学院挂牌以及各地相继成立工艺美术学校，为地方手工业发展输送人才。全国各地也成立工艺美术研究所，在传统手工艺研究、保护与产品创新方面发挥重要作用。大家对手工艺保护与生产方针也取得社会共识。可以说，在这一时期，手工艺作为重要行业纳入国家轻工体系，在规模上已经具备现代工业组织化、产业化的特征。20世纪90年代以来，市场经济体制下，大量手艺企业改制，生产要素转移，手工艺生产主体由城市工厂又回到乡村作坊，形成了“经销公司 + 加工公司 + 中间人 + 农户”的产销组织形式。

当前，手工艺是乡村文化产业的重要增值部分，中国小城镇最具普遍意义和提升潜力的产业类型就是乡村手工艺产业。事实证明，发展乡

a 山东临沂郯城红花镇中国结手工编织作坊

村手工艺产业具有独特的生态优势、产业优势、文化优势和传播优势。据调研统计，山东乡村手工艺资源丰富，产业发展基础良好，涉及 17 地市 9 个门类共计 130 个代表性手工艺项目。近年来，山东以乡村手工文化为基础，以农民为生产主体，借助现代产业组织形式运作的乡村手工艺产业，发展规模不断壮大，从业人员不断增加，产业产值逐年增长。乡村手工艺产业已基本形成专一产业独立生产的整合模式、专一产业规模生产的辐射模式、多元产业交叉的联动模式等三种发展模式。例如，临沂郯城红花乡是中国结最大的专业生产基地，中国结编织专业村发展到 40 个，产品在国内市场占有率达到 70% 以上，村里大多数老人和妇女是生产制作者，男劳力和回乡大学生是市场推售者。村民回乡有了职业、有了作坊、有了市场、村民增收致富有了实惠，同时也促使一些农民工返乡，有了家庭的团聚、有了归属感，生产生活有了属于自己的文化内容，“中国结”编织出现代乡村幸福生活。乡村手工艺产业具有广阔的市场前景。根据 2016 年联合国教科文组织发布的《文化贸易全球化》报告，中国是全球文化产品最大出口国，也是手工艺品类最大的出口国。但也要清醒地认识到，乡村手工艺产业仍以传统贴牌代工的旧动能为主，如何开展乡村手工艺设计创新动能转换，以当代设计观念转化传统手工艺样式，以品牌设计转化传统手工艺代工，以当代设计创意产业转化传统手工艺产业，唤起平常生活文化的美学价值，服务当代生活方式，是乡村手工艺产业亟须培育发展的方向。特别是伴随经济社会发展，人民美好生活需求日益凸显，在信息技术、文化消费等新的发展机遇下，手工艺国内市场发展潜力较大。据有关资料显示，2010 年开始，内贸超过外贸，并逐年增长，已成为新的经济增长点。

发展乡村手工艺产业应着重实施乡村手工艺振兴计划，从发展文化事业和文化产业的高度，对乡村手工艺产业予以引导、扶持和推动，促进全面发展。完善乡村手工艺文化保护与传承机制，针对手艺传人、管理者、经营者等不同从业人员，分类认定、分类保护、分类奖励，形成自上而下不同从业人员构成的“保护链”与“传承链”。打造乡村特色

a 曹县农民画《红色记忆》，高潭印绘
b 调研临沂民间印花布技艺

手工艺产业基地，在手工艺资源丰富地区，成立“乡村手工艺合作社”，发展龙头企业和农民专业户合作经济组织。推行手工艺民生工程，在欠发达及贫困地区推广“一村一案”的“手艺农村”扶贫助困工程，在有条件地区建立“乡村手工艺研发培训基地”，促进高校师生、企业设计师和手艺农户等开展交流协作，破除行业垄断，减少中间环节，开放手工创意产品发行传播通道。

二、乡村休闲生活产业

休闲是人类生存发展的基本需求，也是社会文明进步的重要标志，休闲生活是现代人向往的生活方式和生活态度，也是对文化旅游产业内涵的进一步深化与提升。2017年，中国国内旅游人数超过50亿人次，中国已经成为世界最大的国内旅游市场，旅游成为人民群众日常生活的重要组成部分。大众旅游时代，旅游更加泛化，统一规划布局、优化公共服务、推进产业融合、共建共享的全域旅游成为发展趋势。根据国家旅游局数据，乡村旅游人数已占到全国游客总量的1/3，乡村游呈现出超出一般旅游业态的蓬勃活力。乡村游的兴盛与“逆城镇化”的社会现象有关，在当前快速城市化的同时，越来越多的城里人开始向往着去乡村生活、居住。“城镇化、逆城镇化两个方面都要致力推动。城镇化进程中农村也不能衰落，要相得益彰、相辅相成。”[①] 乡村游融合三产，连通城乡，更富含中国人的田园情怀和乡愁情结，适应城市居民日益增长的周边短途休闲度假消费需求，在推动城乡融合发展、提高城乡居民生活质量、促进贫困地区脱贫等方面发挥越来越重要的作用。

随着人民生活水平的显著提升和消费结构升级，健康、食品安全、生态成为消费导向，都市消费开始转向乡村消费，追逐穿粗布衣，用手工作坊物品，吃自己种的有机粮蔬，这已成为一种高质量生活方式。随着生产力发展，休闲时间开始超过工作时间，休闲正在逐渐成为中国人的生活常态。休闲时代，乡村旅游逐渐走向乡村旅居，向着观光、休闲、度假复合型方向转变，乡村旅游产品进入个性化、品质化、审美化与创意化发展新阶段。乡村休闲生活产业创新乡村农业公园、生态农业示范区、

① 2018年3月7日上午，习近平总书记参加十三届全国人大一次会议广东代表团审议时发表重要讲话。

都市休闲农庄、乡村户外运动基地、乡村旅居营地、乡村民宿、乡土博物馆、乡土景观群、农业遗产带、田园综合体等发展模式，其发展定位应借鉴我国台湾地区创意生活思路，从人们的衣、食、住、行、育、乐等与生活息息相关的方面开展系统化的设计规划，注重挖掘乡村旅游的“生活内容”与“美学内涵”，强调服务和活动所传达的“深度体验”，强调“传统文化的重要性”和“地方资源的依赖度”，重视“设计创意”与“日常生活”紧密对接所呈现出的“文化特色”和“品质生活”，发挥“生活内容与心灵体验”高度一致的创意，深刻体现乡村文化厚度、美学内涵、创意风尚与地方特色，据此彰显乡村传统文化、地域资源对于现代人品质生活的重要意义。

三、乡村健康养老产业

“银发社会”正在到来，乡村是发展健康养老产业的主要区域。根据国家统计局数据，2017 年底全国 60 岁及以上人口占比达到 17.3%，预计 2050 年前后达到 35% 左右，中国将成为世界上老龄化最严重的国家之一。[①]同时，根据国家民政部的统计年鉴显示，超过 80% 的社区居家养老服务设施分布在乡村。[②]乡村发展健康养老产业具有独特优势，田野、森林、河流、山地等生态环境良好，利于身体康养；浓厚的乡村文化气息和特色手工技艺，有利于文化体验和身体锻炼；叶落归根是中国人的传统观念，部分老年人生于乡村长于乡村，对于乡村有一种天然的亲切感和归属感，居于乡村能够激发他们对生活的积极态度，满足心理需求。乡村健康养老产业也有助于延伸农业产业链，改善乡村环境和景观，挖掘农业的潜在价值，形成区域性农产品的高端消费市场、休闲旅游和老年护理服务市场。随着“健康中国”战略的推进实施，群众健康意识也不断增强，医养健康产业未来将成为重要的支柱性产业。乡村健康养老产业的发展模式包括田园康养基地、自然理疗中心、中医养生基地、乡村养老宅院、乡村养老社区等。例如在丹麦，老人选择与自己志趣相同的朋友一起住在乡村，共同建设属于他们的家园，乡村自助养老社区成为一种流行方式。

①数据来源：国家统计局 2018 年 1 月 18 日发布老年人口统计情况。

②数据来源：国家民政部《2016 中国民政统计年鉴》社区养老机构以及互助养老设施分布情况。

a
b

a 木版年画衍生产品设计
b 旅游文化衍生品设计

四、乡村“互联网 +”产业

网络全民化时代，中国互联网产业发展潜力巨大。截至 2018 年 6 月，我国网民规模达 8.02 亿，互联网普及率为 57.7%，其中手机网民规模达 7.88 亿。[①] 乡村蕴含着丰富而独特的 IP 内容，通过设计创意与数字转化，借助互联网传播优势，可以打造乡村成为文化原创生产中心。乡村电子商务保持快速发展态势，发展潜力逐渐释放，产业规模不断扩大。“淘宝村”是乡村电商主要模式，例如，山东滨州博兴县湾头村发展草编产业，成为国内 14 个大型“淘宝村”之一。2016 年，湾头村草编电子商务从业人员达 2000 多人，建立草编工艺品网店 500 多家，年销售额过百万元的网店有 30 余家。“互联网 +”是促进乡村产业兴旺的重要抓手，是推动新旧动能转换，实现农业现代化的有效途径。以“互联网 +”为工具载体，推动乡村产业融合，有助于构建新型农业生产经营体系，实现农业由生产导向向消费导向转变。乡村“互联网 +”产业包括乡村 IP 开发、电商农业、电商扶贫、创意农业、共享农业、众筹农业等模式。例如现在市场上出现一些以互联网对接农场的新型业态，将互联网与生态农业结合，以“线上认养、线下代养”的共享农业模式出现，实现了从农田到餐桌的无缝连接。

五、乡村文创公社产业

文化兴生活，产业促生计，乡村文创公社产业以地方文化资源为基础，以文化创意和设计服务为手段，以产业融合发展为路径，实现自然生态营建、历史古迹保护、产业协同发展的共生之道，重塑社区生活，打造特色公社。以台湾地区的社区营造为例，台湾社区以乡村为主，始于 20 年前的社区营造，被当地专家称为“台湾展开的一场最基层、最普及、最温和，但影响却难以估计的社会运动。它的作用在于一点一滴唤醒人们对土地、对家乡的感情，拉近了邻里间的关系，是一个由下而上、浩大绵久的家园再造工程”。总结其经验，将社区历史文化的发掘作为社区营造的基础，社区产业作为社区营造的主轴，有效地盘活了当地资源，注重本土村民的参与和社会多方协力，准确把握社区本身与外来协

①数据来源：中国互联网络信息中心（CNNIC）发布第 42 次《中国互联网络发展状况统计报告》。

助者之间的关系。乡村公共艺术形塑传统精神空间，增强情感联系、提升审美素质、增进文化认同、深化精神追求。以山东莱州市初家村“村碑”的营造为例，以本土材料与技艺营造“村碑”，并融入村民生活信仰，重塑了百姓日常生活的精神标识，在美化村口这一公共空间的同时，也实现美化教育、保存历史、承继文脉、促进和谐等功能。乡村文创公社产业包括乡村艺术公社（农民工笔绘画、农民画、渔民画等）、旧村“废屋利用”、乡村公共艺术规划、乡村文创研发中心、乡村创客孵化基地等发展模式。例如日照的凤凰措便是“废屋利用”典型，该项目建立在一个废弃的空心村上，设计师在保留老街巷肌理、保护原有生态的基础上，通过艺术设计，将废弃村落打造成为乡村艺术社区。

六、乡村研学体验产业

中国研学体验产业面临的市场空间巨大。在国际上，营地教育早已成为课堂教育的延伸，美国每年有 1000 万学生参加营地教育，加拿大、俄罗斯、澳大利亚等国家的研学体系也已非常完善。中国作为人口及经济大国，符合时代需求的教育理念势必提上日程。据统计，当前全国中小学在校学生总数接近 1.3 亿，研学市场份额将达到 1000 亿人民币。2016 年以来，国家教育部政策推动研学旅行，并将其纳入中小学必修课

a 山东日照凤凰措艺术乡村建设

程。借鉴国际先进经验，如何做好研学体验的基地建设和保障体系是推动产业发展的关键问题。作为传统文化的富集地，乡村是研学体验的重要目的地。乡村饱含历史文化、手工文化、民俗文化、农耕文化、游牧文化、渔猎文化等各种文化资源，开辟针对中小学学生的乡村文化教育基地，有助于拓展视野，丰富知识，培养乡土情怀，加深与自然和文化的亲近感，增加对传统生活方式和社会道德的体验。乡村研学体验产业应以乡村自然生态与农业文化资源为基础，开展乡村生活态度体验；以民间故事、传说为重点，开展乡村生活故事体验；以农业生产劳作与村落生活休闲为载体，开展乡村生活方式体验；以乡村手工艺与民间艺术为依托，开展乡村生活艺术体验；以民间信仰、民俗节庆为主，开展乡村生活信仰体验。

中华优秀传统文化的根脉在乡村，与当代中国文化建构、经济社会发展有血脉联系，乡村振兴的内涵既包括物质上的富裕，更包括精神上的富足。发展乡村文化产业，促进乡村产业结构调整，重塑城乡关系，实现文化富民，对传承发展优秀传统文化和加强乡村道德文化建设也具有积极作用。乡村文化产业应主动融入国家文创产业发展框架，着力发展六大产业集群，建构中国当代生态田园的生活方式和生活空间，满足人民群众对美好生活的需求。发展乡村文化产业应从乡村生产生活实际、本土自然与文化资源实际出发，激发乡村文化自信和生命力，推动以文化为动能的乡村振兴发展，最终实现“农业强、农村美、农民富”的振兴目标。

a

a 调研临沂传统手工技艺与传承

第二章　村落保护

关于传统村落保护问题的思考

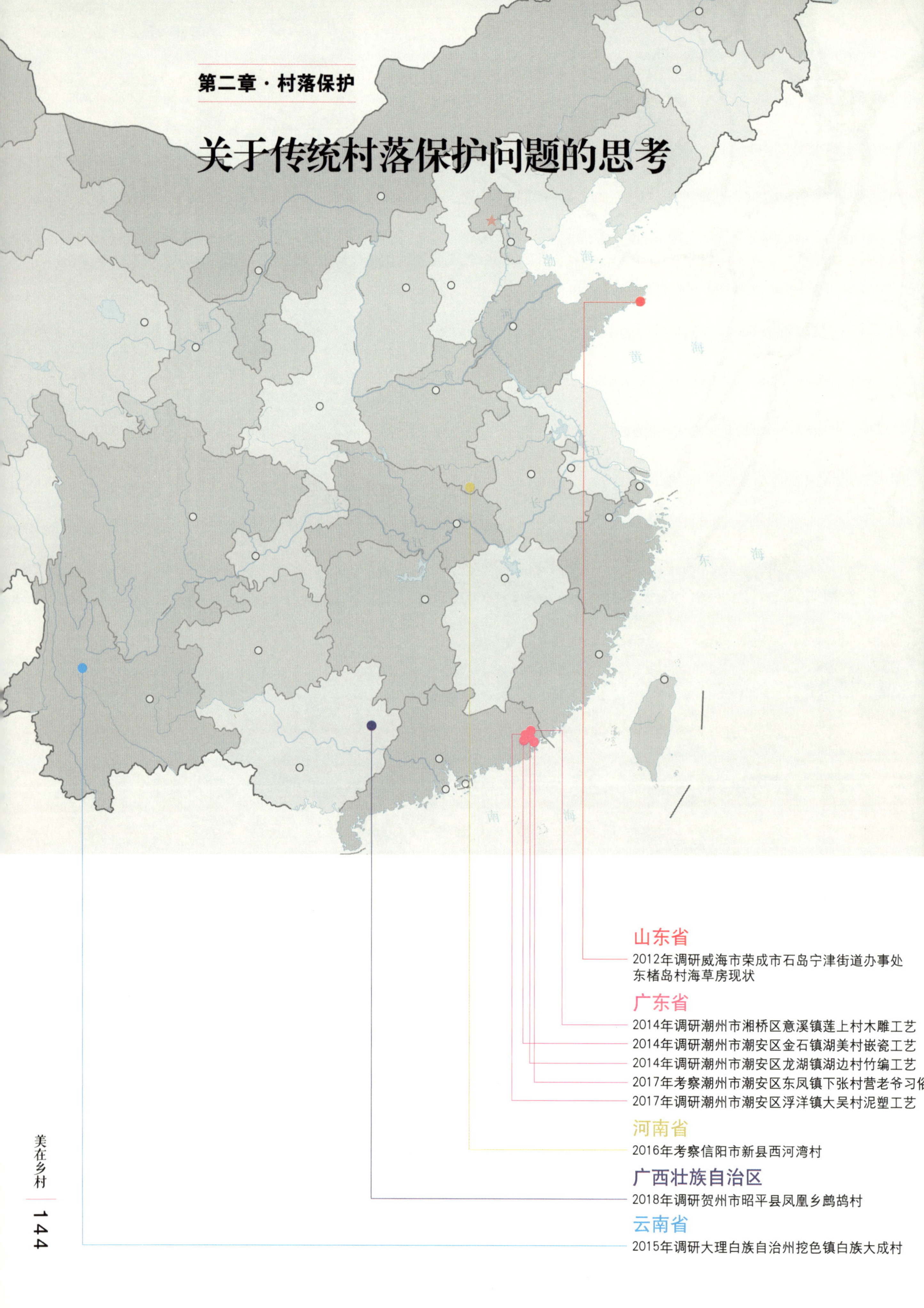

传统村落保护问题的实质，是传统社会向现代社会转型的问题。一方面，由于经济快速发展、城市化进程加快，伴随产业结构调整、劳动力流动以及生活方式和生活节奏变化，传统村落不可避免地经历种种变迁。西方社会也曾面临并寻求解决村落转型发展的问题，1975 年“欧洲建筑遗产年”提出《关于保护历史小城镇的决议》，认为当时小城镇和村落发展存在的主要问题在于：经济活力不足、人口外迁、古镇风貌被破坏。这与我国目前面临的现实相似，是人类社会城市化过程中存在的、需要共同面对的问题。另一方面，在自然演进的因素之外，社会转型期人们在价值判断、文化认同以及措施导向等方面存在的具体问题，进一步人为地加剧了传统村落的破坏。基于客观原因和主观因素，传统村落保护问题需多角度、多层次地加以分析和解决。

一、提高对传统村落的文化认同

如果身处一个“一次性物品充斥的社会”，很难形成对历史遗产和文化真正的尊重。对于传统村落而言，尤其需要在政府、公众等更广泛的层面形成关于传统村落价值的共识。

首先要进一步认识到农村与城市具有同等重要的价值。所谓“城乡等值”，消除城乡差距的重点在公共服务、社会保障、生活便利程度等方面，而非简单地以城市文化模式“同化”农村，不能忽视农村文化特色和历史积淀。特别在信息化的社会背景下，对城乡的社会结构的认识应该有所更新，地域的、农业意义上的农村还有新的发展空间，巨大的传统文化信息含量，可以激发创造新的社会价值。同时要进一步明确传统村落保护，保护的是一个“文化的空间、文化的整体、文化的模式”。

a 江南水乡的民居村落

b 2017 年调研广东潮州东凤镇下张村“营老爷”民俗

必须遵循“整体性”保护原则，重视建筑构建、空间组织、生存环境、当地居民活动等各构成要素，避免和减少不同形式的破坏。

文化认同不是抽象的、凭空建立的，往往经过“利益驱动”“情感驱动”和“知识驱动”几个递进提升的层面，要重视文化认同的载体，通过具体的措施加以推进。如通过编村史村志、修家谱族谱、开展村落文物普查、申请历史文化名村、争取生态补偿等具体措施，发挥村民主体作用，提高民众认同感。同时要与经济和生活环境的改善相联系，加大对传统村落公共设施的投入，补贴居民修缮改造费用，而且要重视地方文化特色和传统工艺的作用。

二、探索实施“废屋利用计划”等资源转化措施

要真正使固有的特色文化生成发展，融入当代，创造价值，而非破坏性开发。具体可围绕传统村落的废弃房屋实施“废屋利用计划”，做好传统文化资源融入当代生产生活空间的转化工作。

首先，民居等遗址资源丰富地区可考虑建设生态博物馆。这有别于将地方景观作为旅游项目的组成部分，而是尽可能加深人们对文化遗产的关注和诠释。首要是发挥村民的主体作用，比如收集、保存和展示对

a

a 2018 年考察广西贺州昭平县凤凰乡鹧鸪村

当地人们有意义的事物，组织村民参与展览，充分激发当地居民对文化的认同。由当地民众决定展品、藏品的选择，增强博物馆与村落、社区的相关性和互动性，使博物馆成为认同感和创造性的重要源泉。在此基础上，可以尊重文化、关心文化为核心，适当开展文化旅游项目。同时，相关传统建筑可修缮建成村落信息资料中心。吸纳村民参与当地历史研究，开展积累和记录工作，如口述历史、收集照片资料等，使之成为当地的“记忆库”。建立资料文件中心并向公众开放，联合高校及相关研究机构，增进对当地遗产和研究成果的理解，通过展览、出版书籍等活动进行研究。

此外，相关废旧传统建筑可启用建成传统手工艺传习基地，为当地手工艺提供传承和交流场所，同时开展收集、保护和展览。参考国际经验，如英国可马丁屋建成“考古景观诠释中心”，在其系列展示内容中，手工艺制作是一项重要内容，当地手工艺品长期在大英博物馆、苏格兰国家博物馆等巡回展出。在瑞典手工艺村、韩国民俗村等，特色手工艺都是核心内容。我国农村传统手工艺资源丰富，尤其传统村落蕴含极具

a

a 2016 年考察河南信阳新县西河湾村

特色的手工艺文化，可以在保护相关建筑遗址的同时，开展手艺文化传播与交流，促进文化遗产的活态传承和发展。

三、加强社会转型期传统村落发展问题研究

当前，激发经济活力仍然是传统村落发展的一个核心问题，但经济发展往往会引起强势文化对弱势文化的渗透，造成对传统乡土聚落文化的损害。因此要重视对社会转型期传统村落模式变异问题的研究。

如传统村落变迁的平衡问题。一方面，旧的平衡已经打破，原先的经济发展模式无法满足村落居民新的发展需求，但是单纯的城市化发展，会使传统村落被消解和破坏。另一方面，社会对传统村落有了新的潜在需求，包括研究者、文化旅游者、文化保护者等构成的多元群体，其介入是传统村落发展新的平衡力量。需要进一步明确保护的基本原则，深入研究如何使当地居民生活方式和社区结构既有稳定性又有发展活力，既使生活品质得到提升又不破坏文化内涵等。如当前学术界认识到，“景观化”为传统村落提供了一种新的可能和发展途径，伴随现有景观格局的保存甚至复兴，支持原有的生活方式和社会结构，有可能缓解和避免城市化流动和改造带来的破坏和文化认同的危机。但在实际操作中，“景观化”必然伴随旅游发展问题，一方面，乡村旅游为平衡聚落内部和外部使用者需求提供了一个文化产业通道；另一方面，旅游活动容易打破内在的渐进发展节奏，带来“不适宜的跨文化传播现象”。如何实现综合的社会价值是一个现实问题。

要进一步研究和把握传统村落的“生活性”核心。传统村落是生活的基本单元，生活是其存在发展的核心。关键是紧扣可持续发展的原则，引入一种可持续的现代生活方式，在景观、建筑遗产、传统活动和社会

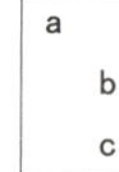

a 2015 年调研云南大理挖色镇大城村
b 集市上的草柳编产品
c 2017 年调研广东潮州传统工艺美术

习惯之间建立联系和创造价值。具体在研究领域，可就传统村落社会结构变迁探讨家族文化变迁、传统生计变迁、传统民间组织变迁等，进一步去理解由众多要素构成的整个传统村落社会结构的宏观变迁，探索如何保留现存的事物并指出未来可能的改变方向。

总之，传统村落保护具有紧迫性，为了妥善、有效地对传统村落加以保护，还需及时抢救与长效工作同时展开。在尽可能划定“红线”保护传统村落文化遗产的同时，还要争取形成全社会对于传统村落价值的共识，使传统村落保护的基本原则更加深入人心。既要采取积极有效的具体措施，还要开展深入的学术研究，使古村落保护有学术引领，有群众基础，有可行的保护方案，做到以文化认同为根本，以村落居民为主体，以学术研究和策略为支撑，实现及时有效地保护和长远可持续地发展。

a

a 2012 年考察山东荣成东楮岛村

城镇化进程中的传统村落保护与文化生态修复

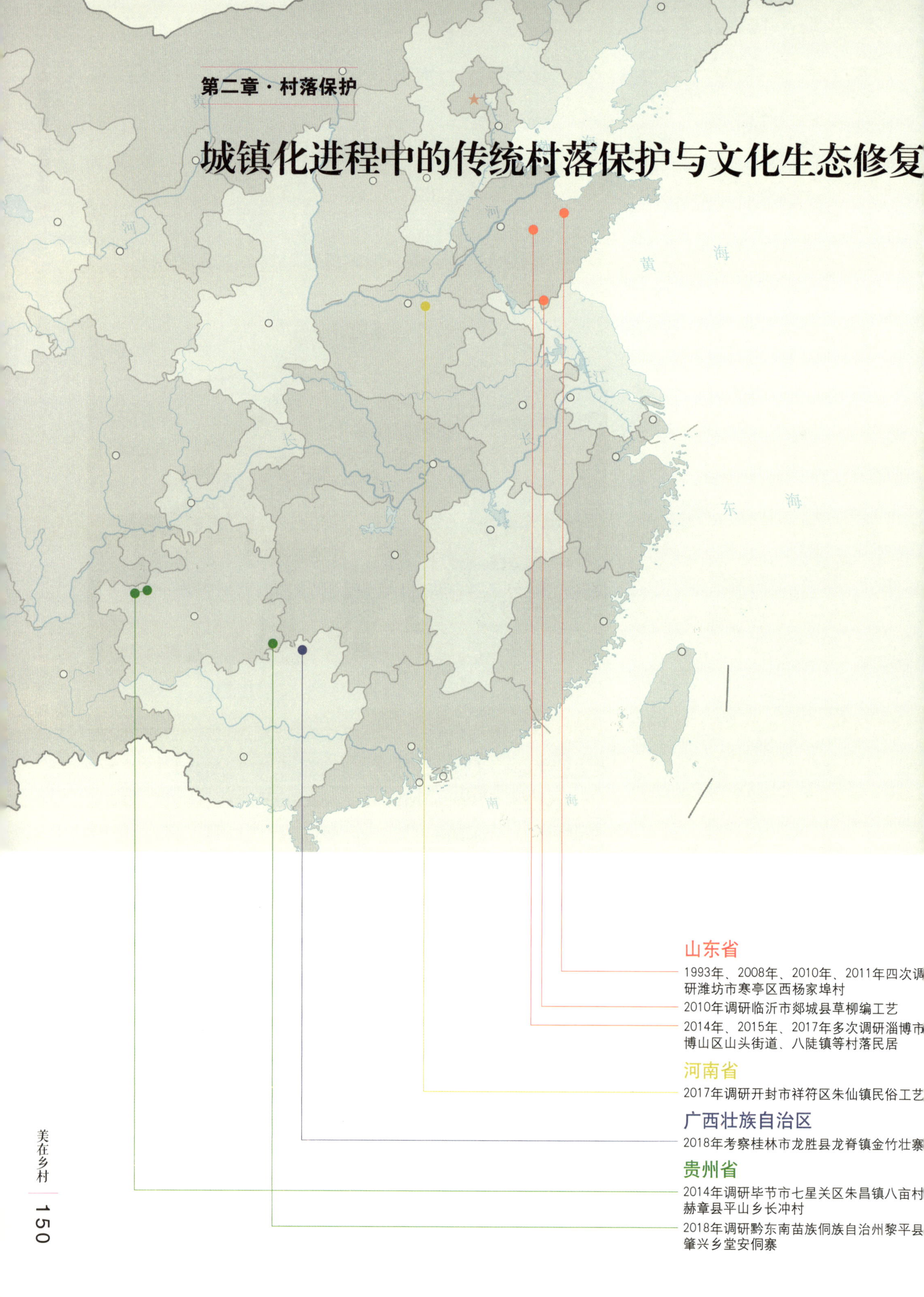

山东省

1993年、2008年、2010年、2011年四次调研潍坊市寒亭区西杨家埠村

2010年调研临沂市郯城县草柳编工艺

2014年、2015年、2017年多次调研淄博市博山区山头街道、八陡镇等村落民居

河南省

2017年调研开封市祥符区朱仙镇民俗工艺

广西壮族自治区

2018年考察桂林市龙胜县龙脊镇金竹壮寨

贵州省

2014年调研毕节市七星关区朱昌镇八亩村赫章县平山乡长冲村

2018年调研黔东南苗族侗族自治州黎平县肇兴乡堂安侗寨

a 2016 年调研贵州黎平县堂安侗寨
b 2015 年 2 月，春节期间先后赴山东、河南、山西等地考察传统村落年俗

2014 年 12 月 12 日，全国政协在京召开双周协商座谈会，就“城镇化进程中传统村落保护”问题进行讨论。本文根据作者在会上就城镇化进程中的传统村落保护与改善民生问题提出的建议修订完善而成。

传统村落是农村文化的重要载体，是国民的集体乡愁。传统村落保护的现实背景是“城镇化”，“城镇化”涉及数以亿计人口的生产、生活的变迁发展，包括产业结构调整、劳动力资源迁移、公共服务体系建设、民生需求完善和乡土文化转型。城镇化进程中，要守住农村的文化底线，“以人为核心”的城镇化要从经济、政治、文化、社会、生态文明“五位一体”的全局来推进，要作为民生工程并关注农村文化建设，涵养文化水土，修复文化生态，保护传统村落，留住乡愁，建设有情感、有文化、有田园的城镇，提升生活质量，让人们有家园的归属感、家族的荣誉感、家庭的幸福感，愿意衣锦还乡，把传统村落保护与建设这对看似矛盾的因素转化成为发展的机遇。从根本上说，传统村落保护是一个文化战略问题。

我国传统村落保护经历了从专家学者呼吁保护到政府与村民开始自觉保护，从物质文化遗产保护拓展到非物质文化遗产保护，从文化遗产保护到改善民生的整体保护几个发展阶段，这是历史发展的必然选择，也是社会达成一致共识的过程。当前，对传统村落的保护要提升到“文化生态保护”的高度来认识，提升到保护文化生态的综合层面和战略高度。具体的任务包括修复村落文化生态系统，促进村落文化资源的转化发展，发展传统手工艺的生产力，实施传统村落整体性综合保护措施，实现农村文化的良性发展。

一、修复文化生态

关注文化生态，要对空壳空巢的村落进行内容补给，发掘盘活村落文化资源，激活村落文化的活力，提振村落的文化面貌，既要促进传统文化再生，恢复乡规民约，也要鼓励精英知识分子等回归乡村。具体而言，民俗活动是一种文化凝聚力，传统村落保护要有生活内容，要有传承人。在一些传统村落，要充分尊重当地的民俗信仰，可以自发恢复一些地方性民俗礼节活动，自愿举行宗亲祭祀活动，鼓励恢复本地优秀的乡约民规。比如云南的一些传统村落，家家户户有宗族和随时代更新的“天地国亲师”供奉，这是当地老百姓朴素的信仰，也是民间的文化血脉，对于这种文化的凝聚力应当重视和维护。

专家学者可以组织志愿者，帮助开展乡村口述史整理，修家谱、族谱，留存村落记忆，增强传统村落的向心力，开展传统村落宣传，增强村民的文化优越感。同时，可适度发展以村民为主体的乡村旅游，让他们享受传统村落保护的红利，增收致富。但乡村旅游要有特色，有文化保护意识，不能使传统村落沦为旅游增收的工具，而破坏保护传统村落的初衷。

二、活化文化资源

一些传统村落手工艺资源非常丰富，而且富有特色，可以因地制宜发展农村手工艺，鼓励村民从事传统手工艺劳作，以家庭作坊为主体，前店后坊，成立农村手艺合作社，并加强与高校和专业设计机构的教育科研协作，帮助村民增收致富。在手工艺资源特别充分而且手工艺形式适宜的村落，可以完善手工艺循环经济模式，实施手艺品牌战略，既保护文化遗产又使村民致富。从近十年我们在山东开展“手艺农村”课题的跟踪调研来看，传统手工艺发展得好，村民安居乐业，能让传统村落焕发新的生机。一些在城市打工的村民也回乡利用当地手工艺创业，发展农村文化产业，村民对传统村落的自觉保护意识不断增强。

特别是手工艺资源丰富的少数民族地区，传统村落保护与传统手工艺保护应综合考虑。建议设立“国家扶贫公平贸易机构”，给民族地区的手艺人开设“直通车”，提供公平贸易信息，引导公平贸易发展，为相对闭塞贫困地区的手工艺生产者直接寻找市场和消费者，减少贸易中间环节，提高村民的收入。同时，要加强民族地区的手艺人培训，可以鼓励公益机构办学助教，培养农村传统技艺人才，动员吸收社会力量来发展民族地区传统村落的特色手工艺。

a 山东民居建筑
b 2017 年调研河南开封清明节民间习俗
c 调研杨家埠木版年画技艺传承

三、健全工作机制

传统村落保护是个系统工程，要统筹好政府、专家与村民的关系，本着政府主导、专家参与、村民受益的原则，重视村民的意愿和选择，修复传统村落的文化生态，留住村民，留住文化，避免村落空心化。

在村民层面，“以人为核心”的城镇化，要保护传统村落，就要设身处地考虑传统村落里世代生活的村民的权益和愿望，从保护村民的根本利益出发，将传统村落的保护与建设列入改善民生工程，使村民成为传统村落保护的首要受益者和责任人。以居住条件为例，要使传统村落的历史文化形态和现代化生活的便利设施充分融合、互为表里，通过合理规划，在保有历史形态和格局、传统选材和工艺、民间装饰和风格特色的同时，更新其内部水电、冷暖、卫生、厨用、家电等设施、设备和功能，保留历史文化并充分提升生活品质。

在政府层面，要有所为有所不为。在加强传统村落的基础设施建设、加大公共设施投入、支持私有民居维修维护、改善村民生活条件、改变传统村落是贫穷的象征方面，要积极作为，加大财政支持力度；在劳动就业、教育培训、创造发展条件和机会、促进安居乐业、实现可持续发展方面，要加强扶持和帮助。对于民间良好的风俗、习惯、信念等，要充分尊重，不过分干预。

在专家层面，民俗学、建筑学、社会学等多方面专家要站在村民的

a 2011 年“手艺农村——潘鲁生主持山东农村文化产业调研成果展”

立场上，从村民的角度、利益、权益等方面出发解决保护与发展问题。对于村落来说，不仅要避免破坏，还要留住人，留住生活。所以关键不是冻结标本，而是盘活资源，修复文化生态，从固态保护到活态保护，从保护村落物质文化、非物质文化到保护村落村民的整体利益，从文化生态的整体保护来综合考虑。

四、方案因地制宜

传统村落保护要讲规范，专家要在具体的规划和引导上发挥指导作用，实现“一地一规划”，“一村一方案”。如福建省编制了相应的技术指南和发展导则，对历史建筑、道路工程、垃圾治理、生活能源、安全防灾、绿化树种等作出了符合当地实际的科学指导，为社会各方面的保护工作提供参照，很有借鉴价值。举例来说，福建客家传统村落，建筑布局与水系网络交织，相关保护工作必须深入研究村落与自然生态的有机联系，不能用简单的机械技术实施线性规划、道路硬化等硬性发展。

传统村落保护要因地制宜，具体还要结合当地的实际情况，要充分重视和尊重当地百姓关于民宅居所的习俗、观念和工艺。往往是凭着土生土长、世代传习的选址布局、选材应用、营造工艺、工程时序等民居建造经验才能建造和修缮好原汁原味的乡土建筑。就此可设立专项经费，鼓励和帮助村民和当地工匠应用木工、泥瓦工等民间传统工艺，让村民自我保护、修缮、营造。同时，要协调好现代化的生活设施与传统民居构造和形态之间的关系，比如太阳能热水器如何安装才能与传统民居形态协调？铝合金门窗、防盗网等功能能否隐性植入传统门户，而不肢解破坏传统民居形态？这些都应深入研究和规划。此外，要研究好经济生产发展与地方特色传统文化发展之间的关系，要使文化成为一种内生动力，而不是经济创收的工具。举例来说，原生态的文化体验本身富有价值，所以要维护好独特的历史文化，而不是断章取义、短视地开发。就此，可会同经济学、社会学、建筑学、民俗学、工艺美术等专家进行全面论证，并建立传统村落的文化基因库和数据库，研究和推动资源的再生发展，使保护工作因地制宜、科学规范、切实可行。

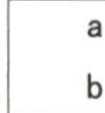

a 2018年考察广西桂林龙胜县龙脊镇金竹壮寨
b 龙脊镇民居建筑上的木雕工艺

五、纳入制度轨道

传统村落保护要讲规章和法制，建议政府出台《传统村落保护与发展条例》。参照 1997 年国家出台的《我国传统工艺美术保护条例》，各级建立了相应的配套措施，取得了积极成效。出台《传统村落保护与发展条例》，有助于进一步理顺相关工作机制。

具体而言，首先是解决传统村落的认定、评估和保护的原则问题，划定保护红线。进而是明确传统村落保护的实施机构和主体责任，确立科学、系统的传统村落保护措施，并明确传统村落保护的法律责任，避免挂着保护的牌子，却长期处于缺乏监管与维护的状态。由专门机构负责古村落保护的规划、管理、实施、协调、修缮、审定等工作，由政府相关部门对本行政区传统村落保护发展进行监督管理。同时要上升到维护文化安全的高度，充分考虑人居环境、建筑风貌、民俗风情等特色，改变目前文化与审美缺失的问题，避免追求眼前利益的破坏性开发。从整体上使传统村落保护有法可依，规范传统村落的保护发展秩序，将传统村落保护纳入制度轨道。

总之，对传统村落的保护问题上，政府、专家、村民的角色与立场很重要，大家要立足国情，实事求是，从城镇化建设的发展全局来衡量，必须站在农村土地改革、农村文化建设和传统文化生态保护的宏观角度来思考，制定科学、实际、符合村民意愿的政策与措施，制订传统村落保护条例，从中华民族永续发展的文化战略意义上，在有法可依的基础上，把传统村落保护与发展落到实处，造福一方百姓。

健全传统村落保护的法制体系

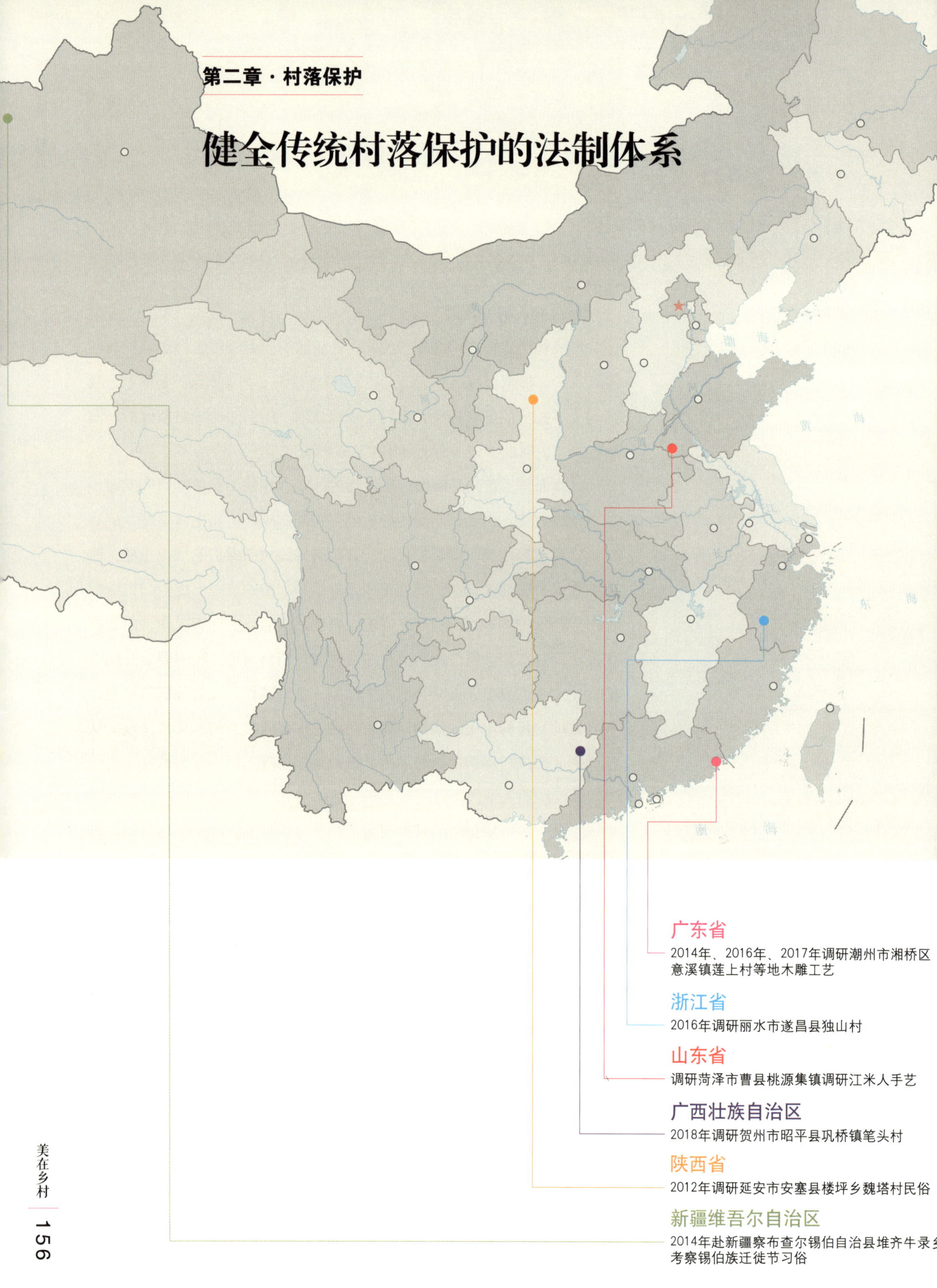

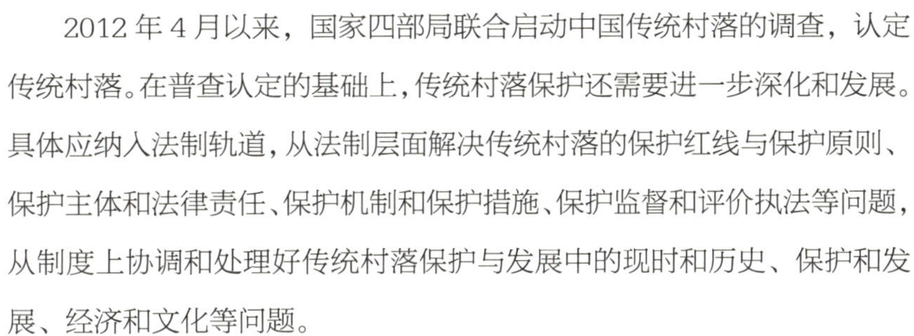

2012 年 4 月以来，国家四部局联合启动中国传统村落的调查，认定传统村落。在普查认定的基础上，传统村落保护还需要进一步深化和发展。具体应纳入法制轨道，从法制层面解决传统村落的保护红线与保护原则、保护主体和法律责任、保护机制和保护措施、保护监督和评价执法等问题，从制度上协调和处理好传统村落保护与发展中的现时和历史、保护和发展、经济和文化等问题。

相关立法亟待跟进，1982 年颁布的《中华人民共和国文物保护法》、2002 年颁布的《中华人民共和国文物保护法实施条例》和 2011 年颁布的《中华人民共和国非物质文化遗产法》，在物质文化遗产和非物质文化遗产上各有侧重，但对于兼有物质和非物质文化遗产性质，兼容生产和生活，具有活态性、复杂性，内涵丰富、现状复杂的传统村落缺少针对性。2008 年颁布的《历史文化名城名镇名村保护条例》涉及村落，但侧重于对历史文化纪念意义的认定和文物保护，尚未从建筑、规划、民俗、艺术以及人类学等整体角度对大量具有独特历史意义的传统村落进行立法保护，未解决传统村落的保护主体、保护内容、保护机制、保护监管、保护责任等问题。因此，建议国家出台《传统村落保护与发展条例》。内容如下：

一、划定保护红线，解决传统村落认定、评估和保护的原则问题

明确整体性保护原则。范围包括传统村落的自然景观、历史建筑和人文内容三部分，专门制订体系化的保护标准，具体就保持传统格局、历史风貌和空间尺度等划定保护红线。

确立民生发展原则。传统村落是基层农村社区，不是文物保护单位，要使保护与发展相统一，着眼民生需求，改善生活条件，切实提高农村

a 2006 年考察陕西安塞县民俗

b 2014 年新疆伊犁察布查尔锡伯自治县堆齐牛录乡考察锡伯族迁徙节习俗

人民生活质量，处理好传统村落的现代化问题，使保护更加牢靠。

突出文化生态保护原则。把握传统村落生产生活基础，发展生产，修复文化。保护有形的物质文化遗产和各类非物质文化遗产，及时记录、充分尊重传统村落独特的历史记忆、宗族传衍、俚语方言、乡规民约、手工技艺、生产方式等，全面增强文化认同感和凝聚力，激发传统文化资源的活力。

二、实现有法可依，明确传统村落保护的主体责任、实施机构和法律责任

明确主体责任。县级以上地方人民政府制定本行政区域国民经济和社会发展计划、土地利用总体规划和城乡规划，应落实传统村落保护总体规划规定的保护措施。管辖村落的地方政府需签署保护承诺书，地方官员为指定责任人。

明确实施机构。政府组织专门机构负责传统村落保护的规划、管理、实施、协调、修缮、审定等工作，具体确立相应地区传统村落保护的标准和重点，明确保护范围和建设控制地带，建立系统的传统村落档案，形成科学的保护措施，协调社会力量参与，解决传统村落保护中存在的突出问题。

a 2016 年调研广东潮州木雕
b 2010 年调研山东曹县江米人制作手艺

健全监督执法机制。由政府相关部门对本行政区传统村落保护发展进行监督管理，避免挂着保护的牌子，却长期处于缺乏监管与维护状态。对破坏传统格局和历史风貌、违反保护规划的建筑物、构筑物等，加以禁止并追究法律责任。

三、做到因地制宜，建立"一地一规划""一村一方案"的传统村落保护措施

因地制宜做好建设规划。根据当地实际编制技术指南和发展导则。对传统村落的历史建筑、道路工程、垃圾治理、生活能源、安全防灾、绿化树种等做出符合当地实际的科学指导，为社会各方面参与保护工作提供参照。以乡土工艺复原传统村落特色。针对传统村落民居建筑修缮与维护等现实需要，切实把握复原文化特色和乡土性的关键，保护乡土技艺有关的传统建筑体系和工艺技术，积极扶持传统技艺工匠队伍，并做好当地工艺文化记录、保留和传习，在传统村落保护和发展中发挥作用。

a

a 2016 年调研浙江丽水遂昌县独山村
b 2016 年调研广东潮州石雕

突出优势，发展特色产业。保护农业生态。划定农业保护红线，结合南方、北方、平地、丘陵等不同地区传统村落的农业发展条件，加强农业生产扶持和农业基础设施建设，保护农耕生态和生产基础，发挥农耕在传统村落形成发展中的基础作用。发展特色副业。鼓励建立地理标志，发展特色农副产品生产、手工艺生产等。结合传统村落历史文化优势，拉伸延展农业及农副业产业链，促进与相关文化创意产业融合发展。适当发展旅游业。以文化为主线、以原生态生产生活为基础发展旅游业，融入相关文化创意设计，使旅游业多元化，避免简单和片面化。

四、突出民生主体，健全“政府主导、专家参与、村民受益、社会协作”的传统村落保护机制

突出民生主体。加强传统村落基础设施建设，加大公共设施投入，支持私有民居的维修维护和基础设施建设，改变传统村落是贫穷象征的现象。营造教育培训和就业创业发展机会。切实考虑村民的发展愿望，包括居住生活、劳动就业以及教育培训等发展机会，创造条件安居乐业，实现可持续发展。

a

a 2005年，潘鲁生主编《民间文化生态调查丛书》，山东美术出版社

建立协作机制。政府从民生保障和文化战略出发，开展传统村落保护与建设。专家从建筑学、民俗学、社会学等多方面论证解决传统村落保护与发展问题。村民参与传统村落建设和规划发展，成为传统村落保护与发展的主体。社会力量积极协作，成立志愿者服务组织，开展文化活动，设立传统村落保护基金，向社会、企事业单位和个人募集基金，探索建立民营资本投融资机制。

五、重视文化生态，修复农村文化生态系统，激发农村文化活力

加强民俗传承。在一些传统村落，鼓励恢复地方性民俗礼节活动，自愿举行宗亲祭祀活动，鼓励恢复本地优秀的乡约民规。组织专家学者和志愿者，帮助开展乡村口述史整理，修家谱、族谱，留存村落记忆，增强传统村落凝聚力。

复兴传统村落工艺文化。加强传统村落特色工艺知识产权保护，开展标识注册，培养传承人，推动技艺传习与推广应用，鼓励村民从事传统手工艺劳作，以家庭作坊为主体，前店后坊，成立农村手艺合作社，加强高校和专业设计机构的教育科研协作，帮助村民增收致富。

实施少数民族地区传统村落连片保护。对少数民族一些根基性的原始聚居地与核心区域实施成片保护，从整体上保护历史与自然生态环境。

a

a 2018 年调研广西贺州昭平县黄姚镇笔头村

传统村落的文化保护历程

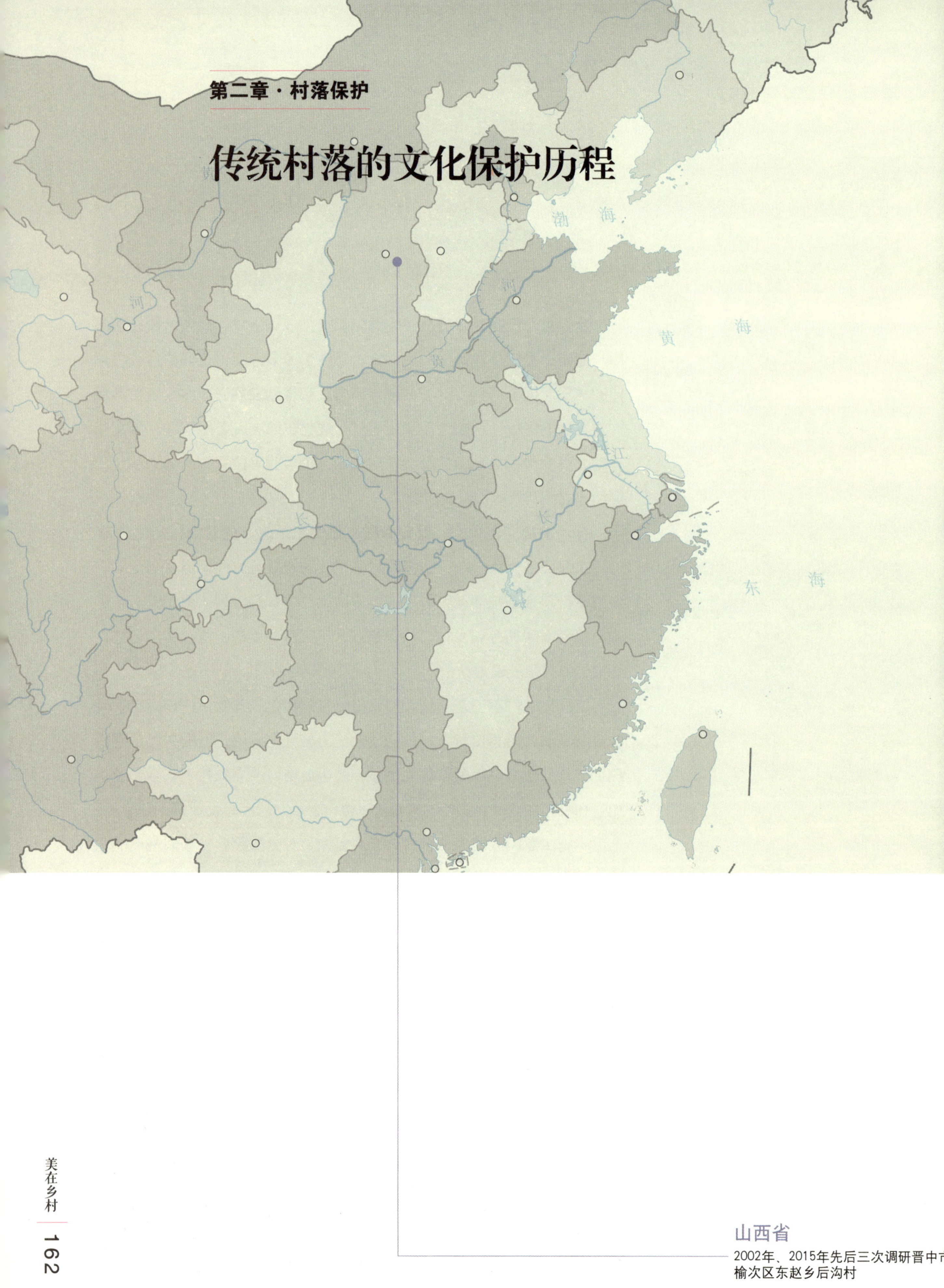

山西省

2002年、2015年先后三次调研晋中市榆次区东赵乡后沟村

中国民间文化抢救工程巡礼活动在山西晋中榆次区后沟村举行具有特殊意义。2002 年 10 月，在冯骥才先生的带领下，我们首次对后沟古村进行了采样调研，随后在 2003 年 1 月，后沟古村被选为中国民间文化遗产抢救工程的古村落农耕文化遗产保护采样地。一项事业与一个村庄的联系并非偶然，其中包含了学术的视野、关切和方法体系。十几年来，冯骥才先生引领的中国民间文化遗产抢救以及传统村落保护行动，在历史性的社会经济文化的转型进程中，存续民族文化的薪火，存留民间记忆的载体，可谓旷日持久、艰苦卓绝。其中，引领性的理念、科学的方法、对民族文化命运和乡土民生的关切是一条贯穿的轴线，也是如今我们回看中国民间文化抢救工程的价值和意义所在。

一、后沟古村与中国民间文化抢救工程的出发点

首先，后沟古村发现伊始就建立了民间文化遗产与传统村落保护的紧密联系，也倡导着中国民间文艺家协会的学术主张。可以说，冯骥才先生带领的团队对民间文化遗产的抢救，从未停留于孤立的民间文化事象本身，而是时刻关注其得以孕育生成、赖以演化发展的村落母体，不仅在学术上建立了民间文化研究广阔而深刻的社会视野，也在实践领域拉开了传统村落保护的序幕。同时，这奠定了中国传统村落保护的内容基点，即并非仅从表层关注建筑遗产，更从民间文化与艺术意义上关注传统村庄的聚落形态和生存发展内涵。民间文化遗产与传统村落保护一体双生，这是我们深入开展相关研究与实践的重要的出发点。

同时，后沟古村的发现与认定，意味着我国对于传统村落评价标准的确立形成。如冯骥才先生在《古村落是最大的文化遗产》一文中指出："关于古村落的标准有四条。第一个有悠久的历史，而且这个历史都被村落记忆着。第二个就是应该有较完整的一个规划体系。比如较完整的

a 2002 年潘鲁生与冯骥才考察山西古村落
b 山西晋中榆次区后沟村环境

村貌、建筑、街道以及庙宇、戏台、桥梁、水井、碑石等等，应该是一个基本完整的体系。第三个，应该有比较深厚的非物质的文化遗存。包括各种民俗、民间文学、民间艺术等等。当然可能这个村庄没有剪纸，那个村庄可能根本没有民间戏剧。但是它应有较丰富的非物质文化遗存。第四个，有鲜明的地域特色，有它的独特性。独特性就是不可替代性，不可替代的价值。”其中包含了传统村落评价与认定的指标体系和价值取向，对传统村落的历史、规划、遗存、特色作出界定，也启示我们进一步研究分析传统村落构成要素的相关性价值、潜在信息价值，具有原点意义。

此外，后沟古村的村落民俗采样活动，也标志着我国当代民间文化普查研究的方法体系进一步形成。2002 年，在围绕后沟村展开的民俗普查活动中，确立了涵盖生态、农耕、工匠、交易、交通、服饰、饮食、居住、家族、诞生、成年、结婚、拜寿、殡葬、信仰、医药、游艺、岁时等调查内容；采用了逐一调查全村 70 岁以上的老人，对周围村落不同年龄、不同文化层次、不同社会阅历的村民进行走访调查的方法；采用了问卷调查座谈、随机抽样等调查形式。由此形成的是一部村落及民间文化的调研范本，如冯骥才先生在《中国民间文化遗产抢救工程普查手册》中所作的提升和深化，是一个科学的方法体系。

二、传统村落保护与发展的方向

伴随经济和社会发展，传统村落甚至更广泛意义上的农村的凋敝没落是一个普遍趋势。由于生产技术提高，解放了大量农村劳动力，城市化、工业化集聚吸收，加速了农村人口大量外流；加之交通、通讯、物流发展，传统乡土社会的封闭性被打破，生产生活的内容和需求更加复杂化；而且乡土建筑等在物质层面的实用功能势必逐渐老化和减弱，实用功能层面的淘汰在所难免。由此导致农村人口萎缩、传统的农渔林业和工艺产业日趋衰落、城乡发展失衡、传统文化与社会价值开始动摇等一系列问题。值得关注的是，传统村落中包含着历史形成的、具有唯一性的传统价值和记忆秩序，如果简单地以新代旧、寻求物质利益和功能的满足，消解的将是历史形成的文化主体性、认同感、凝聚力和特色文化资源的发展动力。

在漫长的农耕社会发展过程中形成的村落文化十分丰富。传统村落作为一种文化形态和文化意象，内部交织的是制度、礼俗、农业生产以及乡土社会里人才不脱离草根、精英力量始终参与乡土建设等内在机制，在转型过程中，很难孤立地保留建筑遗迹等物质外壳，必须深入文化的血脉肌理，考虑其根本性的生成和发展。特别是结合当前传统村落保护中遇到的现实问题，我们必须进一步研究和解决：拥有独特历史文化禀赋的传统村落，是以文化驱动经济生产，还是用经济市场来肢解文化？是实行相对静态的遗产保护，还是开展动态的乡村与社区营造？是采取自上而下的、外力干预为主的消极保护，还是多方参与、村民为主的主动保护？就此，必须进一步明确传统村落保护与发展的主体、对象、机制和目标。

参考日本20世纪80年代开始的“再造魅力故乡”实践，以及台湾地区20世纪90年代中期开始的“社区营造”实践可以看到，这两项实践的初衷都在于拯救社会转型冲击过程中凋敝的乡村，出发点是独具特色的地方文化，开展的是具有主动性的“营造”“再造”，主体是地方居民。如日本“再造魅力故乡”运动提出，“以独到的眼光来发掘地方的资源，以积极的思考方式来重新评估地方发展方向；即使受到一些限制，也能换一个方向来进行，而得到非常好的成果。更重要的是，不再是仅仅以不满来面对现状，而能平实地勾勒出今后将要如何前进的情景。因为这样，我们就能使都市的魅力重新散发出光辉，使人们和工作机会再度回流到地方上来。”[①] 台湾“社区总体营造”运动提出，“其目的不是只在于营造一些实质环境，最重要的还是在于建立社区共同体成员对于社区事务的参与意识，和提升社区居民在生活情境的美学层次。社区总体营造工作的本质，其实就是在造人，也只有透过文化的手段，重新营造一个社区社会和社会人，以实质环境的改善作为短期目标的社区总体营造才有可能成功”，实际也是“整合运用地方固有的特色

①［日］西村幸夫：《再造魅力故乡》，清华大学出版社，2007，第23页。

资源，以振兴地区产业发展及生活品质，朝向突显出该地存在与价值的定位前进”[①]。

从根本上说，传统村落的保护与发展必须回归文化，着眼社会发展，即更加重视文化生态和文化资源保护，变静态保护为动态营造，并进一步发挥村民的主体作用。传统村落要延续和发展下去，必然要与当代社会对接，发展经济和生产，因而发挥其文化资源禀赋和特色优势，发展具有文化创意内涵的产业，具有契合度和可行性。关键在于，是充分认识文化的独特价值、尊重文化的生态和内涵，以独具特色的历史文化来增加产业附加值，还是以短期的市场收益、逐利需求来开发、肢解、改造原本具有唯一性的历史文化遗存。其中涉及深层次的认同、发展的监督机制，以及主动营造和发展的共识。

一段时期以来，我们对农村文化缺少认同和尊重，甚至将农村、乡土作为鄙夷嘲谑的对象，也将农村视为需要城市“送文化”加以帮扶的文化贫瘠地带。像这样缺少自觉和尊重，其实是对文化历史传统的某种背弃，也是我们不能深入到文化层次加以传承、建构、营造和驱动发展的原因所在。应该说，传统村落要生生不息发展下去，不能仅依存于自上而下的名录体系，必须建立村民主体的文化自觉与参与机制，全面考虑以文化为内核和驱动的地方经济社会发展路径，实现以特色文化资源为根基的营造性的发展。

三、传统村落保护与发展的建议

后沟村的经验是，在全面梳理、深度认识和尊重认同文化的基础上，形成了整体性、风貌性和原真性的保护原则，解决了修旧如旧与舒适生活的矛盾，从民居建筑到作坊工艺，全面复原传统风貌，从而使文化价值全面凸显，并在后沟村发展中发挥了重要作用。总之，传统村落保护与发展是一项社会事业，需要动员社会各方面力量理性参与，而且制度化、精细化、系统化，使之成为一项可以量化决策、透明管理、社会整体受益的公共事业。建议出台《传统村落保护与发展条例》，划定保护红线，解决传统村落认定、评估和保护的原则问题，实现有法可依，明确传统

a 2002 年调研后沟古村

①台湾“行政院文化建设委员会”:《文化白皮书》，1998。

村落保护的主体责任、实施机构和法律责任，做到因地制宜，健全“一地一规划”“一村一方案”的传统村落保护措施，突出民生主体，健全“政府主导、专家参与、村民受益、社会协作”的传统村落保护机制，重视文化建设，修复农村文化生态系统，激发农村文化发展活力。

具体结合目前传统村落保护与发展中存在的问题以及发展趋势，建议从文化生态、主动营造、主体作用发挥等几个方面予以加强。

其一，深化传统村落文化资源转化研究，搭建公益性专业支持平台。研究者是传统村落保护与发展事业的理论建构者，应该发挥先导作用，不仅要全面梳理和科学认定传统村落历史文化的脉络和价值，确立保护规范和策略机制的理论依据，也要加强实践转化和应用研究，找到历史文化资源传承发展、活化利用的可行途径，并就此建立研究转化“雅俗共赏”的信息交流平台，为村落基层发展提供智力支持，促进学界研究成果转化为社会价值。

其二，制定传统村落活化营造策略。政府公共管理部门除了担负起有效的保护职责外，必须深刻认识传统村落现代化转型的现实意义，进

a

a 2002 年调研陕西晋中市榆次区后沟古村

一步研究制定发展措施，从传统村落活化的意义上推动再生发展。如台湾地区在社区营造中提出，“贫困的乡镇社区，想要在经济上继续维持生机和活力，只有依赖独特性、在地性、稀有性的‘文化产业’方向来开发。一方面为原有的各种产业和地方特色赋予文化性的意义和价值，另一方面将具有魅力、独特的地方文化，透过行销概念予以商品化，赋予其实体与心理价值，即将文化经由企业化经营的方式创造市场的新气象，提升市场的价值”。[①]在产业转型升级的整体趋势下，我们应通过制定传统村落活化营造策略，重振地方文化，实现地区机能重塑，提高生活品质，以期解决衰退问题。

其三，健全村民自主保护与发展机制。村民是传统村落保护与发展的主体，正所谓“地方的魅力事实上是由于居住在这片土地上的人的魅力而产生出来的”[②]。具体应建立健全传统村落保护的专业咨询机构“传统村落保护咨询委员会”，成员由政府机构成员、专业技术人员、乡土社区代表、社区外部公众代表组成，就传统村落价值专业分析与认定、

a

a 后沟古村

①杨教芝：《地方文化产业与地域活化互动模式研究》，台北大学博士学位论文，2003。
②［日］西村幸夫：《再造魅力故乡》，清华大学出版社，2007，第 19 页。

保护资金落实、文化价值实现等进行监督和管理，目的在于有效引导、监管基层自治组织对传统村落的保护管理实践，保证传统村落保护组织在实践中的社会综合效益。

总之，传统村落是历史形成的，有其形成过程和内容内涵的丰富性，它在当代的转型发展也不可避免。我们既要从文化传承发展的意义上加以认识，为中华民族伟大复兴存续血脉和见证，也要精细化地剖检解决转型发展中面临的现实问题和矛盾，以文化的认同和创造为根基，重视整合资源，重塑环境，建立共识，发挥基层主体作用，实现传统村落的活化与发展。

a b

a 后沟古村民风淳朴
b 后沟古村的儿童

传统村落保护要突出村民权益

山西省

2015年6月赴晋中市灵石县南关镇董家
考察传统村落生态

2002 年，从山西晋中榆次区后沟村调研传统村落开始，“中国民间文化遗产抢救工程”拉开了序幕。十几年来，在七部委等政府部门的积极推动下，在专家学者、有识之士的参与下，全社会动员起来，从过去缺乏对传统村落的关注，到现在积极行动开展保护工作，形势发生了巨大变化。2012 年以来，国家建立《传统村落名录》。2013 年，住房和城乡建设部印发《传统村落保护发展规划编制基本要求（试行）》，明确了传统村落保护规划的一系列要求。2014 年，住房和城乡建设部、文化部、国家文物局、财政部出台《关于切实加强中国传统村落保护的指导意见》，防止出现盲目建设、过度开发、改造失当等修建性破坏现象，推进传统村落保护项目实施。2016 年，住房和城乡建设部办公厅、文化部办公厅、国家文物局办公室、财政部办公厅、国土资源部办公厅、农业部办公厅、国家旅游局办公室七部门联合印发了《中国传统村落警示和退出暂行规定（试行）》，对中国传统村落实行警示和退出管理，“中国传统村落”名号不再“一劳永逸”。可以说，传统村落保护的社会共识普遍建立起来，保护的自觉意识普遍增强，一系列有重要保护价值的濒危文化遗产得到了抢救，许多传统村落基础设施等生产生活条件得到改善，传统村落保护的制度建设不断加强，从一定程度上遏制了传统村落快速消失的局面。

a 2015 年 6 月赴山西灵石董家岭村考察传统村落生态

b 2015 年 6 月赴山西晋中榆次区后沟村调研古村落

本文根据 2016 年 11 月 22 日作者在“何去何从：中国传统村落国际高峰论坛”上的发言整理而成。

现阶段还要进一步关注和解决的有村民权益问题。因为村民是传统村落里的生命，是我们所有保护行动中的主体，往往村民权益保护得好，村民安居乐业，传统村落就有生机，有内生动力；如果相反，还是难逃“空心化”和衰败的命运。

一、解决“空心化”、“同质化”和“景观化”问题

“空心村”是城镇化发展过程中出现的问题。为了生计，农村青壮年纷纷涌向城镇工厂、工地，农村老龄化社会提前到来。同时存在“小手拉大手”现象，为接受更好的教育，学龄少儿将父母和祖辈拉到了教育资源优势集中的城镇。传统村落的发展主体相应缺失，村落先于城市进入老龄社会，相关硬件基础设施、医疗养老服务、文化建设疏导等需要跟进。

同时，传统村落存在格式化建设现象。承载历史文化传承意义和丰富内涵的宗祠、村庙未能有效修缮和应用，统一新建的小广场、大舞台等往往因脱离农民生产生活需求被空置、闲置。部分地区存在高度趋同的景观设计开发现象。把一种景观模式复制到不同村落，甚至通过资本运作方式进行推广，导致原有自然肌理、人文风貌遭到建设性破坏，难以修复。此外，一些新村建设脱离老村传统，导致高度雷同。一些地方，趋利求便的“沿路村”和整齐划一的“兵营村”大量产生。老村、新村面貌迥异。传统营建工艺以及附着在传统村落空间中的民俗民艺等缺乏用武之地，老村所承载的文化内容和功能趋于弱化。还有“重面子，轻里子”“重地上，轻地下”“先破坏，再修复”的问题要避免，引导解决山寨洋楼、内涝频发、宜居品质低下的问题。

要警惕传统村落开发存在的过度“景观化”现象。在旅游经济开发中，为了追逐经济效益，脱离生产生活，生硬制造景观表象，往往无视村民的生存安全保障、生活质量提升、生产效率提高等需求。比如大量建造观光景观，仅供游客游玩，与当地百姓生活严重脱节，村民成为村落规

a b c 2015 年 6 月赴山西灵石董家岭村考察传统村落生态

划营造的局外人。以及以市场为主导，运用地产开发等商业模式运作，建造高度雷同的“小吃街”“酒吧街”，传统村落沦为“山寨影视城”“伪传统村落”，造成开发性破坏。还有旅游经济“架空式”发展，有的村落保护与发展目标不明、目的不纯，加之部分村民出于经济、能力、认知等原因，保护意愿不强，自觉意识不足，村民权益被排斥在外甚至受到盘剥，旅游成为景观表象，村民成了成果与收益的旁观者，未从发展中真正受益，主动发展的动力不足。

二、传统村落村民的生活、生产、文化权益

传统村落在现阶段出现的问题在于，没有充分重视对村民权益的保护。传统村落的村民权益，主要包括以下几个方面：

一是现代化的生活权益。其中有村民的教育需求。在调研中我们看到，往往重视教育的村落就有活力。有学校、有孩子、有一家几代生活的村落，与没有小学、没有青壮年、只有留守老人的村落，形成非常鲜明的对比。教育发展是地方发展的基础要素。同时，还应考虑现代化的生活需求，包括防火、抗震、给排水、垃圾处理、公共卫生等功能在内的基础设施建设，是对基本生活需求的保障和尊重，应该科学合理地加以规划和建设。此外，还有养老助老的需求。养老问题不容忽视，相关服务设施、医疗保障、心理疏导等都应跟进。总之，一个缺乏人情关爱的村落只能是一个空壳，传统村落的保护还要从村民生活实际着眼，留住人，留住生活形态，留住传承发展的活力。

二是特色化的生产权益。必须关注资源开发过程中村民是否被边缘化。比如有的村落变为景区，“门票经济”与村民无关，发展的表象与村民主体的实际割裂脱节。同时，要关注旅游经济发展是否存在对村民的利益盘剥。村民如果仅作为旅游经济链的低端环节，从事低效雇佣劳动，发展则缺乏提升空间。要关注村民能否在地方发展中获得长远收益和提升。村民的生计生产、文化生活等应与地方发展有效对接，使特色农业、副业等成为地方发展的有生力量，实现可持续发展，避免旅游资源开发脱离村民“架空式”发展。

a b

a b 2015 年 6 月赴山西省灵石县董家岭村考察传统村落生态

三是传承发展的文化权益。具体涉及村民的文化传统是否得到尊重和支持。如果忽视村落的传统公共文化空间，大量新建标准化广场、舞台等，缺乏对乡土文化传统的传承，容易导致整齐划一的格式化建设。要关注村民祖祖辈辈生活的乡土自然生态是否得到保持。比如“复制式”的设计建设、缺乏文化传承的快速复制等，容易肢解破坏乡土自然特色和文化肌理，使村落面貌趋同，特色尽失。关注村民的文化生活需求是否得到满足，特别是在开展“城市文化下乡”“城市文化扶贫”的同时，传统工艺、民俗、民间文化应受到重视，避免缺少舞台、传承断档，要解决文化多样性受到破坏、文化“同质化”加剧的问题。

三、传统村落村民权益保护的建议

为解决传统村落中的村民权益保护问题，提几点建议：

第一，纳入法制轨道，明确传统村落保护的主体责任、实施机构和法律责任。对破坏传统格局和历史风貌、违反保护规划要求以及侵害村民合法权益的行为加以禁止并追究责任，有效保护传统村落的自然景观、历史建筑和人文主体。

第二，做到机制健全，政府要科学规划、加强引导，专家要提供文化、学术的有力支持，村民要做传统村落保护与发展的主体和责任人，社会公益力量可积极参与。避免市场、资本一家独大、主导开发，避免脱离历史文化和生产生活基础的破坏性建设，避免留下不可修复的生态创口。

第三，做好政策对接，保障村民土地承包经营权、宅基地使用权和集体收益分配权等基本权益。引导村民依法自愿有序流转土地经营权，发展多种形式适度规模经营，尤其减少土地撂荒、非法占用耕地等，增强粮食等重要农产品安全保障能力，推动乡村特色产业多元化发展。积极开展宅基地相关确权工作，及早明晰村民相关责权利，协调传统村落保护与民居维护、修缮、开发、利用中凸显的矛盾，实现乡村多元化价值的细化落地。

第四，突出民生主体，多措并举实现村民的发展愿望和权益诉求。包括加强传统村落基础设施建设，加大公共设施投入，支持私有民居的

a
b

a 董家岭村木作工艺
b 董家岭村砖雕工艺

维修维护和基础设施建设，改变传统村落是贫穷的象征。营造教育培训和就业创业发展机会，比如从文化发展、乡土建设等长远的角度考虑，调整中小学合校并校的策略，保留乡村学校，通过固定教师制和轮流支教等方式，丰富教学方式和内容，尤其据实增设乡土民艺课程，提高教育水平，增强学校与乡村的根性关联度和吸引力，留住村落中成长的力量。整体上，积极创造条件让村民生活在传统村落空间，享受现代生活方式，安居乐业，实现可持续发展。

第五，发展乡村文化，培育传统村落保护与发展的内生动力。今天的传统村落是历史形成的，村落形态及民居类型塑造着村民们的生活方式和精神气质。不同时期、不同地域、不同民族、不同样式的村落与民居并存，需要我们包容乐观地看待，做到“各美其美，美美与共”。要努力留住乡愁寄托，守护我们共有的历史记忆、心灵空间、工艺环境和生活气息。要尊重民俗信仰，恢复优秀的乡约民俗，增强文化凝聚力。要培育乡土情怀，培养扎根乡村的有思想、有意愿、有情怀、有能力的乡村人才队伍，鼓励知识精英回归乡村。要重塑乡村文化活力，积极发掘乡村手工艺等文化创造力。

总之，传统村落保护不只是遗迹的保护，不只是遗产的保护，必须解决活态发展过程中存在的矛盾和面临的问题。传统村落是文化的聚落，是人的聚合体，必须在保护中突出人文关怀，突出村民的主体地位。村民的需求是政策制定的依据，助益村民的改变才是村落长效持续发展的根源。村民权益保护是一个具体的出发点，也是传统村落保护和发展的一个必要基础，只有解决好其中存在的问题和短板，保障好村民权益，才能在文化传承发展中发挥积极的作用。

城镇化发展与乡土文化景观保护

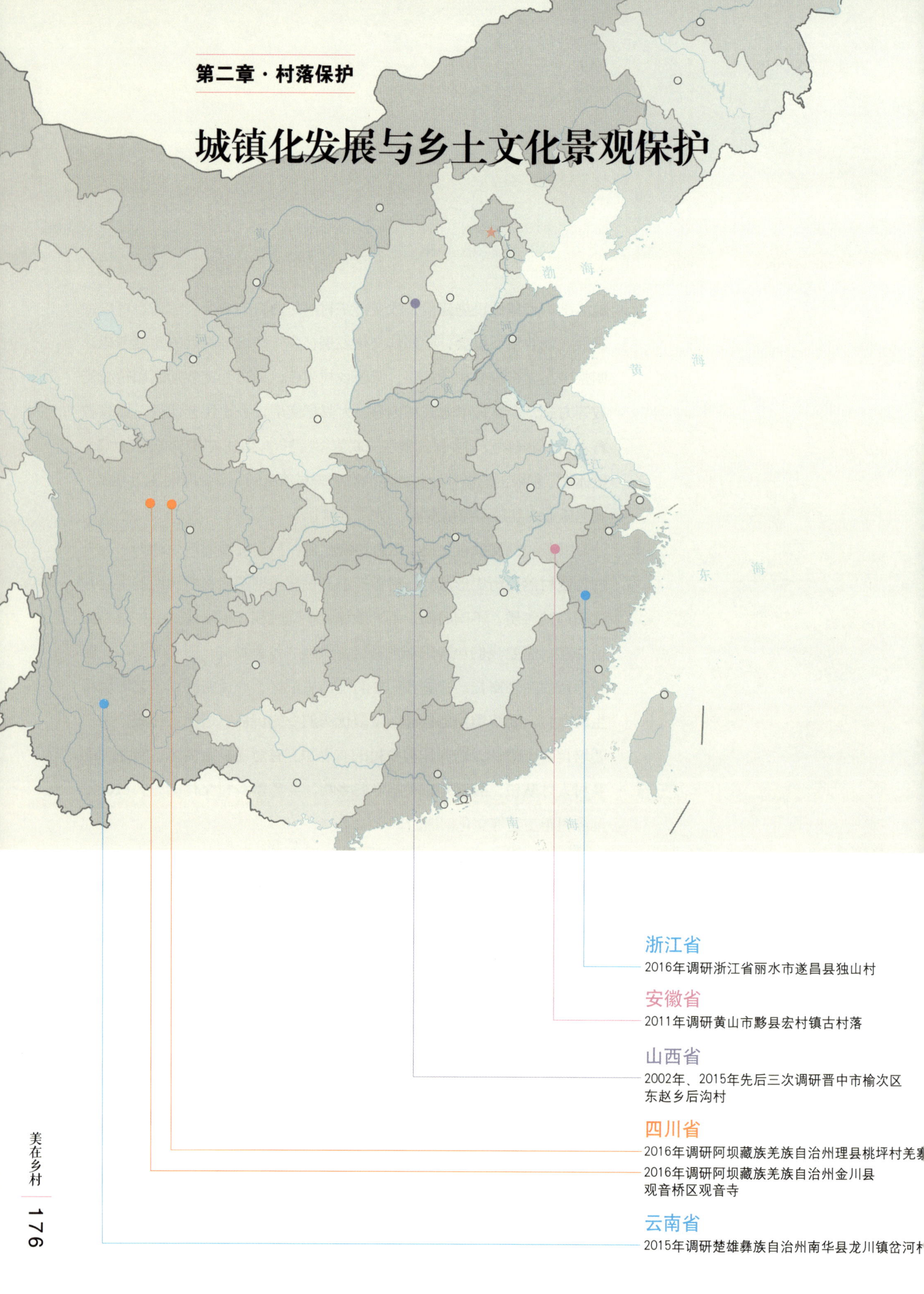

城镇化进程中的设计治理提升，涉及城市、小城镇、村落的空间设计规划问题，包括历史文化景观的保护、新的功能建筑和文化空间设计规划发展等，本质是城镇化进程中的文化空间设计问题。过去几十年，我国在城镇化快速发展过程中，较大程度上忽视和搁置了文化空间设计问题，导致难以挽回的文化肌理破坏和文化景观遗产损失，伴之失去文脉基础、诉求模糊状态下一系列建筑和景观垃圾的产生。在新型城镇化发展过程中，相关视觉形态的、景观和空间层面的设计治理亟须纳入政策议程，划定新与旧保护发展的红线，明确勘察和尊重文化肌理的原则，积极引导城镇化发展过程中具有文化内涵的空间与景观塑造。

一、划定保护红线

回顾世界城市改造与发展的历史可见，经过 20 世纪 30 年代经济大萧条和第二次世界大战的破坏，西方国家在战后开始大规模的“城市更新运动”（urban renewal），重点是城市物质环境的改造，通过推土机式的推倒重建，大面积拆除城市的破败建筑，清理贫民窟等，完成城市旧建筑、旧设备的翻新，解决城市物质层面上的空间布局与基础设施建设问题。这种城市改造活动的核心是从形体规划（physical design）出发的城市改造思想，把城市作为静止事物大规模地推倒重建、拆旧建新，很大程度上忽视了原有的社会肌理和脉络，破坏了城市历史和文化多样性，甚至被称为战争破坏之后的“第二次破坏”，带来大量社会问题。由此引发一系列学术反思和立法治理。1961 年，美国学者芒福德在《城市发展史——起源、演变和前景》中对大规模地改造和规划做出深刻批判：“……使城市的生活内容从属于城市的外表形式，这是典型的巴洛克思想方法。但是它造成的经济上的耗费几乎与社会损失一样高昂。”[①] 1964 年，《威尼斯宪章》提出，“历史古迹的概念不仅包括单个建筑物，而且包括能从中找出一种独特的文明、一种意义的发展

a 2016 年调研浙江遂昌县独山村
b 浙江遂昌县独山村传统民居木质构件

①转引自金经元：《近现代西方人本主义城市规划思想家霍华德、格迪斯、芒福德》，中国城市出版社，1998，第 78、79 页。

原文发表于《民间文化论坛》2017 年第 5 期，《新华文摘》2018 年第 3 期全文转载。

或一个历史事件见证的城市或乡村环境，这不仅适用于伟大的艺术作品，而且亦适用于随时光流逝而获得文化意义的过去一些较为朴实的艺术品”，“一座文物建筑不可以从它可见证的历史和它所产生的环境中分离出来”。就此，许多国家出台法律法规，认定历史文化价值，划定建设发展中的保护红线，如法国于1962年颁布《马尔罗法》，立法保护历史街区；英国于1967年颁布《城市文明法》，保护有特殊建筑艺术价值和历史特征的地区，包括户外空间、街道形式以及古树等；日本在1975年修改《文化财保护法》，建立“传统的建筑物群保存地区”制度。此外，英国还颁布有《眺望景观战略与保护规划》，法国有《历史环境保护与景观规划》，意大利有《法定风景规划与历史中心区保护》，美国有《城市设计策略与历史环境保护》，德国有《环境政策与城市风景经验》等。在20世纪60至70年代，发达国家基本上建立了城市景观的控制规划，划定了包括建筑线、建筑等级、特别指定纪念物、历史保护地区等的保护红线，从立法和治理上明确了文化遗产不可复制、不可再生，是一个城市最大的资产。应该说，一个国家、一个地区独具特色的景观，不只是自然生成或历史遗留的，也是常年的文化经营形成的。

城市更新运动的教训以及之后的一系列政策经验未能及早引起我国重视。20世纪80年代中期以来，从改善居民生活条件到以房地产开发为主的提高城市经济效益，以及广场、草坪化的城市形象塑造，使大量历史文化景观消弭于“旧城改造”。城市化节奏加快，历史性老化和许多地方统一化、模式化的“新农村建设”，以及以经济效益为主导的旅游开发等，导致“万村一面”的建设性破坏，传统村落、历史文化村镇和乡土建筑遗产大量消失或损毁，中华民族数千年沉积的历史文化景观遭到同质化消磨。如果说“人们的住家、商店、教堂、住宅区、珍贵的纪念性建筑物，是当地人们生活习惯和社会关系赖以维持的整个组织结构的基础。把孕育着这些生活方式的建筑整片拆除常常意味着把这些人们一生的（而且常常是几个世代的）合作和忠诚一笔勾销”[①]，那么相对于难以挽回的损失和破坏，从设计规划角度划定保护红线，已不只是

a 2016年调研四川阿坝藏族羌族自治州理县桃坪羌寨

①转引自方可《当代北京旧城更新：调查·研究·探索》，中国建筑工业出版社，2000，第105页。

对历史遗迹和文化景观的保护留存，而是对民族生存、生活空间的历史文化维度的设计和建构。这一道道保护红线的有无，代表的不是政策的健全完备与否，而是我们更深层的历史观和文化观。是否总要以新的取代旧的，以断章取义的欧式元素或复古仿造取代具有真实信息的历史遗存，以统一和标准化的样态取代具有记忆和情感的参差多态的遗迹？是否用模仿来削平记忆，用消费式的追新逐异来代替历史延续、文化认同的平和与安宁？“千城一面”“万村一面”背后的文化与历史观是需要反思的。

从设计政策的角度加以完善和推进具有紧迫性。参照1987年国际古迹遗址理事会《保护历史城镇与城区宪章》对各国经验的总结，无论是传统村落、城镇，还是城市的历史文化地段，保护红线须考量聚落或地段的格局和空间形式，建筑物与自然环境的空间关系，以及包括乡土民居在内的历史性建筑的内外面貌，如体量、形式、建筑风格、材料、色彩、建筑装饰等，还有历史上该地段或聚落的功能、作用、影响等。在此基础上划定保护范围，包括不容破坏的格局、建筑风格、色彩体系，以及天际线的轮廓视野等。在我国，苏州市政府于2003年颁布的《城市规划若干强制性内容的暂行规定》以及于2013年修订颁布的《苏州市城乡规划若干强制性内容的规定》具有示范意义，其明确就建筑高度、道路宽度、建筑色彩等作出强制性规定，提出“古城内不再新建医院、学校及行政办公楼。现有医院、学校及行政办公楼控制其建筑规模和用地规模的总量，不得扩大”，“建筑色彩应当以黑、白、灰为主，体现淡、素、雅的城市特色”，“广场、人行道、传统街巷的地面铺装应当采用传统建筑材料及形式”等，最大限度地保留原有的历史信息、自然景观和人文风貌。相对于过去一段时期里人们并未把“城市”作为一种文化遗产加以保护，

a

a 2015年调研云南楚雄彝族自治州南华县岔河村

而只是保护其中的“文物”，现今从设计政策角度来划定保护红线，则是基于城镇、村落的景观遗存，超越了文物古迹范畴，承载着生产生活流动的内容，交织生成独有的意义和联系。即使仅从建筑角度看，“某一社区共有的一种建造方式；一种可识别的、与环境适应的地方或区域特征；风格、形式和外观一致，或者使用传统上建立的建筑型制；非正式流传下来的用于设计和施工的传统专业技术；一种对功能、社会和环境约束的有效回应；一种对传统的建造体系和工艺的有效应用”[①]也包含极其丰富的社会内容，不能作为僵化的存在销毁或者封存，而要纳入建设与发展的视野，使城镇化发展有空间设计的自觉及规约与限定。

二、勘定文化肌理

借鉴国际经验，西方国家自20世纪70年代以来经历从“城市更新”到“城市复兴”(urban regeneration)的转变，美国于1973年废止了《城市更新》法案，英国在20世纪70年代中期的《英国大都市计划》中提出了“城市复兴”的概念。“复兴”不同于“更新”，它是“失落或损失组织的重新生长，或者是系统恢复原状”，意味着一种发展观念的转变，不是追求新的，而是修复旧的，不是外在面貌的转变，而是内在结构的完善。“它涉及已经失去的经济活力的再生或振兴；恢复已经部分实效的社会功能；处理未被关注的社会问题；以及恢复已经失去的环境质量或改善生态平衡等等。它更着眼于对现有城区的管理和规划，而不是对新城市化运动的规划和开发。”[②]从“城市重建”“城市更新”“城市再开发”“城市再生”“城市复兴”等一系列概念看，西方现代城市发展过程经历了一个由表及里、由静态改造到连续不断的更新、由拆旧建新到复兴发展的转变。这也为我们反思“旧城改造”等概念提供了参照。无论大城市还是小城镇，发展首先应该建立在对文化肌理的尊重和勘定基础上。“城市的形态必须从生活本身的结构中发展起来，城市和建筑空间是人们行为方式的体现”[③]，相对于城市发展的物质规划，内在的社会脉络、人文内涵等有机结构和文化多样性更值得深刻关注。

a

a 2001年调研安徽黄山黟县西递镇古村落

①[墨西哥]《关于乡土建筑遗产的宪章》，1999。

②吴晨：《“城市复兴”理论辨析》，《中国建设报》2006年5月26日。

③张京祥等：《城市规划的社会学思维》，《规划师》2000年第4期。

从文化肌理上看，物理空间的存在有相互联系，正所谓：“乡土建筑的存在方式是形成聚落，各种各样不同类型、不同功能、不同性质的建筑在聚落里组合成一个完整的系统。这个系统和乡土生活、乡土文化的系统相对应，是一个有机体。”[①] 因此《关于乡土建筑遗产的宪章》明确了乡土建筑遗产保护的五项原则：一是传统建筑的保护必须在认识变化和发展的必然性，和认识尊重社区已建立的文化特色的必要性后，借由多学科的专门知识来实行；二是当今对乡土建筑、建筑群和村落所做的工作应该尊重其文化价值和传统特色；三是乡土性几乎不可能通过单体建筑来表现，最好是各个地区经由维持和保存有典型特征的建筑群和村落来保护乡土性；四是乡土性建筑遗产是文化景观的组成部分，这种关系在保护方法的发展过程中必须予以考虑；五是乡土性不仅在于建筑物、构筑物和空间的实体构成形态，也在于使用它们和理解它们的方法，以及附着在它们身上的传统和无形的联想。

以村落为例，传统村落以宗祠、门楼、戏台、水井等精神空间和开放空间为聚散活动的中心，以古驿道、商业街、水圳等线性生长带为轴线，以交通、交往、商贸的街道、巷道为骨架结构，以居住、商贸、交往、教化、祭祀、防御等民居类、礼仪类、防御类、风水类建筑群为细胞和肌理，以檐下空间、门前空间为界面，形成了“核、轴、架、群、界面”等丰富而又错落统一的空间形态和架构。[②] 其中，既有戏台、宗祠等与公众节庆、游乐、教化活动相关联，具有艺术交流功能的公共空间，也有昔日常见今日渐少的门楼、牌坊、井台、拴马桩以及形形色色的民居建筑。在今天的语境中保留历史记忆，在历史和当下并置的时空与文化界面里，包含深层的历史文化内涵。这些历史遗存承载着无形的文脉，反映了一个民族、一种文化独特的环境模式、生态经验、文化观念和思维方式，其中包含的往往就是一个宗族村落赖以生存的物质基础和精神根源。尽可能全面深入地认识这样的文脉是设计规划发展不可或缺的前提和基础。

反思我们对建筑景观里潜藏文脉的忽视，既有历史原因，也有当代特点。历史上，地区经济不足以支撑城市的生存和发展，城市往往作为

①陈志华：《由〈关于乡土建筑遗产的宪章〉引起的话》，《时代建筑》2000年第3期。

②参见何峰《湘南汉族传统村落空间形态演变机制与适应性研究》，湖南大学博士学位论文，2012。

政治中心而发展，所以都城的拆毁与重建往往与朝代的兴亡相关。秦都咸阳随着秦的兴起而建设扩展，成为公元前后规模最大的城市，也随着秦的灭亡遭到根本性的毁灭。还有多次成为都城的洛阳，几经盛衰，遭遇焚城命运。如今，经济在地区发展中发挥关键作用，但我们仍然面临如何对待承载历史和记忆的城市遗址的问题，以及曾作为中华民族文化母体的广大乡村的拆旧建新问题。后现代消费观影响着人们对于包括建筑物在内的所有物质和生活方式的认识。突出一次性物品般的即刻性、易变性和短暂性，放弃对事物的长久依恋，无所谓深刻的意义和稳定的关系。为了功能和效益，旧有的可以随时被铲平销毁、即刻废弃，新的甚至新奇的可以即时建立，这样一种普遍存在的消费主义逻辑，使我们较少关注城镇化进程中环境的品质以及文化和历史特征之间的关联性。从文化层面看，提升设计政策的文化自觉度，从纵深层面保留发展文脉是必要而且必需的，政策要考量的不只是经济和便利，还有沉之久远的文化。

三、塑造文化空间

我国城镇化是经济社会发展的必然。统计公报显示："1978 年至 2013 年，城镇常住人口从 1.7 亿人增加到 7.3 亿人，城镇化率从 17.9% 提升到 53.7%，年均提高 1.02 个百分点；城市数量从 193 个增加到 658 个，建制镇数量从 2173 个增加到 20113 个。京津冀、长江三角洲、珠江三角洲三大城市群，以 2.8% 的国土面积集聚了 18% 的人口，创造了 36% 的国内生产总值。"① 相关数据背后，是社会城乡格局、产业结构、劳动力流动与分布的巨大变化，也包含社会深层文化结构变迁。我国传统社会以农业生产为基础，以血缘和地缘关系为纽带，随着工业化、城

a

a 浙江遂昌县独山村传统民居木质构件

①数据来源：中国政府网（http://www.gov.cn/zhuanti/xxczh/index.htm），2014 年 8 月。

市化和商品经济发展，社会关系发生改变，宗族影响力弱化，血缘网络逐渐被地缘、业缘取代，由此也加剧了人们文化心理上的断层。一方面，传统社会外在的礼法纲常、内在的道德追求被不同程度地消解，与工业化、商品化相伴而生的物质主义、消费主义来势迅猛并导向物质财富追求，内在的精神文化产生断层。另一方面，乡土社会的凝聚力趋于弱化，原本宗族血缘的紧密维系转变为工业社会、商品社会里个人趋向的单子状态的生产生活，民间社会里人与人之间心性的、情感的、风俗的联系相对弱化。当前，以人为核心的“新型城镇化”方针，将乡愁、记忆、自然生态等具体而深层的要素纳入规划和考量，关注点从有形的物质建设和治理结构深入到无形的文化凝聚、情感维系和精神追求层面，成为城镇化进程的一种深化和文化建构。

在这个过程中，通过设计政策引导塑造公共文化空间具有重要意义。通过发展公共文化空间，强化公众沟通与心理体验，在熟人社会向陌生人社会的转型过程中，增加情感共鸣和联系，增进文化认同；并在设计规划建造过程中重视文化、社会、观念等因素的隐性表达，进一步建立空间发展与文化环境的“隐性关联”，深化人们内在的精神追求，在更充分、更丰富、更优质的交流中，超越物质鸿沟，追求更高的德性与永恒之美。在设计政策导向上，以植根自然生态、延续历史文脉、着眼现实需求为原则，发展公共文化空间，建立城镇化空间建设与发展的内在与外在的丰富联系，形成综合的架构，进一步关注和处理好传统村落的公共文化空间保留问题、乡土元素的公共文化重构问题、当代观念的社区生活塑造问题，做好公共文化视野中历史文化遗存的保留与保护，从乡土元素和本土文化出发设计公共文化空间，增加文化的乡土凝聚力，

a

a 2017 年调研山西打花树民俗

并汲取进步的当代艺术观念发展公共文化空间，丰富社区生活。

具体要加强传统村落公共文化空间的保护，包括传统公共文化空间遗存和当代公共文化视野中村落文物遗迹的公共文化价值的发现与保护。一个市镇、一个村庄，往往就是某种层次上的“生活圈”“经济圈”和“文化圈”，要在保护历史文化遗存的基础上设计公共文化空间，与历史文化语境建立“上下文”的有机联系，使相关建设与其历史文化脉络、氛围、气息相联系、相呼应、相补充，包括深入思考“如何揭示一个地方的潜在增长因素，表现地方的自然禀赋与社会禀赋，展示地方的环境特色与历史建筑、社会风貌与文化特色，以历史的眼光和动态的方式来解释什么是已经存在的，什么是正在发生变化的，为地方发展注入新的元素与能量，并扩展其成长的意义”[①]。城镇化本身是一种新的变化和发展，更应当保留、呵护，重视历史的、人文的要素和联系，以诗意的方式揭示纪念历史和记忆，使发展的进程更加健康和谐。

要加强乡土元素的公共文化重构。在劳动力流动迁徙、传统聚落的文化凝聚力减弱、城镇化人口需要文化认同与乡愁寄托的形势下，加强对传统艺术符号、形态、样式、传统工艺和传统民俗的公共文化发掘和塑造，通过视觉呈现、场景重现、技艺体验等形式加以表现，提供一种文化情境，唤起人们的生活记忆、情感体验、乡土情怀，成为城镇化进程中一种心灵的慰藉和补偿。如美国影像公共艺术教授莎伦·丹尼尔所说：“我把自己看作一个情境的提供者，把艺术创作的概念从创作内容延伸为了创作情境。语境提供是关于去中心化的，创造多重空间，不是讲述一个真理而是多个真理。”[②]文化凝聚力的构建是多维的，乡土元素的公共文化空间体验将有助于涵养城镇化进程中的文化心灵。

要加强当代观念的社区生活塑造。在公共文化空间发展上，突破装饰美化的单一维度，重视文化艺术与城市空间及性能的转换、地方再造、社区文化建构以及与生态多样性维护的密切结合，通过融于建筑景观和公共设施的具体设计，为解决实际问题提供支持。城镇化进程中城市社区已成为社会的基础和细胞，发展社区公共文化空间，从艺术角度创建

①凌敏：《透视当今美国公共艺术的五大特点》，《装饰》2013年第9期。

②[美]马格·乐芙乔依著，任爱凡译：《语境提供者》，金城出版社，2012，第58页。

城市公共空间，有助于营造建筑环境与景观，促进公共设施设计，维护生态环境；加强遗产园区的保护与改造，振兴历史商业街区；促进公众参与公共事务，推动社区文化共建，推广社会公益项目，特别是重新认识自己生活环境的自然和人文地貌、审视艺术在日常生活中的意义，提高审美素质，增进社会认同感。

诚如英国学者卡·波兰尼所言，一种社会变迁，“首先是一种文化现象而不是经济现象，是不能通过收入数据和人口统计来衡量的……导致退化和沦落的原因并非像通常假定的那样是由于经济上的剥削，而是被牺牲者文化环境的解体”。城镇化进程中，变迁的不只是地理和行政意义上的乡土，更有文化的乡土，城镇化发展需要从文化上破题。将设计政策构建与行进中的现实相结合，把握在空间规划、治理提升方面的构成和作用机制，以文化发展补偿转型断层，以艺术形式增进情感维系与认同，从本土的文化现实出发来传承、建构和发展民族的美术体系和审美价值观，具有现实意义。

a 2016 年调研浙江省遂昌县独山村建筑群

从营造技艺的创新性传承谈传统村落的系统化保护问题

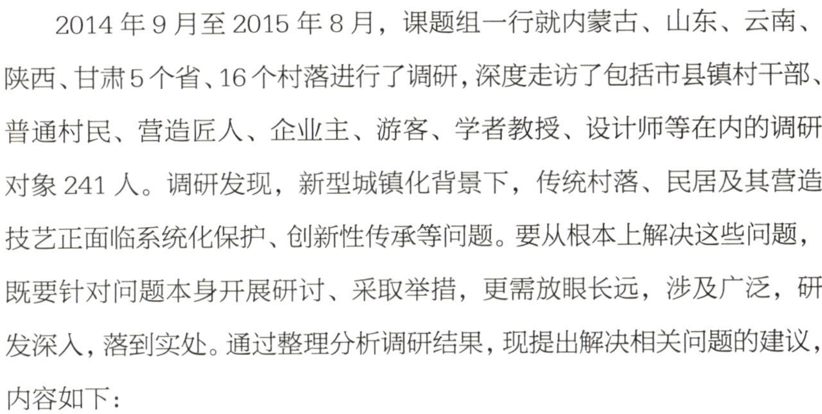

2014 年 9 月至 2015 年 8 月，课题组一行就内蒙古、山东、云南、陕西、甘肃 5 个省、16 个村落进行了调研，深度走访了包括市县镇村干部、普通村民、营造匠人、企业主、游客、学者教授、设计师等在内的调研对象 241 人。调研发现，新型城镇化背景下，传统村落、民居及其营造技艺正面临系统化保护、创新性传承等问题。要从根本上解决这些问题，既要针对问题本身开展研讨、采取举措，更需放眼长远，涉及广泛，研发深入，落到实处。通过整理分析调研结果，现提出解决相关问题的建议，内容如下：

a 陕西宝鸡太白县黄柏塬镇二郎坝村

b 陕西宝鸡麟游县酒房镇万家城村

本文系 2014 年度国家社会科学基金艺术学重大项目“城镇化进程中传统工艺美术发展现状与发展研究”成果。

一、建立跨领域综合多专业团队持续深入反哺乡村机制

以山东省为例：2014 年 6 月之前，莱州市驿道镇初家村 35 岁以下常年驻村成年人只有 1 人，其时村落公共设施及公共服务落后，河道淤塞，垃圾围村，村中常见“一户多宅”、家有十多亩地却收入低下的村民。之后市镇政府结合美丽乡村建设，协调各部门各方面的干部、专家、设计师，组建团队，政府、企业、村民戮力同心对该村开展综合治理、系统开发、整体提升。经过跟踪调研发现，自 2015 年 5 月始，村容村貌、民心民气正日渐改观。类似情状的村落在山东省及其他省市地区部分存在，占调研总数量的 18% 。

以陕西省为例：宝鸡太白县二郎坝村自然条件优越，复合生态系统优异，生物与景观资源丰沛，村落历史悠久，布局聚散结合，疏密有度，虽系满足祖辈传统生活生产需要而建，却十分契合现代生态理念。村落业态丰富多元，但收入水平总体较低，属于省级贫困村。村民中 60 岁以上营造匠人常见一人多能，既是木匠，又是铁匠、篾匠、石匠，且工具专业齐全，手艺精良。近年来，因陪读、购房、创就业、远离闭塞等原

因，年轻人逐渐迁离村落，致多年来村中无新建民居，部分远离聚居地的民居甚至荒废，营造技艺的传承与创新无存。太白县电影公司文化下乡公益电影项目于2015年7月21日晚在该村放映电影，全场观影村民只有19人，且超过一半村民中途退场。调研证实，全县每村每年12场公益电影形式统一，成效类似。这反映出目前外界给予该村的干预或支持相对苍白无力。深入调研，明确所需，协调各部门各方面，综合多专业，持续不断、有针对性地介入应该是解决类似村落问题的良策。类似情状的村落在陕西及其他省市地区同样存在，占调研总数量的37%。

以甘肃省为例：庆阳市西峰区董志镇庄头村小河湾组因自然风貌较好，历史悠久，村落及周边历史遗存数量较多，社火、供奉龙王、年节祭祖等民风良俗基本传承有序，“半明半暗”窑院具有一定特色，拟开发旅游，改变贫困面貌。但村落地处偏远，道路建设落后，内外交通交流存在较大障碍，又业态单一，农耕缺乏统一规划、有效指导。一方面农耕投入产出常常只能勉强持平，村民收入普遍偏低；另一方面传统且单一的农作物及耕作方式缺乏鲜明特色，难为即将进行的旅游开发提供支撑。总体而言村落基础设施、技术准备、知识储备、物产开发等亟须跨领域、综合多专业共同推进的规划、设计、建设、运营。类似情状的村落在甘肃及其他省市地区同样存在，占调研总数量的56%。

综合调研成果发现，土地产出低效、村落内涵发展滞后、公共服务水平低下、新村规划建设管理落后、文化教育活动匮乏、劳动力流失等原因导致“土地撂荒”“空心村”，已成为我国广大农村的普遍存在。该现象日趋严重甚至异化：一方面，多年来农村人才以各种形式流失，扎根乡村、有思想、有意愿、有情怀、有能力、可持续推动村落发展的高水平建设管理运行团队难以组建；另一方面，“空心村”空的不只是人——传统文化、传统民居、营造技艺、民艺民俗、公共服务、管理运营等等无一例外日渐趋“空”。依靠各系统各部门蜻蜓点水式的惠农政策、文化下乡之类已经难以真正全面系统回应民生需求，体现公众关怀，催生内生动力，应对“三农”问题。

a 2012年调研山东莱州驿道镇初家村
b 2012年调研山东淄博八陡镇福山村

因此，根据中国国情，结合各地区实际情况，协同各级政府机构、高等院校、科研院所、企事业单位、行业学会等，汇集城乡规划、建筑、环境生态、公共管理、社会、历史、经济、金融、文化、旅游、艺术、设计等诸多专业的专家学者、教授学子，逐步建立跨领域综合、多专业团队、持续深入反哺乡村的机制势在必行。

组建跨领域综合多专业团队有计划地持续发力反哺乡村，将有力促成多方面联动，多专业协同，形成合力，扎实推进，切实长效解决农村的系统问题和具体问题，从而实现农村生产发展、生意兴隆、生态改善、生活幸福、生生不息：一是实现主体转换——从政府推动为主向政府引导多元推动转变，推动主体由政府逐步转换为政府、企业、团体、村落、民众等，发展模式逐步向自下而上转变。二是推动理念转换——综合团队基于尊重科学、理解发展规律深入推动，更易于农村发展理念的转换：实现以人为核心，强调质量、效益、速度协调，注重发展的内涵与质量，坚持经济发展、资源节约、环境友好、生态保护、生活幸福齐头并进。三是实现思路转换——新型城镇化测度指标已扩展为社会、人口、文化、经济、资源、生态、环境等各个层面，是时候践行习近平总书记指出的“引导广大干部群众共同为改革想招、一起为改革发力”，跨领域多专业协同推进，利于实现全面发展目标，在农村形成产业富民、就业安民、科教强民、生态惠民、文化化民的良好发展态势。四是做到持续发力——通过制度建设，保障各专业有序互动，持续发力，同时也可以结合业绩评估、职称晋级、课题申报、执业资格获取、就业升学等制度，强化团队服务性、公益性、主动性、连续性，形塑成员荣誉感、责任感。五是实现优化提升——跨领域综合多专业团队有序持续发力有助于全面有效

a

a 山西晋中榆次区东赵乡后沟村古建筑

发掘、整合、优化、提升、创新、回馈源于村落的传统文化、乡土手艺、民风良俗等，最终实现农村发展的多样共生、动态平衡、互惠互馈。

二、促进村落发展系统化、精细化、品质化体制机制建设

以陕西省为例：麟游县酒房镇万家城村历史悠久，传统村落遗存保持基本完好。为保护传统村落，新村新房异地统一建设，相关政策和补贴基本到位，但缺乏各部门、各专业专家的及早介入、持续支持，新村规划、民居营造与原村落民居严重割裂，新村建设用地粗放，民居营造投资过大，民居样式刻板统一，传统村落与民居的特色优点没有得到深入发掘、传承利用，借由新村建设本可以解决的问题依然如故：自来水供水管网不畅，时断时续，厕所远远地建在户外，独立洗浴间只有个别人家建设，民居排污排水以地上为主，采暖做饭以伐木烧柴为主。新村住老人，新房低品质，类似情状的村落在陕西及其他省市地区同样存在，占调研总数量的56%。

以山东省为例：淄博福山村因劳动力流失、基础设施落后等原因产生空心村现象，传统村落中超过30%的院落民居闲置甚至荒芜坍塌，新村新建公寓楼空置率超过50%，村民主业不同、收入差较大，传统手艺、自然资源、人力资源、环境资源支持能力渐弱，代表性陶瓷手艺优势难再，

a

a 2015 年调研云南丽江玉龙纳西族自治县玉湖村

传统手艺承续艰难，亟待政策、资金、技术、创意、人力介入，整合升级代表性传统手艺，为村落注入活力。统计显示，山东省广大乡村宅基地闲置率总体已达 30%。放眼全国，其他省市地区也普遍存在这类问题。根据官方预测，到 2030 年，我国城镇化率将为 70%，达到中等发达国家水平，也就是未来十几年，我国城镇化率将年均递增 1 个百分点，每增加 1 个百分点就意味着有超过 1 000 万农村人口进城。实地调研中我们却发现，我国乡村人口逐年减少，住宅用地却逐年增多。以“依法、自愿、公平、有偿”为原则合理流转，有效整合宅基地，尤其那些闲置的宅基地，可以清理美化村居环境，也可以开发复垦，对于村落空间无疑是一种资源的节约、品质的提升。

调研发现，近年来村落建设粗放低效，“重面子，轻里子”——村落整齐划一，民居高大敞亮，广场空旷广阔，但村落民居规划设计、建设格局、材料、式样、技艺、运营模式等正全盘商业化、同质化。民居营造超标超负、模仿城市、抄袭国外，相关传统营造技艺传承失序，在实用范围内甚至惨遭彻底否定。新村建设有规划无思考，只建设不负责，导致“千村一面”，民族及地域特色尽失。更甚者重蹈城市“重地上，轻地下”“先破坏，再修复”之覆辙，宜居品质低下，排污、卫浴、供水、采暖等问题相较以往没有得到实质性解决，既给村民自身造成巨大经济压力，又浪费土地、建材、空间、人力等宝贵资源。

基于此，由于缺乏针对性的传承研发、提升营造，供需失衡，导致包括营造技艺在内的传统手艺失去了赖以存续发展的载体和机会，传统手艺生存环境遭到破坏，农村景观差异性难以维系，传统村落民居所蕴含的传统文化道德观念也因此逐渐褪色、异化、消亡，具有独立的生存形态、文化形态、价值取向和风貌特色的乡村正渐行渐远，村落凝聚力、发展力、竞争力下降，村落系统化、精细化、品质化发展举步维艰。

因此，促进村落发展系统化、精细化、品质化，需加强体制机制建设，“坚持速度服从质量，做实做细调查研究，多深入基层听取各方意见，严格方案制定程序”[①]。

a

a 2012 年调研山东省博山福山村

①习近平主席在中央全面深化改革领导小组第八次会议上的讲话，网址：中国政府网 http://www.gov.cn/xinwen/2014-12/30/content_2798678.htm

城镇化进程中应适度控制村落物理空间扩张，实现村落发展集约化，既持续不断关注长远，又注重当下，回望历史，更强化细节，强调实效，追求品质；政策支持需整调局控，远近结合，因地制宜，有利于多重利用，和谐共生，协同进化；传承与发扬应关注当代生态文明大背景，以提高宜居品质为目标，借助绿色技术与理论，兴利除弊，节能减排，化解人地矛盾，强调地域文化；应保护传统手艺生存环境，平衡供需，着力发掘内生动力，细心呵护地域特色；应加强农村基础设施建设，推动农村服务业发展，鼓励村民多元化创就业，提高村民收入水平，促进城镇化背景下农村的内源演替，保护农村景观异质性存续，以利于传统手艺在内的传统文化长效发展。通过体制机制建设将村落、传统手艺等静态样本式的保护提升到文化生态保护的高度，兼顾礼俗维系、文化传播等纵深层次的深化。

三、推动营造技艺创新性传承

以云南省为例：丽江纳西族玉湖村地理位置造成独特自然景观，复合生态系统相对良好，木石资源丰沛，为形成独具特色的木石结构纳西民居提供了物质基础。村落小学玉湖完小系著名建筑师长期驻村专注研究纳西族传统民居及其营造技艺，精心设计、倾力打造的优秀作品，为村落民居保护与改良起到良好的示范带动作用，促使村落在最大程度上保留了玉龙山区纳西族村落的传统风貌，地域特征明显，文化积淀深厚，共性与个性兼备。类似情状的村落在云南省及其他省市地区还有一些，占调研总数量的 12% 。

调研发现，目前，村落、传统手艺等静态样本式的被动保护现象明显，多视角主动性动态传承举措缺失，尤其在识别机遇、聚集洞见、寻求意义、精益创新、整合式创新等系统化传承方面较少可以落地的措施，村落及传统手艺保护与传承的内生动力无从激活，这种现象即使在部分“中国历史文化名镇名村”中同样存在。部分村落还面临整体拆迁、集体上楼局面，楼房的规划设计营造罔顾人居环境特点、生态脉络、传统营造技艺等时空传承，成为城市建设的翻版。地域及民族特点鲜明的传统民居

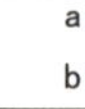

a 2017 年调研甘肃庆阳董志镇庄头村
b 2018 年调研广西桂林龙胜各族自治县和平乡黄洛瑶寨木工技艺

普遍缺乏专业人员参与指导、设计改良，又因营造工艺复杂、费工费时、性价比低等导致营造业务大幅萎缩，加之传统民居营造匠人普遍年事高迈、收入偏低，能够实际操作并带徒授业者已十分稀少，传统民居营造相关手艺传承的支持系统接近崩溃，营造匠人面临断代困局。

村落及民居承载的历史文化传统逐渐褪色，即使是在部分旅游产业较为发达的村落，祭祀神灵、供奉祖先等传统的节事礼拜活动也已趋简化、消亡。挖掘、提炼、发扬传统文化并在城镇化进程中凸显手艺传承，以维系文化的多元性、延续性，使区域传统文化、现当代文化有机融会，已成为不可回避的要务：一是采取措施激励各行各业专家学者尤其是城乡规划、建筑设计、环境设计等专业人员全面调研、先行先试、创新传承，注重建筑的时代性、地域性、民族性，融合生态观念、当地环境、当地材料、营造技艺、民风良俗，为民居保护与改良夯实理论基础，开展实践探索，起到良好的示范带动作用。二是提高文化产品和服务的有效供给能力，尤其针对村落开展形式多样的专题文化普及，提高村民批判能力，尊重村民价值判断，采取多元措施保护村落人文景观、自然景观、生产性景观，保持乡村风貌、民族文化、地域文化特色，保护传统营造技艺得以生根发芽发展壮大的土壤，建设健康、友好、文明、生态的美丽乡村。三是建立健全新型职业化农民教育、培训体系的同时，延续村落历史文化，重塑村落公共精神，开启民智，发挥民力，为实现村落永续发展和村民自治提供知识与实践支持。四是吸引年轻人回流，专业人才回乡，鼓励公众广泛参与，群策群力，充分发掘发挥村落历史价值、文化价值、生态价值、经济价值，顺势形成多功能、多驱动、多产业、多模式的发展体系，为村落保护、营造技艺传承夯实经济基础，让村落建设更加高效、宜居、本色、可持续，将村落建设成为绿色乡村、智慧乡村、人文乡村、幸福乡村。

村落乡土文化景观维持与宜居建设研究

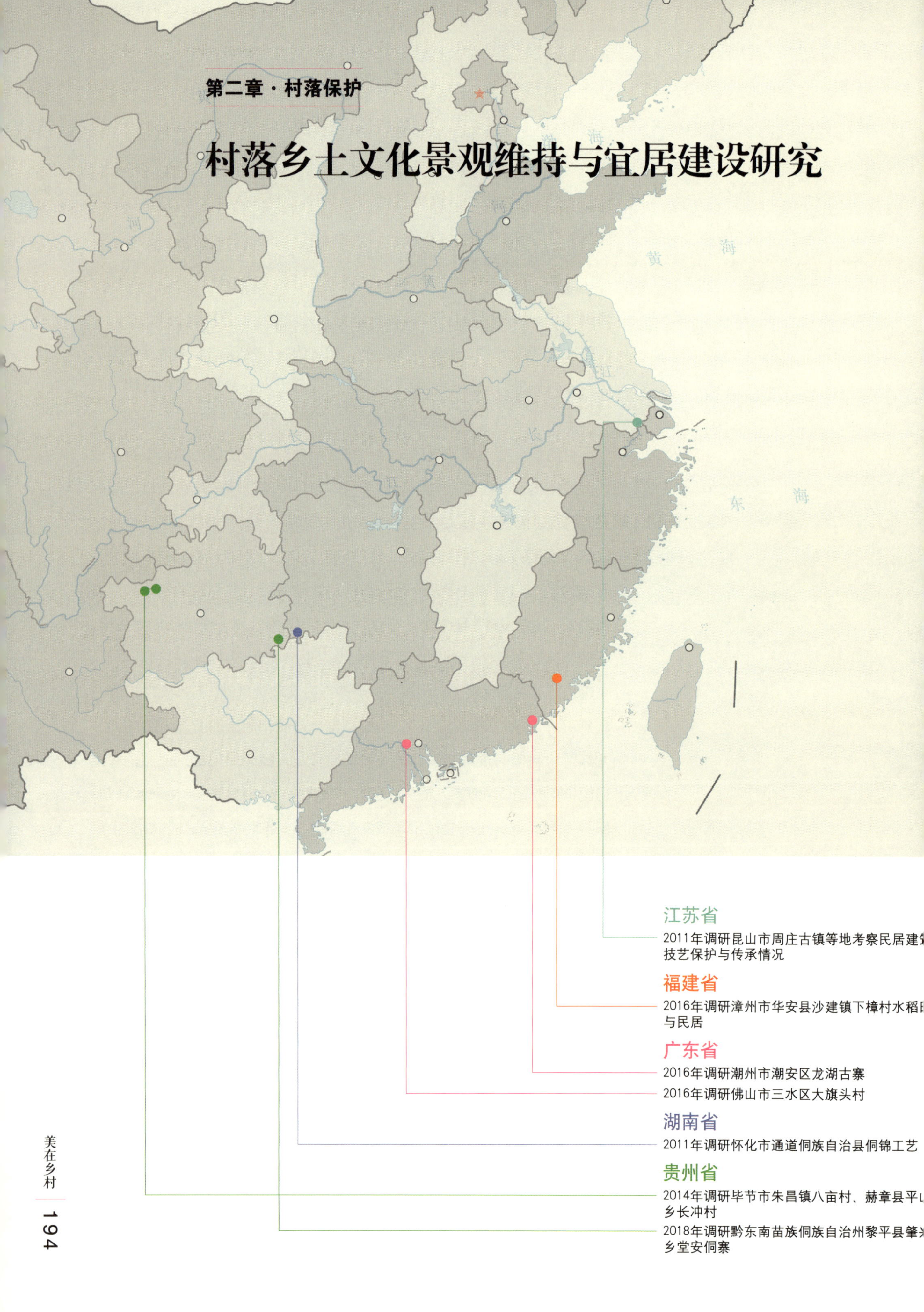

乡村是乡土文化景观的重要集聚地，随着时代的发展，乡村中的物质性文化景观——历史村镇、乡土建筑、传统民居逐步转换功能甚至日趋减少，以之为依托的非物质文化景观也逐渐消弭。乡土文化景观既不是单纯的物质文化遗产，也不是单纯的非物质文化遗产，甚至不是两种遗产的简单叠加，而是两种遗产与活生生的乡民及其现实生活、生产有机交融的生命体。同时，宜居建设也是乡村振兴的重要基础，宜居的空间与环境并非单纯的自然之物，带有鲜明的利益意图，被策略性推动的宜居建设过程和结果应是乡土文化景观的延续，是反映当下文化体系特征和相应地区地理特征的文化现象的复合体。正确处理乡土文化景观保持与宜居建设的关系非常重要，包括从生态学多样性导致稳定性原理的角度把握乡土文化景观有效保持的必要性，具有现实而长远的意义。

一、乡村规划的历史基础和重点

乡村是在长期的农耕文明传承过程中逐步形成的，它们形态各异、风情各具、凝结着历史的记忆，反映着文明的进步。乡村的创建者们在最初择地定居时多是综合考量了所在地的环境、气候、地质、地貌、生态、景观等因素，也就是采用相地术规划村落，营造祠堂、民居。《诗经·大雅·公刘》中就有诗歌描述了周人的先祖公刘迁居到豳时，相土尝水，择吉定居，直至率领军民治理田地、收种食粮的过程和景象："笃公刘，既溥既长，既景乃刚。相其阴阳，观其流泉。其军三单，度其隰原，彻田为粮。度其夕阳，豳居允荒。"一般情况下，乡村的选址具有传统特色和地方代表性，与自然环境条件和维系生产生活方式密切相关，反映特定历史文化背景。村落格局鲜明地体现了有代表性的传统文化、传统生产和生活方式，且村落整体格局保存良好。

近年来，为推动乡村经济和社会发展、土地集约利用、空间科学布

a 2011 年江苏昆山周庄镇考察吴地水乡民居保护方式
b 2016 年调研广东佛山三水区大旗头村

局及各项建设的有序开展，以实现特定的经济社会发展目标，各省区逐步开始重视并开展村落规划，积极探索反映村民意愿、符合村落实情的规划建设模式。村落（村庄）规划编制实施最早的省份是江苏省。从2005年起，江苏省在全国率先推进"城乡规划全覆盖"行动，以乡镇为单位编制了覆盖全省的镇村规划，涉村规划包含了现状规模、人口流向、发展基础、发展潜力、耕作半径、基本公共服务配置、环境治理等方面，在全国起到了良好的示范引领作用。山东省目前共有6.5万个行政村，其中70%的村庄已经编制村庄规划。相对城市而言，乡村乃至村落的规划，在理论研究和实践探索方面还有待提升，在优化完善村落规划内容、技术方法方面，以低成本改善民居、提高宜居水准的同时，维护乡土文化景观、延续乡土特色、完善基础设施、提升公共服务水平和广度等方面还有很多工作要做。

乡村主要是农牧渔业人口的聚居地，村民们的生活方式、村落的社会结构、环境生态、空间的构成逻辑与城镇必然不同，据此，乡村规划必须有别于城市规划，需要符合农业生产、农民生活的特点，在乡村建设中发挥规范、契约、引领的作用。

具体要做到理念更新，应该认同乡村与城镇的差异化、乡村发展的自身规律和内生秩序，明确乡村规划主体和特质之间的关系，强调乡村价值，认同其在文化传承、生态涵养、食品供应等方面的重要作用。规划应注重发挥乡村价值，尊重其地方性，让乡村回归本身，而非模仿甚至追求城镇化，以期与城镇形成平等互补、互惠共生的关系。既面对现实，开展空间整治、环境治理，又展望未来，规划乡村多元价值的挖潜，实现对内部要素的整合与重组，激发乡村产业活力，再塑乡村文化自信，更新乡村治理结构。要统筹协调，需建立政府组织领导、相关部门参与、专项建设项目统筹的乡村规划编制机制，并且加强各类规划的衔接协调，推进乡村规划与经济社会发展、国土资源利用、生态环境保护等规划的"多规合一"。要不断创新改革，建构符合乡村实况的规划体系和技术标准，既要明确分类型又要着重谋发展，尽力做到有蓝图、有方向、有项目，

a

a 2011年赴湖南怀化通道侗族自治县考察侗族织锦在节庆活动中的使用情况

a 2016 年调研广东省佛山市三水区大旗头村
b 调研砖雕技艺

又不要过分全面和复杂，尤其不能受制于城市规划观念的束缚，需基于乡村有所创新和突破，特色鲜明、针对性强、具体可行是重要的编制原则，应明确目标、统筹全域、落实重要基础设施和公共服务设施项目，分区分类提出村庄整治指引。规划应遵循问题导向，以农房建设管理要求和村庄整治项目为重点，本着实用的原则简化规划内容。要重视文化传承。因地制宜是指具体村落具体分析，各村自然环境、历史文化、资源禀赋等差别较大，强化地域性，尊重客观性，方能凸显乡村的丰富性和多样性。因势利导是指针对具体村落重在发现自下而上的革新力量，甄别并整合既有内外优势资源和要素，发挥民智民力，以内力为主，基于现实，顺势而为，切忌全面推倒，一切从头再来。要做好社会赋权。村落规划具体而翔实，关乎每一位村民的切身利益，看似微小，但可见可感，意义深远。所以，村落规划要特别尊重社会赋权，坚持村民主体，商议决策，保护村民参与规划建设的权益，坚决杜绝片面的领导意志，更不能由规划编制人员独断专行。兼顾村民个体与共同体的目标和行动纲领需要多元参与，多方协同，反复沟通，审慎决策，既要保障村民个体的合法权益，也要顺应乡村社会转型的趋势，具体规划方案及表述形式要方便村民参与、理解、探讨、接受。

二、乡土文化景观维持的原则与措施

整体性维持原则，在于村落不可能孤立地生发存续，自然环境、物质基础、民风信俗、科技水平等都是影响其风貌、历史、文化的重要原因，维持其文化景观应整体考量影响其发生、发展、衰败、复兴全过程的各方面诸多因素，保证其不被割裂、框定、约束、固化。同样道理，村落中的历史建筑、传统民居也不可能孤立存在，周边街巷、邻里、水圳、水车甚至梯田、山林是背景，也是强化或削弱其特质的环境因素，保护历史建筑、传统民居等物质性文化景观必须同时保护其环境，维持其生存延续生态的稳定持续。从更广阔的视野来看，乡村文化景观的保持与宜居建设还应秉持城乡融合发展的整体性原则，去除城乡各要素流通的各种障碍，实现城乡各美其美、美美与共。

历史性维持原则，主要基于乡村的发展和演变有自身规律，缓慢悠长是其重要表征之一，与城市尤其是现代城市的快速高效集约建设发展大不相同。对于乡村的保护，既要重视和保护其漫长历史所积淀衍生出的物质和非物质遗存，又要重视当下村民们的生活和发展。从历史的角度来看，村民们现在的生产生活是对悠久乡村历史的续写，也是对未来历史的创新创造。

系统性维持原则，基于乡土文化景观的维持是一项包括环境、社会、历史、经济等在内的系统工程，必须兼顾社会、政治、经济、文化、环境各相关者的利益。乡村是一个不可分割的有机体，它容纳了上述各相关者，并强调各相关者作为系统要素组合才能发挥最优性能，而非单个要素的单独最佳发挥。

多样性维持原则，在于每一个村落受地域差异、历史人文、民俗宗教等影响，体现出各异的区域特色，在保护与发展时应充分理解和尊重这一生态特异性，根据各地各村具体情况，因地制宜走多元化发展道路。

原真性维持原则，在于乡村拥有包括公共建筑、传统民居、生产工具、生活器用等在内的大量历史遗存，内含丰富的历史、文化、科技、人文信息，是乡土文化得以维系和延续的重要依据。因此，对乡村的历史遗存、传统文化应尽力最大数量地保护，应“整旧如故，以保其真”，最大程度地保护其原真性和历史信息的准确性，避免过度修复、开发等人为干预造成历史信息失真。

可持续性维持原则，基于村落形态、民居类型、民俗民艺是在相应的自然环境下，经由人们长期的生活生产发展而来，随着历史的演进，当人们的生活生产方式和内容发生改变，这一切必然发生变化，以适应

a

a 调研少数民族古村落

人们的需求。如今的村落无不是历代村民结合自身需求反复研磨打造而成，变化、发展是常态，是必然。今天人们为了适应时代发展，满足合理需求，针对村落、民居从布局、功能、技术、工艺、材料、形式等多方面开展升级换代，强化安全保障，提高宜居品质，同样合情合理。反过来，村落形态、民居类型、民俗民艺也无时无刻不潜移默化地塑造着村民们的生活方式和精神气质。

乡土文化景观维持的措施首先是开展科学调查，建设乡村档案。通过科学调查，建档立案，有利于摸清家底，采取有效保护措施。过去、现在、未来都是历史长河的一部分，所以，对于乡村的科学调查应该强调连续性，既调查过往历史时期的内容，也调查当下村落正在上演的历史变迁，而这一观点也支持相应的保护与发展体系的建设。开展包括空间、时间、要素、活动在内的连续性调查，将有利于准确把握乡村的发展脉络、历史特征、发展动因。

进而针对不同内容具体施策。自然环境是村落赖以生发存续的物质基底，村域范围内的风景名胜、文物古迹则是乡村内涵品味的源泉。针对村域环境的保护措施：一是保护好既有生态环境，包含山川河湖、地形地貌等在内的村域整体环境，设定规划加以控制与引导。二是由于种种原因造成破坏的生态环境，应该采取切实举措加快修复。三是加强对村域范围现有风景名胜、文物古迹的保护，并在规划中将之与乡村协调考量，努力使三者形成整体，对于影响整体风貌的不利因素加以整治清理，以提高村落综合价值。

村落的生发通常受到地形地貌、山川河湖等自然因素以及宗族关系、风水理念、土地制度、民风信俗、行为习惯、生产力水平等显性或隐性

a

a 2016年调研浙江龙泉下樟村的水稻田与民居

因素的影响与控制。因为特殊的历史语境，它的营造不同于今天的城乡规划设计，它是经由定居、发展、鼎盛等漫长历史时期，逐步由无到有、由小到大生长而成，村落形状、街巷格局、公共空间布局等未必在村落营造之始就做到有蓝图有依据，但它们的实用性经得住历史的验证，与今天的规划设计相比毫不逊色。针对乡村选址与格局的保护措施：一是整体性保护乡村的范围、风貌、格局、肌理等，村落确需扩展建设的应科学选择新址，综合考量新村与原乡村相互间的体量、比例、景观、风貌、发展等关系。二是严格控制乡村内部公共空间的形态、功能、肌理等的变化，确需做出改变的应该综合考量村落总体风貌、建筑间尺度关系、传统建材及营造技艺的融合，绝不能随意改变村落中建筑个体与个体、个体与整体的相互依存关系。

传统建筑是乡村的重要构成要素，是景观资源，也是承载有丰富历史文化信息的物质载体，是融会历史文化价值、社会价值、科学价值、景观价值、艺术价值、经济价值等为一体的物质存在，包括各级文物保护单位、历史建筑、建议历史建筑、传统风貌建筑及其他传统建筑。具体来说，它们可以是宗祠、书院、鼓楼、戏楼等村落中的公共建筑，也可以是寺庙、道观等宗教建筑，在乡村中最大量的传统建筑则是传统民居。针对村落中传统建筑的保护措施：一是依照《中华人民共和国文物保护法》《历史文化名城名镇名村保护条例》等法律法规保护各级文物保护单位、历史建筑等。二是对其中现存传统建筑展开普查，以便清楚了解其总体数量、保存状态、细微特征、背景资料，进行归档，为后续研究、维修、建设、开发打好基础。三是对包括传统民居在内的传统建筑开展研究，尤其是针对前期研究较少的传统民居，应该从技术、文化

a b

a 2016 年调研贵州黎平县堂安侗寨
b 浙江龙泉下樟村传统民居的大木作精工雕饰，具有结构支撑和艺术审美双重作用

等多方面重点研究其共性和个性，确保对之有较为完整的理解，以便进一步做好保护工作。四是加强相关宣传普及，让更多人了解传统建筑的存在状况及价值，提高全社会传统建筑保护意识。五是由地方政府、村委会等不同层面制定保护文件、公约等，开展全员全域全时段保护。六是鼓励社会力量参与保护，比如由遍布各地的宗族成员募集资金维护甚至修缮宗祠等。

包括壕沟寨墙、堤坝涵洞、码头驳岸、传统产业遗存、古树名木等在内的历史环境要素，是村落特征、历史风貌的重要构成部分，在历史上曾经发挥过防御、生产等重要作用，其中一部分至今还具备实用功能，为村民的生产生活提供便利。针对村落中历史环境要素的保护措施有：一是对于经专家考察研究，判断确有较高价值的，应申请列入相应级别的文物保护单位，依法保护。二是对于形态完整、结构稳固、存续状况总体良好的，采取维持现状的措施，妥当保护，以有利于村落总体风貌的维系。三是对于存续状况一般，经科学研判结构、形态出现损毁和存在隐患的，据实加固，适当维护。四是经研判价值一般，保存现状一般的，可以在符合村落整体风貌的前提下，适当改造。

非物质文化遗产是各族人民世代相传并视为其文化遗产组成部分的各种传统文化表现形式，以及与传统文化表现形式相关的实物和场所。

a

a 2016 年调研广东潮州龙湖古寨

乡村中的非物质文化遗产受《中华人民共和国非物质文化遗产法》的保护。属于非物质文化遗产组成部分的实物和场所，凡属文物的适用《中华人民共和国文物保护法》的有关规定。2003 年，联合国教科文组织第 32 届大会通过的《保护非物质文化遗产公约》也是保护乡村中的非物质文化遗产的重要文件。乡村中还存在大量未被认定为非物质文化遗产的传统文化、民风民俗、生产生活方式及其所依存的环境、建筑、空间、用具实物。族长、寨老、工匠等了解相关知识、技术、艺术的特殊村民，传统食品、器具、手工艺品的做法工艺等，同样需要采取措施加以保护。一方面可以参考《中华人民共和国非物质文化遗产法》中的相关规定，结合地方实情加以保护；另一方面应该将对于非物质文化遗产的保护列入村落总体保护构架之中，明确其在村落生发过程中的重要作用，注重其在村落及村民日常生活中的整体性、真实性，采取活态传承、生产性传承、大数据建档等方式加以保护。

三、提升村落宜居品质的举措

提升民居的宜居品质，要制定政策，评估分级，采取措施，拆除村落中长期空置的“空心房”、颓废坍塌的“危房”、违规建设的“违建房”等，将整合优化出的空地建设为林地、果园、菜园、花园、憩园等，改善村落形象，美化空间环境，为乡村“塑形”。同时，“塑形”结合“塑魂”。在推动村落整体环境改善、维系乡村独特风貌的同时，保护和发挥其自然、社会、人文价值。采取措施激励各行各业专家学者，尤其是城乡规划、建筑设计、环境设计等专业人员全面调研、先行先试，融合生态观念、当地环境、当地材料、营造技艺，为乡村及民居的保护与宜居品质提升夯实理论基础，开展实践探索，起到示范带动作用。针对村民在住的民居，

a

a 2016 年调研广东省潮州市龙湖古寨

a b 调研潮州嵌瓷技艺

实施由政府主导、专家指导、社会参与的厕改、厨改、水改、电改等系列工程，对传统民居在采光、通风、空间布局、结构适配等方面存在的问题进行合理调适，有效提升村民居住空间的卫生、安全、便捷、舒适程度，全方位提高传统民居的宜居水平。实施乡村绿化行动，全面保护古树名木，主要选择乡土树种，利用村庄空场地营造小环境，加强小庭院美化，同时注意增加道路绿化，改善道路环境，提高人居环境质量。

同时，加强基础设施建设，原则在于对开发村落各种资源所获收益进行综合利用，最终应该惠及村民——提高收入水平，改善生活质量，让村民切实体会到乡村文化景观的保持与宜居建设与其利益攸关，才可能充分调动村民的积极性、主动性，最终形成良性循环。具体要改善村民的生活质量，促进村落的内源演替，重点在于逐步完善村落基础设施，有序实现城乡基本公共服务均等化。农田水利、道路交通、供水供电、能源建设、网络通信、垃圾处理、污水处理、休闲场地、锻炼器材等公共设施建设与完善应向城镇水平看齐，更应秉持生态理念，借助绿色技术，因地制宜做到更好，让生活在乡村中的人们在感受自然风貌、经历田园生活的同时，享受到现代生活的便利、舒适。政府可采取措施引导村民将乡土建材、传统营造技艺、营造信俗等融合到具有全新功能的基础设施建设项目中，使基础设施在得以完善的同时能够与乡村完美融合，传统营造技艺因为融入项目建设得以活化、传承，乡村因为基础设施的建设得到完善。继续推进农村“厕所革命”，大力开展农村户用卫生厕所建设和改造，实施粪污治理，加快实现农村无害化卫生厕所全覆盖，努力补齐影响农民群众生活品质的短板。积极探索适合本地域的农村污水治理模式，加强技术支撑和指导。

要从根本上激活乡村内生动力。充分保护村民权益，以土地承包经营权、集体经济组织成员权利、宅基地用益物权、住房财产权等为代表的农民财产权利，是农民身份先赋的一种经济权益，也是中国农民重要的、根本性的社会保障形式，在建设过程中应对之予以充分的尊重和保护。进一步完善乡村治理体系。传承优秀传统文化，提升村落治理能力，倡导新时代新乡风，激发村民热爱家乡、建设家乡的自觉意识和热情。不断提高文化产品和服务的有效供给能力。针对村落开展形式多样的专题文化普及，提高村民批判能力，鼓励村民成为保护村落人文景观、自然景观、生产性景观，保持乡村风貌、民族文化、地域文化特色的生力军。进一步建立健全新型职业化农民教育、培训体系。延续村落历史文化，重塑村落公共精神，开启民智，发挥民力，为实现村落永续发展和村民自治提供知识与实践支持。

此外，可进一步建立乡村大数据库。实施数字乡村战略，做好整体规划设计，加快农村地区宽带网络和第四代移动通信网络覆盖步伐，开发适应“三农”特点的信息技术、产品、应用和服务，推动远程医疗、远程教育等应用普及，弥合城乡数字鸿沟。提升气象为农服务能力。秉持“全时域”“全地域”保护与发展观点，采用连续性调查、延展性保护、持续性发展的方法，建设大数据库，随时全面准确掌握乡村各种动态数据，将有助于更高效推动乡土文化景观的维持和宜居建设的相关工作。一方面组建专业班底，搭建基础平台，制定数据采集和使用标准；另一方面，广泛发动高校、科研院所、行业协会、企事业单位、公益组织、村民、志愿者等，有序采集、监控、整理、分析、运用数据。大数据关键在全、在活、在专业化处理。中国乡村大数据应该尽量广泛深入，涉及乡村历史沿革、地理环境、自然及生态资源、人口、社会、经济、乡土建筑、风俗习惯、文化乃至村民日常生活细节的方方面面。数据应努力保障可持续跟踪、全息可见，以便真实反映乡村愿望和诉求，经过专业分析和趋势研判，为乡建工作、公共决策等提供科学依据。

可进一步指导编撰村志。编撰村志意义重大。在田野调查过程中，我们发现有关村落的许多历史人文知识难以得到准确系统的答案，口口相传也不过三代，而且众口不一，讹误频出，难以究其根源。村志正好可以系统化传承村落文史，弥补这一缺憾，同时，可以通过编撰加深彼此了解，凝聚民心，强化对于村落的自豪感与归属感。村志可以通过政府的支持、协调，聘请专家学者入村调研，进行编撰，也可以由村落组织村中的“文化人”——中小学教师、离退休干部、具有初中及以上文化水平的普通村民、德高望重见多识广的老年村民编撰。编撰村志古来少有，今日也不多见，但其价值不可小觑。

可加强乡土文化景观维持相关研究、普及工作。基于兼容并包、开放自由的原则，采取切实有效的措施，从国家各个层面鼓励、吸引、支

a

a 2016年调研堂安侗寨

持高等院校、科研院所、企事业单位、社会组织、专家学者、志愿者、普通民众等以多元视角、多样形式、多种学科全面、系统、深入开展乡村保护与发展相关研究与实践，尽快推出一批优秀的科研成果和案例研究、经验总结，为乡土文化景观维持与发展建言献策，提供智库支持，提供可供不同层面宣传普及的高水准教材、文本。对各级政府相关人员进行乡土文化景观维持与宜居建设相关培训。一方面可以增强各级政府工作人员热爱本乡本土的意识，强化其对本土文化的认同感，激发其文化自信和工作热情，自发自觉在工作生活中关注、推动相关工作。另一方面可以使各级政府工作人员掌握专业程度较高的相关知识，并在具体工作中立场坚定、观点明确、措施得当地加以运用，以更有成效地推动相关工作，同时从较为专业的高度以身示范，带动感染同事、家人、群众、村民，共同为乡土文化景观的维持和发展作出宣传普及、规范运作方面的贡献。乡村保护与发展相关教育活动还应该充分利用社会空间，持续进社区，开展日常性普及教育工作，努力缩小乡土文化、传统文化与人们个人生活与经验的距离，以提高民众相关认知水平，激励民众参与保护，谋求发展。开展社区普及教育时，应该适当涉及乡土历史、地理、人文、社会、生态、文化、民俗等乡村的背景知识，合理利用信息时代的新媒体，综合利用各种有效宣传手段，使广大群众乐于接受，方便体验。

总之，文化景观具有时空特征，并因循时空变化而变迁和发展。现存的乡土文化景观是漫漫历史过程的累积，是中华民族宝贵的根性遗产、人文硕果。长效保持乡土文化景观，对于乡村振兴而言是文化自觉和文化自信的根本和动力源泉。要使乡村文化景观的保持与宜居建设相结合，使村落的历史文化传承与生活品质提升相结合，找到传统村落保护与当代乡村发展的衔接点，把“美丽乡村”建设落到实处。

第三章　手艺农村

“乡土中国”的手艺农村

渤海
黄海
山东省
2010年调研潍坊市寒亭区杨家埠村风筝工艺产业
2010年调研潍坊市寒亭区杨家埠村木版年画工艺产业
2008年调研临沂市费县、莒南县、沂水县等地布老虎工
2011年调研临沂市郯城县红花镇中国结工艺产业
2012年调研济南市章丘市（现改章丘区）官庄街道朱家峪
2011年调研菏泽市巨野县麒麟镇洪庙村农民工笔绘画
2010年调研菏泽市鄄城县大埝镇各村民间土布工艺产业
2011年调研菏泽市曹县庄寨镇等乡镇村落桐杨木工艺产业

农村发展一直是我国社会发展的关键问题。作为传统农业大国，农业文明绵亘数千年，农村、农民、农业很大程度上成为社会发展的基础和命脉。近现代以来，我国虽然经历了从农业文明向工业文明的转型，农业在国民经济总产值中所占的比重已降至 10% 左右，但地域意义上的“农村”面积仍达城市建成区面积的 320 倍，农村人口占总人口的相当比例，促进农村发展的意义不言而喻。

当前，从国家宏观战略出发促进农村发展，不仅要消除经济意义上的二元分化，更要深入探究农村经济文化要素与国家整体产业布局、文化发展的内在联系，真正从产业联动、文化与经济协调的意义上推动农村发展。因此，问题的关键不是要以城市模式去改造乡村，而是从农村的实际——包括农村的文化生态和产业要素等出发去统筹城乡发展，发掘建立内在的互动联系。其中，手艺文化产业是一个重要的切入点。手艺是农村生产和文化的重要组成部分，漫长的农业社会发展过程中，除了作为主体的农业，满足衣食住行需要的另一项重要内容就是以手工业为主体的经济模式，它作为一条延续不断的造物文脉塑造了人们的生活，融合了我们这个民族对人与自然、人与社会、人与自我关系的深层把握，成为一种实践智慧。同时，作为一种重要的生产形式，手艺具有产业内涵，是当前文化产业的重要内容，具有显著的经济和文化意义。所以，从历史和发展实际看，我国手艺文化产业的基础在农村，能够为解决农村发展的具体问题提供切实的思路，这也是我们发掘和倡导“手艺农村”意义的所在。

a 2012 年山东章丘朱家峪古村落考察

b 2010 年调研山东潍坊杨家埠风筝工艺产业

一、“手艺农村”调研

2006 年以来，我们以山东为重点，就农村手艺文化产业开展调研，先后考察了 58 个县市、137 个乡镇、285 个生产专业村，就 37 项农村

手艺项目进行了深入研究，特别以潍坊、菏泽、临沂 3 市、9 个品类的农村文化产业为典型案例，可以看到当前农村文化产业发展的生机和亟待解决的问题，并由此展开了关于农村文化产业发展的深层次思考。

关于产业效益，“山东农村文化产业调研”显示，作为传统手工艺大省，山东具有丰富的手工技艺资源和良好的产业基础。目前，山东手工艺行业共有企业 4300 余家，从业人员近 200 万人，2009 年总产值突破千亿元，居全国同行业第二位。其中，农村手艺文化产业带动 150 万农村人口就业，创造了显著的经济和社会效益。

据“山东农村文化产业调研”统计，2009 年，临沂柳编手艺产业年产值为 60 亿元，占全国柳编总产值的 60%；临沂中国结手艺产业年产值为 2800 万元，占全国总产值的 80%；此外，潍坊杨家埠年画产业实现产值 570 万元，菏泽巨野农民工笔绘画产业年产值为 1.2 亿元，农民画师人均收入 2.6 万元。发展农村文化产业，已突出体现了富民惠民、增收致富的重要经济价值和民生意义，同时，作为一条促进传统文化保护、推动创意创新的文化道路，有助于进一步解放和发展文化生产力，为新农村建设和文化产业发展带来新的生机和活力。

以潍坊杨家埠风筝产业为例，杨家埠村民自明代起从事风筝副业生产，沿袭至今，现有风筝从业户 80 家，从业农民 550 人，2009 年扎制风筝 650 万只，实现产值 3300 万元。同时，杨家埠木版年画是村民们在继承祖辈传统刻版、印画技艺基础上发展起来的一项农村文化产业。现有从业户 30 家，从业农民 150 人，2009 年印制年画 7500 万张，实现产值 570 万元。

以临沂柳编产业为例，临沂柳编在农民祖辈“打柳编筐”自给自足

a

a 2010 年调研山东菏泽鄄城民间土布工艺产业

经济形态基础上发展起来，20 世纪 80 年代以来，作为农村文化产业，已成为当地重要经济增长点和外贸出口支柱产业。产业带集中分布于临沭、郯城、莒南、河东 4 县（区）的 13 乡镇、100 多个专业村，杞柳种植面积达 34 万亩，年产量 79 万吨，是我国最大的杞柳种植基地之一。全市共有柳编经销公司 802 家，其中自营口进出权公司 372 家，带动 25 万农民从事生产。2009 年临沂柳编手艺产业产值近 60 亿元，利税近 3 亿元，自营出口额约 4 亿美元，出口量占山东省柳编出口总量的 80%，占全国出口总量的 60%，从业农民人均收入 6857 元。临沂被荣称“中国柳编之乡”。

以临沂郯城红花镇中国结手艺产业为例，当地农民在我国传统编结技艺基础上，发展成为中国结产业。20 世纪 90 年代以来，全镇已有 110 多个专业生产村、10000 多农民从事生产。2009 年红花镇中国结手艺产业产值 2800 万元，产量 4000 多万件，占全国总产量的 60%。红花镇被称为“中国结艺之乡”。

以菏泽曹县桐杨木手艺产业为例，继承传统木作技艺，依托当地林木资源优势，菏泽曹县积极发展桐杨木产业。2010 年已有桐杨木工艺品经销公司 5500 余家，遍及全县 27 个乡镇，带动 3 万余农户、45 万农民参加生产。2009 年产业产值 150 亿元，占全县生产总值的 45%，利税 22 亿元，对地方财政贡献率达 60%，出口创汇 47 亿元，占全县出口创汇总额的 90%。曹县被称为“中国泡桐加工之乡”、“中国杨木加工之乡”。

以菏泽鄄城民间土布手艺产业为例，当地妇女在传承土布织造技艺的基础上，发展起民间土布产业。2010 年全县有经销公司 30 家，加工点 52 个，织户 8700 余人。2009 年鄄城民间土布产品产量 26 万件，产值 4030 万元。民间土布工艺产品已成为鄄城的特色文化名片。

a

a 2008 年调研山东临沂布老虎工艺

以菏泽巨野农民工笔绘画手艺产业为例，农民画师继承当地书画传统和牡丹文化资源，发展起工笔绘画产业。全县有绘画专业镇 4 个，专业村 50 个，专业户 400 个，农民画师 6300 余人。20 世纪 70 年代，一批全国知名画家慕名到菏泽画牡丹，为菏泽营造了浓郁的牡丹绘画艺术氛围。全国书画市场 80% 以上的工笔牡丹作品出自巨野农民画师之手，2009 年产业产值 1.2 亿元。巨野被称为“中国农民绘画之乡”。

关于产业形态，“山东农村文化产业调研”显示，农村文化产业已经形成多元的产业模式，例如农民工笔画、年画等呈现出艺术化产业形态，中国结和土布纺织等形成家庭作坊式产业形态，草柳编织、桐杨木作等已形成规模化的产业模式。在传承传统手艺文化的同时，总体上形成了规模化生产及艺术创意、当代设计的发展趋势，在“文化经济”的整体架构中迎来了传统手艺的产业新生。“山东农村文化产业调研”项目负责人潘鲁生指出，通过实施产业带动战略，推动“企业带基地，基地连农户，农工贸结合”，促进手艺产业成为农村区域化的支柱产业，实现农村经济、文化、生态、社会协调发展，将进一步激发农村手艺文化产业的意义和价值。

a

a 2010 调研山东潍坊杨家埠木版年画工艺产业

生产组织形式灵活，销售网络不断拓展。农村手艺产业主要采取“农户 + 中间人 + 经销公司”的生产组织形式，相对保留了传统手艺制作的完整性和独立性，同时有效拓宽了市场渠道。

以临沂草柳编为例，传统的民间柳编原本就是农民就地取材，自编自用的菜篓、粪筐等农用筐篮。自 20 世纪 80 年代起，以农村文化产业为主体的手艺文化产业逐步走向国际市场，经过国内外艺术设计人员和手艺农民的共同开发，临沂草柳编已形成筐、篓、篮、餐具、家具、家居装饰、旅游休闲用品、城市绿化用品等 8 个品类、51 个品种、10000 多个花色。临沂柳编工艺产业不断发展壮大，并正在经历从产品到文化资源的现代化转型和发展。临沂柳编广泛销往美国、加拿大、德国、瑞士、英国、荷兰、意大利、澳大利亚、新西兰、日本、新加坡等 100 多个国家和地区。

潍坊杨家埠年画也突破了季节性生产传统，在旅游业的带动下，农户根据新的市场需求，发掘传统年画的艺术价值与文化价值，实现功能转换，开发出年画挂历、资料画册、精装年画、布艺年画等年画新产品，作为礼品、纪念品、收藏品出售，使之融入现代生活。

a 2011 年调研山东巨野农民画工艺产业

菏泽鄄城土布产品逐渐发展成为服装服饰、家居用品、汽车用品、旅游用品、挎包手袋、艺术壁挂等各种时尚生活用品，包含 9 类 1000 多个花色品种。

菏泽巨野农民工笔绘画为适应艺术市场日益多元化的需求，在继承传统题材的基础上，以工笔牡丹为主流，不断拓展产品种类，出现了临摹宋元明清文人山水和花鸟画的册页，描写当代农家生活场景和反映时代新风的带有一定创作性质的当代题材绘画。目前，巨野农民工笔绘画产品主要销往全国 30 多个城市及日本、新加坡、韩国等 10 多个国家和地区。

菏泽曹县桐杨木工艺产品现有家居用品、工艺包装盒、木制玩具、家具等 10 多个品类上万个品种，主要面向国外市场，销往美国、加拿大、德国、法国、意大利、西班牙、日本、韩国等 30 多个国家和地区。

临沂郯城红花镇中国结经过当地农民不断发展创新，由用作传统服饰和器物配饰的盘扣、绦子转变成为现代家居装饰挂件、配饰、摆件和首饰 4 类 1000 多个品种。通过浙江义乌小商品批发市场和临沂批发市场两条渠道销往全国各地，初步建立起覆盖全国的市场网络，少量产品出口美国、日本、韩国和南非等国家。

a 2011 年调研山东菏泽曹县桐杨木工艺产业
b 2011 年调研山东临沂草柳编工艺产业

二、“手艺农村”的战略定位

手艺文化是一条延续不断的脉络，寓无形于有形，遍及日用民间。它不同于历史上延续在经典中的精英文化，也与当前数字化、复制化时代的大众文化有别，通过最广大的民众的创造，以“物”的形式，融会一个时代、一个民族、一个地域的文化讯息。尤其对我们这个有着悠久历史并经历社会转型的民族来说，手艺传统的延续和发展其实勾连着许多深层次的问题，包括如何认识我们的民族心理结构、如何把握当前的文化建设以及如何以一种具体的文化形态为切入点，建立造物传统与当代设计、农村与城市、传统文化与创意经济的有机联系，在经济、民生的意义上发挥切实作用。因此，手艺发展需要从文化、经济与民生等方面形成战略性的定位，既是对手艺当代价值的把握，也是对发挥其作用的探索。

（一）传统文化资源的传承发展

手艺文化中包含了造物哲学、自然观念、材料工艺、审美情趣和价值观念等，涉及对人与自然关系的深层把握，也包含了具体的工艺技法和艺术语言。首先从造物哲学的角度看，传统手艺文化的基础是农耕文明，人对自然有着天然的依存关系，其中包含的生态观往往成为工业化过程中人们不断反思和借鉴的内容。虽然生产生活等基础条件已经改变，但以更少的消耗实现更大的幸福仍是重要的探索方向。手艺中包含的生态观以及循环经济理念等，是当前物质生产、文化建构不可或缺的重要维度。其二，就技艺而言，手工艺区别于艺术创作，往往是可意会又可言传的，有一定的程式，可以模仿和批量生产，可以在技术层面加以发掘和丰富，使之成为设计产业的有机组成部分，从工艺等不同环节充实“中国设计”。其三，在审美方面，作为一种植根民间、积淀深厚并形之于物的文化传统，手艺里包含了深层的民族文化基因，这种深层的表达与呼应，正是文化多样发展的根基和活力。

应该说，手工艺作为典型的传统文化资源，其典型性不仅在于中国古人创造了灿烂的工艺文明，同时也深刻体现了我们民族心理结构的特点。诚如“李约瑟难题”所提出的，“在文艺复兴前和文艺复兴期间，中国在技术方面的影响占支配地位”，“高效马具、冶炼钢铁技术、火药和纸的发明、机械钟的基本的机械装置，诸如水排、龙骨车和把旋转运动变为直线运动的标准方法，同时还可以列举弧形拱桥和船尾舵航海技术。古代和中古时期默默无闻的中国工匠对世界的贡献要远比亚历山大的力学家和能言善辩的理论家多得多”，但在工艺技术上遥遥领先的中国，在近代科学兴起的过程中落后了[①]。东西方文化的差异不能以优劣简单分析，但应该说，历史上发达的工艺本身反映了我们思维的特点，即更加重视实用，讲求经验。虽然一段时期以来，工业文明引发了生态、人文等不同程度的危机，但这并不是我们倡扬手艺文化的唯一原因，我们不能忽视自身在认知思维方面的特点，也不能斩断文化的根脉盲目模仿。

a

a 2011 年调研山东菏泽曹县农民画

①蒋孔阳、朱立元：《十七十八世纪美学》，北京师范大学出版社，2013，第 300 页。

更深层次上，还是应当保持对文化的自省并开展全面建构，既要在科学技术发展的过程中，提高理性能力，培育民族的逻辑思辨和抽象品格，提升认识能力，开掘理性生命力，也要延续手艺中蕴含的丰富的创造力。因此无论是反思还是借鉴，手艺文化都是我们当前经济和文化发展不可忽视的重要内容。

（二）中国特色的文化创意产业

手工艺作为生产性文化，在现代产业背景下，应当成为文化创意产业的重要组成部分。我们应在现代产业机制中重塑和提升手艺生产，使传统手艺进一步融入当代生活空间，手工艺是进一步延展和充实创意产业的文化根脉。

创意经济的发展为手艺产业化提供了新的空间。半个多世纪以前，费孝通等曾在《人性和机器——中国手工业的前途》中思考："若是我们现在那种对于机器工业的好感发生在五十年前，问题必然简单得多，原因是在那时西洋还没有人看明白机器文明的流弊，大多数人虽则已受到新工业兴起后生活解体的威胁，可是对于进步两字还是没有怀疑……若是我们再等五十年才发生现在的问题，也许又容易得到解答了，因为西洋社会在这五十年中非解决他们因引用机器来生产而发生的许多社会政治等问题不可……可是，我们是活在现在，不在五十年前，不在五十年后.我们是处在人类有了、用了机器来生产，可是还没有找出怎样利用机器去增加他们幸福的时代……"[①] 此时，关于生态、关于文化、关于生产和生活，很多方面在问题产生的同时也有了答案和方向，尤其当社会向后工业阶段发展，知识、信息、文化等成为更重要的驱动力。诸如手艺等传统的生产方式、文化形态不是在机器生产、机械美学的冲击下被取代，而是在创意和产业机制方面迎来了新的建构，融合传统与时尚等不同文化信息，并在新的产业机制和传播途径中，在日常化的审美与应用中，实现了文化的认同和归属。

若将手艺作为特色创意产业的重要部分，我们应进一步健全手艺设计制作产业链，发展手艺体验旅游，将农村手艺与生态农业结合，开展

a

a 传承民间手艺

①费孝通：《中国城乡发展的道路》，上海人民出版社，2016，第 41 页。

一体化的观光和特色农产品营销，更深层次地促进手艺文化资源与创意设计融合，使本土的文化精神、元素和技艺与当代创意理念、技术相融合，形成特色化表达。同时，还要运用现代化的产业机制对传统手艺生产进行整合与提升，通过健全投融资体系，促进手艺人、设计师、营销者等多方合作，建立品牌战略，拓展营销渠道等，使手艺这一生产性文化在完善的产业机制中得到发展。

事实上，回顾文化创意产业的发展历程可以看到，人们对文化产业、创意产业有两种较为鲜明的态度，一种是法兰克福学派从“文化工业”的意义上批判工业化的复制导致文化艺术的“灵韵”消失，无限制批量生产的产品进入消费领域；另一种则是以英国政府为代表，从国家政策的层面鼓励发展以文化创意为驱动力的经济，“创意产业”、“内容产业”、“版权产业”等以文化为核心的产业在许多国家都深受重视。显然，前者批判的是机械复制形式对文化艺术内涵的影响，后者发掘的是文化创意对经济的驱动力。着眼点不同，但都从一个侧面看到了文化产业的实际，商业利益与文化艺术之间的关系会有不同的表现。在我看来，传统手艺必须在生产生活中延续和发展，而非作为“遗产”静态地留存在博物馆，探索求解产业化过程中的深层问题也是无可回避的重要内容。

（三）文化富民的农村发展项目

发展手艺文化产业是促进当前农村经济和文化发展的一条可行路径，以农村丰厚的手艺文化资源为基础，依托自然条件，发挥广大农民的积极性和创造力，开展手艺创作和生产，加强品牌和产业链建设，建立手艺产业与农业、制造业等实体经济的有机联系，不仅有助于促进农民就业，带动农民增收致富，而且有利于在发展生产和生活的基础上，促进农村文化建设，增强文化认同感和凝聚力。在更深的层面上，围绕手艺项目可进一步建立城市和农村在经济、文化上的互动联系，充分发掘农村传统文化的辐射力和影响力，为设计产业、创意产业发展提供文化资源，并充实建构当代民族文化心理；同时借助市场机制以及“全球化”的信息和营销体系，拓展农村文化和产品的传播渠道，提升广大农民在知识信息、契约协作等方面的素养和能力，这也是对农村、农民以及传统手艺生产的一次全面发展。

可以看到，一段时期以来，农村发展面临的关键问题，主要有作为核心和主体的农民问题和作为农村发展重要维度的农村文化问题，这既是在社会转型、经济发展过程中产生的，也是关系发展的核心问题。因为从传统农业文明向现代工业文明转型的过程中，农业在国民经济结构中的比重发生变化，特别是随着生产技术发展，农业劳动力剩余及转移成为必然趋势，以“农民工”的形式流入城市，不仅面临产业升级等诸多考验，而且在社会福利、文化认同等方面存在一系列亟待解决的问题。立足实际，充分发掘广大农民潜移默化承传的知识和技能，就地发展农村手艺产业，是一条切实可行的路径。这也是在生产生活相联系、农村和城市文化资源相结合的基础上开展的农村文化建设，涉及传承传统文化、吸收前沿信息技术、加强文化认同等，是动态的、生态意义上的文化建设。

总体上看，农村手艺发展涉及文化、经济、民生等不同方面，应该从文化建设、产业空间拓展和农民生活幸福的意义上加以关注。它不只是传统意义上手工技艺和品类的丰富和发展，也不只是非物质文化遗产保护和农民增收致富的单一命题，而是一个联系着农村与城市、文化与经济、传统和时尚等有着现实载体的综合架构，是求解城乡统筹、本土文化发展以及提升国家的设计创新实力的现实切入点。形成手艺发展的战略定位，也是更深层次地把握农村手艺、创意经济、文化生态的内在联系，在动态、多元的视野中形成更全面的认识和举措。

三、“手艺农村”的发展建议

在持续调研和理论分析的基础上，我们就“手艺农村”的发展提出八点建议。这既是现实的改进举措，也是长远的发展愿景。

第一，保护传统文化生态，培育手艺产业种子。我国农村拥有丰富的传统手工艺遗存，作为产业资源应受到高度重视，建议立足文化生态的高度加强传统手工艺保护，保护由手艺人、手工技艺、手工艺品、手

a
b

a 2011 年调研山东临沂郯城草柳编产业
b 2011 年调研山东临沂郯城红花镇中国结工艺产业

工艺价值理念等组成的文化生态系统，这是发展当代手工艺产业的基本前提与保证。

第二，深化可持续发展理念，完善循环经济模式。我国传统手工艺受农耕社会节俭观念的影响，往往以农作物或生活废弃物为原料，这种造物行为本身就处于循环经济链条末端，属于对资源的再利用。建议农村手工艺产业继承传统手工艺“量材为用，就材加工”的核心价值理念，密切关注当代手艺生产与农业生产、工业生产的关系，提倡对当代生活废弃物的开发与利用，节约资源，创新产品，变废为宝，发展农村文化产业的循环经济模式。

第三，发挥区位资源优势，发展手艺支柱产业。在传统手工艺资源充分的农村地区，建议地方政府针对文化资源和自然资源进行科学评估与认证。在充分尊重当地农民意愿的情况下，优先发展农村手工艺产业为支柱产业，并纳入区域发展政策、产业政策和创新政策规划，给予扶持。

第四，发挥传统手艺资源，创新当代生活方式。农村手工艺产业应立足当代文化价值理念，继承传统造物思想和造物元素，创新产品，创意当代生活方式，提高产品艺术附加值，增强市场竞争力，走中国特色文化产业发展道路。但就发展现状而言，农村手工艺产业普遍缺乏对传统文化资源的整体规划与合理开发，建议专业创意人群科学整合传统资源，实现传统手工艺的有效转型，构建产品创新机制，融入国际国内市场，服务当代文化生活。

第五，健全现代产业机制，打造特色手艺产业。农村手工艺产业以农民为生产主体，多采用农民居家生产和作坊生产的模式，在产业运作实践中主要表现为三种类型：（1）以专一产业的规模化发展带动相关配套产业，突出辐射效应，实现产业资源优势叠加，如临沂柳编和曹县桐杨木手艺产业；（2）以农民手艺人独立生产为主，在区域范围内形成横向联合，实现专一产业的整合效应，如巨野农民工笔绘画手艺产业；（3）多元产业交叉发展，相互借助产业优势，拓展产业空间，实现联动

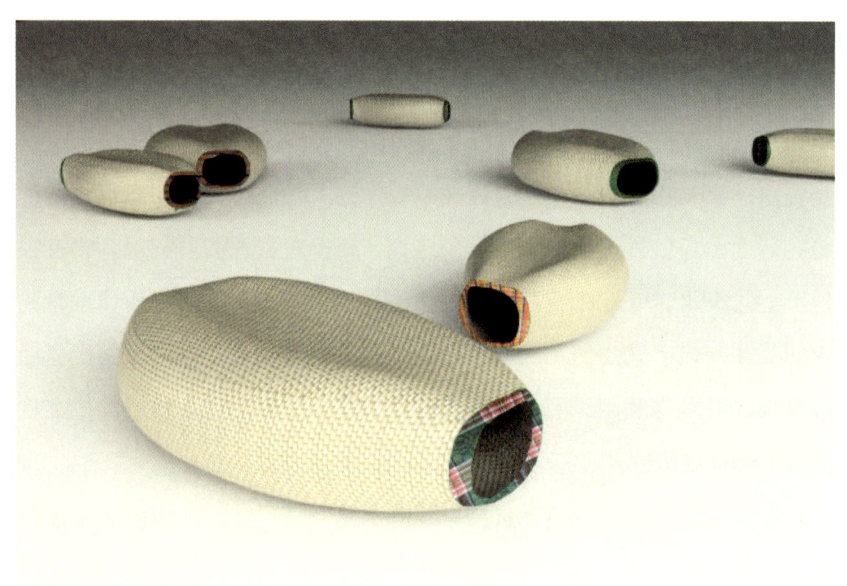

效应，如杨家埠乡村旅游业与风筝、年画手艺产业的结合。建议农村文化产业借鉴现代产业经营理念，构建符合农村地域特征和社会文化特征的产业化生产模式，提高生产要素的集约化投入，实现规模经济，促进产业腾飞。

第六，完善手艺产业链条，实施手艺品牌战略。当前我国农村手工艺产业普遍存在品牌意识薄弱的问题，设计和营销环节不足，代工、贴牌较为普遍，亟待实施品牌战略，加强市场调研和设计研发，开拓国内外市场，全面打造手工艺品牌，形成与资源和产业机制相符的手工艺产业战略。

第七，完善农村发展环境，服务农民增收致富。完善水、电、通讯、公路交通等基础设施建设是农村手工艺产业发展的必要条件。规范税、费科目，遵循中央政府“多予、少取、放活”原则，是扶持与培育农村手工艺产业的基本要求。推广农村小额信贷，健全服务和保障机制，是促进农村手工艺产业发展壮大的必要保证。

第八，建立产业经济组织，维护手艺人的利益。在当前农村手工艺产业的生产组织形式中，农民手艺人普遍处于产供销链条的最低端，收

a 柳编工艺坐具设计

益低，生产带有一定盲目性和被动性，不利于产业的结构调整和升级发展。建议成立农村手工艺产业合作经济组织，提高农民手艺人进入市场的组织化程度，改变个体面对现代大市场的弱势地位，加强生产竞争力，维护农民手艺人利益，这是推进农村手工艺产业的产业化进程，加速结构调整，提高资源配置，提升产业社会、经济效益的重要途径。在协调经济生产的同时，合作经济组织还可发挥教育与技能培训职能，培养农民手艺人的思想道德素质、科学文化素质、手艺技能素质和生产组织素质，激发生产创造力，促进农村手工艺产业的科学发展及民族文化遗产代代传承。

如果说以村落为出发点，社会学前辈在勾连村庄与“中国”的框架中，形成了关于“乡土中国”的理解，那么，手艺作为一种生产性文化，与农村自然联系在一起，也是我们厘清传统与当代、文化与经济、本土特色与全球化发展的关系的一个着眼点。可以看到，“手艺农村”的强大文化资源不仅没有凋零萎缩，还呼应着时代生活方式，迎来了新生。这不只是手艺本身传承发展的问题，也带给我们关于农村文化的深切思考。

a

a 桐木工艺家具设计

第三章·手艺农村

手艺产业与中国农村发展命题

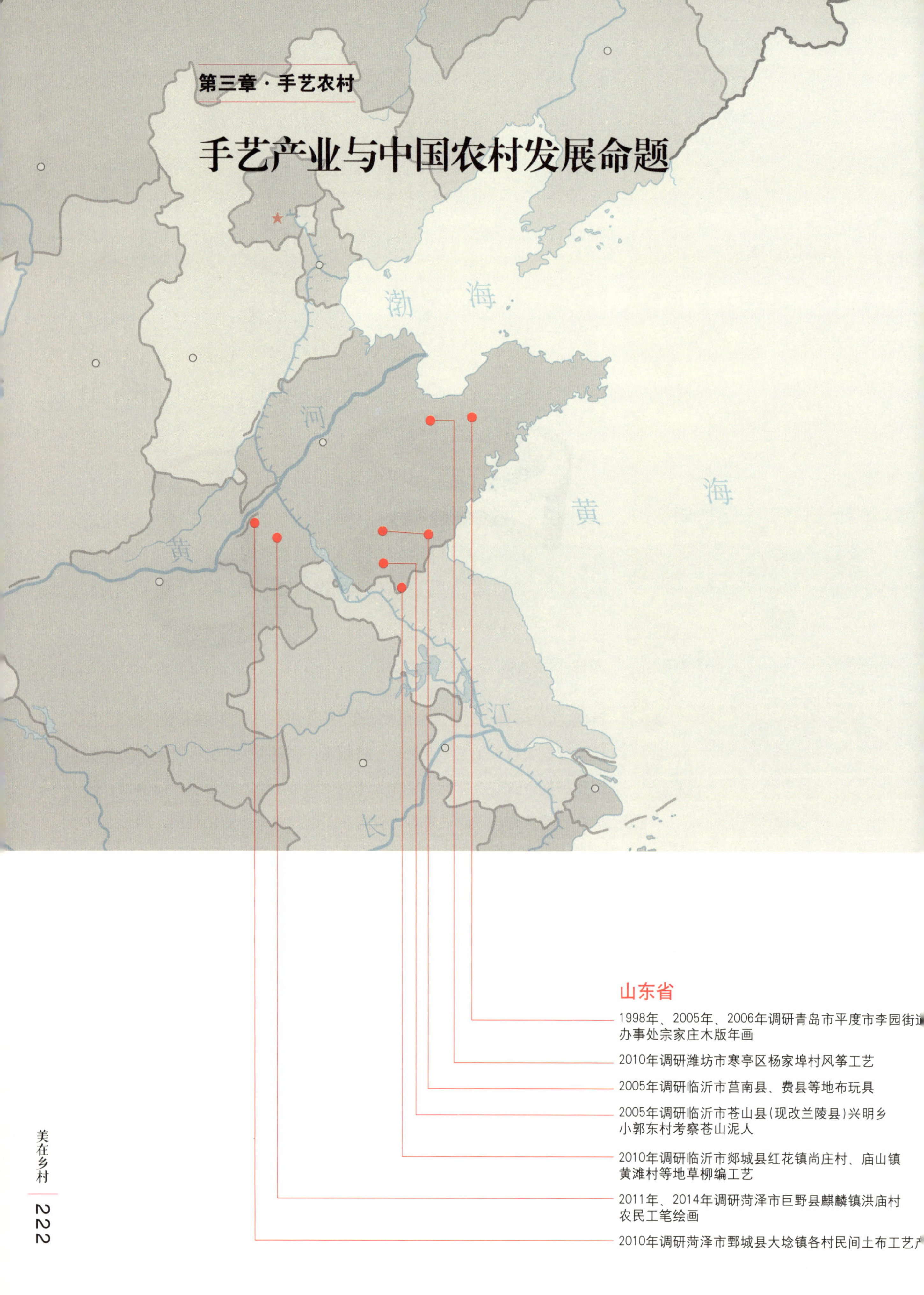

农村问题是求解中国社会发展问题的关键，以农村为母体的传统文化，在现代化进程中经历的历史性转折，也是民族精神与文化建构的重要命题。经济、文化与社会发展已结成空前紧密的联系，深层的经济驱动带来的往往不只是观念和机制的变革重组，还将形成文化的洗礼和融合。同样，文化作为生产力的介入，也将促进相关社会问题的优化和解决。所以，我们以民间文化研究和保护的视角切入农村手艺的命题，在持续深入的实地调研中，看到了农村传统手工艺在文化传承、产业发展以及新农村建设方面鲜明而突出的历史意义和当代价值。

一、农村手艺产业的历史基础和现状

中国传统手工艺，主要由城镇个体手工艺人和农民以家庭作坊、家庭副业的形式展开，因此农村的手艺产业具有深厚的历史传承。以山东潍坊杨家埠风筝为例，明初，杨家埠村民凭借祖传的雕版技艺刻版印制年画以维持生计，同时用印年画余料绘制扎糊风筝，并逐渐发展为商品。清乾隆年间，风筝已成为当地重要的手工产业，杨家埠风筝作坊已达30余家，年产风筝40000只。清末民初，杨家埠风筝从业户达60余家，从业人员200余人，年产风筝18万只。杨家埠成为潍坊风筝的主要生产地，所产风筝占潍坊风筝市场总量的95%，产品销往山东各地及河北、河南、安徽、江苏、福建等地。这既是农村手艺产业的历史经验，也在中国社会现代化的发展进程中得到延续，在大的发展战略中发挥作用。

中华人民共和国成立后，手工艺两度承担出口换汇重任，作为重要行业纳入轻工体系，由以往分散的、作坊式的生产走向集中，在规模上具备了现代工业组织化、产业化的特征，形成了以集体所有制经济形式为主体、城乡结合、专业生产与副业加工结合的生产体系。据统计，1952年至1956年四年时间，手艺生产出口总额由中华人民共和国成立

a 2010年调研潍坊风筝手工艺产业

前的几万美元迅速上升到2.44亿元人民币。全国各地手工艺研究机构、工艺美术院校纷纷建立，新工艺、新产品、新门类层出不穷。改革开放初期，手工艺再次承担换汇重任，陶瓷、漆器、刺绣、草编、柳编、竹编、牙雕等传统工艺美术品类受到重视，行业发展迅速。在这个过程中，手艺产业主要在计划经济体制下，以国家统购统销及外贸为主，趋向于特种工艺，较少关注日用，未能充分经受市场化的选择。因此在市场经济体制建立过程中，大量手艺企业改制，手艺产业的发展要素再次转移到农村。

20世纪90年代以来，一系列手工艺生产专业村和新一代民间手工艺人成长起来，形成"经销公司+加工公司+中间人+农户"的产销组织形式，主要由经销公司承接订单，委托加工，农民利用农闲时间制作，计件收费，作为一种农业副业形成了一定的产业基础。2010年，全国手工艺行业总产值已超过6000亿元人民币，广东、山东、江苏、浙江、福建、湖南、四川、河南、陕西等地区成为农村手工艺文化产业的重点生产区。其中，广东省2009年手工艺行业产值达1300亿元，山东省突破1000亿元，带动农村加工队伍150万人，形成了可观的经济和社会效益。以山东潍坊风筝手艺产业为例，据潍坊杨家埠村委会统计，2009年，风筝艺人人均收入1.2万元，普遍高于潍坊市农民7695元的人均收入。风筝产业不仅带动本村从业艺人致富，还带动周边20多个村落200余名农民从业，包括季节性生产的艺人和常年生产、专职经营的艺人等。以临沂柳编手艺产业为例，广泛分布于临沭、郯城、莒南、河东4县（区），覆盖13个乡镇，100多个专业村，有柳编经销公司802家，带动25万农民从事生产。在继承传统编织技艺的基础上揉入现代创意创新，突破传统柳编农用、日用筐篮的功能和样式，转化为现代文化消费用品，目前已形成家居、园艺、装饰、旅游休闲和宠物用品等7个大类、300多个小类、10000多个花色品种，销往美国、意大利、澳大利亚、日本、新加坡等100多个国家和地区，而且国内市场份额也逐步提高。据调研，2009年临沂柳编手艺产业产值近60亿元，利税近3亿元，自营出口额

a 2010年调研山东临沂郯城草柳编工艺产业

a
b

a 2010年调研山东曹县农民画技艺
b 2010年调研山东菏泽民间土布制作工艺

约4亿美元，出口量占山东省柳编出口总量的80%，占全国出口总量的60%。可以说，在拥有特色文化资源的农村地区，以农民为创作与生产主体，发展农村手工文化产业已经成为我国产业布局、经济发展不可忽视的重要组成部分，对促进农民就业，带动农民致富，提高农民幸福指数，发挥了积极作用，因此也为进一步分析和解决当代农村发展问题提供了一个特殊的视角。

二、手艺产业与农村发展命题

农村问题是中国社会发展的重中之重。20世纪以来，学术界由农村认识中国，把考察农村问题作为认识中国社会最基本的手段和途径，以村落为单位，开展乡村社区研究，开辟了“乡土中国”的研究传统。新中国建立后，以经济为重点，开展了以家庭承包经营为核心的农村经营体制改革和以农村税费改革为核心的国民收入分配关系改革。1991年《中共中央关于进一步加强农业和农村工作的决定》明确提出，“农业是经济发展、社会安定、国家自立的基础，农民和农村问题始终是中国革命和建设的根本问题。没有农村的稳定和全面进步，就不可能有整个社会的稳定和全面进步；没有农民的小康，就不可能有全国人民的小康；没有农业的现代化，就不可能有整个国民经济的现代化”。可以说，在中国社会持续深入的转型过程中，农村发展更大程度上关系到相当广大区域和群体的发展，以农村为出发点理解和把握中国，是历史经验，也是国情。

当前，农村发展进入了城乡统筹的新阶段，这不应当是一个单向的“城市化”过程，而是一个互动的经济文化建构过程。城市固然在很大程度上汇集了技术、信息、资金和人力资源，农村则葆有着真正具有生态经济内涵的农业和深厚的传统文化，无论是人力资源还是技术文化，不应只是单方向的以城市为主体的聚集或辐射，而应该真正确立优质生态与人文资源的内在联系。

如果说现有农村人口与农业产值间的差距构成了“三农”问题的基本矛盾，农民向第二、第三产业转移是一种必然趋势，那么，我们需要进一步探索劳动力的转化路径。自 1989 年首次“民工潮”出现，到 2010 年农村进城务工人员已达 2.4 亿。一方面，作为新兴产业工人的农民工没有获得相应的城市居民福利，在产业升级过程中也面临局限；另一方面，中青年劳动力外流，农村留守人口中妇女、老人、孩子比例较大，出现“空心化”、“老龄化”等问题，而且劳动力素质相对较低。据第二次全国农业普查对农村劳动力资源情况的调查显示，农村劳动力资源中，近四成人口为小学及以下文化程度，几乎 90% 人口为初中及以下文化，大专及以上仅占 1.2%。具备一定技术素质基础的劳动力资源多转移外流，农村发展的人才缺口显而易见。如果在这个过程中，不是就地对优质文化资源、人力资源加以整合开发，而是再以城市文化下乡的形式，以城市文化建构农村文化，那么实现的往往不是统筹发展的目标，而是伴随农村人力和文化资源流失造成新的断层。农村有自身的文化资源，数千年积累的生产经验、手艺文化等应当加以传承，统筹发展应当在互动交流的基础上展开。

因此，从文化生态、社会生态的意义上，系统全面地考察农村与城市的关系，找到生产生活紧密联系的契合点，在当前的信息、经贸以及文化网络中，加以提升和发展，才是更为内在、持久的提升和发展。从这个意义上说，发展生态农业，发展农村手艺产业，最直接的效益是促进农民就业和增收，在更深的层次上则是现代产业机制、传统文化资源、现有人力资源的融合和发展。

三、“手艺农村”的意义和思路

发掘农村手艺资源，在产业意义上加以建构，包含以下几个层次：首先是普查意义上对手艺资源进行梳理、记录和研究，把握手艺事项的构成要素、特点和环境依存关系，分析留存发展的方案，这是基础性的文化根脉保护。因为部分品类的手艺项目依存于相应的文化生态系统，在生产生活方式等发生改变的情况下，难以在规模化的生产开发中保留其核心意义及符号价值，需从生态整体出发加以培育，解决其活性存在的问题。其次是立足于当地资源，复兴地方手工艺，发展以家庭或作坊

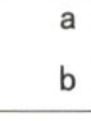

a 2010 年调研山东潍坊杨家埠风筝工艺技艺
b 广东潮州嵌瓷工艺

为主的小型化手艺产业，主要作为农村副业，开展小批量、个性化的生产制作，保证文化特色和手工价值。在创造经济效益的同时，作为一种文化建设，使参与者在来自地域的和身边的文化传统中获得精神上的依托与享受，使工艺成为一种现代生产活力和现代文化资源。最后是在条件充分的地区，在尊重农民意愿的前提下，将手艺产业发展成为支柱产业，建立规模化、集约化的产业机制，完善从原材料获取、创意设计到产品营销的价值创造网络，尽可能将教育研究、开发设计、加工生产和销售消费等领域有机地结合起来，形成以手艺文化为核心的不断增值的产业链条，创造经济产能和文化价值。

从具体发展形式上看，农村手艺文化产业主要有三种整合发展机制，其一是以农民手艺人独立生产为主，在区域范围内形成横向联合，实现专一产业的整合效应；其二是以专一产业的规模化发展带动相关配套产业，突出辐射效应，实现产业资源优势叠加；其三是多元产业交叉发展，相互借助产业优势，拓展产业空间，实现联动效应。整体上说应当因地制宜，构建符合农村地域资源条件和社会文化特征的产业化生产模式，打造多元化、特色化产业格局。

应该说，农村传统手工艺不只是代代传习的非物质文化遗产，投射着古老文化的智慧之光，也不只是新的经济形势下，增收致富、惠益民生的经济项目，而是一个关联着文化、经济与乡土社会发展的重要的着力点。其潜力在于，以文化产业和创意经济为驱动，激发传统文化和农民的创造活力，在引入相关产业理念和机制的同时，形成创意及信息化时代对农村民众新的启蒙，使传统手艺及其所蕴含的文化精神真正植根生产生活，作为生态的、和谐的、幸福的发展范式，实现传统文化和农村社会的新生与重构。

a

a 2006 年调研山东平度宗家庄木版年画

第三章·手艺农村

创意经济布局中的农村文化产业

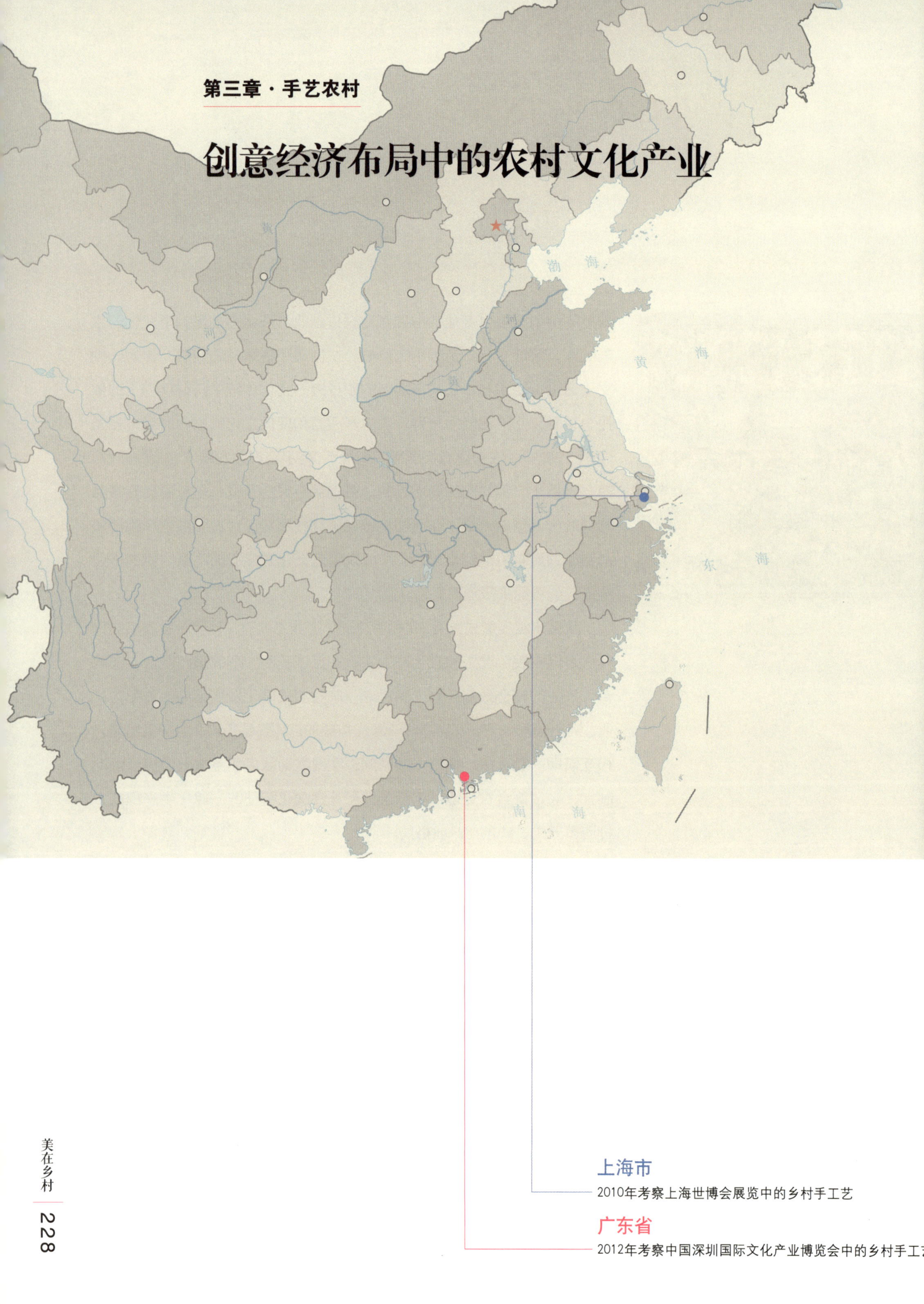

19 世纪末以来，百余年时间，人类经济完成了从工业经济发展和到知识经济的转变，文化成为经济发展的核心驱动力。传统手工艺从受到机械文明冲击转向艺术化发展，到创意经济形势下，作为一种极具地域和传统内涵的生产性的文化，成为文化产业的重要组成部分。事实上，创意不只是超越和引领，往往需要科技的支撑和生活的根基，需要文化的土壤，所以在重视发展以尖端技术和资本为驱动的产业项目的同时，各国也更加重视整合极具传统文化资源、劳动密集型的产业，手艺文化产业是其中之一。

与西方发达国家不同的是，我国处在前工业化、工业化和后工业化共时的环境中，手艺产业本身是一个集合体，既有传统农业文化的积累，具有规模化、集约化的产业特征，同时又呈现出当前文化创意产业的业态。它既以农民为主体，逐步完善从设计、生产到营销的产业链，也需要进一步通过文化创造价值；它不像西方语境中包含了工业文明、机械美学强烈的反思和批判，更大意义上是唤起传统手艺中积淀了生态、审美、伦理等民族心理和情感，在技术、信息、商品等组构的当代生活空间中得到表达。同时，作为主要以农村为聚集地的手艺产业，也将打破文化创意产业栖生于城市的既有模式，是一种经济、文化地域性的新的建构。因此，从我国实际看，手艺文化产业的发展将使创意经济布局在地域、资源、产业整合机制上呈现出新的特点，其中蕴含的是关于经济和文化的发展理念，形成的将是农村与城市、传统与当代创造性、建设性的统筹。

一、农村发展与创意空间布局

工业化进程中，技术、人才、市场向城市集中，“城乡二元”的地域分野明显。随着信息、通讯全面发展，地域和距离制约减弱。因此，有观点认为经济发展中“地理因素已死”，新经济因此可以在虚拟“空间”中运作，“场所将不再是大多数的商业决策所要考虑的关键内容”，

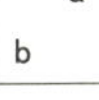

a 运用山东滨州博兴县柳编技艺设计的上海世博会西班牙馆

b 2012 年“手艺农村 · 创意齐鲁”展亮相深圳文博会

因为公司可以坐落于地球任何一个拥有屏幕设备的地点，能在任何地方找到劳动力，可以通过网络将产品销往富裕的发达国家，“地理因素和不动产如繁荣的城市，原野地区或迷人的山村只是作为一种独特的存在而得以提高价值”[①]。

事实上，产业发展始终与地域有着紧密联系，即使在创意经济背景下，也有越来越多的创新活动以“区域块”的形式出现，“创新的空间特性”“地域生产体系”“创新域”“地区创新网络”等被用以研究地区性创意产业，空间因素在创新经济的环境中扮演了重要的角色。其中，区域空间要素不仅包括企业、中介、科研机构等主体要素，涉及制度、技术、管理、服务等功能因素以及基础设施建设和保障条件等，而且在更广泛的意义上形成一种人文基础，内涵于文化里的价值规范、道德伦理以及固化的习俗都会对经济发展产生关键的影响。所以，经济学界就文化精神、制度变迁与经济增长的关系研究提出，对经济增长而言，只有在一定文化氛围中的制度才是有效的，文化传统对市场秩序的发育和扩展，进而对一个社会和地区经济增长的直接作用链条，可能是通过商业精神来传递的。

因此，就创意经济而言，一方面，城市成为创意经济发展的重要单元，区域经济和城市文化紧密结合，形成新的聚集效应和发展模式。但整体上看，现代化的生活方式和技术、信息本身往往不再具备鲜明的区域差异，创意的特色化表达，需要深层的文化依托，这也是“创意城市”不断发掘文化特色、找寻自身文脉的原因所在。另一方面，从我国国情来看，农村富含文化资源，但很大程度上与创意经济疏离，激活文化资源的创意效能，将改变创意经济的空间布局，而且地区性的贸易网络和完善的制度支持机制也将提供一种以特定产业为中心的“产业氛围”，对农村发展发挥积极作用。

将农村文化产业纳入创意经济布局，既是将农村纳入区域创新系统，也是更深层地从历史文脉、文化传统出发建构创意经济。首先，全面考虑创意经济发展相关的人才、知识、信息、资本及创新环境等各要素，

a 学生参与手艺农村创意设计
b 餐具设计

①季倩：《“设计之城”与城市共生的设计产业》，东南大学出版社，2016，第6页。

健全整合包括农村手艺、民俗等文化产业项目在内的产业资源，健全相关企业制度、教育和培训制度、中介支撑体系等，将使文化传统、产业基础与个体的智慧联系到一起，拓宽文化创意的发展空间。同时，创新是一种社会的集体努力和一种合作进程，它不只是社会分工意义上设计者、生产者、消费者的合作与参与，还应该包括更深入的文化、智慧的开掘和整合，这将是区域经济发展的高端要素。

二、手艺文化与创意文化资源

在工业和后工业发展过程中，手艺的地位、属性和边界受到关注，西方历史上兴起的“艺术与手工艺运动”、“手艺复兴运动”、“工作室手工艺运动”、“设计师—造物人”运动、“后工艺运动”等一系列文化艺术运动，实质是以手工艺为核心，反思关于自然生态、情感心理等深层问题。作为兼容工艺、民俗、艺术等多种元素的“活态”传统，手工艺不断经历角色的转换与调整。据说，美国手工艺理事会（American Craft Council）在其网站开辟“关于手工艺”论坛，列举过去数十年人们关于“手工艺”的解释，其内涵和外延颇受关注而且充满变化。在国家层面，英国政府在半个世纪以来五次调整手工艺政策，包括“有助于工商业的一种生产与创作形态”、“文化艺术教育的一种手段”、“民族文化遗产的

a 手艺元素服饰

有机组成”、“文化旅游的特色补充”以及“文化创意产业”的组成部分。手工艺不只是一种生产形态或者艺术形式，更是一种生活方式和文化载体。 通过手艺作品，更容易看到理性的东西是怎样表现在感性中，社会的东西怎样表现在个体中，历史的东西怎样表现在心理中。正如庞薰琹先生认为： “看一个国家是否有真的文明，不是听他的宣传，而是看这个国家的人民在住、衣、食、行和思想文化等方面的实际情况。”可以说，通过长期历史传承和积累，手艺在具有实用性的同时，与历史传统紧密联系，包含着相应的价值观和历史意识。

创意经济真正的基础是文化认同，一项创意能够在多大程度上激起共鸣、产生反响是其效益的来源，更关键的是共鸣何以产生以及一种理念、一种价值观、一种美感如何为更多的人接受和传播。显然，尖端的科技只是其中一部分，更重要的还是存在于不同层次的认知、审美、价值观等文化心理。在全球化的市场体系中，面对商品，人们可以有无穷多的选择，在质量、技术以及服务体系的差异之外，选择还是来自深层的文化认同。应该说，这种认同不只是即时生成的，更来自历史传统长久的积累和无形的影响。文化的根脉不仅在典籍中，更在生活里，手艺所衍生延续的造物传统不容忽视。

一方面，具有典范意义的原始社会的彩陶、商周的青铜器以及西汉漆器、宋代陶瓷、明式家具等，包含深邃的工艺和审美成就，诠释了我们这个民族关于道与器、文与质、技与艺、用与美的理解，体现了讲究经验直觉、意象思维方式的实用理性传统。所谓“视之则形也，察之则象也”，包含了造物、审美等深层的文化传统。一方面，更广泛地生长在乡土民间的手艺，涉及生产和生活方式，不断丰富发展，是整个社会文明建制体系的重要组成部分。当前，从创意经济的角度看，创意产品往往是符号性的信息商品，其经济价值来自于当地的文化特征，也只有融入了文化理念，通过对文化资源和文化理念的创造性地开发和利用，才能使其产品更有品位、价值和竞争力。创意经济的特点即在于突出个体的差异，为产品注入特定的文化内涵，赋予某种象征意义，实现产品

a 手艺农村项目团队运用民间元素设计的灯具
b 手艺农村项目团队运用编织技艺设计的灯具

附加值增长，因此将地域文化、习俗等嵌入到产品、管理模式以及产业的运行态势之中是必要的，传统手艺文化与创意经济具有内在联系。

三、手艺产业与创意产业机制

从本质上看，创意产业是一个创意投入和实物产出的创意转换系统，以创意和内容为核心，驱动生产和营销，带动后续产品开发，是一个依靠原创力，融合资讯科技、娱乐传播、时尚工业于一体的产业网络。手艺产业与之契合的基础在于：传统手工艺的模式与创意产业在设计、制造、营销一体化的运作机制方面具有一致性；在创意产品设计、旅游产品开发中，手工艺具有重要作用；传统手艺人有可能实现向设计师等创意工作者的转型。越来越多的国家重视地域文化特色保护、民族文化资产整合以及跨文化交流，其中，手工艺具有重要作用。

更深入地看，创意是创意产业的核心，而且主要以一种无法用符号表达的隐性知识形式存在。相关研究指出，创意企业为集聚获取创意性的隐性知识，需充分利用企业集群的地理集中性和共同的社会文化背景，不断融入产业集群，并加大和提高与外界物质、能量、信息、资金、技术和人才等的交换强度和效率，及时引进最新的技术成果，引导企业进行良性竞争，采取多种形式鼓励集群内企业进行创新，提升集群的核心竞争力。事实上，除了科技信息，作为活态延续的造物传统的手艺文化，是这种隐性知识的重要组成部分。

将手艺传统纳入其中，实质也意味着手艺的产业发展。产业发展过程中，手艺创意不仅要依靠核心创作、周边生产支持、下游流通体系等完整产业链运作，转化为有形商品，实现经济利益，而且要在发展过程中保持集群的开放性，把握市场需求，吸纳创意理念和运作模式，在交汇融合的过程中，传统文化注入新的活力。毫无疑问，这是对手艺这一生产性文化的全面建构，成为“创意产业”还将形成极强的关联效应和波及效果，因为从产业机制上看，文化创意的全面渗透，有助于在不同价值链间形成“创意组合”的“乘数效应”。手艺产业价值的发挥，也是传统手艺在新的经济发展中的新生。

a 手艺农村项目团队茶具设计

第三章 · 手艺农村

从手工艺发展谈农村文化建设问题

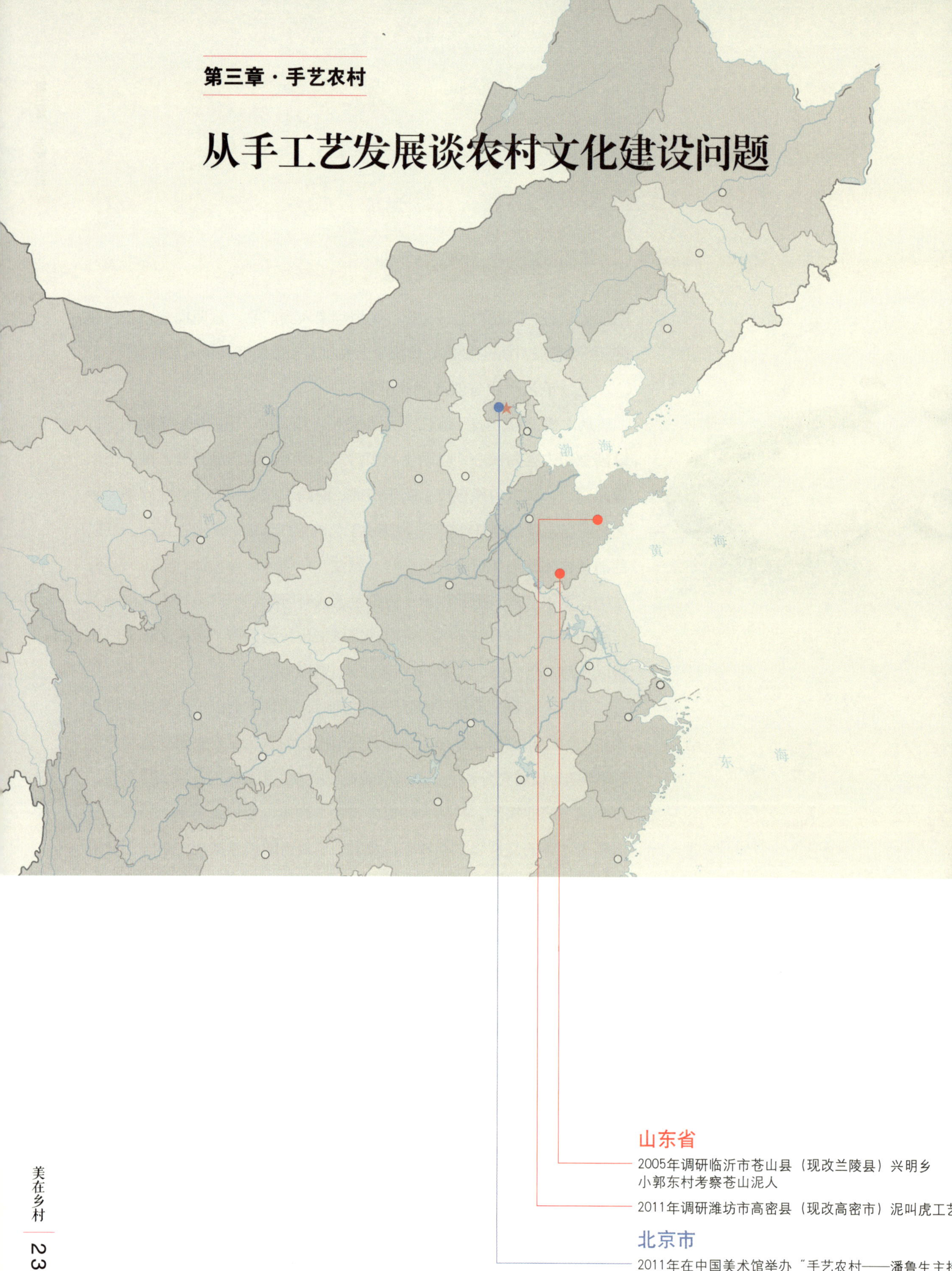

山东省

2005年调研临沂市苍山县（现改兰陵县）兴明乡小郭东村考察苍山泥人

2011年调研潍坊市高密县（现改高密市）泥叫虎工艺

北京市

2011年在中国美术馆举办"手艺农村——潘鲁生主持山东农村文化产业成果展"

近三十年民艺田野调研过程中，手工艺成为我们了解当代中国农村和农村文化的一个切入点。手工艺既是我们这个民族数千年延续不断的造物文脉，存于乡土百姓的衣食住行、日常用度，承载人们的审美情感、造物智慧和伦理思想，也在社会现代化转型发展的进程中遭遇工业文化冲击，在“生态”、“创意”等成为新一轮经济发展动力之际，迎来了新的生机。

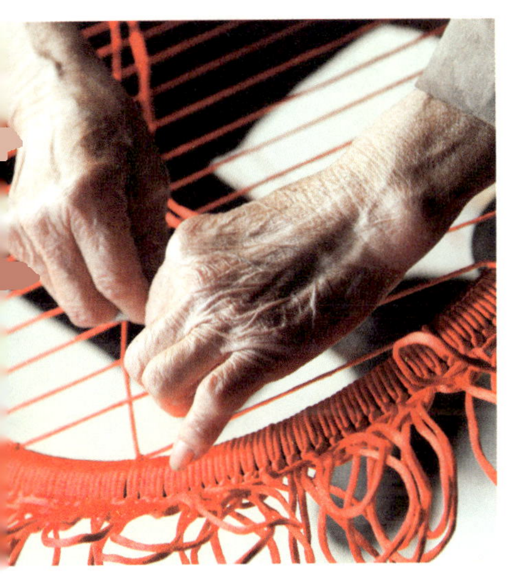

社会的进步与发展从根本上说应该落脚在文化，文化既是一个具有广泛包容性的概念，也可以最具体地理解为生活方式，其中包含了价值观的选择取舍、技术信息的应用，还有物与事的丰富形态。当资本、信息、技术的“全球化”流动导致文化天然的地域分野消失，文化的“趋同化”、“同质化”不只带来文化生态意义上的危机，还导致多样化的智慧、创造力以及凝聚力的消解。如何认识和发展自身的文化，是一种自觉，也需要在开放的视野中更深入地体认传统的、本土的文化内涵和发展动力，既不守旧，也不盲从。也是在这个意义上，我们需要在“城市化”进程中更加关注农村文化，需要从现代产业、农村民生以及文化发展的多元视野中把握手艺的发展脉络，在全面的架构中，找到切实可行的路径，实现属于这个民族的文化的不断生成和发展。

一、手艺产业的文化生态意义

1997 年，我们提出了“民间文化生态保护”的命题，从生态意义上关注和研究民间文化的保护与传承，文化的生成与传承是一个动态相互联系的过程，要保护失落的文化传统，就要保护民族民间文化的生态环境。事实上，文化生态的变迁，不只来自生产技术、生活方式等客观的演化发展，而且受到人为的、价值判断的影响。如果说科技的进步、生

a 小朋友们参观手艺农村展览关注民间文化
b 中国结编织技艺

产生活方式的改变本身是不可逆的历史趋势，那么我们对传统、对历史积淀的经验和智慧的态度以及现时代我们对文化各要素间整体性的认识，将很大程度上决定对民族民间文化保护和传承的举措。特别在我国这样一个经历现代化转型兼有前工业社会和后工业社会要素的发展中国家，如何看待现代化进程中的传统文化，如何认识城市化发展中的农村文化，如何使千百年积累的经验智慧充满活力地延续和发展，是一个持续而常新的命题。可以说，手工艺的发展见证了这个过程，也集中体现了文化生态保护的意义和内在机制。

与西方发达国家不同，近现代以来，中国在被动的境遇中开启了现代化的进程，工业文明、商品经济以及相关的思想文化、生活方式对传统文化造成冲击，同时也引发了我们自身对传统的反思和选择。如果说思想上的反思和批判多少还带有形而上的意味，那么不断加快的工业化与城市化进程，显然进一步在实质上对农村文化构成了冲击，这不仅意味着千百年绵藏在乡土民间的传统文化的失落，随之离散并被置换的还有关于本土文化、传统文化的认同感和归属感。所以，就我国当前发展而言，文化生态问题突出体现为农村文化与城市文化、传统文化与现代文化之间能否多样共存、融合发展的问题，很大程度上也集中为传统的、农村的民间文化与现代化的、城市文化之间的关系问题。

应该说，这不是一个二元化的问题，而是积累、演进、碰撞、融合并相互交织的文化生态问题，需要我们尊重文化的历史性和地域性，以真正整体化、系统化的视野去看待。事实证明，所谓“有钱就盖房，没钱就刷墙”式的建设，造成的将是“发展式的破坏”；“农民工”式的城市化流动，不仅面临产业升级的考验，也因为无法融入城市并失去乡土认同的根基，面临新的困境，斩断了传统血脉的文化将面临更深层次的同质化的危机。

整体上看，世界范围内，在商品经济和科技信息“全球化”流动加速的过程中，文化的多样性受到抑制，趋同性增强。20 世纪末，不同文化间的差异和多样性的萎缩日趋严重，不同文化形态在发展中走向“同

a 木版年画雕刻工艺

质化”，文化生态的问题越来越突出。一个明确的事实在于，“一个物种的灭绝是非常重大的损失，一种文化及其表达方式的灭绝同样也是无法弥补的损失”，“文化多样性状态与格局，对人类而言，如同生物多样性和维持生态平衡一样极其重要、必不可少”。也是在这样的背景下，联合国教科文组织于2001年发表了《世界文化多样性宣言》，于2003年通过了《保护非物质文化遗产国际公约》，在经济一体化带来文化趋同的形势下，倡导保护和发展文化的多样性，主张延续民族精神，保持民族文化特质。这在一定程度上促进了我们对于“非物质文化遗产”的重视和保护，但在重视项目申报和保护的同时，仍需回归文化生态视野，全面把握地域文化、传统文化在当代文化环境中和谐共生、繁荣发展的问题。

美国文化人类学家斯图尔德在其文化生态学研究中，主张从人、自然、社会、文化的各种变量的交互作用中研究文化产生、发展的形态，用以寻求不同族群文化发展的特殊形貌和模式。事实上，从本土的、历史传承的实际出发把握文化生态现状只是一个起点，更重要的是厘清文化构成要素内在的有机联系并加以巩固和优化，全面发挥文化的价值。如果

a 2011 年调研山东高密泥老虎工艺

说“传统是一个发展的范畴，它具有由过去出发，穿过现在并指向未来的变动性。随着社会历史的演变，传统的内涵也在不断地丰富和变化，它的原生文明因素由于吸收了其他文化的次生文明因素，永无止境地产生着新的组合、渗透和裂变”[①]，那么我国当前开展生态意义上的文化建设，不仅要全面把握农村文化的意义，更要在开放、动态的文化系统中确立不同的文化资源传承、创新和发展的机制。在这个意义上，农村手艺作为文化产业的发展体现了文化生态的内在联系和作用机制。

参照美国人类学家罗伯特·雷德菲尔德（Robert Redfield）在《乡民社会与文化》一书中对人类文明中“文化传统”的辨析，社会中有两种传统不断生成并发挥作用，一方面是精英或主流的文化传统，即“大传统”；一方面是存在于乡民中的文化传统，即“小传统”。“大传统”主要依赖典籍记忆，尤其是文学经典所构造的记忆与想象存在和延续，“小传统”主要以民俗、民间文化活动等“非物质”性的、活的文化形态流传和延续。有研究者就此指出，“20世纪末，随着经济全球化趋势的发展，文化全球化和同质化的危机日益加剧。在这种形势下，捍卫各民族或族群文化平等、文化独立和文化尊严，保护世界文化的多样性，成为一种普遍的认识。在这种形势下，中华民族的文化认同重新受到倡导，成为捍卫文化独立、维护民族文化生存的途径。但问题在于，如何重新形成普遍的文化认同？文化认同的危机已成为无法避免的现实问题，而靠宣传、弘扬文学经典来振兴精英文化的‘大传统’，重建整个民族的文化认同感，显然是一项艰巨的工作。”[②]在这个意义上，发掘复归“小传统”的意义格外突出。

毫无疑问，手艺文化属于这样的“小传统”，它建立在生产和生活形成相互关系中，与一系列生活方式、乡土信仰、道德、习俗等息息相关，与民间祭祀、起居、穿戴、器用、装饰或游艺等民俗活动的功能形态交融一体，与农民精神世界和整个乡村社会深入契合，既是有形的造物活动，塑造“形而下”的器物，也是一种隐性的文化传统，作为一种内在的、稳定的、隐性的传统，存在于人们的生活方式、习俗、情趣、人际

a

a 过大年张贴的门神、对联与门笺

①叶朗：《现代美学体系》，北京大学出版社，1988，第330-331页。

②高小康：《非物质遗产与文学中的文化认同》，《文艺争鸣》2007年第3期。

交流活动的无意识中，具有内在的文化凝聚力。倡导手艺文化，发展手艺产业，使手工艺作为现代生产活力和文化资源得以持久地存在和发展，首先是对传统的传承，虽然人们的生活方式连同生活空间都在发生改变，但对自己传统文化的认同和传习，却可能使乡土文化传统在新的文化生态环境中经过涵化、调适而获得重生。也是在这个意义上，我们说“新农村建设”不仅是物质条件的改善和建设，更要重新唤起农民对自己家园的记忆和认同，实现传统乡土文化在当代文化环境中的复兴。这也是手艺产业发展在文化生态保护方面的首要意义。

具体来看，我国有着丰富的手艺文化资源，工艺技术发达的中国古人创造了辉煌灿烂的古代文明。从新石器时代至今，手艺塑造了中国人的生活、性格，成为中国人生活方式、文化方式的重要组成部分。手工艺的基础不只在于丰富的薪火相传的技艺传统、日积月累的材质和工艺手段，还在于深刻积淀的民族文化心理基础。特别是历史长河中积淀而成的诗性文化，作为“心理结构”更深地潜藏在人们内在的心理习惯和思维方式中，在生产生活方式变迁以及规避工业化弊端的过程中，需要的往往不是找寻而是唤醒，而是在新的向度上的审视和激发。

更深入地看，从《考工记》到《天工开物》，手工艺蕴含的造物思想体现了中国人关于人与自然、人与社会、人与自我关系的深层把握，无论是在工艺形制中体现伦理关系，还是在“天时”、“地气”、“材美”、“工巧”中把握和构建人与物、人与自然的联系，无论是详尽地描述工艺经验，还是倡导“由技入道”，体现的都是中国人绵延传递数千年的思维方式和价值观，它不同于理性的、逻辑的探究、导向宗教或科学的终极追问，而是一种理性与感性相融合的实践智慧。从这个意义上说，手艺在中国文化和心理中的承载作用，在今天的潜在影响，不同于西方，也需要我们进一步分析和把握、反思和探索，把握这前后相继也许并未断裂的文脉以何种方式延续发展。

发展农村手艺文化产业，首先是使传统文化在新的文化空间获得新的生命活力，使传统文化的内容和存在形态得到更新的过程。作为一种

a

a 运用木版年画设计的动画《美哉·民俗杨家埠》

生产性的文化，手艺的发展，不只是使技艺得到传承，更在于全面融入当代生产生活空间，在市场化的选择，在消费和应用中，形成新的融合与改变。

作为传统乡土文化在现代生产生活空间中的重构，农村手艺产业在文化构成上包含三个层面，即作为创作主体的农民、手艺产品以及广大消费者和接受者。首先，从文化产业的意义上加以发展，手艺农民不仅将传习既往的手艺经验，还将进一步作为整个产业的参与者，接受相关信息和理念的洗礼。这是生活方式、审美理念、风俗习惯在具体手艺生产、手艺作品中的交流，这种交流更为具体，也更为深入。虽然传统技艺及其所融汇的文化信息能在多大程度上得到表达，能够融入多少新的信息，是一个具体生成的过程，但就整体趋势而言，农民运用本土的、自然传习的文化参与生产，势必使传统的活力得到延续，成为本土文化表达、创造和延续的基础，也是文化多样性、生态化的基础。第二，就手艺产品而言，突破以往自给自足的内循环系统，进入产业化、市场化的流通体制，将使传统的技艺、符号、信念和情感以物化的形式融入当代的生活空间。同时，作为器物层面的文化建构和传播，进入全球化的流通体制以及日用层面，无疑比思想的、艺术的发展具有更广泛而具体的影响力。第三，从手艺的消费和接受看，对手艺产品的选择和应用本身就是对其内在文化的选择和传播，这是发展的动力所在，也是乡土传统与城市空间以及现代生活方式的融合对接。所谓文化生态的保护与建设，需要打通的恰恰是这种内在的联系，不是以一种文化去同化建构另一种文化，而是找到衔接点，在交流中形成新的生成与创造。

总体上看，手艺产业可以将无形的文化传统转化为有形的产品，在具体的生产生活中保持活力，以物化的形式传递具有历史内涵、本土特质的价值观、道德观和思考方式，是我们开展文化生态保护与建设的一个着力点，有待深入开掘。

二、当代农村文化的基本内涵

首先，如何看待当前的农村文化，是一个重要的出发点。对当代中国农村文化的意义和内涵的把握，直接关系文化建设的具体举措。从根本上说，农村文化是极具本土性的文化生态系统，既保留了传统文化的天然根脉，也在现代多元文化的碰撞冲击中积累融合，演化发展，兼具传统文化与现代化的内涵，具有强大的生命力和传承力。

从传统积淀的角度看，我国农村文化以“农耕文化”为根基，其特点在于，农民以土地为基本生产资料，进行小规模重复性手工劳动，组成以家庭为中心的血缘社会关系网，自给自足，具有一定的封闭性，形成相应的“天人观”和“农业人生”。同时，由于家庭生产和家族血缘联系，村庄成为独特的聚集共同体，形成了集体共有的价值观念、风俗习惯、行为规范等，具有牢固的内聚力。中华传统文化也是在这样的基础上形成的，也就是人们所说的“中国文化，建基于农业”，“农村永远为中国文化的发酵地”[①]。将文化作为一种生存方式，我们也很容易从农耕文明的视角把握中华传统道德、风俗、生活方式，特别是思维方式的建构过程。

近现代以来，农村传统文化受到现代工业文明、商品经济冲击，一方面，经济发展改变了农民对土地的依赖，扩大了活动范围，经营中的

a

a 运用柳编技艺制作的坐具

①赖功欧：《新儒家如何面对现代化马克思主义中国化视野中的新儒家》，江西人民出版社，2011，第73页。

契约关系冲破了血缘伦理纽带，科学技术理性地改变了经验的思维与教育方式，农村文化经历了现代化的建构与发展。另一方面，在相当程度上，天然的情感纽带、经验化的思维方式、生活重复而又丰富的农村文化状态，仍然更深层地延续在农民的衣食住行和社会交往方式中。

值得注意的是，传统农业文化的分散性和封闭性，恰恰在很大程度上成为文化多样性的基础。所谓“十里不同风，百里不同俗”，往往由于经济的自足性以及缺乏横向交往，风俗差异广泛存在，方言无处不在。传统农业社会的生产和教育方式也进一步促成了文化差异的存在。如现代性问题理论家厄内斯特·盖尔纳曾指出，“在教育领域，社会的封闭、分工和职业的稳定、市场的狭小和可预期、劳动的手工性、技术的长期稳定和普遍的文盲状态等，使得劳动者阶层的教育具有强烈的私人性和职业性。一般说来，教育由最基层的生产单位（往往也同时是生活单位）独立进行；教育内容几乎全部是直接的谋生技能；接受某种教育者一般被期望以后终身从事相应职业。父子相承、母女相传和师父带徒弟就是这类教育的典型。现代社会所谓的基础教育即读写算能力的教育和公民教育是根本不存在的。总之，教育属于私人领域而非公共领域。”[①] 这

a

a 婚庆习俗代代相传，不断衍生出新的内容

①［英］厄内斯特·盖尔纳著，韩红译：《民族和民族主义》，中央编译出版社，2002，第 17 页。

也是我们理解乡土文化和手艺传承的一个出发点。

传统的演进，社会的发展，从来不是简单的取代与更替，工业化带来技术革新、批量化生产的同时，也引发了自然生态和文化同质化的危机。传统农业文化中的生态和谐、“家园感”以及文化的地域性与多样性，需要我们重新加以认识并在新的语境中加以发掘。农村文化依然处在一个关键的节点上，既有丰厚的传统积累，也面临新的发展动力，具有传统与现代的两重性，需要从国家文化战略全局和本土实际出发关注和解决。

三、农村文化建设的思路

事实上，改革开放以来，农村文化问题逐步得到我国政府和学界的重视。2005 年，国家颁布了《关于进一步加强农村文化建设的意见》，将新时期农村文化建设提升到国家发展的高度。学术界从农村文化资源开发与保护、农村文化体制以及公共文化服务体系建设等方面展开了研究。其中，具有代表性的思路是从“作为文化参与者和承载者的农民群体”，“作为文化共同体的农村聚落内的文化设施、设备和场所”，“农村社区与外界的物质和信息交换渠道”，“与农村文化活动相配套的组织和制度”，“面向农村的文化产品和服务”等要素出发，就农民文化素质提高、农村公共文化服务体系建设、农村文化建设机制等进行调研和分析，提出一系列具体措施。

与西方文明的源头在“城邦文化”不同，中国文明的源头在“乡土文化”，中国的“乡土文化”之根必将是中国现代发展的历史传承和文化观照。在关注和调研农村手艺文化的过程中，我们进一步认识到，农村文化建设需把握以下几个原则：

第一，农村文化建设应与农民生产生活相结合。无论是增强文化认同感和凝聚力，还是改善农民的精神需求，都应当有具体的着力点。文化认同不是凭空建立的，农民精神需求的改善也不是抽象的，往往植根在具体生活中，需要在其切身利益不断提高的过程中完成。农村文化建设，一方面必须与改善农民生活，增加农民收入结合起来，增大农民的幸福

a

a 2017 年调研陕西老腔团

指数；一方面，必须与传统文化的保护联系起来，使农民有尊严，有自信，有认同，不盲目攀比，不盲目崇拜，更不盲目放弃，自觉自信地传承和发展传统文化，造福一方水土一方百姓。

第二，农村文化建设须建立文化生态视野。农村文化是一个完整的开放的动态的文化生态系统，既建立在相应的自然生态环境、农业生产方式和农村生活方式之上，也在工业化和城市化进程中，受到多元文化的影响，需要在更广阔的背景下分析和把握。事实上，无论是非物质文化遗产保护，还是科技普及培训，无论是重建传统记忆、群体认同，还是拓展现代性的文化空间，都不是孤立的举措，应当把握内在的系统联系，而且农村的文化生态建设也将成为中国文化生态建设的基础工程。

第三，农村文化建设须加强对优秀传统文化的保护和传承。在现代教育的背景下，近九成农村人口是初中以下文化程度。不可忽视的是，农村有民间文化体系、文化信息和语言，例如手艺、民俗、乡礼等具有社会性和较大的传承力，广大农民就是天然的传承者。在推广科技文化的同时，应当着力发掘、保护和培育这些优秀的传统文化因子，激发农民对传统文化的传承和创新。农村文化建设应当重视这些经验形态的传统文化，它固然不同于科学，往往是日积月累而获得的感性认识，是文化层面的技艺经验，只能在具体的生产过程中直接传授，但在信息化和创意化的时代，文化和艺术本身也成为生产力的要素，农村手艺、乡土民俗等经验形态的文化应当在新的社会发展形势下受到重视。

第四，农村文化建设应融入优秀的教育和产业力量并形成合力。在农村文化遗产保护、农村手工艺的产业开发中，既要将农民作为生产和文化的主体，更要融入专业的教育和产业资源，整合优秀的艺术创造力量、工程技术力量与市场研究力量，借助新的科技思路、创意思路与营销思路，形成综合性、本土化的“创意产能”，全面提升工艺水平、突出文化内涵。也只有找到合适的切入点，搭建合作桥梁，才能在拉长做大农村文化产业链、集聚文化资源的意义上，把农村文化服务落到实处，实现“文化富民”。

a

a 动画片《美哉·民俗杨家埠》，作者宋鲁

总体上说，农村是我国传统文化和社会的基础，是国家的基层社区，保留了传统文化的根脉，与当代中国的文化建构、经济和社会发展具有血脉联系。全面认识和把握农村文化资源，了解其文化要素间潜在的逻辑关系和网络系统，把握其历史的建构过程和社会土壤，了解其稳定性、自洽性和发展演变的动力，从农民生产生活的实际、从本土文化的实际出发，开展文化建设，才能更加充分地激发民族文化的自信和生命力，实现以文化为动力的发展和繁荣。这是手艺调研带给我们的思考，也是我们进一步研究和推动农村手艺发展的深切动力。希望通过农村手艺这一绵延数千年的造物文脉，通过把握它当前的发展空间与命题，寻找到更多关于文化、关于农村、关于民生发展的答案，这也是一个专业研究者的责任和使命。

a b

a b 传统手艺与现代设计创意结合的日用品陶瓷设计，作者杨柳、俞杰星

第三章 · 手艺农村

农村手工艺的生产性保护与发展

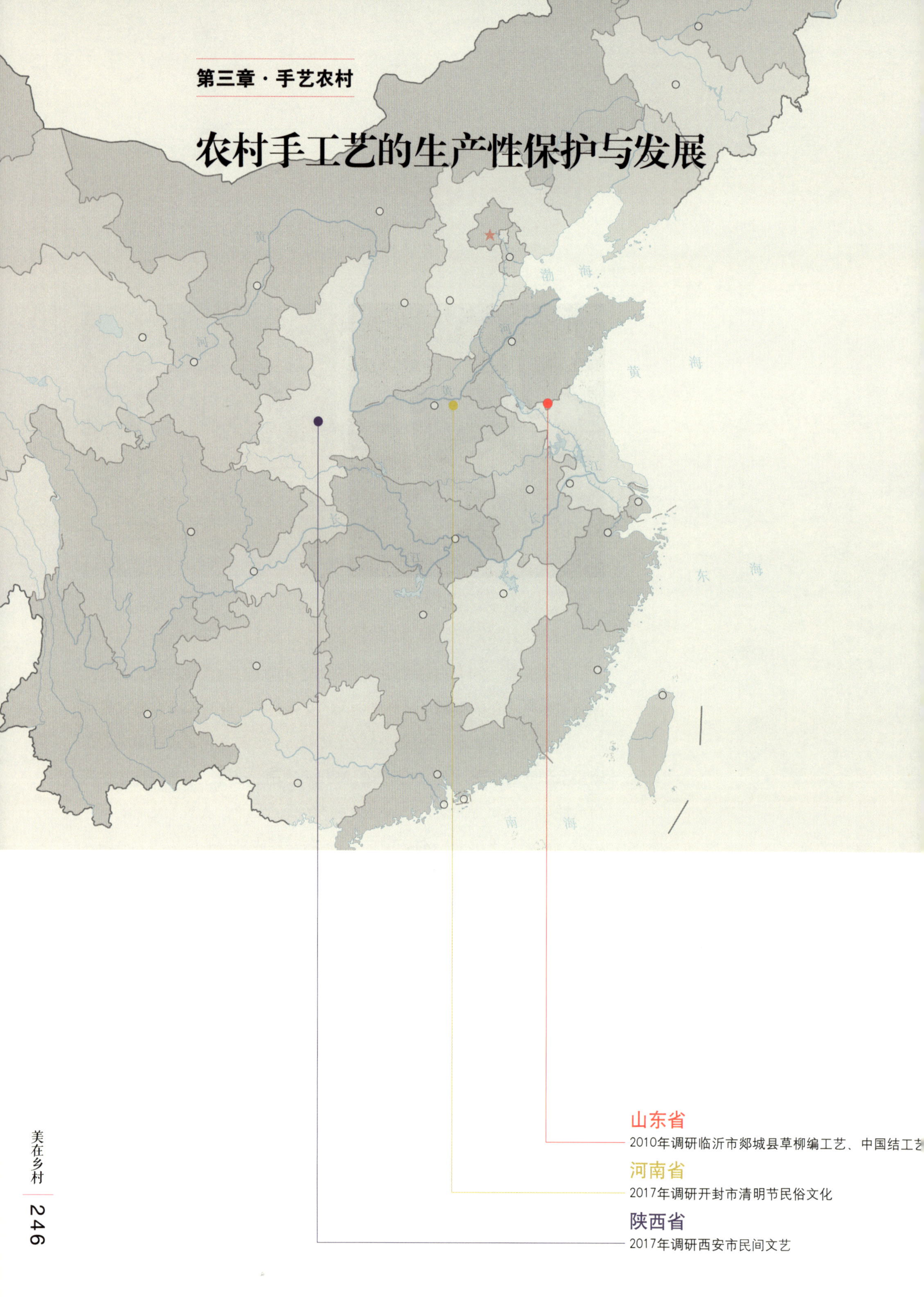

文化的生成与传承是一个动态相互联系的过程，要保护优秀的文化传统，就要保护其生存发展的生态环境。因此，1997 年我们提出了“民间文化生态保护”的命题，从生态意义上关注和研究民间文化的保护与传承。值得关注的是，文化生态的变迁不只来自生产技术、生活方式等客观的演化发展，而且受到人为的、价值判断的影响。即使科技的进步、生产生活方式的改变本身是不可逆的历史趋势，人们对传统、对历史积淀的经验和智慧的态度以及现时代对文化各要素间整体性的认识，也将很大程度上决定对民族民间文化保护和传承的举措。特别在我国这样一个经历工业化转型并兼有前工业社会和后工业社会要素的发展中国家，如何看待现代化进程中的传统文化，如何认识城市化发展中的农村文化，如何使千百年积累的经验智慧充满活力地延续和发展，是一个持续而常新的命题。

在这个意义上，农村手艺作为文化产业的发展体现了文化生态的内在联系和作用机制。首先，中国传统手艺文化建立在生产和生活形成相互关系中，与一系列生活方式、乡土信仰、道德、习俗等息息相关，与民间祭祀、起居、穿戴、器用、装饰或游艺等民俗活动的功能形态交融一体，特别是与农民精神世界和整个乡村社会深入契合。作为一种隐性传统，具有内在的文化凝聚力。从文化生态的角度看，虽然人们的生活方式连同生活空间都在发生改变，但对自己传统文化的认同和传习，却可能使乡土文化传统在新的文化生态环境中经过涵化、调适而获得重生。也是在这个意义上，我们说“新农村建设”不仅是物质条件的改善和建设，更要重新唤起农民对自己家园的记忆和认同，实现传统乡土文化在当代文化环境中的复兴。手艺本质上是一种生产性的文化，其发展更重要的是全面融入当代生产生活空间，在人们的选择和应用中，形成新的融合与改变。

a 2011 年“手艺农村——山东农村文化产业成果展”木版年画展区
b 2010 年调研山东临沂草柳编工艺产业

从国际“非物质文化遗产”保护理念看，“非物质文化遗产”是一种活态的、不断生成的文化表现形式，保护的根本目的是确保非物质文化遗产的生命力，实现“活态传承”。可以说，传承是重中之重，传承活动一旦停止，非物质文化遗产的动态表现便不复存在了，“非物质文化遗产”的保护就是传承的保护。因此，“非物质文化遗产”保护关注传承主体，由于传承大都依靠口传心授，作为非物质文化遗产承载者的传承人，在非物质文化遗产传承中发挥着重要作用；关注传统文化表现形式和文化空间；由于“非物质文化遗产”普遍面临文化空间被挤压、甚至是“文化灭绝”的威胁，发展的环境需受到重视；关注世代相传的、持续的文化认同感，尤其要解决经济利益诱惑下，不当开发、盲目开发、过度开发甚至破坏性开发造成的非物质文化遗产的破坏和毁灭。

从近十年来，关于“手艺农村”的调研情况看，以传统手工艺为重点，发展农村文化产业，也是借鉴国际“非物质文化遗产”保护理念，从国情和手艺文化规律出发，探索传统手工艺这一“非物质文化遗产”的生态性保护、传承性保护和生产性保护。因为“手艺农村”的发展特点在于，以农村文化建设为基础，涉及农村整体性的文化空间和文化生态，具有生态、资源、经济、社会的联动作用；以手艺农户为核心，涵盖社区、群体和个人等传承主体，是以人和传承为核心的保护活动；以生产为复兴途径，将手工艺资源转化为生产力和产品，通过应用和发展促进保护。

具体而言，发展“手艺农村”，开展手艺生产性保护与传承，包含以下几个层次：首先是普查意义上对手艺资源进行梳理、记录和研究，把握手艺事项的构成要素、特点和环境依存关系，分析留存发展的方案，这是基础性的文化根脉保护。因为部分品类的手艺项目依存于相应的文化生态系统，在生产生活方式等发生改变的情况下，难以在规模化的生产开发中保留其核心意义及符号价值，需从生态整体出发加以培育，解决其活性存在的问题。第二是立足于当地资源，复兴地方手工艺，发展以家庭或作坊为主的小型化手艺产业，主要作为农村副业，开展小批量、个性化的生产制作，保证文化特色和手工价值，在创造经济效益的同时，

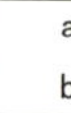

a 初具规模的山东临沂草柳编工艺产业
b 山东工艺美术学院·中国民艺博物馆农业用具展区

作为一种文化建设，使参与者在来自地域的和身边的文化传统中获得精神上的依托与享受，使工艺成为一种现代生产活力和现代文化资源。第三是在条件充分的地区，在尊重农民意愿的前提下，将手艺产业发展成为支柱产业，建立规模化、集约化的产业机制，完善从原材料获取、创意设计到产品营销的价值创造网络，尽可能将教育研究、开发设计、加工生产和销售消费等领域有机地结合起来，形成以手艺文化为核心的不断增值的产业链条，创造经济产能和文化价值。

在具体发展形式上，目前“手艺农村”主要有三种整合发展机制：其一是以农民手艺人独立生产为主，在区域范围内形成横向联合，实现专一产业的整合效应；其二是以专一产业的规模化发展带动相关配套产业，突出辐射效应，实现产业资源优势叠加；其三是多元产业交叉发展，相互借助产业优势，拓展产业空间，实现联动效应。整体上说应当因地制宜，构建符合农村地域资源条件和社会文化特征的产业化生产模式，打造多元化、特色化产业格局。

整体上说，“非物质文化遗产”保护具体涉及收集整理、濒危项目抢救、生存环境维护、适当开发以及宣传、研究和教育等方面，发展农村手艺文化产业是在普查抢救基础上，具有生态性、生产性、传承性的综合保护实践，对于我们从文化出发提高发展的能力，具有重要意义。农村传统手工艺不只是代代传习的非物质文化遗产，投射着古老文化的智慧之光，也不只是新的经济形势下，增收致富、惠益民生的经济项目，而是一个关联着文化、经济与乡土社会发展的重要的着力点。其潜力在于，以文化产业和创意经济为驱动，激发传统文化和农民的创造活力，在引入相关产业理念和机制的同时，形成创意及信息化时代对农村民众新的启蒙，使传统手艺及其所蕴含的文化精神真正植根生产生活，作为生态的、和谐的、幸福的发展范式，实现传统文化和农村社会的新生与重构。

a

a 2010 年山东临沂中国结工艺产业调研

传统工艺的保护与发展路径

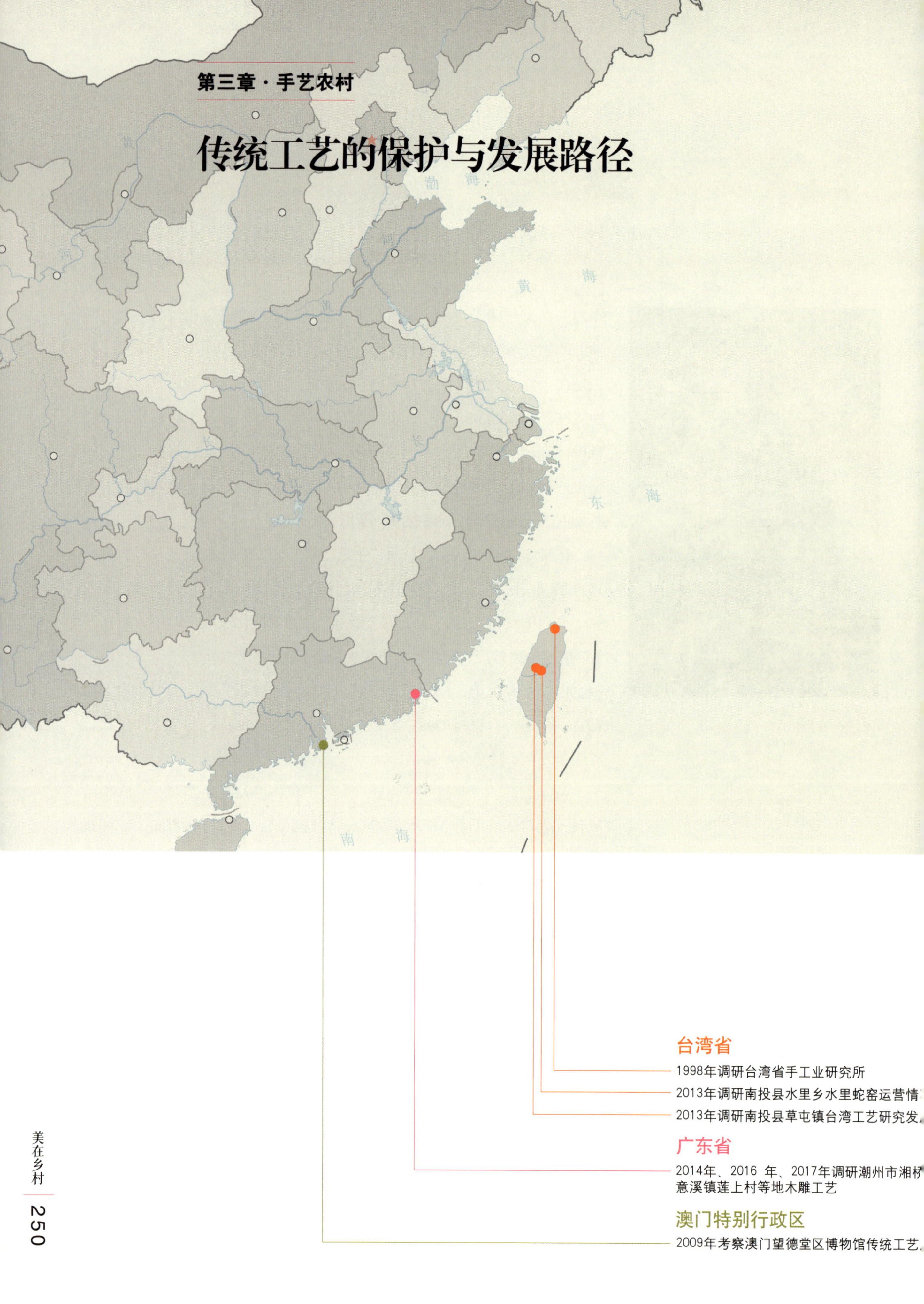

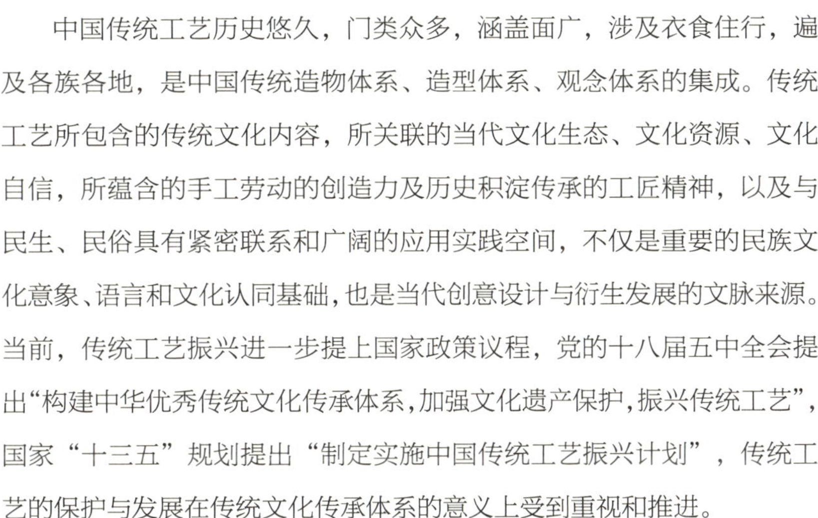

中国传统工艺历史悠久，门类众多，涵盖面广，涉及衣食住行，遍及各族各地，是中国传统造物体系、造型体系、观念体系的集成。传统工艺所包含的传统文化内容，所关联的当代文化生态、文化资源、文化自信，所蕴含的手工劳动的创造力及历史积淀传承的工匠精神，以及与民生、民俗具有紧密联系和广阔的应用实践空间，不仅是重要的民族文化意象、语言和文化认同基础，也是当代创意设计与衍生发展的文脉来源。当前，传统工艺振兴进一步提上国家政策议程，党的十八届五中全会提出“构建中华优秀传统文化传承体系，加强文化遗产保护，振兴传统工艺”，国家“十三五”规划提出“制定实施中国传统工艺振兴计划”，传统工艺的保护与发展在传统文化传承体系的意义上受到重视和推进。

应该说，传统工艺的保护与发展是一个系统工程，既要切实加强濒危传统工艺的抢救与保护，续存母本，丰富存量，做好文化生态基础研究，制定保护与传承措施，保持传统工艺的多样性，也要做好传统工艺的活化与发展，特别是对于具有较好的传承与生产基础，并有望拓宽发展空间的传统工艺，要进一步丰富题材和品种，提升设计与转化水平，发挥对城乡创业就业的促进作用，促进传统工艺在当代生活中的广泛应用。因此，传统工艺的保护与发展要处理好保护、传承与创新、衍生的内在关系，在保护上，突出原汁原味，续存文化根脉；在传承上，兼顾个体与集体，全面构建传承体系；在创新上，扎根当代生活，重塑传统工艺活力；在衍生上，积极探索跨界融合的多元发展路径。

a 2013 年赴中国台湾南投水里乡考察水里蛇窑运营与创新情况

b 2009 年赴中国澳门考察澳门博物馆传统工艺展陈与传播情况

本文根据 2016 年 9 月 21 日第四届中国非物质文化遗产博览会“传统工艺振兴论坛”上的发言整理。

一、保护是基础，突出原汁原味，续存基因母本

一段时期以来，在工业化、市场化、城镇化快速发展过程中，传统工艺遭受冲击，面临“边缘化”困境。包括传统村落减少，地域文化个性受到同质化消磨，传统工艺美术的生存土壤发生改变，比较突出的问题是大量农村青壮年涌向城市，“空心村”不同程度存在。作为传统文化母体的村落由于缺少原住民，传统工艺等生活的文化难以发展壮大，民居营造、生产工具制作、生活用品加工等手艺人渐次老逝，内生动力不足，相关手艺仍然面临后继乏人的困境。加之大工业发展，不少体现精湛手工制作技艺的传统生产工艺被机器大生产所替代，不少民间以使用功能为主的器物被新材质、新形态的工业产品取代，传统工艺和形式语言等一定程度上失去了物质载体。还有民间传统信仰、礼仪、习俗等不同程度上弱化，传统工艺以及民间文化的表达方式和意义传播受到影响。

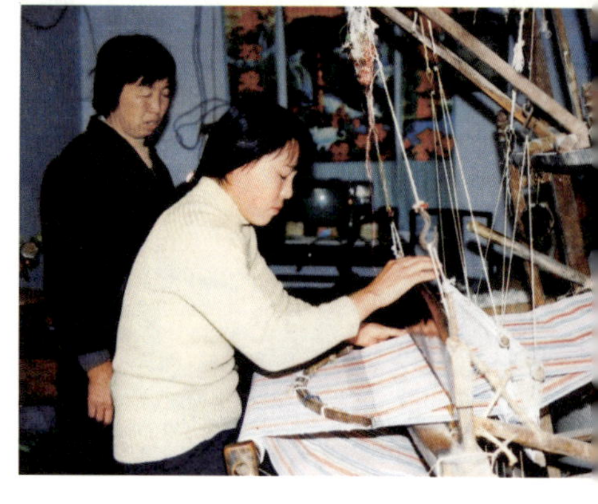

在这种形势下，近 20 年来，抢救和保护具有鲜明民族历史文化特色的传统工艺，成为国家文化政策的组成部分。国务院于 1997 年颁布《传统工艺美术保护条例》，对传统工艺美术保护原则、认证制度、保护措施、法律责任等做出规定，从国家层面对传统工艺进行立法保护。2006 年、2011 年出台《国家级非物质文化遗产保护与管理暂行办法》和《非物质文化遗产法》，对包括传统技艺、传统美术在内的非物质文化遗产调查、保护、传承与传播等做出规定。近年来，在政府主导、专家指导、全社会广泛参与下，全国范围内掀起了非物质文化遗产保护热潮，包括工匠艺人在内的广大民众逐步树立起优秀民族文化遗产保护、传承的自觉和自信。

应该看到，传统工艺的保护形势仍然严峻，不仅涉及传统工艺存量，还关系到传统工艺的应用空间与文化内涵，是“皮之不存，毛将焉附”的问题。比如我们在陕西某村的调研中看到，传统民居被整齐划一的新村建筑取代，且新村“空心化”严重，年轻人因务工、陪读、购房等原因逐渐迁离传统村落，多年来村中无新建传统民居，部分远离新村聚居地的老民居荒废有时。村里营造匠人已60岁以上，虽一人多能，既是木匠，又是铁匠、篾匠、石匠，且工具专业齐全，手艺精良，但技艺施展的舞台不再，营造等传统工艺的传承荡然无存，面临窘迫现实。此外，由于

a 民间吹糖人技艺
b 民间织花布技艺

生活方式改变，价值观多元，传统工艺中原有的价值取向、情感寄托甚至精神信仰受到冲击和肢解，传统工艺原有的丰富含义被不同程度消解，甚至走向商业的符号化。比如在不少地区的民间剪纸调研中存在相似的现象，就是传统剪纸的民俗功能、民俗内涵趋于弱化，与传统民俗相关的母题内容、图式减少，与传统的民间传说故事、信仰寄托、民俗应用相关的创意发展逐渐减弱，甚至当老一辈艺人故去，年轻人对其中的内涵了解的越来越少，剪纸程式的商业化、市场化决定性更强，原有的精神和情感内涵被稀释甚至消解。相似的情况在民间刺绣中也存在，以苗绣为例，原来传统的女红已不再是日常生活之必须，进城务工、现代通讯、当代家庭生活改变了苗绣原有的生活地位和角色，年轻一代女性甚至不再深刻理解传统的纹样图式内涵，传统工艺的内涵在日常生活的选择中被弱化和淡忘。

因此，传统工艺保护势在必行，传统工艺保护是传统工艺振兴发展的必要基础，保护必须突出两大重点：

其一，原汁原味做好工艺基因的保护，保护传统工艺中技艺、材料、工具、样式等“本真性”和“经典性”，具体包括记录整理、建档存录，充分利用技术手段进行数字化信息处理、数据建模等，尽可能留下发掘、整理、修复和发展的线索和资料。既要尊重传统工艺的经验实质，也要充分考虑到经验流失的可能。几千年来，中国工艺的文脉不断线得益于经验传承，但“人走歌息”、“人亡艺绝”的困境也和单纯的甚至相对封闭的经验传承相关。这是我们必须正视的问题。因此要全面整理历史及当下的传统工艺要诀，梳理技法和经验，采集图示图谱，注意甄别，系统梳理，立档存录，做好工艺规范、技法构成、技艺步骤等经验的整理，全面把握不同时期、不同品类、不同地域民间工艺的技艺原理和经验形态。要以相关学术研究作为保护实践的支撑，对有关工艺技法和经验构成进行知识谱系的梳理和研究，上升到原理层面加以把握。要在尊重经验、重视传承的同时，引入科学的视野和方法，在辑录原貌、存录口诀技法图谱的同时，加强理学、工学的跨学科研究，引入原理的、元素构成的、

a

a 民间剪纸工艺

流程标准的内容和技术解析，丰富我们的工艺阐释，也尽可能运用新的科技手段留住我们传统工艺的基因片段。

其二，要拓展保护的范畴和深度，把保护传统工艺与修复工艺文化生态结合起来。传统工艺的保护与发展是一个系统的生态工程，一旦丧失生活载体，将流为形式的遗存。因此不仅要保护濒临失传的技艺，还要政府、专家、工匠艺人及广大民众共同参与，让传统工艺回归民间生活，这是保护的关键所在。要进一步关注传统工艺的生活基础和价值，结合历史、人文、社会和生活背景，分析具体民间工艺相关的生活方式、价值导向、审美趣味以及历史文化等因素，深入把握其生成的文化原因和社会机制。在工艺文化生态保护中，进一步修复传统工艺的自然节律载体，充分认识传统生活中集会、节气以及与岁律相合的传统节日作为民间文化等生成土壤的重要意义，进一步还原和培育传统节日里丰富的民俗、民艺内容，在都市生活的假期空间里充实传统工艺等活动内容。要修复传统工艺相关的人生礼仪载体，深入把握传统民间艺术的色彩、符号、形制等与生活相依存关系，有计划地恢复和培育优秀民间礼仪，增强文化认同与情感维系，培育工艺文化发生与应用的文化空间。要修复传统工艺的社会聚落载体，深刻认识传统工艺与传统村落、居民、生活的依存关系，推动传统村落保护，促进恢复传统民居营建、民俗活动等，保护民间文艺的丰富性。习近平总书记指出“文化自信是更基本、更深沉、更持久的力量”。我们要在自觉、自信的基础上，修复工艺生态，留存工艺匠心，守望文化乡愁。

二、传承是关键，兼顾个体与集体，构建传承体系

传统工艺作为习得性知识，重实践、重经验，传承是保护与发展的关键。从传承机制上看，历史上，我国传统工艺形成了包括言传身教的文化传承、心领神会的体验传承、经验总结的艺诀传承等传承形态，形成了师徒传承、家庭传承、行业传承等传承体系。近现代以来，传统工艺传承与发展也作为工艺教育、艺术教育纳入学校教育机制，学校的专业人才培养成为工艺文化传承发展的有机组成部分。近一段时期以来，社区里开展的工艺文化传习也成为一种社会传承形态和机制。从传承主体上看，张道一先生曾将民间工艺的传承与实践主体划分为四个层次："一是广大的农民和牧民，他们的艺术活动带有业余的性质；二是农民的副业，只是在农闲时或节日、集市上从事艺术品的制作和销售；三是半职业性的游方艺人，常年走街串巷；四是在城市中挂牌营业的专业艺人，设立作坊或参加专门的工厂等。"

从现阶段的工艺文化传承来看，一方面要有重点，把工匠、艺人等传承人（群）作为保护与发展的核心力量；另一方面要有广度，既要保护和扶持相对少数的创作主体和传承人，还要关注传承人群和传承集体；在做好重点保护和示范传习的同时，还要进一步关注广大的接受群体和文艺受众，做好普及宣传和推广，扩大队伍，增进认同。就前者而言，我国已建立代表性传承人保护体系：2006 年，文化部颁发《国家级非物质文化遗产保护与管理暂行办法》，对国家级代表性传承人的认定标准、权利、义务及管理做出具体规定；2008 年，《国家级非物质文化遗产项目代表性传承人认定与管理暂行办法》进一步规定并细化了对代表性传

a 2014 年调研山东鄄城织花布工艺

承人的保护与管理；2011年，国务院颁布《中华人民共和国非物质文化遗产法》，对非遗传承人从评选、认定、技艺传播、传承、法律责任等方面作出法律界定。全国各地也相应出台政策法规对传承人提出具体的扶持办法；同时，相关政府部门及国内外组织、行业协会颁发了系列荣誉称号并组织各类奖项评选，挖掘优秀作品，表彰与鼓励优秀的手艺传承人；2015年，文化部、教育部启动“中国非物质文化遗产传承人群研修研习培训计划”。

就更广泛的工艺文化传承而言，还要全面构建包括传统师徒制、学校教育传承、社会公共文化传习等传统工艺传承体系。《伊斯坦布尔宣言》就非物质文化遗产指出：“它的存在必须依靠传承主体，即本民族群众的实际参与，体现为特定时空下的一种立体复合的能动活动；如果离开这种活动，其生命便无法实现。”从根本上说，传统工艺由民众集体创造、集体使用、集体传承，要进一步激发民众的主体参与感和集体存在感，使广大民众成为传统工艺的创造者、享用者和传承发展者，进而全面激发传统工艺的创造活力。从工艺传承的调研情况看，以浙江东阳木雕为例，东阳木雕最核心的竞争力是从业者多，其传承方式多元，有以家庭

a

a 2016年调研广东潮州木雕

作坊为主的家族传承，有以企业为主的行业传承，有以大师工作室为主的师徒传承，有以院校木雕专业为主的教育传承，各种传承形式相互融通、交流密切，使东阳木雕在全国同行中形成了鲜明的优势。与此同时，学校教育应当在工艺传承中发挥积极作用。特别是专业艺术院校坚守中华文化立场，传承中华文化基因，可进一步构建高等艺术院校关于“中国传统造物文化传承与发展”、“中国传统造型艺术传承与发展”教学体系。在山东工艺美术学院，我们计划实施“振兴中华造物传承体系建设工程”，包括规划建设“中华传统造物文化传承与发展”、“中华传统造型艺术传承与发展”课程体系，建立传统工艺“专业必修”和“通识基础”课程群；并进一步完善传统工艺传承教学内容，深入落实“传统工艺美术大师进校园计划”，聘任工艺美术行业高级人才为课程教授，开展授课、讲座等教学活动，并以多种形式举办传统手工艺实践方法与经验分享会，开展主题讲座和与展览。同时，夯实传统工艺文献信息基础，发动师生专业力量，运用众创、众享等技术和内容增长机制，建设“中华造物传承体系”数据库，为传统工艺教学、研究、设计实践提供素材和信息资源。其中，传统工艺知识体系建构须与工匠精神培育相结合，在构建中国传统工艺基础课程体系，在梳理历史、细分知识、评论内涵、剖析缘由、明确精髓的同时，要重视工匠精神、素养、境界的培育，打牢传统工艺振兴的知识基础并提升人文精神境界和内涵。

总之，传统工艺的传承，是技艺的传承，也是文化的认同与传承。《考工记》中“天有时，地有气，材有美，工有巧，合此四者，然后可以为良”的工艺价值观，以及从《诗经》“如切如磋，如琢如磨”到今天拓展到工业制造和各行业领域的精益求精的工匠精神，都是工艺文化传承的重要内容。工艺传承要兼顾个体与集体，构建传承体系，并在更深层面上弘扬大国工匠精神，突出我国工艺美术的文化内涵，深化发展潜力。

三、创新是必然，扎根当代生活，重塑工艺文脉

早在 1996 年，在山东烟台召开的“当代社会变革中的传统工艺之路”的研讨会上，发布了《保护传统工艺 发展传统文化》的倡议书，提出中国手工文化及产业的理想状态应是：一部分继续以传统方式为人民提供生活用品，是大工业的补充和补偿；一部分作为文化遗产保存下来，成为认识历史的凭借；一部分蜕变为审美对象，成为精神产品；一部分则接受了现代生产工艺的改造，成为依然保持着传统文化的温馨的产品。当前，我们仍然要以科学、客观的态度把握相关传统工艺的保护与发展问题，简而言之，不仅做源头保护，也要做终端开发，扎根当代生活，建立新的工艺文化，重塑工艺文脉。

2008 年，我们承担了中宣部“四个一批”人才资助项目“山东省农村文化产业调查与研究”课题。从调研情况来看，临沂莒南石雕工艺已由传统生活实用石器（石磨、石碾）转向现代园林石雕艺术品，菏泽鄄城织花布由床单、被面制品转向现代家纺、服装、工艺壁挂，临沂红花乡中国结由传统的盘扣、服饰绦子转向现代家居挂件、立体摆件等装饰品，潍坊杨家埠年画、风筝转型为礼品、旅游纪念品。总体看来，我国农村手工文化产品创新取得了突出成果，但由于设计缺位，产品开发深度不够，创意性不足，中低档产品仍然较多，面临发展瓶颈。如临沂红花乡中国结，其产品以室内装饰、节庆点缀等装饰性挂件为主，基本完成产品的现代转型，在销售市场也取得一定成功，但从长远发展来看，尚缺乏对不同

a 广西贺州昭平县民间竹编技艺

b 小朋友学习传统中国结编织技艺

层级及种类产品的纵深开发。20 世纪 90 年代以来，工艺美术要素重返农村，直至今天逐步形成规模化的产业发展格局，因此，农村工艺美术发展的情况很大程度上反映了我国工艺美术行业发展的总体情况。面对传统工艺设计缺位的问题，工艺美术行业还要充分发挥主体作用，以繁荣工艺美术发展为主要任务，建立与专业设计师、院校等联合开发现代工艺产品的创新研发机制，活跃工艺美术市场，推进工艺美术产业升级，大力扩展传统工艺及其文化的影响力。

具体来说，传统工艺要创新以适应新的生活方式，要创新以复兴传统生活美学。中国古典美学思想丰富而多元，在尊礼、重礼、守礼的文化风气影响下，人们将传统美学观念贯注于衣食住行用、日常起居及生活器用的各个层面。通过量材为用、巧法造化、各随其宜，形成了独到的工艺造物文化，培育了讲究而适宜的生活美学。由于工业化冲击加之自身文化传承与创新的自觉度不够，原有的文化价值体系和生活记忆不同程度消解，传统工艺的从业人员、消费群体等在传统美学熏陶上相对不足，加之盲目地商业开发对传统文化造成一定肢解和破坏，致使不少工艺品缺乏中国美学格调。从这个意义上说，传统工艺创新需植根传统，融会时代发展的新的价值导向、新的生产生活方式以及新的消费观念，创造具有生活实用价值及美学意义的工艺品，唤醒传统生活美学精神和态度。

总之，创新是联结传统工艺文化、工艺生活、工艺业态的桥梁。从国际经验看，日本保护发扬传统工艺，将简洁实用的美的标准融入现代制造业，形成日本制造的美学风格；德国传承手工艺传统，形成专注、精准、务实的现代制造品质；北欧国家从民族工艺传统中提炼衍生出鲜明的现代制造风格。以传统工艺资源为重点，根植现代生活，开展战略性、生态性、生产性创意设计研发，是实现传统工艺生活化、规模化、产业化的根本。其创造性转化路径主要包括：其一，以当代设计观念创新转化传统工艺样式。由于新的生产关系和生活方式变化，生产、文化等价值坐标发生改变，创新的关注点要从物质生产向文化建构深化，从产品

a

a 广东石湾公仔陶塑工艺

功能向人文情感拓展。其二，以当代设计语言创新转化传统工艺文化内容。我国传统工艺文化资源中蕴含丰富的传统知识、符号语言、艺术形态、工艺技法、生态材料和文化思想，加强设计转换，丰富集人文、精工和生态特性为一体的“中国设计”内涵，厚植“中国设计”的文化基础。其三，以当代设计创意产业创新转化传统工艺产业。通过设计，因地制宜、因势利导地将工艺资源优势转化为设计发展强势。其四，以品牌设计创新转化传统工艺代工。从产业链布局看，我国劳动密集型贴牌代工生产仍然较多，加强设计创新与品牌构建是夯实工艺美术产业发展的利器，势在必行。

四、衍生是趋势，跨界融合，探索多元发展路径

从“中国制造”到“中国设计”，是未来中国经济、文化发展的历史必然。当前，我国作为全球文化产品最大的出口国，工艺美术占主体位置。联合国教科文组织发布的最新报告显示，2013 年中国文化产品出口总值达 601 亿美元，高出排名第二的美国 279 亿美元一倍多，成为全球文化产品最大出口国。根据报告，艺术品和手工制品在全球贸易额最大的 10 类文化产品中的排名有所上升，中国是工艺美术品类最大的出口国。在信息、消费等新的发展机遇下，工艺美术的经济叠加价值还将更加显著。因此，要把握城市生活性服务业对大规模定制的需求拉动、生产性服务业对制造业的结构性嵌入，以及“互联网 +”电商消费对文化商品个性化、生态化、层级化、产业化格局的重新分配为传统工艺美术与其他产业融合发展提供的巨大商机，促进人才培养、科研创新、学科专业建设与产业发展相融合，推动工艺美术产业振兴，实现经济、文化、社会发展等综合效益和价值。在这一背景下，衍生将成为传统工艺发展的重要趋势。

a

a 山东工艺美术学院 · 中国民艺博物馆刺绣馆

具体要加强传统工艺的原生态、衍生态认定和保护。首先是针对手工、原创与机械化、规模化复制仿制等进行分级认证和管理，建立分类认证制度，划分原作、限量版、精品、普通品等类别，明确不同类别的数量、原创性及工艺流程，以有效的标识、印章、证书以及作者签名等标明，保护手工原创，并使批量化生产适得其所，防止市场受伪劣仿冒冲击和破坏，引导市场经营向原创原真即附加值高的方向发展，以良性竞争带动传承和行业发展。在此基础上，积极探索新技术、新经济、新业态条件下的多元发展路径，使衍生态成为原生态的拓展与升华，激发传统工艺文化资源的价值和效能，为传统工艺发展注入持续动力。

“十三五”期间，以移动互联网和大数据为核心的现代数字信息技术的迅猛发展，“移动互联网 + 社交 + 大数据”以全新的支撑平台和传播渠道，正在重建大众日常生活方式，重构文化的多元化发展格局。“互联网 +”打通了生产价值链和消费价值链，传统工艺需要改变行业的思维模式、商业模式，适应和寻求新的发展生机。如山东滨州博兴县湾头村在 2006 年诞生了第一批网店，村民们开始在淘宝网上销售传统草编产品。2016 年湾头村草编电子商务从业人员达 2000 多人，建立草编工艺品网店 500 多家，年销售额过百万元的网店有 30 余家，成为闻名全国的“淘宝村”。在“体验经济”、“众创”环境下，传统手工艺也面临新的发展机遇，是重要的、富有特色的地方文化资源。其特点在于，符合生态环保需求，依托地方物产和自然资源，进行手工艺制作，无污染，是绿色产业；具有循环经济价值，手工艺原材料及产品可再生、可降解、可循环利用，生态高效；具有劳动力密集特点，有益于发展生产，促进就业；具有文化创意空间，特色手工艺反应地方文化传统，体现人文风土特色，融会当下创意创新，是特色文化产业不可忽视的组成部分；具有产业辐射效能，特色手工艺发展有助于带动当地民俗旅游、土特产加工、智慧农业发展，具有产业延伸和拉动效应。

应该说，衍生即演变而产生，从母体物质得到的新物质。就传统工艺而言，衍生意味着传统工艺自身及其多重价值属性将成为创意的资源或手段，包括解构与重构、拓展与升华、颠覆与再造，意味着跨界融合、多元发展。例如，台湾地区施行“YII 计划”，促进工艺匠师与国家知名设计师合作，将传统工艺资源转化为当代创意产品，复兴濒临失传的传统工艺，在国际上赢得广泛认可。衍生成为工匠、艺人与专业设计师，传统工艺与创意设计的“联姻”，成功的衍生将铸就新的工艺“典范”，引领新的工艺风尚，重塑属于我们民族的工艺意象。

当前，传统工艺融入创意时尚、旅游服务、艺术品收藏等各领域，手艺定制、手艺体验、手艺收藏成为一种新的生活与消费趋势，拓展传统工艺的创意发展思路，不断融入新材料、新工艺、新需求来创意生活，并使越来越多的手工艺元素应用到家居生活、公共艺术以及形形色色的

a

a 山东工艺美术学院创作团队创作的剪纸动画片《八仙过海》

日用产品中，是发展需要。工艺设计是其灵魂和根基，更多的人也将从中找到文化的共鸣，并参与迈入工艺的复兴之路。

五、实施传统工艺振兴的几点建议

振兴传统工艺既要定位精准，切实可行，也要关注文化传承与创新发展的长远走向；既要有明确的抓手和措施，形成相应的配套评估体系，也要关注传统工艺在文化认同、文化凝聚、文化创造与交流方面的无形作用；既要有明确的目标导向，也要重视包括民风民俗、民间信仰、核心价值观等交织生成的文化生态，保护和培育传统工艺的生活土壤，深化内涵，丰富载体；实现传统工艺保护的时代使命、创新发展的文化意义以及衍生推广的产业价值。

一是突破瓶颈制约，构建传统工艺振兴长远规划。具体而言，建议国家制定《促进工艺美术产业的发展规划》，从发展文化事业和文化产业的高度，在强化传统文化特色、创新产业体系、加强金融政策支持、完善知识产权保护、促进工艺美术行业人才培养等方面，对传统工艺美术行业予以引导、扶持和推动，促进全面可持续发展。建议重新修订《传统工艺美术保护条例》。我国《传统工艺美术保护条例》于 1997 年颁布，二十多年来，传统工艺美术发展的社会环境发生了很大变化。在新形势下，尤其要从“原真性”“系统性”“共生性”“持续性”等工艺内涵上，进一步明确传统工艺及其发生土壤的保护与发展的原则，进一步明确传统工艺的文化价值、传承方式和社会意义，提出更为有效的保护与发展措施，在城镇化的时代背景下拯救濒危的传统工艺美术品类，促进传统工艺美术产业的振兴已经迫在眉睫。

二是扎根民间生活，实施“传统工艺乡土回归计划”。深刻把握传统工艺的民间属性，梳理和保护好地方特色民间文艺的群众基础，做细做精基层文化活动，使基层群众有舞台、有热情、有传承、有创造，把边缘化的民艺拉回民间舞台的中央，不断丰富城镇社区和广大乡村的民间文化生活，使工作和活动开展起来更接地气、聚人气，主心骨更突出，使人民成为民间工艺的主角。真正把工作重心放在社区、乡村，亲民近民，

服务推动地方特色工艺在农村和城乡社区扎根，开展传习、展演等群众文化活动，并针对不同群体和地方手工艺样式因地制宜地实施传承计划，使普通民众成为传统工艺传承的重要基础，使传统工艺成为社会、社区和民众自然、和谐、稳定、有序、良好互动的重要纽带，增强文化认同与凝聚。

三是开展文化扶贫，实施少数民族及贫困地区“传统工艺扶贫计划”。少数民族地区以及贫困地区的传统工艺承载着丰富的文化信息，由于受地方经济发展的制约，未能发挥应有的文化、经济和社会价值，是国家最应该关注扶持的对象。建议成立“国家扶贫公平贸易机构”，提供公平贸易信息，建立公平贸易渠道，引导公平贸易发展，为相对闭塞贫困地区的传统工艺生产者直接寻找市场和消费者，减少贸易中间环节，提高手艺收入，改善民族边远地区手艺人处于产业链末端、获益微薄、权益缺乏保障状况。鼓励当地民众从事传统工艺劳作，发展工艺生产经营；加强基层协作组织建设，成立民间工艺合作社；创新传统工艺金融服务体系，实行缓、减、免等财税优惠政策；鼓励注册传统工艺商标，开展“原产地保护”、“地理标志”和“非物质文化遗产”等申报工作，发展特色工艺品牌；在条件成熟地区探索建立“国家传统工艺扶贫示范基地”示范基地；实施民族及边远贫困地区“传统工艺复兴计划”，开展创意研发、交流培训等文化帮扶，全面动员吸收社会力量来发展民族地区及贫困地区特色传统工艺。

四是留住民间乡愁，将传统工艺发展纳入公共文化服务体系。要留住乡愁寄托，守护我们共有的历史记忆、心灵空间、工艺境界和生活气息。要把握民间文化生活需求，以源远流长的民艺和民俗活动来丰富人民群

a 2018 年调研广西贺州昭平县凤凰乡太平村

众的文化生活，表达生活理想，诠释传统美德，弘扬社会主义核心价值观，形成具有积极价值观导向和深刻自觉的健康生活方式，增强人们对优秀传统文化的理解和当代主流价值的认同。同时，在公共文化体系的基础设施建设等物质层面，不仅要建“农家书屋”，还要积极修缮和保护与传统工艺相关的公共文化空间，发挥基础载体作用。

五是增强文化自觉，将传统工艺纳入国民教育体系。传统工艺美术具有丰富的文化内涵，是传统文化的重要组成部分，相对于国学代表经典文化，手工艺则代表民间文化，共同构成中华民族传统文化的支撑体系，是“以人为核心”新型城镇化的重要抓手，也是“体验经济”的重要组成部分。建立涵盖幼儿教育、中小学教育、职业教育、继续教育、高等教育以及社会传习的传统工艺美术国民教育体系，推进中华优秀传统文化传承。恢复民间优秀的手工艺行会制度，由行会（行帮）自行设定严格的师徒传承制度及从业制度，加强工匠艺人的道德规约及行为规范，解决目前存在的传承混乱、传承人评选制度混乱等诸多问题。在学校倡导传统工艺文化传承，编制手工艺乡土教材，推进手工艺进教材、进课堂；在社区倡导重塑传统工艺文化氛围，实施手工艺传习计划，丰富社区文化，深化公众认知与传播；在农村倡导“一村一品”，树立文化自信，传承造物文脉；同时，加强中国手艺学研究，为传统手工艺繁荣发展提供人才和学术支持。

六是尊重民间文化，完善民间工艺主体保护与传承机制。建议实施“民间国宝”文化推广工程，认定个体的民间工艺家和集体的传统工艺传承团体，尊重和推广杰出的民间手艺人代表。“民间国宝”应是相关传统工艺领域最佳水平和传承贡献的代表，以及严重濒危、能使其保护传承的民间手工艺人代表，应以弘扬传统工艺的创造精神、传承精神、工匠精神为己任，为传统工艺发展发挥导向作用。同时，进一步健全和完善传统工艺传承人保护与传承机制，分层分类制订保护制度，将认定标准架构到民间文艺家从“年龄—从业年限—资助激励”的模型中，分类认定、分类保护、分类奖励，从而形成自上而下不同民间工艺家构成的“保护链”，

a

a 果盘创意设计

释放传承活力和实现可持续传承。充分考虑构建“工艺传人—工艺大师—民间国宝”的“传承链”，强化分类认定、激励机制，颁发能代表不同层级传承人身份的认证书，既起到保护立档的作用，又起到挖掘发现、鼓励发展的作用，使“民间国宝”制度设计成为崇尚民间工艺传承人、传承项目可持续发展的助推器。

七是振兴传统工艺，实施“传统工艺设计转化战略”。依据国家“十三五”有关文化建设的发展规划，植根传统工艺发展规律，结合我国经济、文化、社会、立法、教育、“三农”等现实问题，进一步研究制定“传统工艺保护与创新发展规划”，加强传统工艺“创新链”建设，加快传统工艺的定制化、品质化的创新传承进程。积极推动传统工艺供给侧提质增量，在优化相关要素配置的同时，出台政策、采取举措，就传统工艺投资、消费、出口全面、深度挖潜，培育需求市场，并找准传统工艺产品及服务的消费痛点，提高产品及服务供给对需求变化的适应性、灵活性，满足大众消费需求，推动消费成为生产力。关注工艺美术产品及服务，引导工艺美术产品在研创、生产、销售、服务等方面系统化发展，增强传统工艺相关产业延展性，增大收益空间，推动民间文艺创造性转化与创新性发展。促进文化的产业融入与提升，发扬工艺传统，将中华审美传统融入现代制造业，形成中国制造的美学风格。激发文化资源价值和效能，赋予文化产业更高的情感附加值，为文化产业发展注入民间文艺的支撑力和持续动力。

八是复兴工艺文脉，重建民族传统工艺造型体系。传统工艺是中华民族文化表达的重要方式，也是民族精神的象征。自20世纪初广泛引入油画等西方造型艺术以来，在基础教育和高等教育中主要依托西方美术体系，中国传统工艺美术造型规律被不同程度边缘化，符合中国人审美心理、体现民族文化特色和创造力的传统造型艺术遭遇传承断裂的困境。加强民族传统工艺美术造型体系的梳理研究、教育传承、文化认同以及创作发展，有助于深化文化自觉与自信，增强文化凝聚力，续写文化创造力，为经济、社会、文化的发展提供涵养与支持。

传统工艺是典籍之外的一支活态文化，承载了民族的造物智慧文脉，是民族文化的生动表征，是民族乡愁的载体。在文化转型和城镇化背景下，传统工艺的保护与发展更关系到如何用文化和艺术来涵养我们的经济和文化产业，使传统文化中精神的、心性的、情感的以及道德的种种软性的构成，成为我们民族发展的动力，具有工艺匠心传承的现实意义。振兴传统工艺，首先应守护好民族造物文脉根基，保护好民族工艺基因库，进而激发传统工艺生命力；通过保护唤起全社会的文化自觉与认同，全面构建传承体系；寻求建立传统与当代的连接，从材质、工艺、艺术语言、文化思想内容等各方面找到与当代生活的血脉联系，研究工艺基因谱，推广工艺产业品牌；根植当代生活，在创新中复兴传统生活美学，在衍生中实现跨界发展；制订工艺文化策略，在国际上建立工艺美术的民族文化形象，在国内市场和城市社区、农村生活中营造工艺匠心的文化认同，使传统工艺美术成为具有中国文化内涵和特色的文化创意产业，使千百年来积淀发展的造物文脉有新的传承，使传统工艺在中华民族的伟大复兴中发挥看得见、摸得着具体而切实的作用。

a 山东工艺美术学院·中国民艺博物馆

城镇化进程中的传统民间美术研究

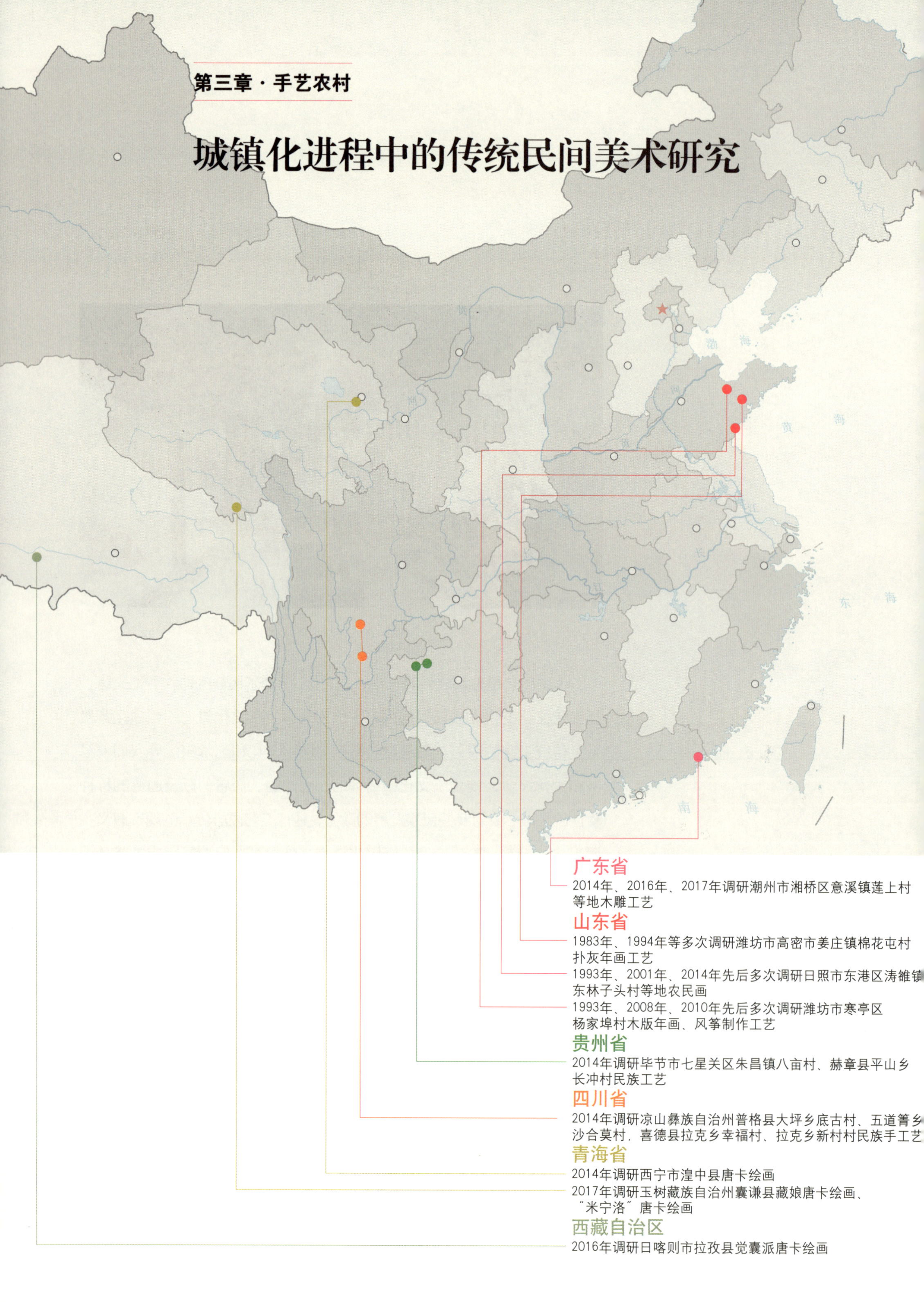

在新型城镇化进程中，传统民间文化的生存空间、传承主体、发展机制、创作观念以及社会评价在不同程度地发生变化，既有边缘化的困境，也有转型的机遇。特别是在传统文化传承、创意资源驱动以及“图像时代”美术传播具有重要影响力的当下，客观认识传统民间美术的本体样态及发展规律，全面把握城镇化进程传统民间美术的生存状态，分析梳理传统民间美术转型变革的内在肌理和典型模式，自觉建构传统民间美术的发展策略，对于在文化生态涵养建构的基础上解决城镇化进程中的具体问题，具有现实意义。

当前，以人为核心的城镇化亟须从文化发展上破题。在推进我国土地、户籍等制度改革以促进城乡均等发展的同时，须考虑人口流动带来的文化生态改变和文化需求变化，重视传统文化资源的保护与利用，有效发掘传统民间美术的资源优势和潜力，在提升人的内在素质和文化创造力的基础上，带动相关产业规划和发展，实现生产、生活、文化空间的新一轮调整和建构，真正使城镇化进程成为以人为核心的转型、提升和发展过程。避免简单地合乡并镇，避免“片面强调规模扩张而忽视产业发展，强调密度而忽视承载吸收能力，强调速度而忽视消化转换能力，强调物质发展而忽视空间生态优化”问题。从一代人的长期发展来考虑城镇化问题，实现人的合理聚集的城镇化。事实上，只有当数亿城乡居民生产能力、生活质量、文化需求得到切实提高和发展，在庞大群体转型提升的基础上，才能形成当代中国经济发展和社会进步的巨大潜力和动力。

在这一历史进程中，传统民间美术发展具有不可或缺的重要意义，甚至直接关系城镇化发展的文明程度。大到城镇建筑、村落等空间聚落的视觉形态，小到承载着乡土记忆的美术样式与符号，有形的是本土美术资源基础上发展起来的创意设计，无形的是内在的文化认同、归属和

a 山东杨家埠民间艺术大观园
b 2014 年与英国人类学家雷顿一起调研山东日照农民画

创造；普遍的是与传统民间美术息息相关的民俗生活，个性的是充满文化特色的差异和优势。所以，民间美术发展得好，则有望成为新型城镇化的一股重要的文化驱动力，促进从文化资源、人文精神等文化精神层面到城镇发展等物化层面的提升；发展不足，则会重复甚至加剧以往传统美术受到冲击、产生断层以及资源流失的危机，亟须开展学术自觉意义上的深入研究。

一、研究的意义

以往关于特定社会历史进程中民间美术研究，核心是还原传统民间美术的生存境遇，对其发展进行社会历史层面的分析解读，对其内在演变做出历史意义上的综合评价，提出发展策略。就我国而言，已有成果的研究重点在于阐述现代化的社会历史进程中传统民间美术的发展问题，时间范围主要为20世纪百年，焦点是工业化、城市化、科学化的现代化主题，分析由此带来的从创造主体到人文生态环境的深刻变化，阐释传统民间美术在形态、内涵等方面的变化原因，或深入分析当代艺术语言与民间美术传统的联系，做出评价，从核心价值观建构等方面提出传统民间美术的发展策略。因此，相关成果在研究方法上，从宏观历史视野出发，以现代化、现代性为关键点，分析传统民间美术生态环境，深入艺术语言表现形式、艺术核心价值观层面，展开艺术评论，提出发展策略。在研究内容上，涉及传统美术和具有广泛群众基础的传统民间美术，落脚点在中国本土美术。在具体学术观点上，关于民间艺术的蜕变，关于当代艺术创作在媒材工具、图式语言、文化精神等层面与传统民间美术的联系评价等，都为我们深化当代社会历史进程中传统民间美术的理论认识奠定了重要基础。

社会不断发展，在宏观历史趋势下不断产生具体而深刻的变化，传统民间美术资源的存量、生存与发展现状、保护与应用空间以及新的政策机遇等，还需调研跟进，并在把握现状的基础上，在深入研究传统民间美术创作与发展内在规律的同时，进一步研究相关的美术资源在文化生态、聚落空间、应用发展方面延伸应用的可能，分析推广其艺术社会

学价值。

从具体社会历史进程看，相对于已有研究成果就“现代工业的崛起，改变了中国的自然经济格局。社会的方方面面随经济结构的二元化而相应改变”，对民间美术生存与发展问题进行了深入分析。当前，在城镇化这一大的历史趋势里，国家进一步提出以人为核心的新型城镇化建设，关注并强调生态文明和传承文化，在量化的具体目标中，政府工作报告中也明确着重解决“三个1亿人”的问题，其中包括“促进约1亿农业转移人口落户城镇”和“引导约1亿人在中西部地区就近城镇化”等，这是一个更加具体的发展进程，也是一个关键性的历史节点。由此拓展的研究空间在于：其一，数以亿计人口的生产、生活调整过程中，基层、大众的民间美术如何演变？其二，在城镇现有文化资源开发整合、产业布局调整、生产生活空间建构、生产生活方式调试等过程中，民间美术如何发挥作用？其三，如何从文化层面破解新型城镇化发展问题？如何在城镇化发展进程中集聚民间美术传承与发展的新的动力？

所以，城镇化进程中的传统民间美术研究亟待展开，在艺术社会学范畴里，深入研究“城镇化”这一特定社会历史进程中传统民间美术在“大美术”意义上的流变，以及可能发挥的社会功能。近几年，我们一直在探讨传统民间美术生存环境和发展内涵的变化，与城镇化问题相联系，涉及民族的传统美学精神、农村的民间美术传承、社区的大众美术现象和少数民族的传统美术生存状态等，目标是把握基层、大众的民间美术现状，发掘其在城镇化进程中对人的文化、审美滋养作用以及传承、转化和发展空间。

事实上，当前，对于传统民间美术的坚守是一种文化的自信和自觉，但民间美术的发展变化也是必然趋势。一方面，随着传统村落变迁甚至消失，传统民间美术生存与发展的空间发生变化，其得以孕育生长的文化土壤、物质载体、习俗活动以及相关联的生产、生活方式在发生改变，作为传承主体的民间艺人也在经历城镇化和都市化洗礼，其知识体系、文化观念、传承方式发生变化，在这样的形势下，传统民间美术面临新

a

a 竹编渔家乐

的变革和新的选择，是一种必然。另一方面，文化经济的发展，文化样态和载体的变化，以及学院派的融入，也给传统民间美术发展注入了新的内容，打上了时代的烙印。在融入社区、融入当代文化的过程中，自然发生造型语言、色彩观念、绘画样式、手工技艺与创作材质等方面的变化。所以，传统民间美术变化与当代发展是一种必然，在城镇化过程中，坚守也是一种发展，关键是把握发展中需要解决的关键问题，廓清发展的理路。

二、存在的问题

研究城镇化进程中传统民间美术的现状与发展问题，主要涉及与城镇化进程紧密联系的民族的传统美学精神、农村的民间美术传承、社区的大众美术现象和少数民族的传统美术生存状态等，需具体研究传统城镇化对传统民间美术造成的影响，调研梳理传统民间美术的生存现状，分析以人为本的新型城镇化转型发展过程中传统民间美术的生存环境、发展路径和社会功能，提出城镇化进程中传统民间美术的发展策略。

首先，要厘清传统民间美术样态的本体问题。传统民间美术是指农耕文明时期产生、活态传承至今的美术样态，主要包括城镇社区的大众美术、农村的民间美术和少数民族的传统美术。与纯粹精神审美意义的精英美术相比，它是各族民众为满足自身社会生活需要而创造、应用、欣赏，并和生活完全融合的美术形式，具有鲜明的地域性、群体性、民族性、乡土性、人文性等特征。因此首先要将其作为一种社会文化现象，在农耕文明的历史背景下，研究其生成与流变问题，分析在不同社会族群、区域中的文化价值问题，研究民间美术在农耕文明下的艺术形态、社会形态和文化形态。具体包括民间美术的语言系统、本质、特征、功能等本体研究；民间美术与传统社会环境之间的关系；民间美术的传承方式、传播方式及流变特点；民间美术发生发展的动力系统及变迁表现；民间美术与精英美术、宫廷美术、宗教美术的互动关系；民间美术在传统社会文化体系中发挥的作用。深入研究民间美术的语言特征、审美特征、社会功能、文化意义及传播演变规律，全面把握民间美术的艺术形态、社会形态及文化形态。

其次，是研究民间美术的文化生态。深入调查新型城镇化大背景下民间美术、民间工艺美术、民族民间审美心理现状，通过“自然—人—社会”互动关系进行梳理和分析。具体包括：与民间美术孕育发展相关的典型自然生态环境，社会政治、经济、文化环境变迁对民间美术的影响，城镇化进程中生产方式、生活方式、文化方式导致民间美术演变的现状，传统民间美术与城镇、社区、村落环境中民间俗信的关系，本土文化延续与民间美术的关系，外来移民文化对民间美术的影响，民间美术的大众化形态，新型城镇化基础条件下的民间美术走向等。从宏观角度探讨民间美术生存环境、生存状态，在城镇化建设中面临的处境，研究在现代文明的冲击下社区村落环境中民间美术的自然共生状态，全面把握民间美术生存与发展的现状。

再次，开展关于城镇化进程中的传统民间美术传承问题研究。城镇化进程中，我国美术的生产、服务、传播、消费形式日益多样化，对传统民间美术观念构成的影响主要体现在两个方面，一是美学观念的表达

a b

a 上海金银细工张心一银雕画作品

b 民间花丝金工技艺

和审美个性的发挥更加自由，传统美术的价值观、形态观、实践观产生新的变化，就此要进行系统地梳理和研究，深入分析变化的表现、状态、原因和影响，把握传承演进的肌理和趋势。二是与城镇化问题联系更加紧密的民间美术问题，由于民间美术是超越一般专业艺术及其纯粹审美功能，具有政治、社会、文化等广泛价值的特殊艺术形态，体现民众的思想、情感和意愿，具有丰富的社会功能，所以要深入研究民间美术的观念演化、载体及功能转化问题，分析其传承发展的新的可能。具体要以城镇化进程中民间美术观念传承为重点，研究与民间社会生活关系密切、通常作为民俗活动有机组成部分的民间美术观念变化情况，研究其视觉形式、程式、应用空间等发生改变后，其所承载的社会认识、道德观念、实践经验、人生理想和审美情趣转移和落实情况，研究深刻体现中华民族文化精神和审美理想并具有深厚历史积累和广泛群众基础的本土美术内在观念的传承发展问题，分析其认知、教化、记志、表意、抒情、娱乐等观念性影响在城镇化进程中的现实意义和发挥途径。进一步把握城镇化进程中，民间美术在观念层面上对文脉传统、艺术规律、文化品格、审美价值上的认识和表现，以及如何应社会现实和时代需要从现代生活和艺术经验中汲取推陈出新的资源。进一步研究城镇化进程中民间美术观念的演化变迁以及如何保护、培育和传承发展。

a

a 广东潮州木雕

最后，要形成城镇化进程中传统民间美术的发展策略。立足传统文本研究范式基础，关注社会历史变迁的时空坐标，传统民间美术保护、创新与民众日常生活的一致性，立足继承与创新等具体技术性的发展策略角度，突出民间美术与创意产业之间的关联性研究，在保持生活真实基础上实现民间美术要素的再创造和重构。重点研究传统民间美术要素资源的保护与发展策略、传统民间美术样态的创新设计转化策略、传统民间美术政策扶持与资本驱动的发展策略以及民间美术与创意产业融合发展策略。在保持传统民间美术原创性的前提下，以尊重和还原传统民间美术的真实性和完整性为原则，运用创新思维，通过最大化传统美术文化价值的方式，挖掘民间美术领域巨大的文化潜力和经济潜力，发现、创造和实现民间美术领域的社会价值、文化价值、经济价值和生态价值，并以此找到复活和传承民族文化基因的路径。

三、发展的路径

围绕新型城镇化进程中传统民间美术现状与发展进行研究，有助于盘活既有传统文化资源，解决基于传统文化根基不同程度断裂、产业结构和发展水平趋同、文化形态雷同等产生的城镇“特色化”发展方式缺失问题。从民间美术在艺术审美、文化生产、民俗信仰、道德精神等方面的作用出发，形成可行的发展策略，并通过人的素质的全面提升促进以人为核心的城镇化建设。总体思路是在深入调研传统民间美术发展现状的基础上，全面梳理和分析民间美术的样式形态、观念构成和生存环境，联系城镇化进程中社会政治、经济、文化、生态等发展情况，深入分析当下及未来一段时期里社会发展对民间美术的生成性影响，研究民间美术在新型城镇化进程中的艺术社会价值及具体实践策略，从而深化对民间美术本体的理论研究，并就城镇化发展面临的文化生态建构、资源转化利用等提出应用性建议，以期从学理到实践发挥积极作用。

目前，可以看到，民间美术已经形成了几种典型的发展模式：其一是民间原创与当代审美评价和需求结合，成为个性化的艺术创作。比如陕西剪花娘子库淑兰的民间剪纸，把民间剪纸推向了艺术个性创造的高度，民间美术的符号、色彩、技艺和精神得到民间艺人个体创造力的融会，成为具有自发性和创造性的艺术。其二是传统样式、技艺与教育培训结合，成为群体性的地方艺术。比如上海金山农民画，继承民间蓝印花布、灶头壁画、剪纸、刺绣、编织、木雕、砖刻等传统工艺，以江南水乡、风土人情和现实生活为主要题材，经过教育培训，形成具有现代语境、自身艺术样式和地方特色的群体性民间艺术，并与理论研究、市场营销和产品开发结合，成为地方文化产业和品牌。其三是传统工艺与当代生活结合，演化为旅游文化、民俗体验、公共艺术等不同形态。比如山东潍坊杨家埠木版年画和风筝工艺，保留了传统民间木版年画和手扎风筝工艺特色，与旅游文化结合，并通过国际性的风筝展会拉动，成为特色化的文化产品。又如陕西凤翔彩绘泥塑，延展其祈子、护生、辟邪、镇宅、纳福的功能，进入都市室内装饰和公共艺术领域，获得新的文化生命。所以，民间美术在转型期有内在的传承与转化发展路径，有困境，有发展，有生存空间。虽然具体的绘画风格、工艺手段、材质在发生改变，但民间美术的母本没变，民间形态的核心内涵没变，有极强的文化再生能力。

因此，在具体研究过程中，要从社会环境聚焦到美术本体，即从城镇化的社会历史语境中研究民间美术现状，包括现有的形态样式、生存状态，分析具体社会历史环境对民间美术的生成性影响，阐释民间美术演变的社会历史原因，并进一步深入分析民间美术自身构成要素与传承发展机制，剖析内在演进规律。同时，要从美术本体关注社会发展，在把握现状的基础上，分析传统民间美术的当代价值和发展策略，提出具有社会意义和应用价值的发展思路。此外，要从形态样式深入到精神内涵，从民间美术的形态样式到观念传承，从文化生态到精神价值，进行多维研究，深入把握传统民间美术的当代构成，及其与特定社会历史进程多方面的内在联系。

a 《福喜临门》，郑成双绘（2017）
b 山东高密扑灰年画《万事如意》，吕蓁立作

应该说，还原美术问题的社会历史空间，有助于深化有关美术学原理研究。当前新型城镇化强调以人为核心，与美术学原理研究有深层的契合点。从原理层次梳理内在关联，既是理论研究的深化，也有助于认

识和解决社会转型发展过程中传统民间美术面临的问题。从社会发展空间中发现和提取问题，从美术本体出发进行研究和思辨，在综合事实和学理的基础上提出应用性举措，符合研究规律，具有可行性。重点是将传统民间美术的发展问题还原到新型城镇化的社会历史进程中，综合研究传统民间美术内在要素与社会大环境的契合点和作用机制，深入研究民间美术发展的内在规律和基本路径，并从实践应用的角度研究把握民间美术对新型城镇化数以亿计人次的生产、生活、文化空间的新一轮调整和建构的具体作用和可行道路。

总之，传统民间美术的生存与发展不是一个孤立的问题，离不开大的社会环境、文化生态和服务产业布局，须将民间美术放在社会转型发展的历史进程中，结合区域文化生态，联系相关产业布局进行综合架构上的把握和研究，深化对于民间美术发展条件和发展作用的理解，解决保护与发展的具体问题。以人为核心的新型城镇化对传统文化的保护已作出原则性要求，积极保存民间美术资源、因地制宜地利用资源是迫在眉睫的问题。对传统民间美术保护与发展是城镇化过程中解决文化传承问题的一个有效途径，将单纯的保护与积极的利用相结合，促进文化传承和相关生产实践，加强美术资源要素的应用转化具有关键意义，有助于解决传统民间美术的生存与发展问题，并由保护为主的求生存向资源利用的科学发展转化，实现民族文化的传承与复兴发展。

a 山东潍坊龙头蜈蚣风筝
b 工艺美术作品《祥和》，作者唐立红

乡村振兴战略与民族传统工艺美术复兴

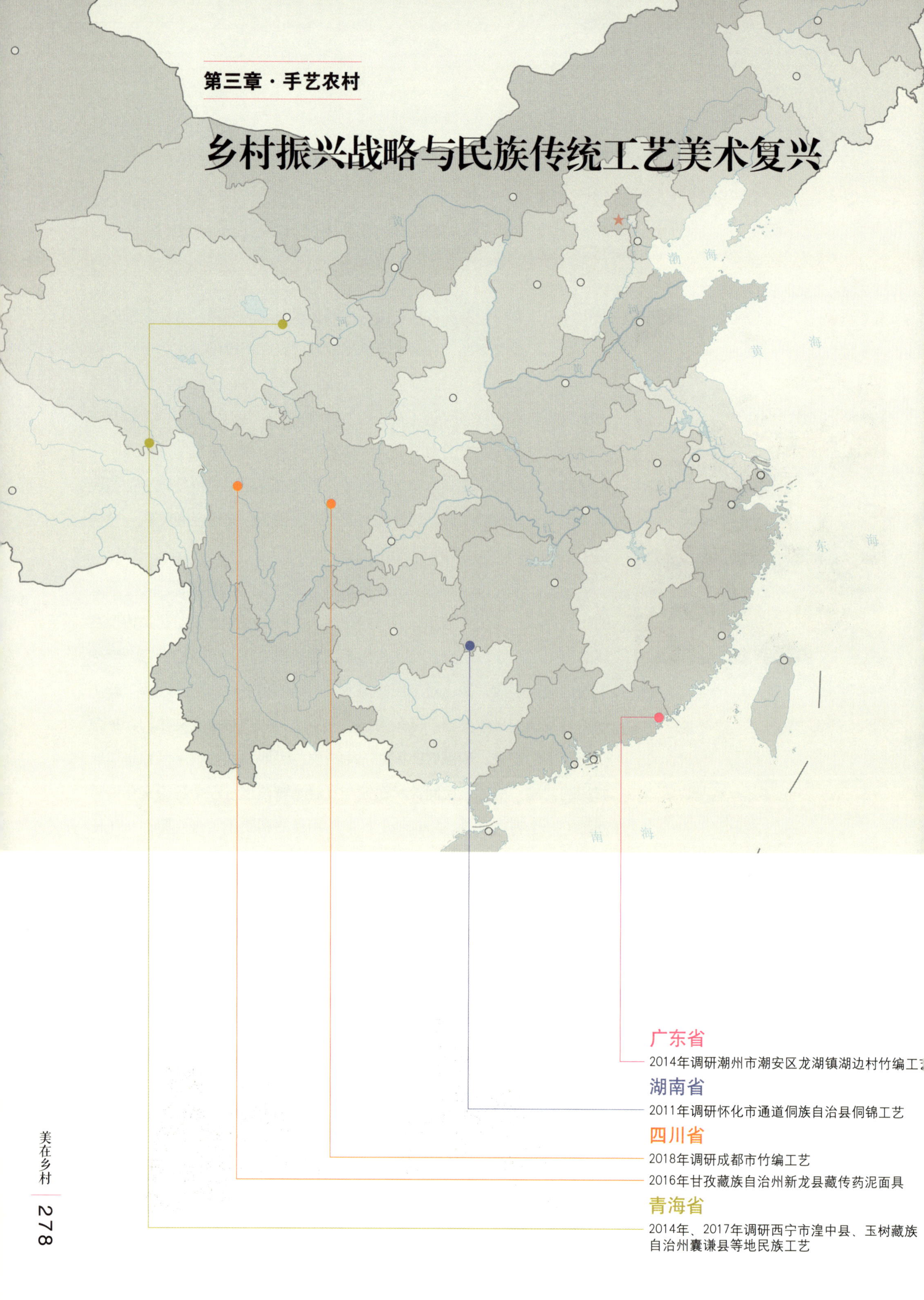

广东省

2014年调研潮州市潮安区龙湖镇湖边村竹编工

湖南省

2011年调研怀化市通道侗族自治县侗锦工艺

四川省

2018年调研成都市竹编工艺

2016年甘孜藏族自治州新龙县藏传药泥面具

青海省

2014年、2017年调研西宁市湟中县、玉树藏族自治州囊谦县等地民族工艺

我国乡村振兴战略确立了“产业兴旺、生态宜居、乡风文明、治理有效、生活富裕”的总要求，开启了城乡融合发展、共同富裕、质量兴农、乡村绿色发展、乡村文化兴盛、乡村善治，以及中国特色减贫的乡村振兴新征程。乡村振兴战略确立的每一个发展目标，都离不开文化建设这一根本。可以说，没有文化的振兴就没有乡村的振兴，而乡村文化的振兴首当其冲的就是民族传统工艺美术的复兴。

民族传统工艺美术是中华民族文化的重要载体，综合了中华民族民众生产、生活、艺术审美的活态文化体系，承载着民族的造物智慧、审美意识、技术能力、伦理观念，积淀着中华民族独特的心理结构、精神诉求乃至集体记忆。同时，民族传统工艺美术具有农业、工业和信息经济内涵叠加的产业功能，关注工艺美术设计、生产、消费及品牌塑造的各个环节，实现传统手工艺资源的创造性转化和创新性发展，以顺应当代生活美学复兴，推动工艺美术产业适应时代的多元化需求，是创造高层次物质生活与精神生活的根基。

我们认为，乡村振兴战略的实施，必将催生一批新兴群体，汇聚一股新生力量，共同推动民族传统工艺美术的复兴和发展。

一、乡村振兴与手工价值共同体的再生

如果把乡村振兴视为设计几间民宿，开几个咖啡馆，种上几分菜地，将城里人吸引到乡村旅游体验，借此增加就业、提高收入的话，这就不是真正的乡村振兴，至少不是农民的乡村振兴。从这个意义上说，乡村振兴的核心是乡村文化的振兴、乡村共有价值的振兴。当下，乡村聚落固有的“共同体”结构遭到瓦解，传统价值体系和道德体系被打散，冲击着乡村最基本的生存状况和固有的价值观念，一方面内心被拉向留恋

a

a 广西壮锦艺人谭湘光在传统竹笼机上织壮锦

人性与自然相契的乡村生活方式，另一方面身体又不得不被拉向现代化、高福利的城市生活，人们在朝前和向后两种拉力中，只能“用乡村和城市的对比来证实本能冲动之间的一种无法解释的分裂和冲突”来面对现实。乡村共同体不仅是血缘、地缘、宗族等要素相互联系后的汇总，而且是原始的、有机的、浑然的、持久的生长在一起的文化整体，表现出共同居住、共同生活、共同劳动和共同关爱的共有价值，反映出“价值共同体”自然天成的稳固意志。

a 2014 年 4 月，赴湖南隆回县考察花瑶挑花，采访艺人奉雪妹
b 2014 年 9 月，赴四川喜德县考察彝族漆器技艺

手工艺是参与中华传统文化孕育、生成、发展、传播最为广泛的文化形态之一，承载着中华民族五千年延续不断的造物文脉，它传承的不仅是中国传统技艺和造物思想，更多是体现日常生产与生活智慧，以及由此交织、凝练而构成的社会价值体系。手工艺中蕴藏着人类最本质的创造力，蕴含心手相传的情感温度，暗含生活与技术的智慧，还有对自然的理解以及关于社会生活的文化习俗，几乎涵盖了民众乡土生活的全部，形成一个个持有历史记忆、勾连文化脉络和传播文化价值的基因密码，寄生于中华民族乡村价值共同体的每一个细胞当中。手工艺“物性”与“心性”交织重叠的特点，在某种意义上就是国民集体乡愁的主要载体。

毋庸置疑，乡村文化振兴，首先就是要重建以传统手工文化主导的“价值共同体”。一批带有场所共同价值的“乡土博物馆”“乡土景观群”“农业遗产带”“田园共同体”等文化设施将新建和复建，一批反映乡村耕读文化、乡情村史、乡土记忆、农民绘画、乡村活态生活、乡土主题等多样化的“乡土博物馆”将应运而生，一些具有识别价值的乡村聚落、民居住宅、畦埂、村口聚会地、巷弄街道、菜地、田间小道、作坊、桥梁、庙宇、祠堂、陵墓、文化大院、柴垛、灌溉设施、自然河流等“乡土景观群”将得以重视，一些集物候节律、传统节日、俗信、非遗文化、礼仪、传统种养系统、集市等与日常生产生活一体的“农业遗产带”将焕发活力，一些新兴的集循环农业、创意农业、农事体验于一体的“田园综合体”方兴未艾。这些将民族传统手工艺融入其中，展现一方水土、社会、经济、人文等乡村风物和文化载体，将为传统手工艺发展带来生机与活力，

更为乡村振兴提供源源不绝的精神动力。

这个时代，我们已经无法真正回归到一种万籁俱静的自然状态中，但如何保护和发挥传统乡村“价值共同体”在乡村振兴中发挥内燃机、黏合剂和助推器的育化功能，通过最广泛的手工造物行为将人与人紧密地联系在一起，强化“慢经济”、“乡愁经济”与“价值共同体”的叠加效应，防止出现片面追求旅游增值的负面情形，是摆在我们面前的一项重大社会课题。

二、乡村振兴与手工教育聚合体的兴盛

复兴民族传统工艺美术的基础在教育，关键在于对传统手工艺传承体系、创新体系和传播体系（话语体系）三大教育框架的建构。手工传承教育体系的根在乡村，脉在成千上万的家庭、作坊和工厂；手工美学与创新教育体系的根在高校，脉在成千上万的人才、知识和信息；手工传播教育体系的根在社会，脉在成千上万的展示、渠道和媒介。

与美国将好莱坞大片、流行乐、电视和快餐等进行文化软实力包装、推广不同，中国是世界上非物质文化遗产和传统工艺美术为数不多的资源大国，它不仅承载着中华民族生生不息的历史文化记忆，而且还保留着一个民族生成与发展的活态文化基因。自古以来，广泛深植于社会经济以及民生领域的各个方面，在中国传统文化中具有典型的代表性，它所体现出的精神感召力、社会凝聚力、市场吸引力、思想影响力、生态公信力与心理驱动力的特点，使之具备提升国家文化软实力的综合条件。在公共教育领域，规划依附于生活方式、依附于生活现场、依附于精神航道的“新乡土教材”，将乡村手工艺纳入国民教育体系中统筹考虑，建立覆盖幼儿教育、中小学教育、职业教育、继续教育、高等教育、老年教育的传统手工艺国民教育体系，培养乡土造物情怀，培育大国工匠精神。在社会培训领域，积极构建“高校传承人群”“手艺社”“传习所”“匠人谷”等手工教育聚合体，通过培训，在乡村倡导“一村一品”树立文化自信，在社区倡导重塑乡村手艺文化氛围，在大学倡导民族乡村手艺文化传承，在城市倡导传统手艺文化推广。

a

a 河南滑县木版年画

历史上，传统教育曾极力推崇“形而上”的“道”，蔑视“形而下”的“器”，科学技术、工艺技术成为等而下之的“奇技淫巧”，致使中华民族科学技术、工艺制造在很长一段时期内落后于西方国家，并险些堕入亡国灭种绝境。当下，乡村振兴战略将重新唤醒手工艺及其工匠精神的教育传承意义，从“百工”到“大国工匠”，手艺人自古至今都是国家建设、发展、进步、繁荣的重要力量。将工匠精神的培育纳入各级教育体系中，目的就是提醒国人要关注手艺传统，培育工匠精神，尊重乡土文化，形塑国家文化软实力。我们认为，手工教育的失落，是大国工匠的失落，更是文化创造力的失落；反之，手工教育的复兴，就是大国工匠的复兴，更是中华文化精神的复兴。

三、乡村振兴与妇女、青年手工艺群体的崛起

城镇化和乡村振兴是互相促进、互相联系的命运共同体。以双向流动主导的城乡资源共享思维，给走向自我复生的乡村文明找到了自我认知的灵魂。随着“返乡下乡”“引才回乡”运动在中国社会逐渐变为现实，乡村中现有的新型职业农民、传承人、留守妇女以及乡村急需的城市精英人才、实用人才、大学生村官和“三支一扶”人员等，逐渐汇集成扎根乡村、有思想、有意愿、有情怀、有能力的乡村人才队伍，成为乡村文化和传统手工技艺得以传承的重要载体。同时，城乡文化、资本和工艺、技术要素之间的相互吸引、流动，势必引发乡村创新创业热潮，推动乡村文明的复兴，让中国五千年乡村文明在城乡双向流动中走向现代化。

在这一双向流动的浪潮中，乡村妇女与青年群体将迅速崛起，成为民族传统手工艺术不可忽视的传承与创新的生力军。在中国五千年农耕文明演进中，民族传统手工艺除了被津津乐道的“师传徒”“父传子”的形式之外，还潜藏着另一种湮没无声的、对辉煌的华夏文明起到默默推动作用的传承力量，那就是“母亲的艺术”。中国传统的妇女技艺，从狭义上讲，主要集中在纺织、浆染、服饰、刺绣、鞋帽、编结、剪纸、面花和玩具等女红范畴；广义来说，女红的范畴实可扩展到整体的传统工艺与民间艺术。当下，母女传承技艺的方式虽已褪色，但它的传承潜

a

a 2017 年青海玉树考察乡村文明

a 打铁匠人
b 剪纸技艺培训

力犹在。根据全国妇联的统计显示，妇女已占中国乡村劳动力的60%以上，她们承担着生产劳动、操持家务、抚养子女、照料老人等重担，日常精神压力很大，文化生活比较匮乏。在新一轮国家扶持“三农”利好政策和乡村振兴战略带动下，更多的女性将从繁杂的事务中解脱出来，重返女性手工技艺传承中来。女性权益保护进一步加强，妇女通过培训参与工艺遗产传承、培育传统工艺文化创意、活跃乡村文化生活、提升可持续生计的能力，以此改善自身地位等方面，正呈蓬勃发展之势。比如，2018年联合国教科文组织中国世界遗产地可持续生计项目——云南石林彝族撒尼刺绣技能培训班，参训的50多名绣娘年龄最大的80多岁、最小的学员只有7岁。近几年，为传承苗族传统文化，让乡村妇女早日脱贫致富，贵州凯里先后与中国宋庆龄基金会、联合国开发计划署合作实施了“嘉人女性幸福基金”苗绣村寨扶持项目、“指尖上的幸福”经济发展赋权项目。这些项目通过在村寨组建绣娘刺绣合作社，以“村寨培训”和“集中培训”相结合的方式对当地苗族妇女进行培训，在脱贫致富的同时，还及时抢救了一些濒临失传的传统绣法；2017年贵州省各级妇联组织实施“锦绣计划”，培训绣娘4000余名，通过手工艺帮扶脱贫的建档立卡贫困妇女1.01万人，从事特色手工产业的妇女50万人，年产值达50亿元。据不完全统计，在2017年，全国仅刺绣一项参与各种培训的妇女就达到8万余人。另外，妇女通过手工艺自发参与乡村管理、提高自身地位的案例层出不穷，如河南“周山村妇女手工艺协会”、陕西省分布在各地的“妇女之家”及妇女手工艺品合作社、四川省妇女手工编织协会、内蒙古东乌珠穆沁旗“沃热妇女手工艺协会”等，均体现了乡村社区组织通过手工艺赋权女性群体，增进弱势群体间的相互合作，提升她们的自尊、自信以及乡村社区归属感，改善女性群体生存状况与精神风貌等方面，彰显了传统手工艺独特的社会价值，以及女性手工艺群落的整体性崛起。

据相关统计，乡村女性手工艺群体中35岁以下的约占65%，但在城市手工艺群体中，受过高等艺术教育，仍穿梭在城乡之间从事手工艺的青年女性比例超过70%，长期光顾与手工艺消费有关的专业网站青年女性高达85%。不得不说，女性手工艺群体在规模上正呈整体扩张、年轻化的发展态势。与此同时，随着返乡下乡年轻化、知识化和资本化成分的剧增，以及互联网化生产与电商销售方式的普及，一批批传统手工艺人正在经历着信息时代的思维转型，并同时催生出一批既是互联网平台的“原住民”，又是现实生活中的青年手工匠人的新型角色，人才要素加速了城乡之间手工资源的交流转换，让传统手工艺焕发新的生机，越来越多的青年手工艺群体展现出对传统手工艺的认同，并将其作为职

a

a 浙江金华东阳竹编艺人何福礼竹编作坊

业选择。调研中发现，青年手工艺传承人普遍具有对传统工艺的认同、设计创新能力、团队合作意识、互联网操作经验和国际化视野，这些都是信息化时代传统手工艺突破发展所需要的共性能力。

四、乡村振兴与互联网手工艺的异军突起

目前，中国已进入文化消费需求持续增长、文化消费结构加快升级、文化消费拉动经济作用明显增强的新时代，消费已由过去追求“排浪式”、温饱型消费，向个性化、原真化、时尚化、品质化消费方向发展。尤其随着互联网化生产与电商 IP 经营模式的大规模普及，从根本上拓展了传统手工艺传承传播的空间范围，加速消费由消费数量向消费质量与生活品质协同关系的方向发展。“互联主义新农村”开始成为城乡经济一体化架构下传统手工艺的“原创生产中心”，这是信息经济主导下对传统手工艺发展的普遍要求。

淘宝、京东等一批电商平台的出现，以“移动互联网 + 社交 + 大数据”为依托，重建大众日常生活方式，重构手工艺的多元化发展格局。“互联网 +”打通了生产价值链和消费价值链，传统手工艺人直接与市场对接，有效减少了中间环节，改变了传统手工艺品的产销模式，拓宽了手艺人的传统思维模式，易于传统手工艺突破信息传播局限的地域边界，向更为广阔的空间实现传承与传播，在获得倍数收益的基础上延展了传统手工艺保护与传承的新渠道。比如，2006 年，山东省博兴县湾头村诞生了第一批互联网店，村民们开始在淘宝网上销售传统草编工艺品。2016 年，湾头村草编电子商务从业人员达 2000 多人，建立草编工艺品网店 500 多家，年销售额过百万元的网店就有 30 余家，成为闻名全国的手工艺“淘宝村”。原创手工艺电商平台“东家”，借助“互联网 + 手艺”的平台商业模式，吸引入驻了 4000 多名各类传统手工艺人，展示和销售包括首饰、茶具、陶瓷、家居等原创手工艺品，创办近两年来，月销售额就已超过 4000 万元。

随着移动互联网的迅速发展，“手工客”“东家”“拾翠”“妙趣剪纸”“哇陶”“榫卯”“慢艺手工汇”等多款传统手工艺 APP 应用如雨后春笋般涌现。这些 APP 聚集各地的手艺人，或通过图文、视频、直播等方式展示艺人与作品进行社会化媒体传播，或通过图文、宽频优势助推网红手艺人，借助流量 IP 经营和粉丝体验互动，形成用户与良品美器以及品牌之间的良性循环。景德镇传统瓷器品牌“九烧”进行的一场持续八天的窑制过程网络直播，观看人数超过 300 万，600 多件柴窑作品全部售罄。新媒体平台技术对于保护濒临失传的老手艺，挖掘青年手艺人的个性作品，以及提升手工艺垂直领域用户的黏性具有重要的先导作用，乡村振兴将进一步加速城乡手工艺线上与线下的互动频率，在拓展民族传统手工艺传承发展渠道的同时，也必将有助于解决互联网时代传统手工艺知识产权以及从业者权益保护的根本问题。

五、乡村振兴与手工经济体质量提升

工艺美术既是一种内容文化产业，一种实用艺术形态，又是一种经济形态；它既具有艺术性，又具有很强的经济性特点。当下，工艺美术产业又成为创意经济的重要支点。工艺美术的经济创意性，主要体现在对“以农为本”的文化体系解读、挖掘、梳理中，进行生产创意、生活创意、IP 创意、功能创意、工艺创意、材质创意、产业创意、品牌创意和景观创意，通过营造优美意境，创造农民独特增收模式，促进美丽乡村建设，以实现农业增产、农民增收、农村增美的新型乡村生产方式和生活方式。

乡村手工经济细胞在服务民生中发挥着重要的活化作用。将民族传统手工艺分别融入文学、表演、美术、传统技艺、遗产景观、建筑、美食、新媒体等不同主题，在全国构建分布广泛的“手艺农村”站点，深挖乡村文化质点，实现“一村一案”“一乡一业”网格化布局，是乡村振兴的重要方面。一方面，推动不同的“手艺农村”主题扎根乡村社区，通过开展传习、展演等群众文化活动，因地制宜实施传承计划，使普通民众成为传统手工艺传承的重要基础，使传统手工艺成为乡村、社区和民众自然、和谐、稳定、有序、良好互动的重要纽带，增强文化的认同感与归属感。另一方面，鼓励开展“世界杰出工艺品认证”“原产地保护”“地

理标志”“非物质文化遗产”等申报工作，推动乡村传统手工艺品品牌、企业品牌向区域文化品牌转移，以质量体系为基础，以自主知识产权为核心，以商标注册和保护为重点，形成若干各具特色的“贴牌”产品和更多“创牌”产品，发展特色工艺品牌。在条件成熟地区探索建立传统手工艺原创生产示范基地，以手艺带农户，以农户带农村，以农村带基地，以基地带销售，建设“手艺农村”原创手工艺品线上线下营售商业模式。

手工经济区块在优化县域产业结构中不断转型升级。我国县域经济在生产力发展水平、资源禀赋以及经济发展阶段等方面的差异性非常明显，诸多县域经济在发展过程中形成了自己独特的发展模式，如苏南模式、温州模式、珠江模式、义乌模式等。这些模式都是当地政府和群众根据各自的区位优势形成的经验性结论，但由于各县域生产力发展水平和自然经济资源条件的不平衡，也导致了各县域经济发展模式差异纷呈。

就工艺美术产业而言，近几年，全国各地都出现了诸如“临沂模式”“郯城模式”“仙游模式”“潮州模式”“同仁模式”等不同的手工经济区块。比如，福建工艺美术发展的“仙游模式”，在我国明清古典家具市场，“仙作”以其独特的地方风格，与“苏作”“广作”“京作”四分天下，形成品牌。工艺美术企业不断集聚，出现了一批手工艺生产专业村、专业街，形成了榜头、度尾等工艺美术生产集中区，成为国内乃至东南亚

a b

a 2016 年考察广东潮州民间手工艺
b 2013 年考察江苏苏州苏绣作坊

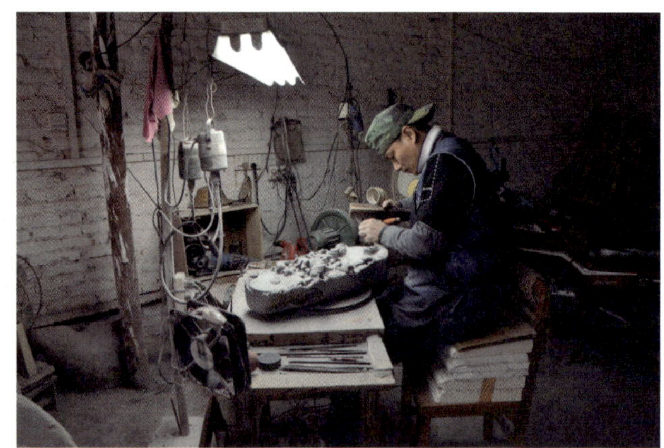

地区最大的木雕、古典家具生产基地。又如，山东临沂的柳编产业，主要分布于临沭、郯城、莒南、河东 4 县（区），13 个乡镇，100 多个生产专业村。现有柳编经销公司 802 家，其中自营口出权公司 372 家，25 万农民从事生产，带动杞柳种植专业村 100 多个，种植面积 34 万余亩。柳编产业主要销往 30 多个国家和地区，产值近 60 亿元，利税近 3 亿元，自营出口额约 4 亿美元，出口量占山东省柳编出口总量的 80%，占全国出口总量的 60%，柳编产业是名副其实的区域支柱型产业。

手工经济区块化目前正面临当代设计转化传统手艺内容、文创产业转化传统手艺产业、品牌设计转化传统手艺代工的转型发展阶段，通过设计研发和技工艺技术，使工艺美术产业结构整体素质和效率向更高层次发展，借助国家有关产业政策调整，发挥工艺美术产业的关联效应和扩散效应，倒逼工艺美术产业的供给结构和需求结构优化，实现优质资源先优化配置，推进工艺美术产业对县域经济的贡献向合理化和高级化方面发展。

手工经济群正成为推动城乡协同发展的巨大“磁场”。作为中国工艺美术产业发达地区的广东、山东、河南、福建、浙江、上海、河北、江苏、内蒙古、北京等地，不仅工艺美术品类十分丰富，具有极强的地理品牌标识性，而且产业基础雄厚，产业关联和扩散效应大，涉及工艺美术品交易经纪、高端艺术品投融资交易、艺术品展示营销、研究鉴定

a 2009 年，赴福建福州考察寿山石雕工艺作坊
b 2015 年调研广东肇庆端砚手工技艺

和资质评定、工艺美术人才教育培训以及互联网生产与电商交易等多种业态，具备组团式发展和带状发展的“磁场效应”。

广东一直以来都是位居全国首位的工艺美术大省，行业产值约占全省 GDP 总量的 4.4%，占全国同行业总产值的四分之一。以广州和深圳为中心，工艺美术产业已经形成广州广绣、佛山美术陶瓷、肇庆端砚、四会玉雕、潮州彩瓷、澄海玩具、台山古典家具、深圳珠宝首饰等 20 多个专业市场和产业集群化基地，这些地区已各自形成了人员集聚、小微企业众多、产业配套的集群化规模，带动中小企业的“磁场效应”明显。福建省规模以上工艺美术企业近千家，从业人员近 20 万人，规模以上工业总产值超过 1300 亿元，居全国第三位，出口居全国第二位。福建工艺美术产业对内注重构建“中心城市—产业集群—专业村”相结合的组团发展模式，以福州为中心，打造福州特艺城、惠安雕艺城、德化陶瓷城、莆田工艺美术城等四个工艺美术品交易市场和五个展示交易中心，带动形成寿山石雕村、莆田竹草编村、仙游古家具村、闽侯木雕村、莆田玉雕村、永春陶瓷村、仙游铜雕村、惠安石雕村等几十个手工艺专业村。对外则积极构建海峡两岸工艺美术交流、合作、对接的平台。这些区域性合作机制都倡导以传统手工艺专业村和中小企业为基础，以区域性中心城市和重点城镇为骨架，以特色产业集群为支撑，形成若干发展高地，共建共管，双向开放，对周边地区产生聚吸优质手工艺资源要素的“海绵”效应和工艺品流通、产业辐射的“泵压”效应。

总之，乡村振兴离不开文化支撑，乡村振兴战略对乡村文化的传承与重塑提出了更高要求。民族传统工艺美术的复兴有助于充实和提振乡村文化，为增强文化产业融入发展的原动力。在这个过程里也需要更深入地把握和尊重乡村产业的发展规律，充分重视文化传承与保护工作，建立和完善“接地气”的发展模式，重塑乡村特色，传承和发展生活美学以及文化的集体记忆和活力。

第四章　农民画乡

农民画与新乡土生活

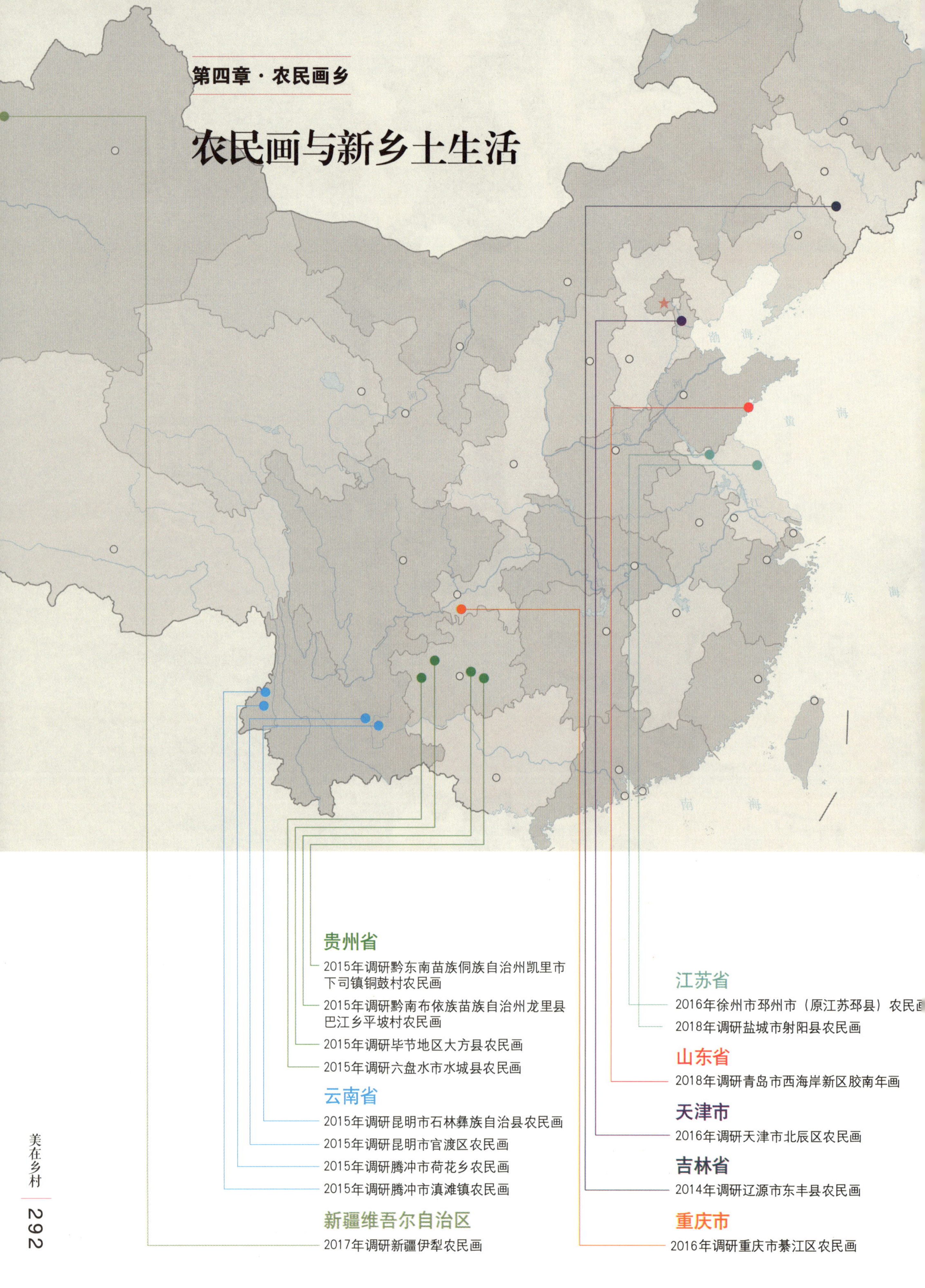
贵州省
2015年调研黔东南苗族侗族自治州凯里市下司镇铜鼓村农民画
2015年调研黔南布依族苗族自治州龙里县巴江乡平坡村农民画
2015年调研毕节地区大方县农民画
2015年调研六盘水市水城县农民画
云南省
2015年调研昆明市石林彝族自治县农民画
2015年调研昆明市官渡区农民画
2015年调研腾冲市荷花乡农民画
2015年调研腾冲市滇滩镇农民画
新疆维吾尔自治区
2017年调研新疆伊犁农民画
江苏省
2016年徐州市邳州市（原江苏邳县）农民画
2018年调研盐城市射阳县农民画
山东省
2018年调研青岛市西海岸新区胶南年画
天津市
2016年调研天津市北辰区农民画
吉林省
2014年调研辽源市东丰县农民画
重庆市
2016年调研重庆市綦江区农民画

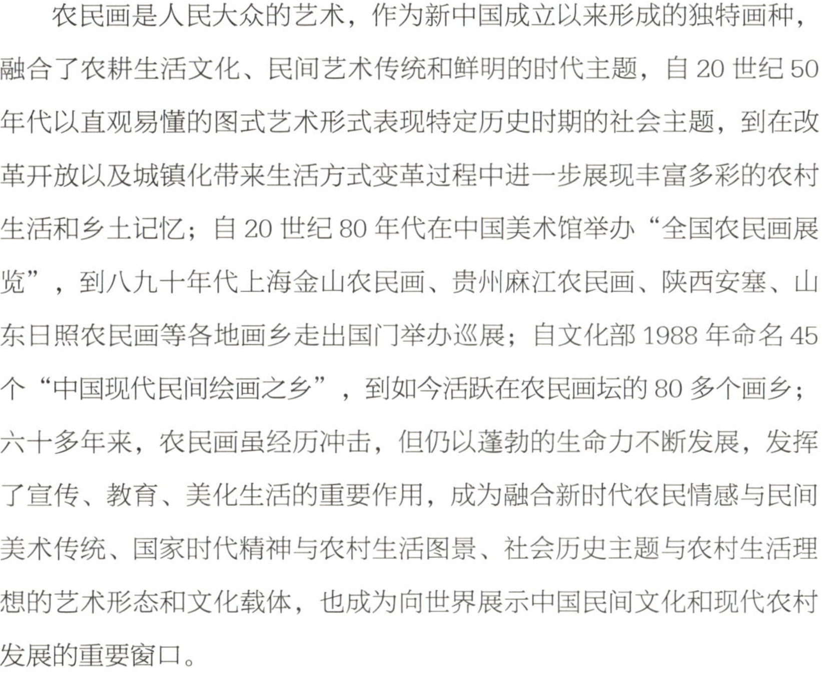

农民画是人民大众的艺术，作为新中国成立以来形成的独特画种，融合了农耕生活文化、民间艺术传统和鲜明的时代主题，自 20 世纪 50 年代以直观易懂的图式艺术形式表现特定历史时期的社会主题，到在改革开放以及城镇化带来生活方式变革过程中进一步展现丰富多彩的农村生活和乡土记忆；自 20 世纪 80 年代在中国美术馆举办“全国农民画展览”，到八九十年代上海金山农民画、贵州麻江农民画、陕西安塞、山东日照农民画等各地画乡走出国门举办巡展；自文化部 1988 年命名 45 个“中国现代民间绘画之乡”，到如今活跃在农民画坛的 80 多个画乡；六十多年来，农民画虽经历冲击，但仍以蓬勃的生命力不断发展，发挥了宣传、教育、美化生活的重要作用，成为融合新时代农民情感与民间美术传统、国家时代精神与农村生活图景、社会历史主题与农村生活理想的艺术形态和文化载体，也成为向世界展示中国民间文化和现代农村发展的重要窗口。

可以说，农民画是我们民族民间美术体系的重要组成部分，突出体现了民间文艺的时代特色、时代旋律。自形成以来，经历了从主题宣传、现实创作、乡土回归到多元化发展的过程。近一段时期以来，特别是城镇化快速发展过程中，农民画面临一系列深刻变化，包括乡土生活变迁带来创作内容、创作体验以及情感的改变，部分农民转变为城镇居民后创作环境、创作视野等发生改变，市场化、产业化发展对创作形式、创作题材以及作品的样式、材料、规模数量产生影响等。在这样的背景下，从民间艺术本体意义上，保护和发展这项以农民为创作主体、以农村文化为创作主题的特色民间美术样式，激发农民美术创作活力，繁荣农民画创作，解决其面临的问题乃至困境，极具必要性；从社会价值发挥上，

a b

a 2006 年考察黔南州龙里县巴江乡平坡村农民画创作
b 2010 年调研山东菏泽巨野县农民画

充分把握农民画对于弘扬和践行社会主义核心价值观的重要作用，发挥农民画在弘扬社会主旋律、承载乡愁、增强农民文化创造力和凝聚力方面的重要价值，体现发展中的乡村文明风貌，表现农村田野上的中国梦，具有深远意义。

一、城镇化进程与农民画发展分期

城镇化进程中，民族传统美术以城市精英美术、社区大众美术、农村民间美术、少数民族传统美术等形态存在，农民画在其中具有典型意义，体现了我国城镇化进程中的物质与精神文明变迁。

城镇化进程中的农民画发展可以总结为四个时期："大跃进"时期，以邳县为代表的浮夸风格农民画，主要服务于政治宣传；"文革"时期，以户县为代表的写实风格农民画，主要作用依然是配合当时的政治运动；改革开放后，以金山为代表的民间风格受到追捧，农民画参与到国家美术变革；社会主义市场经济发展的新时期，现代民间绘画呈多样化发展，逐渐融入国家文化产业体系。目前，由文化部命名的"中国现代民间绘画画乡"已有 100 余个，遍布全国。从城镇化发展角度看，农民画呈现三大分布类型：第一类为基本完成城镇化地区。以上海金山、广东龙门、山东日照为例，该类地区城镇化水平较高，社区文化及城市文化建设较为完善，农民画的产业发展较为成熟，受多元文化影响，有较好的传承创新，借助展览及美术界精英的推动，形成了独特的品牌优势。第二类为城镇化进程中的地区。以吉林东丰、河南舞阳、河北辛集为例，该类地区城镇化水平正处于上升期，城市生活方式和城市文化正在形成和完

a 2006 年考察黔南州龙里县巴江乡平坡村农民画创作

善过程中，农民画逐渐被专家和美术机构关注，为文创产业所运用，但区位优势不够，缺乏一定的传播与营销渠道。第三类为边远及少数民族推进城镇化的地区。以新疆麦盖提、青海湟中、贵州水城为例，该类地区城镇化水平较低且发展缓慢，对传统艺术样式的保存较为完整，农民画具有浓郁的原生态民族文化色彩，表现出朴素的审美情趣，但城市化的社区尚未形成，缺乏专业指导和创新，处于相对边缘状态。

城镇化进程中的农民画创作不断变迁。从创作看，农民画的功能从最初的政治宣传工具到目前已成为乡村社区文化产业的重要组成部分，其审美要求也从符合政治需要转变为研究大众审美，农民画作者逐渐走入社区，走进城市，创作群体的文化素质和审美观念不断提升。农民画的创作主体由过去的农民、牧民、渔民拓展到职工、市民、手工艺者等业余绘画者和部分专业美术工作者，他们的创作空间更加自由，创作思路更加开阔。农民画受到更多普通民众、文化精英、艺术家、国内外游客的欢迎，其消费需求也拓展至旅游纪念、家居装饰、艺术收藏等更加多元化的市场。从创作内容看，农民画早期主要以农业"大跃进"、"文化革命"、农业科技推广、爱国卫生运动等为题材进行政治宣传图解，目前更多以民间习俗、农村生产、现实生活和自然风情为题材，体现普通群众真挚的乡土情怀、生活梦想和审美追求，创作过程更加注重艺术创新与市场需求。从创作形式看，农民画由单一的年画、壁画形式，发展到水墨画、版画、油画、工笔画和综合材料的运用等多种门类，绘画材料也更为丰富多样。从创作手法看，主要有三种：第一种是传统造型手法，运用传统年画、剪纸、刺绣、蜡染等造型手法，并融入现代观念创造新的样式；第二种是图案构成手法，作品追求富有规律性的装饰趣味，呈现对形象夸张、归纳，对色彩提纯、强化的表现形式；第三种是综合表现手法，受城市文化、外来文化或现代文化等不同程度的影响，作品不受程式化制约，更加适应现代人的审美心理。

a
b

a 2017年"中国精神 中国梦——全国农民画创作展"在中国美术馆举办
b《徽乡迎新年》，周贵根绘

二、城镇化进程中农民画的发展路径

农民画以民族民间艺术为根基，以乡土村落为母体，融合了时代内

容和民族传统美术的样式、观念和功能，是民族传统文化及民间美术体系构架的重要组成部分。镇化进程中的农民画发展路径主要有四个方面：

第一，保护传承特色样式。必须要强调农民画的地域性特色，保护发源地具有文化传承意义的现代农民画样式，主要是地域生活文化中所包含的剪纸、年画、刺绣、庙画等传统民间美术样态。农民画通过集体性创作，达成群体性认同，形成整体性承传，方可产生社会个体间的文化凝聚力，在城镇化进程中必须复原农民画的群体性文化基因。农民画与游艺、戏曲、风俗等多种民间艺术形态共同构成活态的文化复合体，单纯保护其中任何一种文化形式而忽略其他，都会破坏民间艺术“集体展示”的艺术特质。社会环境对于农民画的产生、发展、传播以及作品创作等都有直接的影响，不应片面传承发展农民画样式而割裂其与社会环境的有机联系。

第二，转化传播美术资源。在深入把握文化生成与发展规律的基础上，把农民画资源通过衍生产品、数字转化的方式，结合移动终端、互联网技术等新媒介，使农民画中所蕴含的文化观念、信仰、元素、符号等在当代生活空间中延续和再生，在此基础上传播传统文化价值。通过设计创新提升农民画资源的转化效率，使其精神和物质的双重性关怀成为“文化惠民工程”中不可或缺的重要内容，拓展农民画产业链条，构建农民画村、产业园区、文化旅游、文化景观等多元复合的农村文化产业发展体系，带动农民就业，统筹城乡发展。原创和原生态是农民画资源创新转化的生命，知识产权是保护农民画资源应用与转化的核心资产，提高

a b

a《鲜菜上市》，回树义绘
b《中国梦系列·团圆》，徐冰绘

农民画知识产权保护意识，加强政策指导和法律支持十分重要。

第三，消融城乡文化边界。农民画在不同的时代和不同的地方具有各种不同的表现形式，文化多样性是各群体各社会阶层维护彼此交流、创作和发展的源泉。城镇化过程中的农民画创作，应尊重不同地域的原生态文化传统，同时也在与其他地域文化传统交流中借鉴发展，不仅要做到“各美其美”，而且也要做到“美人之美，美美与共”。城镇化的本质是最终实现人的城镇化，中国城乡二元结构的对立边界非常明显，应积极构建两者之间相互依存、相互渗透、相互转化的过渡空间。通过农民画观念、形态和功能等方面“人性化”因素的注入，以有形的物质形态去反映和承载无形的精神形态，统筹城乡文化发展，从而实现有序的“人的城镇化”目的。深入挖掘农民画蕴藏的民族精神、乡土精神，

a《喜事来临小河欢》，杨梅香绘

将农民画中的文化基因与当代文化相适应、与现代社会相协调，以民众喜闻乐见、具有广泛参与性的方式进行推广和传播，消解西方强势文化对传统文化的冲击，筑牢中国传统文化价值体系。

第四，培养提升民众素质。城镇化进程中，当代艺术的创作主体明显缺乏对传统美术的深度理解，仅停留在视觉审美的惯性思维上，停留在对符号等直观形式的简单挪移，探索利用农民画的独特形式，在发展城市当代艺术创作过程中发挥重要的启迪作用。在当下城镇化进程中将农民画转化为符合时代发展需要的现代城镇文明，发挥其在伦理教化、审美娱乐、人格培养、启蒙认知、情感交流、文化塑造等方面对人的培育作用，通过人文素养的全面提升，促进“以人为本”的城镇化建设。农民画的传播发展需要在启蒙教育、素质教育、专业教育、职业教育、社会培训、大众传习等方面形成多层次的教育传承体系，这也是规划“人的城镇化”最具体的内容。

城镇化进程中的农民画创作应注重三个方面。第一，坚持民间传统与现代创新并重。守住民间艺术的文化内核，从民族传统美术样式中广泛汲取营养，坚守绘画蕴含的本元文化，激活现代人的民族记忆。同时，

a

a《乡村大舞台》，魏代吉绘（2017 年）

将传统绘画技艺与现代艺术风格及现代材料相结合，运用现代审美意识和艺术语言对农民画进行具有时代特色的创作。第二，坚持个人风格与市场需求并重。释放农民画家对乡土生活的真实情感，形成个人化的艺术语言，突出“农民叙事”。适应现代文化产业需求，塑造地域文化品牌。同时，研究大众消费心理，以市场需求促进艺术创作，做好市场定位，引导消费潮流，细分目标受众，走特色化发展路径。第三，坚持业余创作与专业自信并重。坚持艺术生产与艺术创作相辅相成，作品复制是适应市场需求的途径之一，但坚持作品原创才是作者形成个性化的创作风格以及农民画可持续发展的根本所在。农民画家应找准自身在民族传统美术体系中的定位，坚定创作自信，激发原初性的绘画本能，大胆创新，多出精品力作。农民画是中国当代美术中不容忽视的品类之一，如何把握中华民族这一乡土艺术的本质特征、形态、价值和意义等，是农民画研究与创作的当务之急。在城镇化快速发展的背景下，在美术创作多元化的今天，农民画面临传承与发展的现实问题 ，保护和促进这一美术品类的持续发展，促进环境、文化与人之间关系的协调发展，从文化层面推进以人为核心的城镇化建设，具有重要意义。

三、新乡土生活与农民画的美学精神

农民画体现了中国当代农民艺术创造力，反映农民视野中乡土文化和乡村生活，并生动表达了广大农民对国家发展主题的认识与期盼，在实践中还要做到有传承，有生活，有特色，有发展。有传承，在于继承传统与创新并重。农民画创作，源于传统民间文化和现实生活，要守住民间艺术的文化内核，尽管创作风格由乡村民间绘画到城市通俗绘画的转变，但是农民画的民间性不能丢；在此基础上，要面向城镇化发展的现代语境，将传统绘画技艺与现代艺术风格及现代材料相结合，开拓现代艺术语言，进行具有时代特色的创作。

突出生活，要突出“农民叙事”。生活变化，农民画面临的视界发生改变，要表现生活的感受和体验，释放农民画作者对生活的真实情感，不要拘泥于程式样式，割裂与社会环境的有机联系。王朝闻先生曾说民

间艺术造型“随心走，选有趣的‘画’”，农民画创作要实现农民“自己在说话”，避免雷同和重复。在城镇化进程中，必须在恢复农民画的群体文化基因的同时，形成个性化的艺术语言。

强调特色，要协调个人风格与市场机制。促进农民画创作，首要是调动农民创作主体的文化自信、创作热情，提高作品的思想性、艺术性和传播力，避免片面市场导向下产业收益、商业效益成为创作者评价的价值导向，切实激发农民画的深层文化作用和社会影响力。现代民间绘画的发展需要坚守，民间文化的根不能丢，要坚守民间艺术的传统，不能为了追求市场利益放弃了创作的传统和个性。同时，要多方协作健全市场机制，明确农民画原创作品、复制作品和衍生产品的范畴，实现良性发展，促进文化消费。

创新发展，要盘活民间美术资源。拓展创作形式和载体，搭建传播与应用桥梁，促进农民画创作与特色农产品包装标识、农村文化旅游、壁画等公共艺术、媒介宣传结合，并通过衍生产品、数字转化等方式使农民画蕴含的传统文化观念、信仰、元素、符号在当代生活空间中延续和再生，弘扬中华优秀传统文化、民间文化和社会主义核心价值观，使农民画获得更大的发展空间，并发挥更积极、广泛的社会作用。

民间艺术要有鲜活的生活内容才能不断更新和发展。就农民画而言，由于昔日的绘画内容和图景随着社会生活的改变发生变化，有的甚至不复存在，而多元的媒介、载体和更广阔丰富的传播渠道和接受空间又是新的契机，因此亟须在时代背景、生产生活场景、题材内容发生改变的同时，面对社会生活、城镇化发展的新形势、新特点，探寻、捕捉、阐释新的时代精神，不断丰富创作的深层文化语言和内涵。希望农民画在发展过程中，创作新作品、表现新生活、丰富艺术语言和风格，提高传承民间文化融入现代语境的能力，增强艺术创作发展活力，提升农民画作者传承民间文化融入现代语境的能力，提高作品的思想性、艺术性和传播力，通过丰富农民画创作的深层文化语言与内涵，筑牢中国民间文艺价值体系，彰显中国文化话语权和民族艺术自信。

a

a《故乡》，魏旭超绘

总之，农民画是人民大众的艺术。在历史发展进程中，民间艺术在伦理教化、审美娱乐、人格培养、情感交流等方面发挥了重要作用，这些丰富的文化内涵在农民画创作中仍保存着活态的种子并不断发展。王朝闻先生曾在 20 世纪 80 年代评价农民画家是用他们自己所掌握的朴素语言——“好看”、“开心”和“自己也会笑出来”表达他们对于形式美的挚爱，农民画正是以朴素醇厚的语言歌颂劳动，礼赞生活，传递着昂扬向上的精神活力。今天，广大农民画创作者更加自觉自如地运用剪纸、刺绣、漆画、灶壁画、木雕等传统民间绘画的造型和色彩表达方法，更加深刻真挚地观察和表现农村的生活体验和审美情感，表达自信乐观的生活态度，创作了一批有梦想、有温度、有情感、有感染力的作品，带给我们很多鼓舞和感动。希望农民画在发展过程中，扎根农村生活，坚守民间特色，突出“农民叙事”，不断创作新作品，表现新生活，不断提高作品的思想性、艺术性、传播力和影响力。我们相信，农民画作为民间生活的一部分，还将以崭新的姿态彰显中国精神，以民间文化绵延磅礴的力量助推民族复兴中国梦的实现，鼓舞人们坚定文化自信，守护精神家园，以勤劳的双手创造美好的生活。

a

a《政通人和庆丰年》，高晓丽、刘志忠绘

第四章 · 农民画乡

金山农民画紧随时代

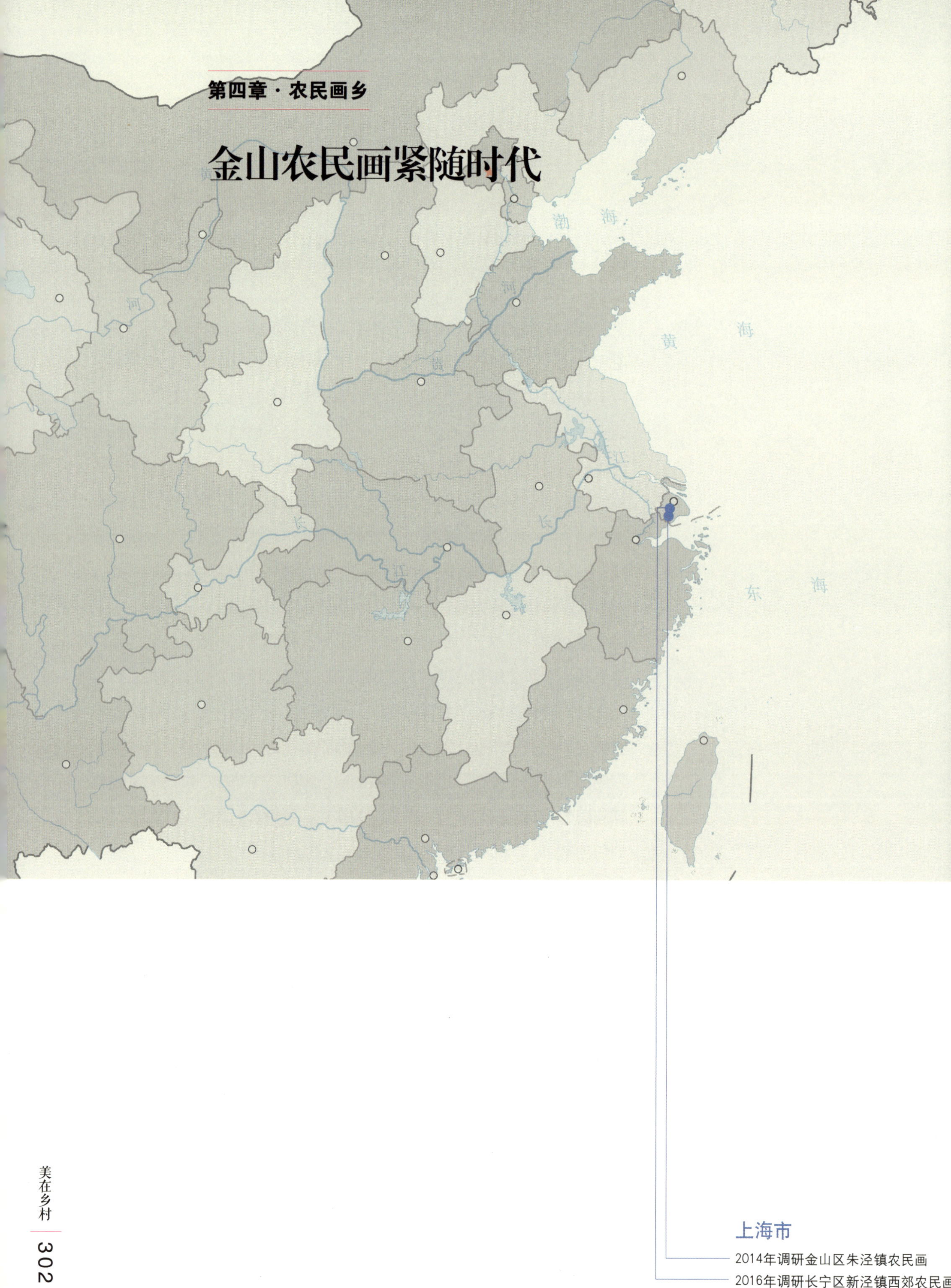

上海市

2014年调研金山区朱泾镇农民画

2016年调研长宁区新泾镇西郊农民画

上海金山农民画在我国农民画发展史上具有重要的历史地位。金山农民画发端于 1974 年，当时全国学习陕西户县农民画，创作主体是从上海金山枫泾和朱泾等十县招收的农民画作者，题材来源于上海近郊的水乡生活，手法吸收了灶壁画、刺绣、蓝印花布等民间艺术造型方法，在当时为全国农民画树立了样板，成为各地争相学习的标杆。金山农民画较早走出国门，曾赴美国、法国、比利时、意大利、澳大利亚等诸多国家展出，在国际上享有盛誉。1982 年 10 月 7 日，基辛格夫人南希来到上海，挑选收藏了包括张新英的《迎新客》、陈芙蓉的《重阳节》、王金喜的《收丝瓜》在内的五件作品。1988 年，文化部命名上海金山县为“中国现代民间绘画画乡”。随着上海城市的快速发展，金山农民画保持着鲜活的创作热情和对文化发展的探索精神，在“回归乡土”的指导思想下进行艺术创作。在民间艺术基础上，逐渐走向民间与现代的交融，探寻民族语言，重构当代艺术，发挥了引领作用。

一、都市时尚前沿与传统民间文化韵味

金山农民画艺术风格的形成经历了三个历史演变阶段：1974—1976 年为创作摸索阶段，金山农民画建立之初，以学习陕西户县为主；1977 年—20 世纪 80 年代是“回归乡土”时期，从民间艺术造型中汲取营养，绘画元素和绘画内容回归民间，形成了金山农民画的典型样式；20 世纪 90 年代以来为多元化发展阶段，艺术样式、创作形式、绘画材料出现了多元化发展。经过这三个阶段发展，金山农民画无论是创作主体还是艺术风格，都发生了明显变化，在城镇建设中发挥了不同作用。

走向市场，是农民画艺术风格演变的一个重要因素。1978 年，农民画开始作为商品进行销售，金山农民画院销售的模式由集体所有制到 1994 年推向市场，在这个发展过程中，形成了原作、复制品和衍生品市场的多样化发展，销售的方式由作品销售到衍生品批量化销售，由书画

a 金山农民画早期作品《金谷满仓》，朱希、陈明东绘（1976 年）
b 1982 年基辛格夫人南希挑选金山农民画

销售到书画复制品销售，拓展到旅游产品和礼品市场，农民画与农民画衍生品的概念开始分离。

随着金山区工业化、城镇化进程加快，1996 年，金山山阳镇的渔民上岸后，发展地方服务业，进入金山嘴渔业文化产业发展时期，进一步向渔业文化产业转型，带动了当地民族民间艺术复兴。2012 年金山嘴渔村重建，恢复了当地古镇的生态环境，金山嘴渔民画发展起来。这种建立在生态、民宿等文化旅游业态基础上的发展模式，成为农民画发展的新的契机。

整体上看，在城镇化发展进程中，人们的生活环境发生了巨大改变，金山农民画作者的年龄和文化结构也发生了改变，而且由于上海国际文化交流频繁，对农民画的创作主体和艺术形式产生了影响。从创作主体看，金山农民画的创作队伍由过去的农村老妈妈逐渐发展为更加多元的专业群体，在金山画院的许多作者受过专业教育并取得了诸多艺术成就。如今年轻的农民画作者，一方面学习民间艺术传统，在艺术手法上回归剪纸、刺绣等民间乡土造型，注重民间味道和乡土特色，另一方面重视汲取国外的艺术表现手法，探索多元化的发展道路。从题材和风格上看，农民画也成为村庄变迁、城镇化发展、城市“视觉档案”的组成部分，金山农民画融都市时尚与民间生活于一体，既浓缩了水乡民居生活的趣味，又体现了现代绘画的丰富性，既受到民间刺绣、剪纸、绘画等民间美术的滋养，也由于对外来现代艺术的吸收，形成开放的样式，时尚与乡村、都市与民居并存，以丰富的艺术手法和材料技法表现艺术风格，形成了既接地气又富有现代感的艺术特征。比如张新英的农民画创作，运用抽象绘画语言，将她所熟知的传统刺绣色彩，“以一当十”的传统民间色彩造型方法运用到农民画创作中，营造了既古朴又现代时尚的画卷。陆永忠以大地艺术的方法，将农民画与农耕结合，通过种植红色、黄色、紫黑色等彩色水稻，在大地上绘制出“巨龙舞梦”的画面。富有个性的金山农民画作者层出不穷。金山农民画在艺术风格和文化产业机制方面，都具有前沿发展势态，包括知识产权等问题的解决都体现出整体上的超

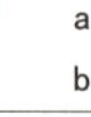

a《采药姑娘》，曹秀文绘（1977 年）
b《巨龙舞梦》，陆永忠大地艺术（2014 年）

前意识。

二、辅导员的引导方法

在金山农民画创作手法回归民族民间造型体系上，辅导老师吴彤章起到了重要作用。1977 年，吴彤章等辅导老师倡导农民画“扎根泥土”，回到刺绣、剪纸、灶壁画等民间艺术中汲取营养，运用“移植法”把民间剪纸、刺绣、灶壁画等艺术形式转换到纸上，招收能绣善剪的农村老妈妈们举办创作学习班，使用“酒瓶倒酒法”的辅导方法引导民间老妈妈，把民间造型语言转换到农民画创作中去，形成了具有民间乡土特色的金山农民画风格，并迅速影响了全国农民画绘画方向的转变。早期金山农民画以作者阮四娣代表作品《孵蛋》、《花与鸡》等作品奠定了金山农民画的创作题材和方法。20 世纪 80 年代形成的这种金山农民画，

a	b
c	d

a 基辛格夫人南希挑选的张新英作品《迎新客》（1982 年）
b《花与鸡》，阮四娣绘（1977 年）
c《玩具担》，张新英绘（1992 年）
d《灶间一角》，张新英绘（1980 年）

汲取了民间女红艺术的造型方法，打破焦点透视规律，以丰富的想象力、大胆夸张的造型、独特的艺术构思和造型特色，创造了富有风俗情趣和浓厚生活气息的画卷。20 世纪 90 年代后，在金山农民画队伍中，80 岁以上的老妈妈开始逐渐淡出。这个时期，金山招收了很多学员进行农民画培训，这部分作者中 90% 以上的农民画创作者具有初中文凭，但不了解传统民间艺术。辅导老师为了能够把民间艺术造型的内容和方法引入农民画创作，进行了教学方法的转换，由“酒瓶倒酒法”的辅导思路转向研究“如何灌输”民间艺术的辅导方法，引导作者吸收民间艺术的造型和文化，组织他们临习刺绣的色彩，引导他们表现乡土气息。

吴彤章认为，地处繁华城市的金山农民画应该是既接地气，又有现代感的艺术形式，它的特色一方面来自民间刺绣、剪纸、绘画等民间美术形式的滋养，另一方面源于上海这座城市对外来现代艺术的敏锐吸收，二者共同塑造了这种新型的民间艺术。吴彤章说，农民画作者应该在继承传统的基础上进行创新，具体要做好三件事：第一，应该学习传统民间艺术。像敦煌的线条，汉代画像石、画像砖外轮廓的阳刚之气，以及

a 吴彤章老师（中）辅导曹金英（右）绘画

a b
c d

a《摇到外婆桥》，季芳绘（1999 年）
b《花伞》，怀明富绘（1999 年）
c《鱼塘》，曹金英绘（1978 年）
d《放飞心情》，邵其华绘（2010 年）

木雕的刀法等都是应该了解和掌握的造型观念。创新的根脉在于民间艺术的土壤，民间艺术是取之不尽的源泉。第二，学习原始艺术。越是传统的就越是现代的，原始的图腾和各种符号是文明的象征。比如彩陶纹样的抽象符号就具有丰富的内涵，这些符号是民族文化的积淀，体现民族的内在心理结构。第三，开放式的理解和接受现代艺术。他认为人们生活发生了改变，审美就要跟上去，所以对于现代艺术应该持开放的态度，适度地吸收西方的绘画方法和技巧。吴彤章不断总结，并将创作方法贯穿到辅导实践中，引导金山农民画师以兼容并茂、融会贯通的方法进行创作，既坚守传统，又开拓创新，体现了上海的文化精神。

三、政府支持与产业推广

金山地方政府重视农民画发展，分级管理、统筹组织农民画产业发展工作，并通过建立金山农民画院、中国农民画村展示，不断推广农民画及衍生产品。通过组织和参与展览，提高金山农民画知名度，形成品牌效应，带动文化产业的发展。

从 1978 年县文化馆金山农民画社试营业到 1980 年销售额度的变化可以看出，1978 年销售农民画 5 幅，总销售额 690 元，尽管收入额度低，但金山农民画作为商品对外销售的模式已经形成。1979 年，销售作品 668 幅，销售额 11673 元，市场逐渐拓展。1980 年，作品销售 1999 幅，销售额达到 45460 元，金山农民画的市场效益直线上升。

上海经贸发展，带动了金山农民画向市场方向转化。农民画的装裱、包装等各方面都较早受到重视，在复制和衍生品开发方面，作品的规格、展示、包装、物流等方式都较早引入商业运作，开拓了新的途径。金山农民画院致力于树立品牌、扩大交流、开发衍生产品、规范市场等。1998 年，金山从第一届农民画为主题的旅游节开始，至 2004 年金山区总共举行了六届旅游节，邀请了 24 个省、市、自治区的 52 个画乡参与活动，大大提高了金山农民画在全国的知名度，促进了金山农民画与其他画乡之间的艺术交流。各种形式的展览、培训、理论研讨、对外交流以及旅游节等，为金山农民画的发展搭建了平台。

四、农民画参与公共文化服务

金山农民画基于独特的地理优势较早进入市场化发展，但并没有完全商业化，始终重视保护和发掘地方特色。从改革开放之初到现在，从金山县到金山区，从农业渔业发展到大型化工业发展，再到城市与新渔村服务业综合发展，经历了转型与回归。农民画以绘画的形式反映了金山城镇化演进的过程，上海金山农民画院、金山农民画村以及金山嘴渔村的渔民画在民宿和展览中的衍生，始终以“参与者”的身份融入日常

a

a 调研上海金山嘴小渔村渔民画

生活，是提高生活品质的媒介。

金山农民画的发展离不开地域文化的滋养，在城镇化进程中，应提升文化自信，在创作中处理好传统和现代的关系，守住民间艺术的文化内核，从民族传统美术样式中广泛汲取营养，坚守民间绘画蕴含的本元文化，让民间造型体系走入现代生活，从而更好地发挥农民画的文化功能。同时，要认识到艺术市场的必然性，农民画的生存发展，需要文化艺术政策支持，借助文化产业发展机制，提高农民画作者的收入也是现实需求。使农民画创作、销售、衍生产品研发各自发挥作用，专业的人做专业的事，分离市场与创作主体，不仅是以市场带动创作，也要以创作引导市场，使农民画创作、产业和销售健康发展。对于金山农民画创作、文创产品发展、衍生产品开发、艺术市场发展等方面的探讨，也将进一步提升金山农民画的艺术水准、创作风格和市场规范，使之获得更大的发展空间。

a

a《捡花鱼》（局部），杨火根绘

第四章 · 农民画乡

秀洲农民画水乡巨变

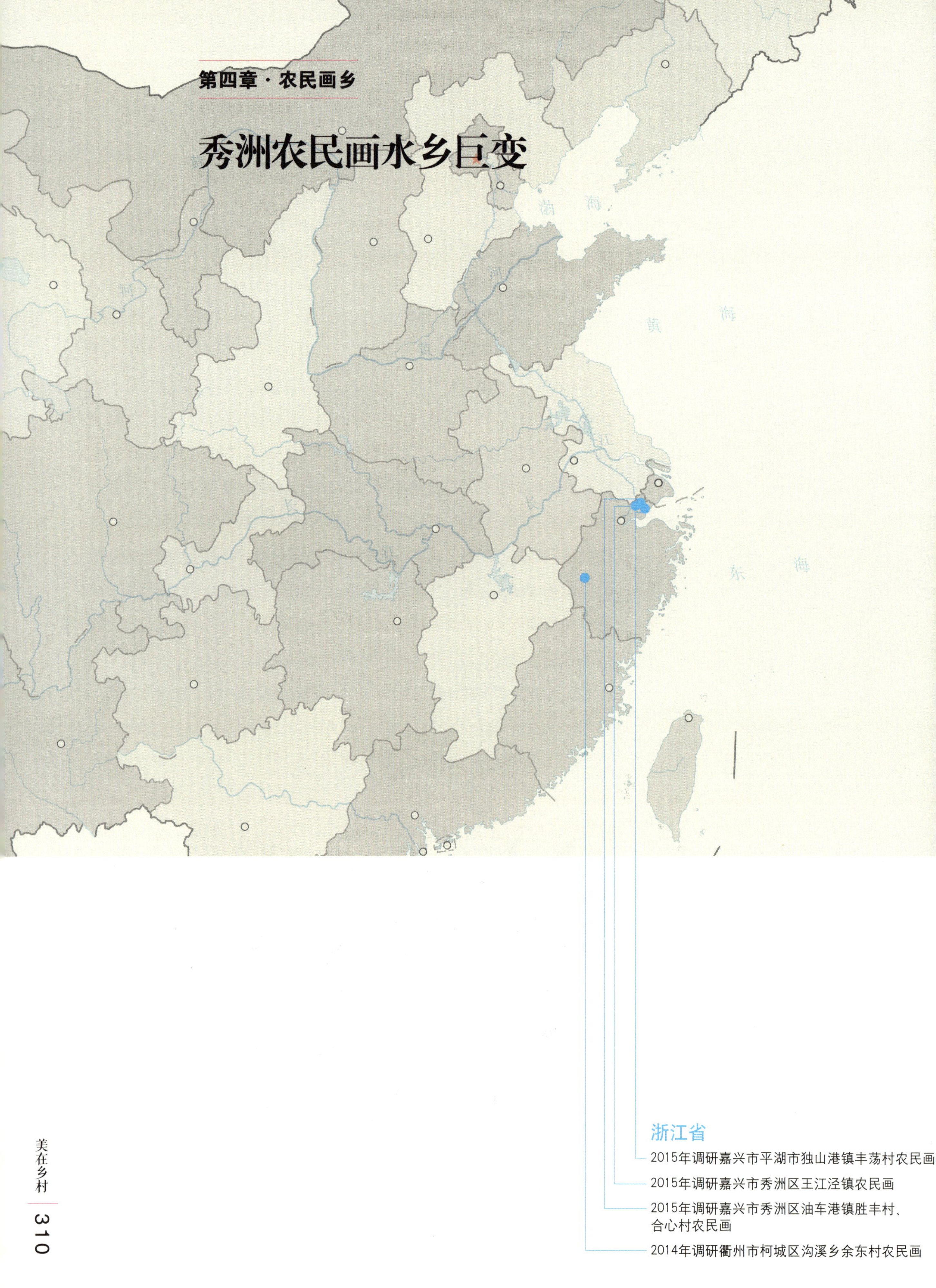

浙江省嘉兴市秀洲区前身为嘉兴县，位于浙江杭嘉湖平原，东邻上海，西靠杭州，南濒杭州湾，北接苏州，是著名的鱼米之乡。江南水乡的日常生活及灶头画等诸多民间艺术孕育了别具特色的秀洲农民画。特别是汲取了当地剪纸、刺绣、灶头画、蓝印花布等民间艺术营养，融会江南水乡的生活气息，秀洲农民画色彩明快，造型夸张，构图饱满，极富水乡风俗趣味。

一、水乡经济与创作的关系

秀洲农民画创作始于 1983 年，在发展过程中，20 世纪 80 年代是秀洲农民画的初始期，在学习金山农民画的基础上，凝练了本地绘画风格和创作方向。这个时期的作品中，张金泉的《公共夜车到村》获得了全国比赛的二等奖，缪惠新的《乡情》获得了浙江省首届农民画大赛的一等奖，张觉民《南湖菱歌》获得了全国比赛一等奖。这些作品确立了秀洲农民画的创作风格。20 世纪 90 年代，在大力发展经济的背景下，秀洲农民画进入了缓慢发展期。2000 年以后，秀洲农民画恢复并快速发展，政府先后实施了很多推进农民画发展的举措。近五年来，秀洲农民画在全国展览中获得了众多奖项。

秀洲农民画的发展体现了与秀洲经济的互动关系。2000 年以前，秀洲区经济发展分为南北两片，南部以农业生产为重，北部发展个体经济。由此直接影响了两个区域农民画创作发展的内容和形式。早期北部农民由于忙于个体经济，业余时间较少，从事农民画的作者比较少；南部多数农民从事纯农业生产，在农闲时候有时间从事农民画创作。因此早期秀洲农民画作者大部分来自南部地区，绘画的题材内容主要与水乡生产有关。

a 《南湖菱歌》，张觉民绘（1983 年）
b 浙江嘉兴秀洲区油车港镇的村落

2000 年以后，秀洲区北部经济发展到一定程度，部分劳动力得到解放，农民画创作提上日程。比如位于秀洲区北部的王江泾镇，由于纺织业的发展，不少农民购买织机从事纺织业，搬到镇上居住，并开始学习农民画，农民画作者数量剧增，约有 50 位农民画作者。由于“土地流转”相关政策和现代农业发展，原先从事农业生产的农民画作者摆脱了土地束缚和生活压力，有了更多的创作时间。农民画创作主体的身份转变、收入来源的稳定和劳动生产方式都是造成秀洲农民画在 2000 年以后复苏的重要原因。同时，绘画内容也与经济生产息息相关。秀洲农民画作者中有一部分是过去在村子里画灶头画的能工巧匠，绘画内容不少是乡村民俗和生态养殖等。以王江泾镇为例，在以纺织为支柱产业的同时，由于地势低，多湿地和水田，也发展起了水产养殖种植的立体经济，因此水乡种养也是农民画表现的主题。朱月祥的作品《湿地农业之立体种养》就以生态养殖、立体养殖为内容，表达了家乡振兴和繁荣的喜悦。

二、政府支持和辅导的作用

嘉兴农民画的发展与政府重视和支持有关，许多重大决策给秀州农民画发展提供了坚实的保障。在硬件设施方面，嘉兴政府投资建设了农民画陈列馆和农民画艺术中心等大型活动场地，为农民画创作提供硬件支持。在活动组织方面，每年举办采风、学习班、比赛和展览活动，为农民画作者提供发展平台，以活动带动农民画的发展。比如，1999 年秀

a 张金泉的工作室
b 张新泉家里的灶头画

洲举办了中国农民艺术大赛，邀请了一批全国 1988 年被命名为中国现代民间绘画画乡的农民画家参加活动；2001 年举办了由文化部批准的第一届秀洲中国农民画艺术节；2015 年秀洲区把农民画元素融入公共文化建设各个领域，面向群众举办农民画培训、大赛、画展进文化礼堂等活动，并通过举办全国性的学术研讨会开展学术交流，提高理论水平，农民画作者可以在参展或研讨交流中获得展示宣传机会和深化积累。

秀洲农民画的队伍建设体系完善，在各级政府组织方面表现为层级关系明确、责任分工具体、梯队结构完整的特点。每一个层级的梯队都拥有属于自己的独特资源和先天优势，逐级充分利用地方优势，以打造个性文化地标。这为农民画作者提供了归属感，并通过层层选拔给予作者荣誉感和自信，形成一个组织科学的创作集体。在作者培训发展方面，分为区级、镇级和村级三个层次。嘉兴市秀洲区文化馆负责整个区的文化建设，在农民画培训和指导方面有专门的辅导老师队伍。在村级方面，通过成立农民画个人工作室的形式进行辅助支持，为保证工作室正常运行，农民画工作室的面积不小于 50 平方米。目前整个秀洲区有 8 个农民画工作室，政府每年提供 2500 元经费支持，并建立严格的考核制度，就培养人数、参赛数量、参赛水平等指标做出详细规定，以保证工作室能够更好地发挥其挖掘和发展优秀学员的作用。农民画工作室的建立也在于通过建立培训地点的方式带动周边人群进行农民画的学习和创作，工作室定期对周边村民和少年儿童举办农民画培训。此外，秀洲区教文体局在全区 26 所中小学中开展兴趣爱好班，拓展了农民画后备人才的发展基础。在镇级方面，7 个镇级的文化活动中心都设有农民画创作基地。秀洲区每一年都展开区级农民画培训，以保证农民画创作队伍的创作辅导强度和水平。为了打造秀洲区的农民画的领军人物，秀洲区实行“梯队式”培养模式，进行优秀作者的层层选拔。例如，作者丁阿妹就是在文化学习时被发掘出的新作者，后来组成了“十姐妹农民画工作室”，连续取得优异的成绩。

a 《晨忙图》，杨海萍绘（2017 年）
b 《繁忙的乡村》，朱建芬绘（2017 年）

推进农民画画乡建设是秀洲区公共文化服务体系的重要环节之一，先后培育大批农民画家，在中小学创建后备人才基地 26 个，形成了体系完整的画乡建设体系。至今秀洲农民画有一千多幅入选了“全国农民画展”、“中国农民画联展”等各种展览，作品在澳大利亚、美国、日本等十几个国家举办展览。同时，积极探索农民画及其衍生产品的市场化运作模式。秀洲区在从农业区向城镇化迈进的 30 多年中，逐步打造出一块地域特色鲜明的农民画品牌。

秀洲区文化馆两任辅导老师的创作倾向推进了秀洲农民画的发展。第一代辅导老师是毛桂洪和袁谷人。毛桂洪毕业于中国美术学院附中，在 1983 年举办第一届培训班；袁谷人学习油墨版画，1994 年退休前一

a

a《茶楼乐趣》，张金泉绘（2017 年）

a
b

a 嘉兴秀洲农民画衍生产品
b 农民画日历瓷盘

直负责农民画的辅导工作。第二代辅导老师是陈玉峰，主张农民画应该从当地的生活中入手，表现民俗生活，强调一定要把握好个人特色和地域风格的关系，鼓励农民画作者充分调动自身潜能，挖掘个人风格。辅导老师的专业绘画倾向，使秀洲农民画注重探索绘画材料和技法，注重内容和形式的创新。比如向生活贴近，发现生活中与自然风光、民间习俗、农业生产相关的美的题材和内容，同时，也紧跟时代发展，从当代社会建设和发展中凝练新的题材。辅导老师在教学方面主要采用了“爱护兴趣”的方法，通过发挥作者的创作特长和爱好，激发作者的创作兴趣，以鼓励更多的农民画作者和有绘画才能的爱好者参与到创作队伍中来。

三、文化产业发展的空间

自 2006 年，当地政府带领农民画文化产品参加义乌文博会，促进了农民画从创作到产业的发展。秀洲区委托有关创意公司推广和发展农民画产业。经营范围：一是秀洲农民画及其衍生产品的开发；二是开展艺术教育培训和举办展览、展会；三是秀洲农民画及其衍生产品的销售工作。在农民艺术节等活动中，针对在市场上有一定接受度的农民画进行衍生产品的设计与开发，衍生产品的类别包括小方巾、扇子、书签、办公用品、瓷器等，并根据新产品的类型设计不同的包装组合。加强农民画宣传，与广播电台等媒体合作，进行推广。同时拓展销售市场，自 2009 年开通网络销售渠道，于 2014 年到土耳其、马来西亚、迪拜等国家和地区的专业展会上进行展览，让农民画及其衍生产品走出国门。

整体上看，秀洲区农民画形成了鲜明的特色和风格，政府管理方面的充分重视和嘉兴产业经营的经验积累对农民画发挥了促进和带动作用，形成了较为完备的管理结构和可行的发展路径。进一步做好农民画创作的指导、培训辅导、文化交流展览等基础工作，探索农民画及其衍生产品的市场化运作模式，还将推进秀洲水乡农民画的稳健、可持续发展。

巨野工笔画的发展模式

山东省

2014年调研菏泽市巨野县独山镇农民工笔画

2014年调研菏泽市巨野县洪庙农民专业绘画合作社的作者在绘制农民工笔画

2014年调研菏泽市巨野县董官屯镇刘官屯村鲁西书画院的作者绘制工笔画

菏泽巨野是著名的“中国农民绘画之乡”。巨野县农民工笔画有深厚的群众基础，是当地一项重要的文化产业，形成了两条书画专业市场街，有巨野镇、独山镇、麒麟镇、董官屯镇 4 个专业镇，50 个专业村，1 个专业示范村，1 个书画产业基地，500 多个专业户，长年从事绘画、装裱、销售的人员达7000 多人，形成产、供、销稳定的产业链。“巨野工笔牡丹”作品销往全国 30 多个大中城市，并出口日本、韩国、欧美、新加坡等十多个国家和地区，其中仅工笔牡丹的销售就占据全国市场份额的八成左右，年实现产业增加值 2.8 亿元，已成为当地继煤炭、煤化工之后的第三大产业。巨野农民工笔画在产业组织发展方面具有典型特点，是一种以绘画形式获得发展机遇的乡村文化产业模式，吸引了国内外专家学者的关注。

一、合作社发展模式的形成

巨野农民工笔画的发展可以追溯到 20 世纪 70 年代。当时巨野县为出口创汇开办了工艺美术厂，姚桂元及骨干作者在厂里专事出口彩蛋、屏风画、褂扇、玻璃瓶画等工艺美术品的制作。1982 年，巨野县工艺美术厂解体，一批业务骨干走向社会，为了生存，逐步开始了家庭作坊式发展的道路。姚桂元从工艺美术厂出来以后，研究宋画工笔绘画方法，并总结经验，使新手更容易入行，实现了农民工笔画的批量绘制。随着订单增加，集培训、绘画、销售为一体的合作社（画院）在政府扶持下建立起来，迅速扩大规模，画院、装裱室、销售网点形成了系统的产销渠道。与很多地方的农民画不同的是，巨野农民工笔画并不是农闲时的副业“补差”，而是作为绘画农户的主业，农耕是副业。当地人均一亩地左右，有些农户会把土地租给别人耕种，投入大量时间绘制农民工笔

a 鲁西书画院的艺人在绘制工笔牡丹

b 2014 年与英国人类学家雷顿一起调研巨野农民工笔画

画。巨野农民工笔画形成了一种以合作社或画院为主体的经营模式，在培训、绘制程序、销售网络方面快捷、成熟，艺人入门快，绘画程序简洁，视觉效果丰富，在工笔画的产、供、销方面形成了相对完善的产业链。1996年，当地成立了“巨野农民书画研究会”。2000年，文化部命名“中国巨野农民绘画之乡”。2009年，巨野县麒麟镇洪庙村成立了山东省农业厅批准的“巨野农民绘画专业合作社”，以“经销—合作社（画院）—农民画师”的模式进行绘画和销售。全县50人以上的合作社（画院）有6个，书画装裱室多达60家，在全国建立起70多个销售网点，与国内500家画廊、画院建立起友好合作关系。

巨野农民工笔画的绘画题材起初分为牡丹和麒麟，后来逐渐发展出十八罗汉、山水、仕女、水浒人物等各种题材，主要根据客户订单的要求或者来样加工。比如在徐凤秋的画院中，有的作者比较擅长画动物，有的比较擅长画植物，有的比较擅长画人物，在绘制大幅作品时，会根据要求进行流水线作业，提高绘画效率，保证绘画水平。工艺美术厂时期，厂里的订单多为出口产品，为满足国外订单需求，主要在纸张、屏风等不同载体上复制宋代工笔绘画，是一种劳动密集型的生产加工。如今，国内市场需求逐步提高，当地人们也会购买作品馈赠朋友或装饰家庭，绘画的题材、内容包括尺幅不断变化。由于酒店等公共环境装饰需要，作品的绘制尺幅逐渐增大，规格逐渐增多。

在画院和作坊中有拷贝台、画案，通常是根据订单或客户要求，依据画样拷贝提炼出线稿，在线稿基础上独立设色。每个画工的设色水平不一样，这也是影响作品定价的因素之一。同一个底稿，染色水平不一样，价格也就不同。巨野农民工笔画的基本工艺与传统工笔绘画相同，设色方法比较传统，采用中国传统工笔绘画的染高法，分层染色，因此虽然尺幅很大但色彩效果非常统一。巨野农民工笔画色调效果分为两种：大红大绿的重彩效果和素雅的墨色效果，以工笔画形式绘制。据艺人们讲，他们自己比较喜欢文人画的墨色层次效果，一些年纪大的艺人喜欢临习宋画，认为那是真正的雅文化。前来订货的客户多数喜欢重彩效果，

a 2016年英国人类学家雷顿再次到巨野调研

大红大绿的牡丹能迎合大众喜好。在各种展览或比赛中，艺人们会根据展览主题需要进行创作，根据不同的定位来把握绘画格调和手法。巨野农民工笔画作者在产业发展基础上，不断研究技法，以期与人们的审美需求同步。

二、画院式的培训管理机制

画院式的培训管理机制是实现规范化管理和持续发展的基础。根据画工水平，巨野农民画工笔画作者分为三个层次：一类为专供商品画的复制画工，是量化生产人员，主要通过复制工笔画完成作品“生产”，多由一年以上的学徒绘画人员担任，作品用于冲击市场，鲜有个人艺术偏好。第二类是画工较好的画师，技术比较娴熟，主要进行礼品绘制，这类作品要求精工细作，对画工的审美要求较高，作品销售价格也相对较高。第三类是从事农民工笔画学习的专业创作人员，主要为参加学术研究和展览进行创作研究，这类农民画家的作品价格最高，复制的数量极少。此外，其他一些大学生和希望学习工笔画的艺人，也会参与到绘画队伍中来。巨野农民工笔画分为流通品、礼品、艺术品三种形式，定价依照复制数量、创作程度和画面的精细程度也有较大区别。巨野农民工笔画院多数采取免费提供培训教育及材料，包吃住的模式发展，只要是愿意到这里学习工笔画的作者，都可以免费学习，因此在画院中有许多从外地慕名而来学习的作者。

a　b

a《大红灯笼高高挂》，高潭印绘
b《暖风》，孙自安绘

在画院学习半年以上的学徒，其收入包括两个部分：基本的生活补助和卖出作品的分成的总和。也就是说销售的作品越多，收入就越多。每一个画工收入从500元到6000元不等。画工普遍对当前的收入表示满意，对老师表示感激。在培训机制方面，按照师徒学习的方法传承，学好的作者出师后都能够卖画，并可以继续带自己的徒弟，因此这种培训的网络慢慢扩大开来。大多数艺人比较对画画本身也非常有兴趣，所以热情比较高，悟性高的艺人有时候学习三个月时间就可以画出令客户满意的作品。这种系统的组织和绘画方法大大地缩短了艺人入行的时间周期。在鲁西书画院，结了婚的夫妇在画院继续画画，画院提供两间住房，并支付孩子的幼儿园费用，上下学专车接送，使艺人能够全力投入绘画。出师以后的学员，也可以回家画画，每月28日把画送到画院，由画院统一出售，并支付给作者费用。

鲁西书画院有固定学员70人，在外固定骨干人员70–80（含出师班和白班），其余画院送画的散户有210人，总计360人。出师的学员被分配在两个班里，一个是出师班30人，另一个是白班15人。所谓白班，是在书画院出师以后的学员，在照顾家庭、看孩子的同时，为增加收入继续到画院画画，他们只画到下午六点，所以叫作白班。画院人员的构成是一个动态的变化过程，从学习班到出师班有一年的，也有三年的，学习的进度不同；在出师班里有1年的、5年的，还有15年的，时间不等。画院里的日常组织管理工作由资历较老的员工负责，比如逯雪伟及丈夫苗祥振在大师班负责管理工作，其弟弟逯光彬擅长画走兽等较大难度的题材，弟妹叫黄贵贵，也在画院工作，他们月收入都在5000元上。巨野农民画的绘画、经销、研究的环节比较健全，形成了稳定的产业化链条。据书画院统计，从鲁西书画院里培训过的学员以及学员带出来的人员有3000人。鲁西书画院现有360人是相对固定发工资的人员。

三、稳定发展的绘画队伍

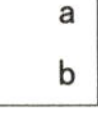

a b 姚桂元工作室艺人在绘制农民工笔画

巨野农民工笔画作者以女性为主要群体，年龄从15岁到40多岁不等。培训一年后学成的职业方向通常分为留在画院继续画画、回自己家

里画画以及从事销售三种情况。其中，回家绘画的艺人，除了可以画画送到画院销售以外，大多数还在家里开办绘画作坊，继续接收学徒，规模少则四到五人，多则十几人，形成学徒帮学徒、传帮带的结构，并继续扩大。在这种形式下，巨野农民工笔画不断吸引更多的人参与，作者队伍逐年递增。巨野农民工笔画院不断提升绘画水平，广泛参与展览、博览年会，扩大了知名度，形成了地方文化品牌。

巨野农民工笔画是特定历史时期的产物，以菏泽牡丹之乡的地域文化为基础，形成了特定民间绘画题材、样式和产业链，成为当地的支柱产业。在巨野的诸多画院中，很多艺人是全家总动员，画工笔牡丹的家庭不在少数，绘画带来了稳定的经济收入，这些一手耕地一手绘画的民间艺人参与到“美丽乡村”建设中来，事业如画，生活如画，促进了当地的乡村文明建设。

a b

a《大吉祥》，赵长玉绘
b《五月熏风十里香》，孔庆臣绘

文化馆辅导出的日照农民画

渤海
河
黄海
黄
江
长

山东省

2014年调研山东省日照市东港区渔民画作者
2014年调研山东省日照市东港区锦丽工艺品有限公司农民画绣
2014年调研山东省日照市涛雒镇东林子头村山东日照农民书画研究院
2014年调研山东省日照市岚山区岚山头镇渔民画作者
2014年调研山东省日照市岚山区高兴镇东牟村渔民画作者

a《赶小海》，乔诺绘（2014 年）
b《沂蒙旧事》，任忍绘（2016 年）

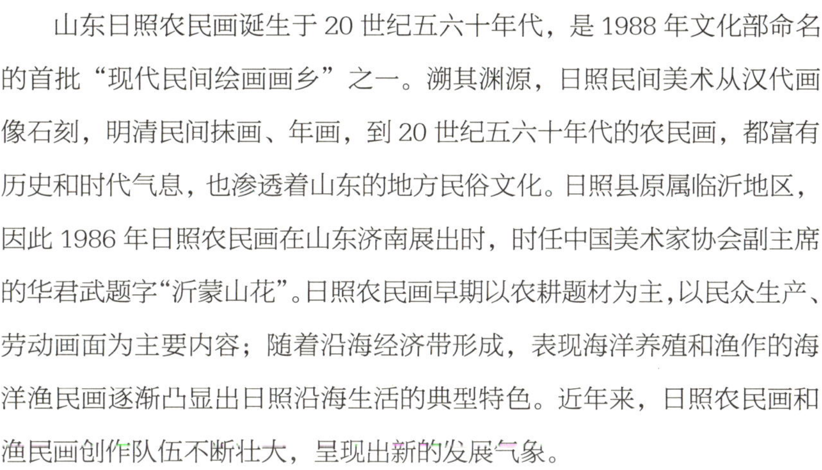

山东日照农民画诞生于 20 世纪五六十年代，是 1988 年文化部命名的首批“现代民间绘画画乡”之一。溯其渊源，日照民间美术从汉代画像石刻，明清民间抹画、年画，到 20 世纪五六十年代的农民画，都富有历史和时代气息，也渗透着山东的地方民俗文化。日照县原属临沂地区，因此 1986 年日照农民画在山东济南展出时，时任中国美术家协会副主席的华君武题字“沂蒙山花”。日照农民画早期以农耕题材为主，以民众生产、劳动画面为主要内容；随着沿海经济带形成，表现海洋养殖和渔作的海洋渔民画逐渐凸显出日照沿海生活的典型特色。近年来，日照农民画和渔民画创作队伍不断壮大，呈现出新的发展气象。

一、地方特色

日照以“日出先照”得名，传说是登泰山看到第一缕阳光照耀的地方，富有诗意。日照农民画的题材内容与当地自然地理条件下的农耕和渔业发展有关，与当地民众的生产、生活、信仰、礼仪等民俗文化紧密相连，富有地域特色，反映了农村风貌、采茶、大丰收、打谷场、巧媳妇、虎娃、闹元宵等风土人情。日照农民画在形成过程中，吸收了汉画像石和民间剪纸、木版年画的样式，构图饱满，造型夸张，富有勾线的金石味道，体现了山东人直爽率真的性格。

20 世纪 50 年代之前，日照民间艺人在福棚、窗棂、水缸、墙壁、镜子上手工绘制日常生活花样，用作装饰，人们称为“小抹画”。“小抹画”主要有神灵信仰、吉祥图案、民俗生活等内容，如“牡丹代表富贵、竹子代表平安”，富有吉祥内涵，民间艺人比较忌讳画人物，有“画小人”

的说法。在对传统“小抹画”的继承与发展过程中，日照农民画延续了早期民间绘画的色彩符号特征，色彩极少调和，讲究色彩的对比关系。

日照农民画有鲜明的时代特色，各时期的作品表现出不同的绘画风格。20 世纪 50 年代，日照文化馆开展了骨干作者宣传培训，当时农民画主要进行用于宣传的壁画创作。1958 年，日照成立了农民画协会，由于生活物质匮乏造成了一段时期的间断。1968 年，日照县美术馆开始组织农村美术辅导班。在政府大力支持下，各种“普及班”、“提高班”如雨后春笋般发展起来。早期日照农民画作品多借鉴年画的勾线、填色、渲染等技法，以人物为画面主体，人物造型多样化，创作了一系列连环画、漫画。1972 年开始，日照县文化馆美术干部把农民美术爱好者召集到县文化馆，创办农民画创作培训班，组织农民画作者在农闲时创作。董家祥、安茂让等作者先后到陕西户县、上海金山学习创作经验。文化馆把农民画作者分成 4 个小分队，由文化馆带队分别到乡镇开办美术培训班，每期辅导班 20 天左右的时间。“大跃进”时期，日照农民画中表现“劳动光荣”“修渠”“大丰收”等题材的作品比较多，多采用专业绘画的手法描绘现实劳动和生活画面。1966—1976 年，题材多为宣传领袖、历

a

a 2014 年与英国人类学家雷顿一起调研日照农民画

史故事和英雄人物，与民俗相关的吉祥文化也被保留下来。这一时期，由于一批接受西方教育的知识分子下乡，倾向于西方绘画风格的造型手法开始流行。60 年代到 70 年代成为传统题材向现实生活转变的分水岭，日照农民画创作重点开始转向表现现实生活。1988 年 9 月，在中国首次农民书画大赛中，日照农民画作者黄奎军的《斗鸡》、傅承峰的《大蓬歌》、丁新华的《日照石臼港》、傅承玉的《养鸽》、马玉琴的《窑货摊》、宋全国的《闹春牛》等作品获奖。经《农村大众》《大众日报》等报道及各级农民画展览，日照农民画加快了发展步伐。

a	b
c	d

a《归渔》，傅承峰绘
b《看斗鸡》，孙纪德绘
c《喜盈门》，赵洁绘
d《斗鸡》，黄奎军绘（1988 年）

二、政府支持

日照农民画以文化馆为主管单位，纳入政府工作日常管理，进行农民画存档、宣传和产业化指导，每年不定期举办美术创作训练班，组织联系展览。随着经济发展，农民画在大众传媒推介下，相关衍生产品的产业进一步发展。特别是在海洋开发区建立、蓝色海洋经济发展过程中，农民画的海洋题材大进一步推广，逐渐形成以海洋为主题的蓝色调和以农耕民俗生活为主题的红黄色调绘画色的彩风格。20 世纪 90 年代以来，毕业于高校的大学生进入农民画创作队伍，表现城镇风光等新风尚的绘画主题开始出现，艺术表现语言更加开放。

日照农民画在全国展览中屡屡获奖，并被国家文化机构收藏和在对外交流项目到国外展出。2006 年 4 月 10 日，日照农民画申报第一批国家级非物质文化遗产。日照先后出现了很多优秀的作者，如董家祥、安茂让、丁仁智、丁鸿雁、王秉钊、李绪国、丁万里、魏本合、傅承峰等。近年来，更多民间绘画队伍加入到农民画创作中来，在许多展览中取得优异的成绩。比如在 2017 年 5 月 18 日举办的“中国精神 · 中国梦”全国农民画创作展中，山东沂蒙画派研究院艺术培训中心（原莒县博物馆）涌现了一批年轻作者，他们富有创新思路，在保持传统题材的基础上，尝试使用布面丙烯等大尺幅创作作品，日照农民画创作队伍和风格更加多元化。

三、学术研究

20 世纪 80 年代以来，我们一直就日照农民画开展田野调研和理论

a b

a《中国梦》，周声娜绘（2017 年）
b《戏海》，郭彩霞绘（2016 年）

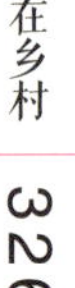

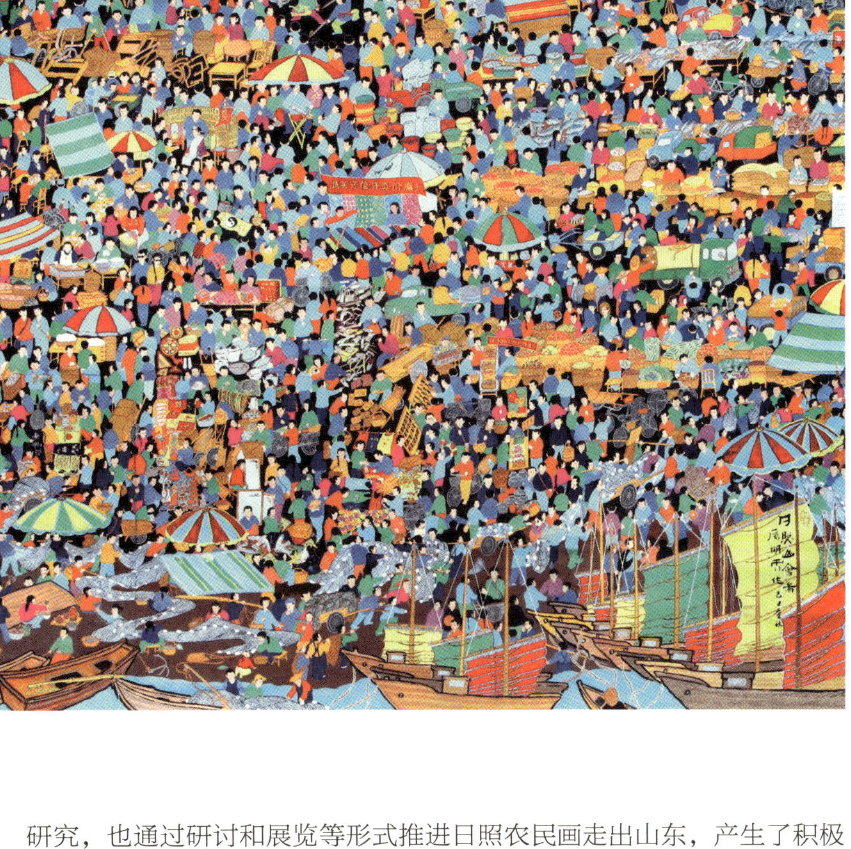

a《日照山会》，厉名雪绘

研究，也通过研讨和展览等形式推进日照农民画走出山东，产生了积极的影响。

近年来，与英国杜伦大学人类学教授罗伯特·雷顿带领国家社科基金艺术学重大项目“城镇化进程中民族传统美术现状与发展”课题组先后多次调研山东日照农民画，运用艺术学、人类学、民俗学等跨学科的研究方法，考察日照农民画在城镇化进程中的现状与发展趋势，研究由于生存空间、文化生态系统变迁引起的艺术流变，以及保护与传承、创新与发展等问题。调研过程中，受访的作者多样化，比如厉名雪是一位年纪较大的农民画作者，始终坚持创作，他的作品以表现日照民俗为主，表现了许多逐渐逝去的生活技艺，同时还不断地关注新生活，用农民画的艺术形式歌唱生活，弘扬社会主义价值观。任忍是一位中学美术老师，谈到了农民画进课堂和教材的情况。秦洪涛等作者则以蓝色调表现海洋题材。通过调研，我们进一步梳理了口照农民画的历史渊源、题材、技法、艺术特色、变革与创新，农民画与当地人民的生产方式、生活方式、人生仪礼、岁时节日、民间信仰之间的关系，当下农民画生存状态、创作方式、创作动机、销售方式、交流传播方式、传承方式，以及市区文化机构、教育机构主导的展览、比赛、乡土教材编写、农民画进课堂等活动。关注农民画与地域文化的关系，深入发掘农民画的艺术性与社会性、文化性的联系，也为山东民间美术的理论研究奠定了基础。

四、农民画 + 文化产品

党的十一届三中全会以后，日照农民画向市场化迈进。农民画的销售通常以艺人为中心，最早的艺人是从事“小抹画”的民间艺人，这些人曾兼任宣传员，在画院中负责画师培训工作，被培训的人员学成后又不断带学生，一直传承下来。后来的销售以画院为中介，艺人把画送到画院，再由画院批发到各旅游景点，或者直接规模化地接受订单。这种销售模式基本呈现出点对点的线性结构，价格比较透明，作者月收入从几千元到两三万不等。相对于日常海洋养殖和捕捞的收入，虽有一定差距，但作为业余爱好，在农闲时从事绘画创作，既是日常生活的审美娱乐，

a b

a《福瑞祥娃》，沈常滨绘（2017 年）
b 农民画绣作者赵家乐作品

也增加了收益。2008 年 9 月，姜孟华等人在涛雒镇农民画村——东林子头成立了日照农民画院，致力日照农民画研究、创作及文化产业开发。目前，日照农民画形成了农民画创作研究、民俗文化礼品开发、市场运作三大体系，拥有自营进出口权，产品销往美国、德国、意大利、法国、希腊、挪威、西班牙等十几个国家和地区。

除了农民画作品的复制、销售和旅游市场绘画产品的销售以外，当地的农民画绣等衍生产品也将农民画向实用领域推进。

从 2008 年开始，日照市政府引导当地企业研究开发了农民画丝巾、抱枕、笔筒、挂盘等衍生产品，并鼓励社会资本进入农民画产业。不少农民画作者进行衍生产品的开发探索，农民画作者赵家乐及女儿不仅绘制作品，还通过日照农民刺绣推出日照农民画衍生产品。赵家乐在家里布设的展厅是在传统院落基础上搭建的，由影壁、堂屋、厢房、厨房等组成，房屋坐北朝南，在院落的南面扩建的展厅展示农民画和刺绣，同时可以在家里创作和洽谈业务，是一种居家的农村产业模式。赵家乐的农民画绣打开市场，带动了周边居民从事农民画绣加工，很多村民的业余生活不再是打牌，而是进行农民画绣贴补家用，形成了一种个体形式的农村公共服务机构。

日照农民画从最初的“小抹画”，到民俗题材和海洋题材的成熟，形成了明显的地域特征，并在文化符号提炼和衍生产品开发过程中带动了当地文化产业发展。当前，还应进一步使农民画发展融入乡村文化建设中，将农民画作品融入公共文化空间中，成为人们提高生活品质和审美的载体。

旅游牵手户县农民画

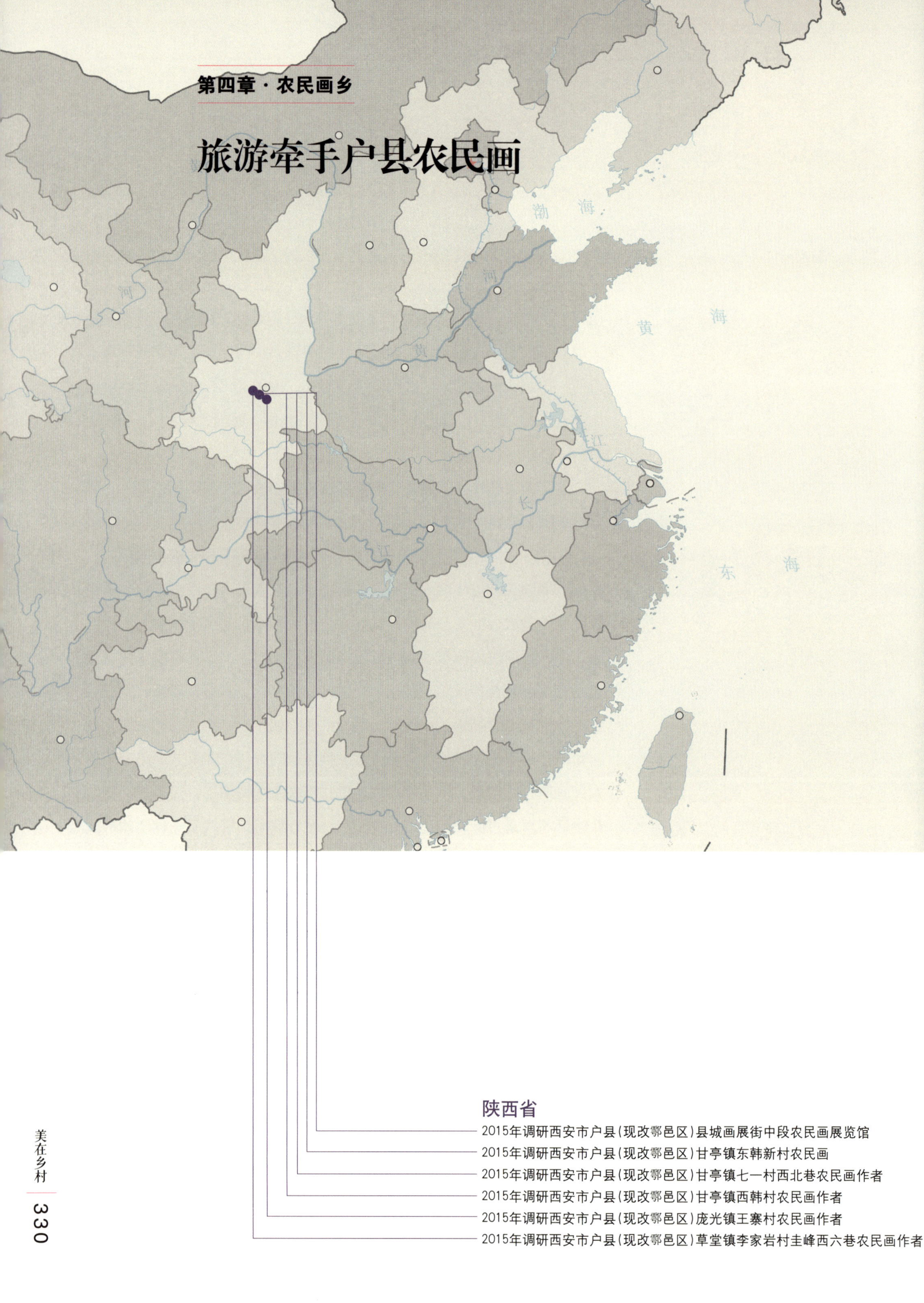

陕西省

2015年调研西安市户县（现改鄠邑区）县城画展街中段农民画展览馆

2015年调研西安市户县（现改鄠邑区）甘亭镇东韩新村农民画

2015年调研西安市户县（现改鄠邑区）甘亭镇七一村西北巷农民画作者

2015年调研西安市户县（现改鄠邑区）甘亭镇西韩村农民画作者

2015年调研西安市户县（现改鄠邑区）庞光镇王寨村农民画作者

2015年调研西安市户县（现改鄠邑区）草堂镇李家岩村圭峰西六巷农民画作者

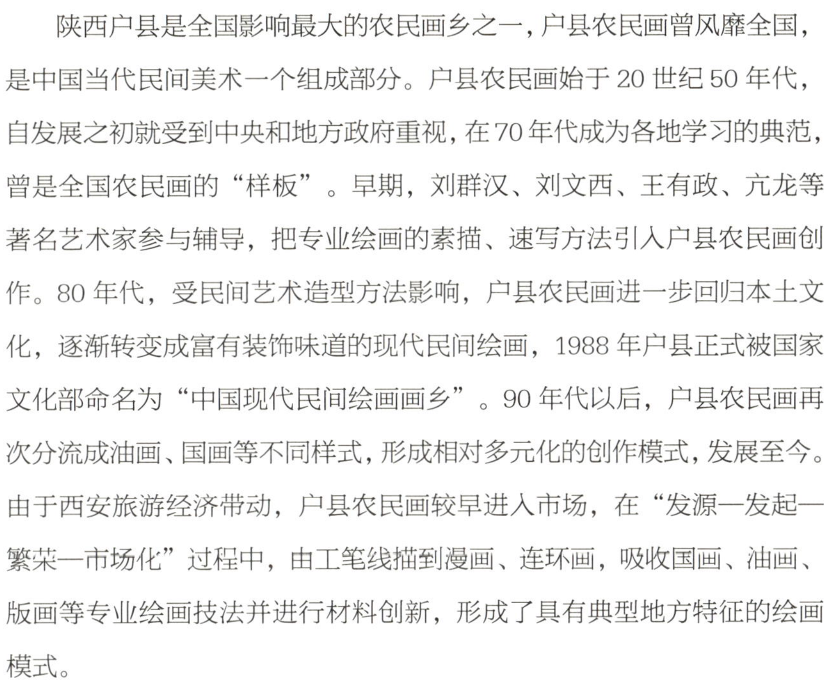

陕西户县是全国影响最大的农民画乡之一，户县农民画曾风靡全国，是中国当代民间美术一个组成部分。户县农民画始于 20 世纪 50 年代，自发展之初就受到中央和地方政府重视，在 70 年代成为各地学习的典范，曾是全国农民画的“样板”。早期，刘群汉、刘文西、王有政、亢龙等著名艺术家参与辅导，把专业绘画的素描、速写方法引入户县农民画创作。80 年代，受民间艺术造型方法影响，户县农民画进一步回归本土文化，逐渐转变成富有装饰味道的现代民间绘画，1988 年户县正式被国家文化部命名为“中国现代民间绘画画乡”。90 年代以后，户县农民画再次分流成油画、国画等不同样式，形成相对多元化的创作模式，发展至今。由于西安旅游经济带动，户县农民画较早进入市场，在“发源—发起—繁荣—市场化”过程中，由工笔线描到漫画、连环画，吸收国画、油画、版画等专业绘画技法并进行材料创新，形成了具有典型地方特征的绘画模式。

一、创作的阶段性特点

在政府主导和农民画辅导老师培训思想指导下，户县农民画的创作样式、内容、手法具有明显的阶段性特征。第一阶段为 1958—1969 年，这是户县农民画的萌芽时期。早在 1951 年，户县成立了“城关地区美术组”。1956 年，全县分区成立了美术组，当时的美术辅导老师是丁济棠。1958 年“大跃进”，全县开始壁画创作，这个时期的美术培训强调艺术服务生活，绘画造型手法写实，注重描绘生活，主要使用线描、漫画以及单线平涂的方法，使用国画单线勾勒的手法，大多数作品没有色彩。代表作品有李乃悌的纸本水粉作品《玉米棒大无边》（1959 年）、葛正民《浪子回头记》（1959）、高珍山的《斗地主》（1963）、张林《汪

a《安装电碌碡》，刘知贵绘（1965 年）
b《玉米棒大无边》，李乃悌绘（1959 年）

成海家史》(1960),《忆苦思甜》(1963)、董正义《多打钢刀供应丰收》(1964)、张青春《希望寄托在你的身上》(1965)、王强《工地学习》(1965),杨自贤《看电影学大寨》(1965)、赵坤汉《饲养室的太阳》(1966年),刘知贵《毛主席思想永放光芒》(1968)等,主要宣传"大跃进"思想,造型夸张,富于浪漫主义理想。

第二阶段为20世纪60—70年代,这是户县农民画的风格形成期,突出写实特色。辅导老师倡导把剪纸、刺绣等民间形式纳入农民画创作,包括画面如刺绣一般设黑、蓝、红底色。例如刘金花《打麦子》,用剪纸形式表现家庭劳动场景,麦粒像石榴籽那么大,机子上画公鸡,取"吉利"的意思。辅导老师雒志俭本着"农民要用自己的绘画语言去表现生活"的指导思想进行农民画辅导。户县农民画运用民间绘画造型,采取同国画一样的平视、俯视、仰视构图,绘画色彩极少调和。"文革"期间,辅导老师更加关注造型比例准确适度,线条和色彩向专业绘画学习,美院专业教师参加创作辅导,培养了刘凤兰、刘志德、刘知贵、樊志华、仝延奎等代表性作者。这一时期的代表作品《老书记》、《公社鱼塘》、《丰收之后》,程敏生《选队长》(1975)、周文德《掀起学习毛主席著作的新高潮》(1978)、赵坤汉《学四化》(1979)、赵生涛《红日送党恩》(1979)等,体现了画记忆、画现实、画理想的主题,通过再现革命、生产、生活场景画出时代风尚。1973年开始,全国发起学习户县农民画的热潮,户县农民画展览也走向国际,产生重要影响。

第三阶段为20世纪80年代初到90年代后,户县农民画的造型手法回归乡土,艺术风格趋向多元化。80年代后期,全国农民画掀起高潮,要求偏离"专业",强调农民画要区别于国画、油画、版画等专业画种,彰显中国传统民间美术特征。户县农民画吸收和继承传统刺绣、剪纸造型和色彩规律,发展描绘乡土风情、民间习俗的"现代民间绘画"。代表作品有刘志德《踩鼓》(1985)、李克民《虎娃》(1985)、《踩高跷》(1986)、白绪号《鸟语花香》(1988)、屈二牛《巧老婆》(1990)、张兴隆《闹花灯》(1990)、朱丹红《丰收乐》(1993)、潘晓玲《关

a

a《金光大道》,王敏绘(1969年)

中八怪》(2002)，仝东辉《满月》(2009)、樊志华《好日子》(2010)、刘志德《男耕女织》(2007)等。这一时期招收的学员是具有民间手艺基础的艺人，辅导老师将艺人的造型语言引导至民间艺术，以表现农村、农民、农业的“三农”题材为主，形成了现代民间绘画的创作路线。

二、农民画辅导员与作者

从1958年开始，户县每年组织各级作者进行农民画辅导，培训对象90%为农民身份，当时的辅导老师是丁济堂。1972年文化馆办培训班，刘群汉、刘文西、王有政、亢龙等艺术家到户县进行农民画指导，把专业素描、速写等方法引入农民画创作，由此形成了户县农民画的写实主义基础。1982年之后的辅导老师有刘知贵、杨自贤、刘沣涛等，他们从骨干作者发展为辅导老师，把刺绣、剪纸与农民画创作结合起来，先剪，然后再起形和绘画，运用“移植型”创作手法，寻找民间绘画的语言和表达方式，促使户县农民画风格向民间绘画语言转变。2002年以后，辅导老师雒志俭组织培训活动，在国防学院、户县农民画美术学院培养40岁以下作者。2010至2013年期间，用就业局的资金培训农民工，大多为40多岁照顾孩子的妇女，培训了3000多人，其中200多人可持续创

a《选队长》，程敏生绘（1975年）

作。这一阶段女性作者增多。

目前，户县农民画作者分为三种类型：第一类是以农民画为生的骨干作者，大约占总人数的 20%，是创作和参赛的主体，有比较稳定的收入。这部分作者的创作目标比较明确，比如潘晓玲作品的产业化发展情况比较好，仝延奎的精品意识比较浓，王乃良的创作风格较为多样化，整体上由于生计需要，不可避免地受到市场方向的影响。第二类是以农民画创作为副业的城镇居民，包括从农村转入城市生活的农民以及热爱绘画的教师、政府官员等，经农民画展览馆动员和发展，把农民画作为爱好，参加创作和展览，这类作者占农民画创作队伍总人数的 60%。第三类是阶段性参与农民画复制和创作的作者，包括受聘于农民画经营者、进行农民画复制工作的从业者和不稳定的业余爱好者，他们是农民画作者发展的对象以及农民画馆发动学习的人群，但参与情况与市场变化有关，不一定长期坚持创作，因此是作为变量的潜在作者，占总人数的 20%。户县农民画作者整体仍以农民身份的作者为主，绘画的内容和题材较为稳定。

三、旅游产业与农民画的联姻

户县政府重视农民画发展，基于近郊旅游经济，把农民画作为地方文化产品，发展农民画复制与销售。目前，户县农民画有三个对外展示销售窗口，分别位于户县农民画展览馆、东韩村和李家岩村。户县农民画展览馆建成于 1976 年，由原来户县文化馆改建而来，是县级的农民画展览馆，1989 年以后逐渐进入全面发展阶段，1992 年以后迈入产业化进程，是一个集展览、宣传、培训、销售为一体的文化单位，主要职能有联络、组织、辅导农民画作者创作、培训，开展农民画宣传、交流、

a b c

a《兔子吃白菜》，闫玉珍绘（1982 年）
b《山村农家乐》，曹全堂绘（2004 年）
c《好日子》，樊志华绘（2010 年）

a《男耕女织》，刘志德绘（2007 年）
b《打菜籽》，员小玲绘（1985 年）
c《虎娃》，李克民绘（1985 年）

艺术研究，培养作者队伍，接待来宾参观等。2003 年初，农民画展览馆开辟了中国户县民间艺术品衍生产品的销售和包装等业务。农民画展览馆所设的销售点，销售的农民画作品按照一定的额度分成，并通过统一管理的方法来控制复制数量，保障作者的知识产权。作为旅游点的东韩村、李家岩村等地，通过免房租、管理费等吸引农民画作者入驻，为农民画作者提供对外销售平台等便利服务，通过“农家乐”与农民画结合，形成农民画集中销售点和文创产业链。因此，户县农民画形成专业精英路线和市场化两大方向，从业人员也发生了明显变化。专业精英路线，重在创作，追求艺术质量，作品销售价格比较高，复制品数量少；市场化路线，以复制为主，由原创者手工复制或雇佣其他人复制，为提高复制速度，也有使用丝网版起稿然后手工上色的情况，价格比较低廉。

户县农民画是农民画发展的一个缩影，功能上，从壁画、宣传画等政府宣传的载体到与旅游经济结合创造市场收益；风格上，从写实到强化民间绘画特色以及多元化发展；内容上，体现了不同的时代主题。随着社会发展，信息化、视觉化传播途径增多，户县农民画还将形成新的面貌，体现农民画的发展特色和规律。

黑土地的东丰农民画

吉林省

2016年调研辽源市东丰镇西城区东丰·中国农民画馆
2016年调研辽源市东丰县南屯基镇红榔头村
2016年调研辽源市东丰县拉拉河镇农民画作者
2016年调研辽源市东丰县沙河镇沙河村

吉林省东丰县位于吉林省中南部，是吉林省辽源市的下辖县，处于长白山分支哈达岭余脉，属五山一水四分田的半山区丘陵山川地貌，四季分明，农业生活资源丰富。由于地理位置和气候条件适宜，这里野生动物种类繁多，在清代被辟为盛京围场，史称“皇家鹿苑”，素有“梅花鹿之乡”的美誉。丰富的农业资源和民俗生活孕育了异彩纷呈的民间艺术。东丰县内以汉族为多数，还有满族、朝鲜族、回族、蒙古族、苗族等11个少数民族。东丰县农民画形成于20世纪70年代，起源于秀水乡，即现在的南屯基镇，李俊敏、李俊杰、张玉艳、姚凤林等自发组织在农闲时创作，尝试着将板报、宣传画画到纸面上。后来在系统化农民画辅导中，许多农民画作者进入创作队伍中来，在20世纪80年代取得了诸多成果。东丰县于1988年被国家文化部命名为“中国现代民间绘画画乡”，东丰农民画属于省级非物质遗产代表性项目。东丰农民画以黑土地民众民俗生活为绘画素材，展现了颇有地方民俗风情韵味的东北民间绘画艺术形式。从建立以来，东丰农民画经历了萌芽期、形成期、崛起期、百花齐放四个主要发展脉络，期间组织形式和结构也经历了从美术小组的区域活动发展到全县作者参与、集体参展和推向市场的变化过程。

一、绘画艺术风格的发展

20世纪五六十年代是东丰农民画的萌芽期。这个时期的作品着重绘制现实生活场景，表达劳动光荣、积极向上的精神风貌。李洪山的《喜送公粮》是吉林东丰历史上的第一幅农民画，该画表现内容为20世纪五六十年代人民公社时期，逢秋季去交公粮的场景，画面中父亲策马扬鞭、儿子吹笛子的场面，突出了父子交公粮路上的喜悦之情。辅导老师李俊

a《四季忙》，徐瑶绘

敏 1968 年创作的作品《心明眼亮》是东丰农民画第一幅见报的作品。画面表现的是“文革”时期人人学毛选、读红书的日常情景，背景的墙面上写着“认真看书学习，弄通马克思主义”，展现了在那个特殊年代人们的文化生活场景。在艺术手法上，这个时期的绘画作品没有形成明显的地域风格，主要通过写实的艺术手法突出叙事的逻辑性，具有宣传画性质，是一种文化宣传工具。

20 世纪 70 年代，从事专业绘画辅导的开展标志着东丰农民画进入了形成期。当时东丰县文化馆馆长董硕和美术干部王洪俊、于广友等到秀水进行美术创作辅导。1975 年成立秀水乡文化站，辅导老师李俊敏和李俊杰带领张玉艳、姚凤林等作者一起成立了美术小组，逐渐培养出了一支强壮的绘画队伍，如大阳镇的张民、吕延春、杨艳军，拉拉河镇的李子军，沙河镇的张连芳、王素杰，镇郊的刘振启、赵永平、冯启奎、贺元贵等，农民画创作在全县各个乡镇迅速展开。

20 世纪八九十年代可谓东丰农民画的崛起时期。这个时期的农民画以描绘人们的民俗生活、生产劳动和日常生活情景为主要内容，重在表现如养猪专业户、瓦匠等各行各业劳动群众劳动生活的场景，宣传好人好事，弘扬社会主义精神文明，抒发人们徜徉在改革开放春风下逐渐走向富裕的欢乐情怀。1983 年，6 件东丰农民画作品入选中国美术馆举办的全国首届农民画大展。其中张玉艳的作品《幸福的晚年》在中国首届中国农民画展览中获得了一等奖，并被中国美术馆收藏。此外李生华的《农忙时节》、姚凤林的《八仙过海》等作品还在第二届全国农民画展中获得了二等奖。1988 年，东丰县获得文化部命名的“中国民间绘画画乡”称号。张玉艳的作品《幸福的晚年》是一幅大场景的绘画长卷，该作品表现了改革开放前期敬老院老人安享晚年的幸福生活场景，作者将自己在敬老院里当志愿者的所见所闻画到了长卷里，以倡导尊敬老人的社会风尚。作品以大车店长炕为主体布局，画面连续贯通、情感真挚，富有现实主义情怀。当时 18 岁的张玉艳因为这幅获奖作品被破格招录为吉林

a

a《幸福的晚年》，张玉艳绘（1983 年）

a《三年的牤牛，十八岁的汉子》，李生华绘（1988年）
b《操平》，李俊敏绘
c《盼崽》，隋长青绘

省群众艺术馆的馆员，在当地引起了很大反响。

李生华的作品《三年的牤牛，十八岁的汉子》，表现了人们奋起拉牛车的情景，使用了象征手法，隐喻三年的牤牛像十八岁的汉子一样强壮，体现了改革开放时期农民干劲十足、积极向上的精神面貌。李俊敏的作品《操平》表现了发家致富的农民营建新房屋时瓦匠进行操平的场景，以写实的艺术手法表现了人们的生产生活，周围人们欣喜热烈地围观，表达了劳动大众积极努力、乐观向上的精神品格。隋长青的作品《盼崽》表现了农村勤劳妇女边织毛衣边斜着眼睛瞥看旁边要下猪崽的母猪的生活瞬间，体现了勤劳致富的生活主题和人们对美好富裕生活的期盼之情。可见，这一时期的东丰农民画从不同的角度反映了劳动人民在改革开放初期的生活状态和精神面貌。

20 世纪 90 年代以后，东丰农民画创作进入百花齐放阶段。这个时期的作品样式更加多样，绘画主题回归民俗文化的作品越来越多，手法更加自由洒脱。如表现东北三大怪“窗户纸糊在外，大姑娘叼着旱烟袋，养个孩子吊起来”之类表现民俗生活的绘画内容；吕延春、赵永平、李生华合作的作品《关东神韵》，表现了不同行业人们劳动和地方风俗的画面，形象地再现了关东人文风情。出于对市场需求的考虑，很多农民画家的创作手法、使用的绘画材料也更加多样化，以方便作品的销售。如李俊敏的作品《喜上眉梢》借鉴了满族剪纸的造型特点，绘制出了现代农业发展、农民发家致富的欢乐场景。徐瑶的作品《四季忙》表现农村一年四季的日常生活劳动，题诗：“春夏秋冬四季忙，科学种田多打粮，家闲不闲搞副业，一年更比一年强。”进入 2000 年以后，东丰农民画进入产业化发展的时期，东丰农民画的销售冠军创作的《房前聚宝盆》，房前的生态养殖象征着聚宝盆，屋后种植的果树是摇钱树，表现了农村生活遍地宝的幸福状态。吕延春创作的《家乡风貌》造型夸张，非常有趣味性，画面中有东北大秧歌、一年四季的生活劳动场景。

二、政府的引导与经验

东丰县政府对于农民画发展的支持体现在硬件建设、人才鼓励、培训教育和市场推广等方面。在不同的历史时期，东丰农民画的发展过程呈现出一系列变化。推动发展的重要载体由政府参与到农民创作，再到市场经济规律控制，最终回归政府统筹与企业联盟合作。在这个过程中，东丰农民画创作内容、题材、手法随之改变，不断地顺应着政府宣传功能和市场需求。

东丰县农民画业务原来归文化博物馆，2010 年以后根据建画馆的形势需要，成立了东丰农民画馆；现在的农民画业务主要归农民画博物馆。农民画博物馆的主要功能是展览、收藏、推广农民画。作为东丰对外展示的新平台，东丰农民画博物馆成为东丰旅游的窗口之一，对农民画的推广和宣传具有重要作用。

为了能够留住成绩突出的农民画作者，东丰县通过对于人才的奖励来鼓励作者。比如，1983 年张玉艳在作品获奖后被吸收进群艺工作岗位。另外，东丰县在 20 世纪 90 年代解决了一部分农民画作者的公职，使农民画作者充满了信心，创作情绪高涨，农民画创作队伍开始壮大。许多

a《房前聚宝盆》，刘振启绘
b《关东神韵》局部，吕延春、赵永平、李生华绘

农民画作者通过绘画这个手艺到省群众艺术馆、省出版社、电影公司等稳定的岗位工作，这对于农民画作者来说是一种认可和鼓励，从而带动了很多人学习农民画。自从张玉艳被招收进省群艺馆工作以后，秀水公社先后有 36 名农民画作者因为农民画的成就被吸纳为国家正式事业编制的干部职工。

除了硬件建设和政策支持，东丰农民画从早期秀水公社到向整个东丰县扩散，农民画创作辅导一直贯穿其中，没有中断过。市场经济的尝试使农民画作者更加客观地分析农民画创作风格，促使农民画创作水平不断提升。东丰农民画的创作主题逐步形成了民俗类、时政类、专题类三种类型。民俗类题材的东丰农民画以表现地方民俗现象为内容，包括将各个行业的口谚、话语转换成为农民画的形式，体现东北独特的地域和人文风情，这方面的代表作者如吕延春，他把东北地方说唱艺术、民间谚语融入绘画中，字画结合的创作形成了自己的个人绘画风貌。时政类的题材多以专题的形式呈现，比如宣扬了反腐倡廉、价值观之类的作品，这方面的代表作者如杨丽红，她在社区里组织了很多作者通过诗歌和绘画的结合，为政府宣传服务。专题类的作者以各种专题命题进行创作，然后参加展览等活动。依据产业发展的类型，作者也有几种不同类型:

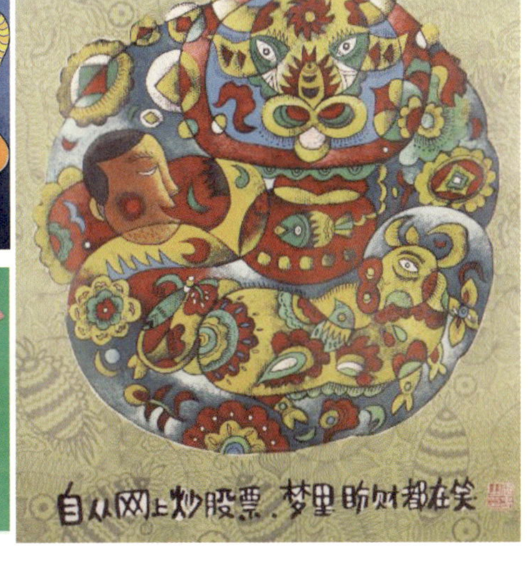

a 李俊敏作品
b《喜上眉梢》，李俊敏绘
c 吕延春作品局部

艺术创作型的，比如李俊敏。产业型的，如刘振启，他的作品进入市场，形成了批量化生产的规模。社会公民型的作者则指那些主业不是画画的作者，他们把绘画当做业余爱好，多数没有绘画基础，属原生态绘画风格。辅导老师在尊重其特长的基础上，引导他们画出自己感兴趣的主题，多表现自己身边发生的事情。

三、当地经济带动文创发展

20 世纪 90 年代，农民画面临着市场销售问题。东丰农民画作者就主动出击，寻找市场。1995 年，东丰县文化馆李俊敏、刘振启等几个骨干作者去北京找市场，东丰农民画开始对外联系渠道进行销售，一部分作者通过农民画的复制提高了生活的收入。尤其是 2010 年东丰农民画博物馆建成以后，作为政府的文化投入成果，东丰农民画的发展走向了经济与文化共同发展的道路。为了积极响应国家发展文化产业的号召，把农民画作为市场经济条件下繁荣社会主义文化、满足人们群众文化需求的重要途径，东丰县结合创作发展，不断地探索产业发展的路径。2013 年末，东丰县成立了“东丰慧鑫胜泰国际文化传媒公司”，聘辅导老师李俊敏做艺术总监，前前后后与 60 多位农民画作者签约，聚集农民画作者共同创作画画，并对优秀作品进行收购，促进了农民画创作，并使农民画作为一种群众文化艺术广泛推广到当地的文化生活中。由于解决了作品销售渠道的问题，农民画艺人创作普遍高涨，陆续有新人加入创作队伍，培养了一批年轻作者。

总之，东丰农民画绘画内容以关东风情和民间风俗为主，表现出了北方地区特有的绘画内容和特色。纵观东丰农民画发展的历史，每个阶段都有不同动因推动着创作发展的变迁，政府推动、农民画作者身份变

a《女人和牛》，吕延春绘

迁和市场经济发展三种因素在不同时期发挥着助推力，造就了东丰农民画源源不断的创作内容，在文化传播、社会主义价值观宣传、民族文化传播等方面服务于民众生活，在经济发展过程中，在政府和企业的推进下，逐步进行文化产业的探索。吉林东丰农民画的发展，由于其地理位置和当地政府的关注，逐步从写实主义造型手法到现实主义表现题材，关注本土特色，表现地方特有的梅花鹿等野生动物、地方劳作生活场面和民俗生活题材，形成了类型多样的作者群体和风格迥异的创作手法，在不同时期发挥着宣传教育、审美抒情的作用。农民画创作还加强了地方作者的组织向心力，把社区活动与创作结合起来，发挥了诸多社会功能。与全国其他画乡一样，东丰农民画也面临着文化产业和可持续发展的问题，需要在政府、企业和创作这三方面深入探讨。我相信，只要保持农民画创作方向和地方文化特色，这种艺术形式将会更加紧密地与社区公共文化和文化产品衍生结合起来，创造出更多的文化价值，为人们的精神文化生活提供帮助。

a

a 壁画《关东美》，李俊敏、李俊杰及弟子绘

鱼跃跳龙门，农民画岭南

广东省

2014年调研惠州市龙门县龙田镇田伟管理区老围村农民画

2014年调研惠州市龙门县龙田镇邵屋、赖屋村–中国农民画博物馆

2014年调研惠州市龙门县梨园路农民画作坊

2014年调研惠州市龙门县龙城镇文化路龙门县文化艺术服务中心

广东省龙门县位于珠江三角洲的东北部，是惠州市的传统农业县。全县耕地 30 万亩，柑橘种植面积 29 万亩；矿产资源丰富，境内生态环境优良，山清水秀，有“天然氧吧”之称。龙门县还是著名的“年桔之乡”和“森林度假”胜地。龙门的地名与一个民间故事有关。相传一士子落考，夜宿龙门，梦到鲤鱼跃龙门，次年果真中举。丰富的民间文化为龙门农民画奠定了丰厚的文化基础，龙门农民画作者多来自于有丰富生活经历和劳动体验的农民，他们将木雕、刺绣、扎花灯、糊狮头和画花床的传统民间造型元素引入农民画创作中，使其富有岭南传统民间艺术风情和审美情趣。1988 年龙门县被国家文化部命名为“中国现代民间绘画画乡”、1998 年被广东省文化厅命名为“广东省民族民间艺术（农民画艺术）之乡”。2008 年和 2011 年，龙门县连续两次被国家文化部命名为“中国民间文化艺术之乡”。作为一种艺术样式，龙门农民画在国内外市场中形成了自己的品牌形象，且具有相对比较稳定的客户群体，近年来在农民画衍生产品和产业发展方面取得了突出的成果。

一、岭南传统民间艺术特色

早期龙门农民画在学习金山农民画组织形式的基础上，逐步形成了具有当地文化符号的农民画绘画风格。龙门农民画作者歌颂人们劳动和生活，以节庆、民俗、劳动为主要题材，反映出人们对生活的热爱和对社会的思考。农民画家自由奔放的创作，源于对生活的深切体验，他们在生活中发现美、创作美，把对生活和自然的有感而发升华为心中的理想美、形式美，多年来形成了既保持传统又与现实经济发展相结合的现代题材。在艺术手法上，龙门农民画以单线平涂手法，结合水墨画、水彩画、油画的表现形式，运用夸张的艺术语言，以浓墨重彩渲染当地人们丰富多彩的劳动和生活场面，色彩鲜明，反映出岭南文化的风采。龙

a 农民画博物馆内室
b 中国农民画博物馆

门农民画艺术样式与龙门县的地理环境和人文文化密切相关。岭南文化是悠久灿烂的中华文化的重要的有机组成部分，包括“广府文化”“广东客家文化”和“潮汕文化”三大分支，其中“广府文化”在岭南文化中特色最鲜明，影响最大，这些对龙门农民画的艺术风格产生了重要影响。

（一）70 年代——萌芽期

1972 年，绘画的主要种类是宣传画。当时龙门县美术工作者响应党中央毛主席的号召，顺应政治宣传需要，从下乡知青中找一些具有美术技能的同志，开始组织、辅导龙门的一些美术爱好者，当时叫作“业余美术创作”，进行墙报、黑板报和宣传画创作。其题材一般是毛主席画像、毛主席语录以及表现新农村的新人新风貌等内容，如集体生产劳动场面、一些好人好事的宣传等等。辅导工农兵业余创作，掀起了“农民画”、“工人画”、“战士画”的热潮。这些下乡的美术知青中就有后来成为广东省画院国家一级画师的陈国勋、吴炳德，广州美术学院教授汤集祥等人。“文革”期间到处是宣传画，各个镇、村的墙上都贴满了宣传画，这些画宣传画的人，改革开放后一般都在文化馆工作。

20 世纪 70 年代蔡慧芳的作品《我跟阿姨学英语》，绘画的风格基本上是当时较为流行的写实风格。谭池发（1939–2005）是龙门农民画发展创始人之一，也是龙门农民画的代表人物。1972 年 4 月，在纪念毛泽东同志《在延安文艺座谈会上的讲话》发表三十周年时，由时任县文化馆管理员的谭池发组织，举办了第一期以青年农民为主体的业余美术作者学习班。这标志着龙门农民画的真正开端。谭池发后来成为龙门县文化馆副馆长，在他的努力下，农民画培训班每年开班，每次一到两周时间，培养出了许多农民画家，也创作出了许多优秀作品。如今在龙门依然从事农民画创作的画家中，许多都是培训班的学员。谭池发认真学习岭南的民间美术，探索出了一种具有浓郁乡土风情的岭南农民画创作风格。1979 年，广东省群众艺术馆编印了《龙门农民年画》，龙门农民画开始扩大影响。

a

a《我跟阿姨学英语》，蔡慧芳绘

（二）80 年代——风格形成期

户县农民画从 1958 年开始兴起，龙门则从 1982 年开始向户县农民画学习，1983 年至 1984 年形成了龙门农民画的风格。1982 年广州文化馆与户县、金山一起展示农民画，1983 年在户县展出龙门农民画。1988 年，龙门县被评为文化部第一批“中国民间绘画之乡”。龙门农民画吸收继承传统民间艺术形式，是描绘乡土风情、民间习俗的“现代民间绘画”，包括民俗画、祠堂画、灶头画、门神画等吉祥内容，将民间风格与宣传画结合起来，形成具有岭南特色的龙门农民画，其中包括山水风光绘画，有的画面中有菠萝、荔枝，牛、猪、鸡等各种动物元素，在内容上与其他地区有很大区别。

这个时期反映乡土风情、传统民俗为主题的作品很多，代表作品有《瑞狮贺岁》《赛龙舟》等。当时全县 15 个公社中有 8 个公社建立了农民画创作组，全县拥有画家 300 多人，创作骨干 60 多人，为农民画的进一步发展打下了良好基础。广东省群众艺术馆、县文化馆美术干部谭池发

a

a《客家圆屋》，谭池发、骆雪芳绘

等引导农民画作者们逐渐放弃“学院式”的绘画形式和主体画的构思方法。自1982年起，龙门农民画家开始收集整理传统民间艺术，把木雕、刺绣、扎花灯、糊狮头和画花床的一些技法和造型因素引入农民画创作。由于大量吸收了传统民间美术的元素，龙门农民画在造型上具有平面化、图案化和对称性等特征。既保留了民间艺术的装饰成分，又不同于国画和水彩，避免画成刺绣和剪纸；既增强了绘画性，又与其他画乡的农民画风格有了明显的区别。他们还将民间艺术元素和西方现当代绘画元素进行有机结合，从而使农民画增添了些许现代艺术的气息。这个时期多幅龙门农民画作品在广州、北京、上海、西安等大城市展出，亦在美国、日本、瑞典、挪威等国家和香港、澳门地区展销。

（三）20世纪90年代——低谷与恢复发展期

1998年龙门县被广东省命名为“广东省农民绘画之乡”，之后作品销售至日本等国。20世纪90年代，农民画进入低谷期，当时的文化新闻局长对龙门农民画发展持消极态度。随着改革开放的深化，农村富余劳动力大量涌入城市。龙门的许多农民画家也加入了这个行列，创作队伍流失严重，农民画人才培训几乎处于停顿状态，特别是到了20世

a《丰收图》，陈权枢绘
b《鱼跃龙门》，黄伟平、骆雪芳绘

a《贴春联》，谭池发绘

b《欢乐之家》，谢宝峰绘

纪 90 年代中后期，是龙门农民画发展的低谷时期。但是同时也沉淀下来一批骨干作者，他们坚持绘画，形成了广东龙门农民画的骨干力量。这个时期的作者有谭池发、陈权枢、黄伟平、王汉池、曾宝田等，他们创作了《风谷》《淋菜》《酿酒》等具有浓郁民间生产、生活特色的作品，成为广东龙门农民画的突出代表。这期间有 100 多幅作品分别获全国和广东省美术大奖，200 多幅作品、多篇相关论文在国内外刊物发表，3000 多幅作品被国内外收藏家及美术爱好人士收藏。1998 年，广东省文化厅授予龙门县“广东省民间艺术 · 农民画之乡”称号。龙门农民画家基于对岭南文化的思考，形成了多种文化交融、艺术语言丰富的绘画形式。王汉池把龙门当地客家人喜欢唱山歌结合到农民画创作中，“一首山歌一幅画”，创作了很多作品，2015 年他的作品《客家山歌农民画组画》获第十二届“中国民间文艺山花奖”。龙门农民画的独特风格在时代的变迁中不断演变、创新、发展，艺术手法正在不断地出新。由于地方文化部门的重视和参与，龙门农民画正在不断地发展。

龙门农民画题材与作品分析表

分类方法	类型	绘画元素与代表作
绘画元素	岭南特色植物	香蕉、橘树、木瓜、荔枝、茶树等
	岭南特色建筑	古堡村落、客家围屋和瑶寨等
	岭南风情民俗	采茶、酿酒、饮蜜、对山歌、画花床、捡草菇、晒柿饼、做艾糍、打年糕；闹元宵、划龙船、婚嫁迎娶
绘画内容	地方节庆题材	《喜盈门》《醒狮贺岁》《大地春风》《新年到忙又忙》《大年三十贴春联》等
	民俗生活题材	《回娘家》《寿宴》《龙凤呈祥》《瑶家新嫁娘》《倩女出阁》《满月》等
	歌唱劳动题材	《舂米》《糍粑》《打饼》《裹粽》《五谷之神》《香蕉收获》《摘荔枝》《榨糖》《榨油》《酿酒》等
	自然风光题材	《中秋月下》《丰收图》《喜唱丰年》等
	爱情生活题材	《对山歌》《送情郎》等

在龙门农民画中，视觉元素的地域特征非常明显，主要包括岭南特色植物、岭南特色建筑和岭南风情民俗活动三个主要绘画素材来源。岭南特色植物是指当地盛产的香蕉、橘树、木瓜、荔枝、茶树等；岭南特色建筑，有古堡村落、客家围屋和瑶寨等具有龙门地方特色的建筑形式；岭南风情民俗活动，如采茶、酿酒、饮蜜、对山歌、画花床、捡草菇、晒柿饼、做艾糍、打年糕等热闹的劳作和生活场面，以及闹元宵、划龙船、婚嫁迎娶等具有浓郁岭南风情的民俗生活场景。基于自然风光和人文特点，龙门农民画题材具有非常明显的分类，绘画题材包括龙门地方节庆题材、民俗生活题材、歌唱劳动题材、自然风光题材、爱情生活题材等。多种文化混合的龙门，一年的节日中有许多民俗，春节、元宵节、端午节、中秋节等时令节庆中的民俗庆典活动，如挂花灯、舞龙、舞狮、划龙舟、裹粽、打饼；在婚姻嫁娶、生日庆典、小儿满月等人生礼仪中，有丰富的民俗活动。因此在龙门农民画中，《醒狮贺岁》《大地春风》《新年到忙又忙》《龙舟竞渡》《瑶寨中秋夜》等作品体现出龙门农民画中

a

a《摘豆角》，陈权枢绘

丰富的节庆活动；《回娘家》《寿宴》《新嫁娘》《龙凤呈祥》《满月》《瑶家新嫁娘》《倩女出阁》等表现人生礼仪的叙事故事内容，展现了龙门特有的人情风俗；还有以歌唱勤劳、友善、爱情为主题的地方歌舞内容，如《对山歌》《送情郎》《会歌归来》等，体现了地方民族风情；还有《春米》《糍粑》《打饼》《裹粽》《五谷之神》等表现丰收的绘画题材的。丰富多样的题材体现了人民对于龙门文化的热爱和积极向上的精神面貌，形成了龙门农民画题材的特殊情怀。

二、惠州市和龙门县政府的引导

惠州市和龙门县政府对龙门农民画发展非常重视。有龙门县文化馆、中国龙门农民画创作展示中心、龙门农民画院、龙门画展销中心等不同机构，进行农民画创作培训、作品及衍生产品销售、作品及衍生品展览等诸多活动。龙门农民画院是作者创作的地方，而中国龙门农民画创作展示中心集衍生产品设计、创作、推广为一体。在天然温泉度假村东南侧的龙门农民画博物馆，运用农民画装饰的大厅，介绍了龙门画历史发展，用衍生产品营造出空间环境，使农民画进入现代家庭装饰中。龙门农民画创作有传统，队伍建设相对较为稳定，作者的创作积极性比较高；

a

a 2014 年调研广东龙门农民画院调研

组织机构联系紧密，从县政府文化管理部门对农民画文化名片的认识和对文化发展的重视，形成了较为健康有序的鼓励机制，由此推进农民画的创作发展。同时由于政府明确的产业发展思路，建立与企业互惠的关系，促使企业对于农民画衍生品设计持续投入，并不断开拓市场，由政府协助渠道的开发，在知识产权保护等各个环节上，形成了清晰的机制。政府对于企业经营和创作发展合理协调，进行资金投入，促进企业经营获利，反哺农民画创作的循环系统。龙门农民画作者积极创作，产业发展具有组织性，企业主动参与，无论在政策制定还是产业模式开发方面都进行了积极的探索。

龙门农民画在政府的关怀下逐步形成了三足鼎立的发展结构。当前龙门农民画产业平台体系比较完整，创作发展、产业发展、政府平台搭建以及旅游资源互助发展，体系较为完备，有一批比较稳定的农民画作者团体进行创作和培训。惠州市委、市政府把龙门作为全市特色文化示范县，把龙门农民画的发展作为龙门县文化产业发展的龙头，按“政府主导、企业主体”的发展模式，鼓励企业和个人参与龙门农民画的经营、销售、推广，在发展龙门农民画的艺术特色的基础上，逐渐开发出农民画衍生产品的产业化发展道路。

政府部门认识到，发展农民画文化产业，必须建立政府和企业之间的桥梁，建立一种合作互利的关系，才能更好地发展地方文化的特色之路。

a

a 中国农民画博物馆内饰

为了龙门农民画衍生产品的深度开发，在前期龙门农民画衍生产品成功开发的基础上，龙门县进一步融入龙门文化特色，结合龙门旅游产品市场特点，深入研究创新，开发出种类更丰富、特色更鲜明、品质更优秀的龙门农民画衍生产品。同时，龙门农民画通过加强与龙门本地旅游企业、珠三角文化旅游区、各类文化经营企业的合作，共同开展龙门农民画衍生产品的市场推广工作，在龙门各旅游景区和广州、东莞、深圳、惠州、河源等文化旅游景点设置专门的龙门农民画衍生产品经销点，并与惠州市信息港网、淘宝网、中国移动电子商务平台等合作开展互联网销售业务，提高农民画带动的服务行业产值。

三、有序的文化产品衍生

在创作发展的同时，广东龙门农民画也逐步走向产业化发展的道路，其衍生产品有麻布画、丝巾、扑克、瓷板画、T恤等，在广州、惠州、东莞等地开发代销点，较早地发展与企业互惠发展的道路，尝试着各种形式的创新发展，在探索中逐步形成了富有自身特色的产业模式。目前产业化道路处在探索阶段，面临很多问题，如市场的开发、版权保护等问题，都随着产业化发展的进程越来越受到政府和农民画作者的重视。龙门地方政府在产业发展中认识到各个环节的利弊关系，所以发展的轨迹非常清晰，有步骤。广东经济的发展给农民画的产业发展带来了优越

a b

a 广东惠州龙门县文化产业展销中心
b 广东惠州龙门县农民画衍生品展示

的条件。农民画产业发展分为两个部分。一是作品复制品的销售，在省内通过展览销售，收入的 50% 归个人。同时考虑到作品复制过多会降低创作质量，所以也会控制复制的数量。另一个部分是以文化艺术服务中心的名义注册版权，在衍生产品销售额中抽取 5% 归作者所有，这样有助于通过销售衍生产品使作者获得收益，提高作者的收入和认同感。

龙门农民画产业发展具有浓郁的地方特色，有经验有教训，整体上是有序地向前推进。2011 年，龙门农民画衍生产品开发项目探索了农民画扑克、礼品画、笔筒、小音箱等的研发和销售，取得了一定的经验和教训，建立了以游客为主要目标客户的销售网络，在龙门县城中心东郊广场开设了龙门农民画展销商店，在龙门各旅游景区设立了龙门农民画及其衍生产品销售区，在陈家祠、南越王墓博物馆、岭南印象园等珠三角著名旅游景点设立龙门农民画及其衍生产品销售点，建立了龙门农民画及其衍生产品网上销售商店。当前龙门农民画衍生产品主要有五个渠道：龙门县农民画协会代销，龙门县农民画协会作为画家和政府机关的中介，代销农民画衍生产品；惠州市内的农民画专卖店及旅游景点，销售龙门农民画衍生产品；广州、深圳等地的农民画专卖店；龙门农民画在美国、日本、瑞典等多个国家和地区展出，在海外设有代理商经销点；此外还可以进行网上订购，在中国龙门农民画的网站上，农民画爱好者可以网上订购农民画衍生产品。龙门农民画作为地方文化符号，成为政府文化名片和地方文化包装的重要元素，通过对传统民间文化的发掘和创新，“农民画 +”文化产业发展模式和渠道逐步打开。

总之，龙门农民画的发展在创作上具有明确的方向，形成了不同时期的创作内容和题材。岭南文化为原生性文化，基于独特的地理环境和历史条件，以农业和海洋文化为源头，形成了开放、兼容、创新的文化特点。龙门农民画作者善于吸收西方现代绘画元素，将二者有机结合，形成了这种具有现代气息的民间艺术形式。同时，龙门农民画正在逐步成为新型城镇建设的重要文化元素。受广东经济大省发展的影响，龙门农民画衍生产品的产业开发一直是龙门县文化产业发展的重点，进行了

多样的尝试，把农民画创作与农民画衍生产品开发分开对待。同时在衍生产品销售中注重版权问题，以衍生产品销售反哺农民画艺术创作，很大程度上调动了创作者的积极性。随着城镇化步伐的加快，龙门农民画将以更为多样的发展进入校园文化、社区文化中，发挥更多的文化辅助职能，创造美好的生活。

a 《耕牛》，王汉池绘

走出大山的平坡苗寨农民画

贵州省

2015年调研黔东南苗族侗族自治州凯里市下司镇铜鼓村农民画

2015年调研黔南布依族苗族自治州龙里县巴江乡平坡村农民画

2015年调研毕节地区大方县农民画

2015年调研六盘水市水城县陡箐镇猴儿关组农民画

2015年调研六盘水市水城县农民画

巴江乡平坡村是龙里县的一个苗族聚居地，位于贵州省黔南布依族苗族自治州龙里县洗马镇巴江地区，与福泉县、贵定县、开阳县隔河相望，有“鸡鸣四县”之称。龙里县巴江乡平坡村属省级二类贫困村，农民画给这个贫困封闭的寨子带来了春天。为大力发展农民画，政府还修建了公路，带动了当地民众的富裕和审美文化发展。作为现代民间绘画意义上的平坡村农民画最早发端于1993年，兰开军建议何艺贵在巴江乡平坡村当地发展农民画，因为这里的群众文化基础比较好。兰开军发动包括母亲在内的亲戚们成为平坡村最早的一批农民画家。1995年，该村被黔南州文化局命名为“黔南苗族农民画艺术之乡”。

a 农民画作者叶群英的作品表现当地风俗
b 穿在村民身上的农民画

一、丰富的苗族女性文化

龙里县巴江乡的农民画组织是在三元布依族农民画的启示下发展而来的。在20世纪80年代初期，时任龙里县文化馆的美术干部何艺贵在发掘“三元镇布依族河边寨文化艺术之乡”的建设时，在兰开军推荐下，发现了巴江乡平坡村女性群体的绘画才能。她们能歌善画善绣，于是何艺贵鼓励她们把衣服上的花样图案演变为纸上绘画创作，最初被称为“苗画”。平坡村的创作主体是留守女性，男性大多外出打工或者务农。农闲时节，苗族姑娘和妇女三五成群地聚在一起作画，以生产、生活场景、乡风民俗作为画面主体，用自己耳熟能详、代代相传的苗族图案为装饰，表达了作者们丰富的想象和充实的思想感情。生活贫穷并没有淹没苗族女性的美，她们的苗族盛装、日常服饰花样百褶裙围以及宽容豁达的笑容都洋溢在作品中。作者们一手拿着锄头，一手拿着画笔，一边唱山歌，一边画画，画画成了她们又一种情感表达形式。

平坡村的苗族妇女勤劳善良，擅长蜡染、刺绣，她们将做蜡染的蜡刀绘线方法行云流水般融入了农民画创作中，这为农民画创作提供了造型基础。除了干农活、操持家务，农民画创作也是平坡村妇女群体审美交流的一个途径。苗族没有自己的文字，为了不忘记越黄河跨长江的迁徙历史，苗族妇女便将花样图案记录在衣服上，形成了苗族花样或绘画。这些语言丰富的图形符号是平坡村农民画创作中信息传达的重要工具。平坡村属于“花苗”支系，绣花针法近似十字绣，平坡村妇女服饰包括头帕、上衣、围裙和裙子，裙子经搓麻、纺线、蜡染等工序制作而成，身上的绣花纹样以可食用的植物花卉为主，例如猫饭花、鹅儿肠花、野棉花、拐枣花、旋涡纹等。苗族妇女从小会绣花，她们绘制刺绣、蜡染纹样，形成了基本的造型能力。有些作者特别擅长构图，比如王文美，她非常擅长画草图，其他妇女进行填色。这种创作合作与刺绣一样，是一种维系群体关系的纽带，在村落中形成了一种和谐互助、互相交流的和谐关系。

平坡村农民不仅将农民画画在纸上，还绣制在服装、书包上。传统针法较为细密，现在以十字绣为主，针法相对较为单一，造型比较粗犷。年轻人服饰花纹较多，老年人的服饰纹样则较为简单。平坡村苗族刺绣农民画承袭苗族传统刺绣技艺，在布面上以刺绣方式表现农民画面，其构图、色彩等表现方式除了体现农民画的艺术特色外，还多了一份质感。龙里巴江蜡染农民画承袭和发展苗族传统蜡染绝技，在布面上以蜡染方式表现农民画面。以蜡刀、蓝靛等作画工具再现农民画，色彩朴素典雅。平坡村农民画色彩以间色为主，造型比较细腻，有女性阴柔之美，这与当地创作群体的女性化有着较大的关系。许多外国游客来寨子里收购农民画和绣品，作品远销到美国、意大利等国家。

平坡村丰富的地方民俗活动是当地农民画创作的重要生活来源。这里有苗族一年一度的斗牛、跳月、四月八、六月六、吃新节等丰富多彩的民族节日，比较重要的还有农历三月初九的杀鱼节、七月十五鬼节的七姑娘和地牯牛巫术活动、重阳节、端午节、清明节，有跳芦笙等民俗活动，为苗族绘画创作提供了丰厚的素材。作为古老的农耕民族，苗族对牛这一农耕必不可少的家畜心怀敬爱之情。苗家神龛下常常放有牛角，

a《闹新春》，兰开翠绘
b《斗牛》，兰朝英刺绣

不忘时祭。苗族素有“蚩尤有角，牛首人身”，可见对于牛图腾的崇拜。正月里，苗族斗牛，展示苗家敬牛、爱牛、拜牛的特性，因此在平坡村绘画中“斗牛”是最受欢迎的题材之一。平坡村还有杀鱼节的拜祭活动。每年三月初九，是平坡村苗族人民的“杀鱼节”。人们来到河边，从河里叉起一条鲜鱼，架起铁锅，烹鱼喝米酒，祭天求雨，祈福五谷丰登、风调雨顺。传说天王爷的公主生病，久治不愈，天王爷听说人间江河里的百鱼能治百病，于是取之烹制，果然奏效。为答谢江河中的百鱼，天王爷下令人间不许食用，并滴雨不下。干旱之际，作为祭品的猪都没有了，人们从湖中取鱼祭祀，天王爷痛哭，降雨三天。至今，龙里县的平坡村、贵定县的光明村和福泉新安寨的苗家人民依然保留了三月初九这天杀鱼的习俗，吸引了国内外的游客前往。在平坡村农民画中可以看到，人物眼睛表现为鱼纹和旋涡纹，纹饰变形夸张的造型，正是与杀鱼节的活动有关。

二、用农民画美化乡村

2006 年，龙里县巴江乡平坡村农民画协会成立，王廷芬任会长，兰开军的母亲王朝芬任秘书长。平坡苗族农民画充满浓郁的乡土气息，体

a

a 平坡村街景

现苗族人们热情奔放的性格和对生活的挚爱，其作品色彩艳丽凝重，构图饱满、奇妙，造型夸张，不拘一格。平坡村苗族农民画作者已达百余人，他们中有不识字的农民，也有教师、学生，多为女性。近五年来，他们创作了上千幅农民画作品，在省内外举办的各种展览、赛事中捧回了多项大奖。据统计，2006—2008 年，当地共筹资举办了三届平坡苗族农民画艺术节。2007 年，兰开军在龙里县城开设了“平坡苗族农民画画廊”，作为对外推出平坡苗族农民画的窗口，使平坡苗族农民画逐步走产业化发展道路，带动当地农民增收致富。

平坡农民画作者除了在家里创作作品以外，还给村子的墙壁绘制墙画，此外作者们将农民画做成绣片，装饰在服装上，形成了一条靓丽的风景线。巴江乡平坡村农民画作品在 2006 年深圳文博会上展出后，引起了较大反响，引发了当地政府的关注。政府对农民画的关注也带动了对平坡村建设的关注，在2007—2012年县政府出资修好了平坡村的道路，一定程度上加强了平坡村的对外交流。平坡村农民画的发掘人和创始人兰开军被评为贵州省十大优秀青年。贵州文化局举办定期的农民画培训，参加培训的人数最多时达到几百人，其中平坡村的固定绘画作者 100 人左右，以女性群体为主，但是由于销售的原因，经过经济大潮的淘沙，目前骨干作者有 30 多人。在 2009 年，新中国成立 60 周年之际，兰开

a 苗族妇女们在农闲时讨论作品

b 兰朝英、叶群英绘制的斗牛节

军组织骨干作者画了长卷《苗岭放歌》，该作品现已被贵州民族文化馆收藏。2010 年，在浙江美术馆组织举办“农民画时代，时代画农民”全国农民画展，画展中的平坡农民画被美术杂志收录。2011 年，建党 90 周年之际，平坡农民画协会组织农民画作者画了 90 米长卷《贵州视觉印象》，被国家民族文化宫收藏。

三、辅导员的重要性

平坡村农民画的发起、组织和宣传与农民画辅导员的关系非常密切。在农村，作为劳动力的兰开军，起初是不被人所认同的。因为生活的需要，家中的长子应承担一些家庭的负担，但是兰开军热爱绘画，这在早年就是不务正业的表现。高中毕业的兰开军，给母亲下跪叩首，请求原谅他的“不孝”，把家里的事情交给弟弟，自己则按照自己的意愿专心画画。在兰开军的坚守下，平坡村农民画果然发展起来，受到了政府的关注，还为村民们创造了贴补家用的渠道。他被文化馆收编成为正式员工，以方便负责农民画辅导，于是兰开军就更加有劲头了。另一方面，他想方设法地把作品销售出去，让作者可以良性发展。

a

a 兰开军与作者们探讨作品

兰开军说，在工作中也有不尽如人意的地方，群众工作具有一定的复杂性和困难，但是这些都不影响一个辅导老师的工作积极性，面对众多的不理解和误会，他选择默默承受，并积极工作。2017 年 5 月 18 日，在中国美术馆举行的“中国精神中国梦全国农民画创作展”上，兰开军用在开幕式上自豪地用苗语介绍平坡农民画，平坡农民画走向中国美术馆，这是来自大山苗寨的自豪。全国每个画乡农民画的发展，除了政府部门的支持和帮助以外，都与辅导老师有着不可分割的关系，他们在开创时期负责绘画辅导方法的探索；在成熟期，担负着技法的提高和探索，他们的眼界直接影响着创作队伍的视野；在经济发展时期，他们联络和拓展渠道，起到了重要的纽带作用。

平坡苗寨农民画从大山里一路走来，苗家农家妇女会画会绣的才能，在新时期转换到纸张上，按照自己的理想营造出苗族农民画形式语言，他们把美好的生活画卷描绘出来，通过农民画协会在传统村落里建立了一种以农民画为纽带的文化团体，弘扬优秀民族文化，畅想美化生活，

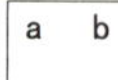

a 农民画作者叶群英的作品表现当地风俗
b《吃喜酒》，王朝芬绘

抒发对新生活的热爱与眷恋。平坡农民画表现方式既承袭传统，又不断创新。画面语言遵循苗族图案的造型方法，采用夸张、变形的手法，结合艳丽的色彩搭配，以达到构图饱满、装饰强烈的艺术效果。在平坡苗寨农民画中，人们可以看到当地节庆文化独有的热烈气氛，传统节日的风俗习惯，还能够体会到当地妇女开朗、勤劳、乐观的精神风貌，他们常常互相切磋合作，发挥各自不同的特长。农民画给当地农业生活抹上了一笔艳丽的色彩，把大山里的丰富多彩带出了贵州，带出了国门，也因为农民画带来了乡村的改变，相信这个群体将会作为更为突出的力量，为当地文化经济的发展贡献出更多的力量。

a

a《国强民富》，兰友江绘（2017 年）

舞阳农民画有出新

河南省

2016年调研漯河市舞阳县九街乡胡岗村农民画
2016年调研漯河市舞阳县吴城镇农民画
2016年调研漯河市舞阳县新西路舞阳县农民画院
2016年调研漯河市舞阳县孟寨镇孙庄农民画

舞阳属河南省漯河市辖县，位于河南省中部，地处黄淮海大平原。舞阳现辖 5 乡 9 镇，397 个行政村，总面积 777 平方公里，境内以汉族和回族的居民居多。舞阳县境内有仰韶、龙山、商周文化遗址，现已发现 40 余处古文化遗址，还有城隍庙、山陕会馆、彼岸寺、樊哙墓、北舞渡山陕会馆里的彩牌楼等一批极有价值的文物古迹。舞阳有“帝乡侯国”之称，历史上人才辈出，土地肥沃，物产丰富，是历代兵家必争之地，独特的地域文化和丰富的人文积淀孕育了舞阳农民画。舞阳农民画以民间传说故事、民俗节庆、庙会活动、新农村生活等为创作题材，随着时代发展不断地发掘新的绘画内容，形成了突出的文化特色。舞阳农民画是河南省级非物质文化遗产代表性传承项目。进入 21 世纪以来，舞阳农民画在政府关注和各种文化发展政策的推动下，从培养人才、提高创作水平、理论研究和市场运作等方面不断地进行着探索。

一、作者队伍的发展和变化

纵观舞阳农民画的发展历史，可以看出其经历了几度沉浮。舞阳农民画起源于 20 世纪 50 年代，为配合当时的生产运动，全国上下兴起壁画热潮。在壁画热潮发展阶段，以墙壁为载体，描绘“普罗艺术”，即无产阶级的绘画，属于舞阳农民画发展的萌芽期。20 世纪 70 年代后期，舞阳农民画逐步趋向成熟，在绘画技法上以学习户县为主导思想，形成了舞阳绘画造型的基本样式。1981 年，第一个真正意义上的舞阳农民画辅导班办了起来。1983 年，许昌地区成立舞阳农民画创作现场会，并取得了迅速发展。1987 年，有 7 幅作品入选在中国美术馆举行的农民画展。随后在 1988 年，文化部命名舞阳县为“现代民间绘画画乡”，同年成立了舞阳县农民画院。进入 1990 年以来，与其他画乡一样，在经济发展大

a《吃喜面》，张庆文绘（刘志刚复制）
b《村童》，胡浩生绘

潮的影响下，舞阳农民画出现了十年停滞发展期，一度走入低谷。2011 年，在舞阳政府的重视下，舞阳农民画院改制，建立了由政府主导的舞阳农民画院，重新把农民画发展提上日程。从 1981 年第一个农民画培训班开始算起，舞阳农民画的发展历程中地方政府始终给予高度重视，舞阳农民画作为地方名片逐步被确立和发展起来。21 世纪的舞阳农民画创作走向了多元化的发展路线。在创作队伍和创作方法上，舞阳农民画作者进行了理论上的总结，积极组织当地的创作骨干，不断学习，提高理论和创作水平，提出舞阳农民画精品创作路线。2013 年，280 多幅舞阳农民画入选中宣部、中央文明办等六部委联合举办的全国“讲文明 树新风”公益广告；2014 年，60 多幅舞阳农民画作品被中宣部宣教局、《人民日报》漫画增刊、中国网络电视台等制作成“图说我们的价值观”公益广告，这使舞阳农民画作者深受鼓舞，大有干劲。

目前舞阳农民画骨干作者 20 多人，在文化馆、农民画院、画友会等机构的组织和管理下，这个作者群创作参展等状况比较稳定。从创作主体看，20 世纪 80 年代的全部农民作者群体，经历了十年停顿之后，如今作者只余 30%；从创作者的从业状况看，由全职画农民画的作者，发展到今天的业余爱好群体和专业群体并存的状态；从创作素材来看，传统村落生活退出人们的生活空间，创作内容发生了变迁。出现了与画院作者创作理论研究和技法研究相对应的民间手艺人为主导的作者两大阵营。在新作者的培训中，主要靠作者之间的推荐，以业余爱好者为主要的来源。目前的作者最大的发展空间是中小学老师，因为这个群体有生活的保障，又有参展和创作的热情。纯粹的农民身份的作者随着城镇化的发展已经越来越少，目前从业的农民身份的作者由于生活所迫，多从事幼儿园、包装生产、礼品生产等工作，以维持生活的需要。根据统计结果表明，目前舞阳农民画作者中，31% 的作者是 20 世纪 80 年代从艺，56% 是 2005 年恢复农民画传承以后的新作者，而 20 世纪 90 年代的断层非常清晰，经过这个时间段的断层以后，农民画作者的创作材料和风格基本完成了转型。目前的舞阳农民画发展，创作的材料以布面丙烯和

a

a《闹洞房》，周松晓绘

纸质水粉为主，兼有以丙烯彩绘墙画的形式，创作的内容以时政和生活主题为主，弘扬正能量，美化生活，绘画手法向专业方向和西方现代绘画领域延伸，提出提高文艺理论水平的口号和方向。

二、政府的服务和投入

经过对舞阳 16 位农民画作者的访问，我发现舞阳农民画作者从 20 世纪 80 年代以来，作者群体身份和生活空间发生了很大的变化。目前舞阳农民画作者群大约有 30 人，骨干作者有一二十人。他们的身份有教师、工人、农民、商人等。教师占总人数的 60% 左右；农民身份的作者逐步减少，纯粹的农民像任明兆、张新亮等只占所有作者的 30%。多数作者从事不同行业，不再以土地收入为主要经济来源。其余 10% 的作者有文化馆的工作专职人员等。这个结构的分布使舞阳农民画创作在不同时期体现出不同的题材和绘画风格。

舞阳受访作者的迁居情况，在受访的 16 名作者中，迁居的作者 12 名，占总人数的 75%；未迁居的作者 4 名，占总人数的 25%，迁居的作者多于未迁居的作者。其中，20 世纪 80 年代迁入舞阳县城的作者最多，有 5 人，占总人数的 33%，迁入原因是毕业分配、外地迁入和工作；20 世纪 70 年代迁入作者 1 人，占总人数的 7%，是随父母迁入；2000 年以后迁入的作者有 5 人，占总人数的 33%，以购房建房和工作为主；未迁居的作者 4 人，占总人数的 27%，在当地从事企业工作。受访对象从事农民画创作多数以业余爱好为主，多数另外还有自己维持生活的主业，少部分作者绘画的原因是以销售为目的，但是其收入在家庭收入中所占的比例很小。由此可见，受访农民画骨干作者中的多数都离开了自己生活的村落，迁入城镇工作。农民画作者的管理工作中形式也更加多样，无法按照过去纯粹农民身份作者一样的方法进行管理。

舞阳农民画管理和培训机构非常多样，除了文化馆，还有农民画研究会、农民画传承所、画友会等官方和非官方的机构，这表明无论是政府还是社会群体，对于舞阳农民画发展都十分重视。这些管理和创作机构虽然在同一个地方，但是组织结构和管理方式包括侧重点都是不一样

a

a《二龙戏珠》，刘志刚绘

的，这决定了舞阳农民画发展多元化的探索路线。对于农民画的探讨是非常热烈和积极的，这也使舞阳农民画的发展颇具生命力。文化馆是政府的文化部门，对于农民画的支持主要体现在培训、展览、理论交流上。农民画院的职能则更为广泛，除了培训、展览、理论交流功能以外，农民画产业发展的问题也在其范围之内。此外由于画院直属舞阳县宣传部，还承担了一些宣传政策需要的主题创作，以及政府礼品采购等方面的职能。相对而言，农民画会的功能更为单纯一些，表现为农民画的理论探讨和促进民众文化素养的提高，多进行推动农民画创作发展的理论纲领性研究。政府通过成立农民画院，设立编制，成立公司进行作品销售和衍生产品的研发，进而通过农民画产业基地来带动经济发展。在舞阳县，农民画归宣传部直接管理，文化馆主要负责农民画的历史存档、农民画培训、理论研究、民间美术的收集等。文化馆还出版农民画相关的刊物、理论书籍及一些老照片等，建立了一套很完整的系统，由专人管理这些档案。

三、民间学术团体的组织

为进一步壮大舞阳农民画创作队伍，提高作品质量，舞阳县利用县文化馆、县农民画院等机构，进行多种形式的创作培训，鼓励农民画作者多出精品。坚持每年举办一次农民画大赛，实行以奖代补的奖励办法，调动广大农民画作者的创作积极性。县文联专门成立了舞阳县农民画家协会，县教育部门还把舞阳农民画作为乡土教材纳入中小学校课程，向学生传授基本知识，为舞阳农民画创作提供后备人才。在农民画进课堂方面，王文浩老师编写了《农民画十讲》讲稿，计划在这个基础上把舞阳农民画理论整合起来，应用于农民画的教学。

除了文化部门组织的培训，还有舞阳农民画友会的活动。舞阳农民画友会是一个民间理论研究组织，由舞阳农民画的元老王文浩老师作为主持和发起人，画友会有培训、探讨和研究的功能，形成了长期的理论研讨机制。从 2011 年开始，画友会每月举行一次研讨活动，主要做一些理论研究，比如探讨怎样提高绘画质量，包括绘画的题材、表现手法、

a

a《老臭狐》，梁素苹绘

制作材料等。画友会主张农民画作者要开拓创作视野，提高文化素养，因此经常请一些高水平的老师讲课，如文学创作、书法写作、国画创作等。在造型方面，王文浩认为中国的民间美术本身就存在着很多现代画的元素和理念。民间美术常用的是内视心象造型方法，都是源自内心的，是对自然的感悟，把自然中具象的东西变成一种意象的东西表达出来。农民画是多重视点，这是民间美术一个很重要的特征。比如画杯子，上面是圆的，下面是平的，是为了让杯子看起来能站稳。画的不是眼里的形象，而是心里的形象，重情绪而不重表象的逼真。所以他认为对于农民画应该坚持传统，但不应该顽固不化，应该从西方现代派美术上有所借鉴。舞阳农民画就是在继承民间传统美术的基础上升华传统民间美术中的现代艺术观念，来表现现实生活。

王文浩提出了农民画发展的努力方向和标准。他注重理论研究，提出了“三三四”发展理念。“三三四”发展理念，即“三个支点”“三个提高”“四条要求”。“三个支点”是舞阳农民画的方向，即“继承民间美术传统，融汇现代艺术观念，表现现实生活”；“三个提高”，“提高文化内涵，提高艺术品位，提高表现技巧”；“四条要求”“有鲜明的民间艺术特色，因为失去了民间艺术特色就失去了民间艺术的价值；有浓郁的现代艺术气息，因为艺术要追随时代追随潮流；有精湛的表现技巧；有深厚的文化内涵。”王文浩的辅导方法在几十年里为舞阳农民画创作起到了很重要的指引作用，当地的许多知名作者都是他的学生。在农民画会的组织下，作者们积极探讨，形成了一种农民画研究学术氛围，这是舞阳农民画的一种组织特色。

四、多元化的奖励机制

为了更好地促进农民画作者的创作积极性，文化部门和舞阳农民画院制定了形式多样的奖励机制。2015 年，舞阳农民画院在宣传部门的推动下，制订了签约画家制度，第一批签了十个画家，由农民画院及县文化部门与农民画作者画家签订协议，在规定一年里创作一定数量的作品，画院与文化部门支付一定费用，来保证作者可以安心创作。作品销售的

a

a《百鸟朝凤》，张新亮绘

收入归农民画院，同时画院为了防止作品抄袭，进行版权保护。政府每年都会组织参加一年一次的农民画大奖赛，实行以奖代酬的方法来促进农民画作者进行创作。舞阳农民画作者积极参加公益广告宣传画的绘制，入围作品经过电视媒体、广告路牌、灯箱等载体广而告之，既宣传了国家的好政策，还起到了美化环境的作用，政府和主办方的奖金给予作者的同时，又是一种荣誉。此外，在城镇建设中，农民画常作为墙画进行装饰绘制，墙画绘制的规格多为 150cm × 200cm，价格为 400—500 元，这为农民画作者增加了一部分收入。参加全国展览入选的作者，舞阳县给每幅作品补助 500 元，这对于作者来说也是一种鼓励。

在产业方面，舞阳县政府实施了一系列的引导、资金扶持措施，在县城新西路先后建成了舞阳农民画院、贾湖农民书画院、舞阳舞韵农民画发展有限公司等一批农民画院和农民画经纪公司，形成了集创作、销售、展示于一体的农民画产业基地。同时积极培育吴城镇昭寺村、九街乡胡岗村成为农民画专业村，不断扩大舞阳农民画的发展规模。为积极推动舞阳农民画衍生产品的产业化发展，舞阳县引导有关单位和人员开发出邮册、礼品画等农民画系列产品。专门选派作者入驻上海金山区“中国农民画村”，在北京潘家园文化市场等地设立舞阳农民画展销窗口，拓宽了销售渠道。先后组织参加了中国义乌文化产品交易博览会和第七、八届中国（深圳）国际文化产业博览交易会等大型文化产品展示交流活动，提高了舞阳农民画的知名度。把农民画创作和衍生产品的产业化问题分而治之，并发挥农民画地方特色代表的品牌优势，打造舞阳文化形象，这在地方政府的文化工作中形成了一定的共识。

纵观舞阳农民画的起伏发展，从 1983 年第一个培训班迅速发展成为全国农民画画乡，从 20 世纪 90 年代低潮时期，到 21 世纪的迅速崛起，我们可以看出城镇化进程中舞阳农民画创作内容、作者和功能的变迁。在这个过程中，政府的推动是重要的因素，通过成立舞阳农民画院，设立事业编制，到成立公司进行作品销售和衍生产品的研发，进而通过农民画产业基地来带动创作发展。与此同时，舞阳农民画作者非常注重农

a

a《碾道》，任明兆绘

民画创作理论的探讨和总结，积极进行艺术技法的研究。近年来，舞阳农民画融入当地的公共文化服务中，在宣扬社会主义精神文明方面取得了突出的成绩。舞阳农民画在政府部门引起重视，其管理组织结构非常有特色，在画院和民间组织中坚持着长效的研究讨论机制，大家共同创作、共同探讨舞阳农民画的发展问题，形成了浓厚的学术氛围。社会机构和政府机构对于农民画文化资源非常重视。由于作者多来自于中小学教师或大学毕业生，知识结构层次高，在创作上，整体倾向于向专业美术方向发展，有极强的精品意识。王文浩编写的“农民画十讲”，正成为一个样本，下一步将进入学校教学试点中。舞阳农民画院计划先从城镇小学里开展农民画进课堂活动，为农民画审美文化发展拓展空间。 舞阳农民画的未来将更加广阔。

第五章　乡愁记忆

第五章 · 乡愁记忆

俺菏泽的小孩模

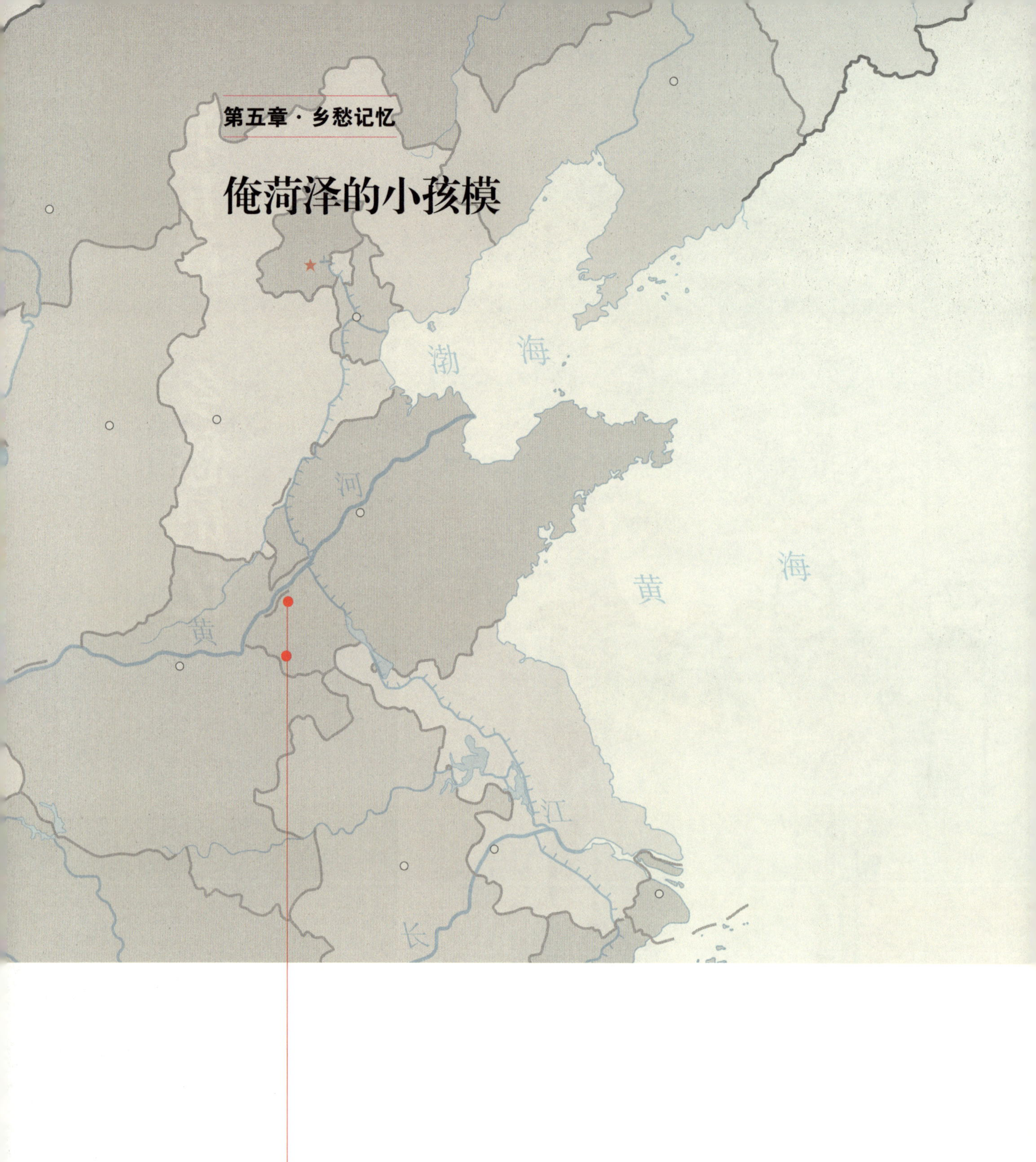

山东省

1985年收集菏泽地区（现改菏泽市）曹县、鄄城县等地孩模玩具

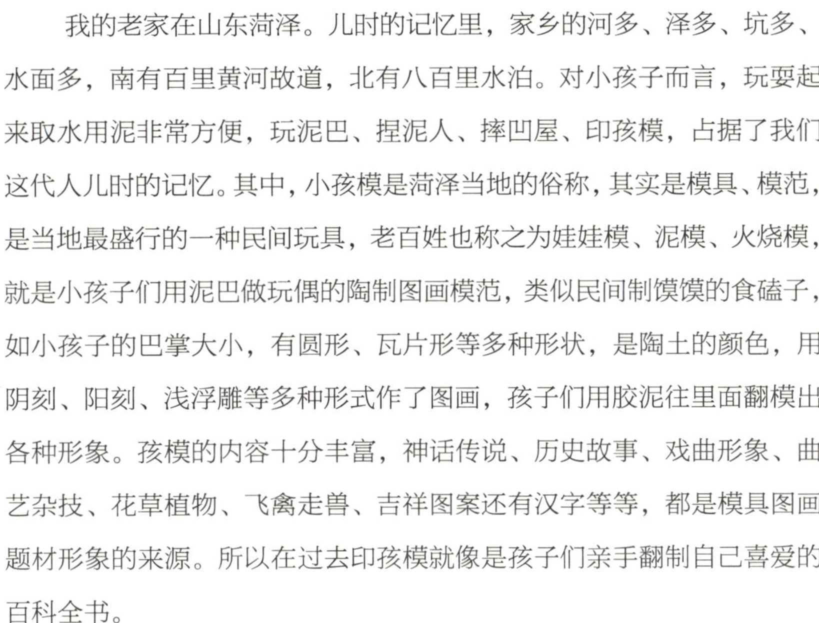

我的老家在山东菏泽。儿时的记忆里，家乡的河多、泽多、坑多、水面多，南有百里黄河故道，北有八百里水泊。对小孩子而言，玩耍起来取水用泥非常方便，玩泥巴、捏泥人、摔凹屋、印孩模，占据了我们这代人儿时的记忆。其中，小孩模是菏泽当地的俗称，其实是模具、模范，是当地最盛行的一种民间玩具，老百姓也称之为娃娃模、泥模、火烧模，就是小孩子们用泥巴做玩偶的陶制图画模范，类似民间制馍馍的食磕子，如小孩子的巴掌大小，有圆形、瓦片形等多种形状，是陶土的颜色，用阴刻、阳刻、浅浮雕等多种形式作了图画，孩子们用胶泥往里面翻模出各种形象。孩模的内容十分丰富，神话传说、历史故事、戏曲形象、曲艺杂技、花草植物、飞禽走兽、吉祥图案还有汉字等等，都是模具图画题材形象的来源。所以在过去印孩模就像是孩子们亲手翻制自己喜爱的百科全书。

我家住的曹县老县城大隅首北街，南街有戏园子，后街是古楼街，街坊有韩家、陈家、徐家，还有一些店铺，周围的孩子天天扎堆在一起玩，大一些的孩子玩用烟标叠的“客子”，小一些的就玩小孩模。城里的大泽水坑，让取泥巴比试小孩模很方便。妮儿们凑在一起，把泥巴当面团，模仿大人样儿，翻刻带图画的“面食”，边摆边排，过娃娃家。小儿们总想比试比试，比孩模上谁的故事多，比谁讲得好，比谁做得多，品头论足，好不热闹。有时候两个胡同的伙伴因比试打了起来，过会儿又聚在一起互相交换，其实不记得谁胜谁败，但无形中也长了不少见识，在孩子们心里，心灵手巧、博闻强识的也来得更威风荣耀。在我们街上，我是个小孩头儿，常带着小伙伴们到街上比试一番。小孩模的故事很多，小时候玩的有各种动物植物，大几岁又时兴三国、西游，也有样板戏人

a
b

a 20 世纪 80 年代曹县乡村街景
b 20 世纪 70 年代曹县县城校园生活场景

原文题为《大家致童年 小孩模》，发表于《人民日报》2017 年 9 月 16 日。

物。有时闹不明白所以然，就回家找母亲问个究竟，又急着出去比试逞能，没记清名字来由，张冠李戴，惹得大家哄堂大笑。天然的生活条件，朴素的人文环境，每家都是几个孩子，每个街道都有几个小孩头儿，玩耍间，孩子们对历史典故、神话传说、戏文故事耳熟能详，也把民间朴素的仁义礼智信刻在心里，吉祥的图案寓意、美好的期待寄托以及生活的人之常情都在内心深处埋下了种子。岁月悠悠，它们总能带来暖意。

过去菏泽地区货郎上的小孩模，大多出自鄄城艺人之手。记得 1985 年到鄄城彭楼调研砖雕屋脊兽制作工艺时，在彭学运家看到了土窑烧制小孩模的全过程，深深触动了儿时的记忆。于是撰文从专业角度对小孩模的工艺文化作了梳理，论文《山东孩模玩具》发表在 1985 年的《美术》杂志上，希望更多人关注到小孩模这一独具特色的民间玩具。筹建山东工艺美术学院中国民艺博物馆时，我也专程回老家，从老屋里找到了小时候的小孩模，现已陈列在民艺馆中。应该说，小孩模作为我国流行较早的土陶玩具，与陶器雕花、剪纸、版画、画像砖石等艺术具有渊源关系，应属姊妹艺术。在工艺上，有塑的、刻的、捏的等多种制作手法，把制陶、雕刻、绘画等多种工艺形式融为一体。在造型上，生动活泼，千姿百态，局部刻画概括，用线疏密有序，富有质朴、天真的装饰趣味。在内容和

a

a 20 世纪 70 年代曹县幼儿园生活场景

形式上，与民俗生活有紧密联系，比如梁山一带的儿童喜欢水浒英雄，货郎销售最多的也是梁山一百单八将。而鲁北的孩模，除传统题材外，还有反映劳动人民自己的生活题材，如纺线织布、走亲戚等。小时候的孩模里印象最深的是“武松打虎”的图画，艺人大胆地将武松形象与虎之身躯合为一体，是形与神、力与体融合的高度概括，英雄气概表现得淋漓尽致。这些形象中的民间语言、艺术张力，这些故事中关于正直、守信、责任的朴素道理，对于成长中的孩童来说有莫大影响，它不只是民间口头文学的插图，不只是过去农村里儿童识图、识数、辨色、会意的教材，更是一种民间文化启蒙与传承的精神纽带，让文化的根更扎实，生活的步子更沉稳坚定。

如今在民艺馆，每次给观众讲解小孩模时我内心都有几分感慨。这小孩模伴随我的童年，有不少难忘的记忆，总能带我回到家乡，回到过去，与儿时的伙伴重聚，在泥团图案里畅快交流。这小孩模里有不少乡音乡情，家乡戏的曲调、鲁西南故事的形象都环绕印现其中，不论几十年来生活的变化有多快，不变的是埋藏心底的这份乡愁乡韵。也常想，让今天的孩子们玩一玩小孩模，在变形金刚、芭比娃娃之外，团团泥巴，扣个陶模，感受自然的水和泥土，感知鲜活的历史和过往，了解我们民族里那些了不起的英雄形象和动人传说，在我们民族盛大的文化空间里体会人的情感与生活的滋味，这样的童年也许会更丰厚，这样的成长会有更绵长的力量和心灵的滋养。

小孩模，是模具、模范，是文化的启蒙，是悠长岁月里一个温暖的起点，一缕不变的乡愁记忆。

a

a 菏泽民间小孩模

第五章·乡愁记忆

老家的味道

山东省

2016年春节考察家乡菏泽市曹县民俗文化

我的家乡山东曹县，位于鲁西南的黄河故道旁，历史非常悠久，夏朝的时候就建有莘国和贯国，商朝更是第一都城，皇天后土，文脉汤汤，孕育了醇厚的民风、民俗和民间文化，饮食也是其一。话说老子《道德经》中“治大国，若烹小鲜”的名言就源自商朝宰相伊尹，万事皆有相通处，他曾为成汤做厨师，于饮食烹饪中悟出了治国之策，流传至今。曹县地处苏鲁豫皖四省交界处，是交通枢纽，商旅行客往来交流，民间文化也非常繁茂。就我们老县城来说，名气很大，文声甚远，当年习武的人多，习书作画的人多，地方戏的品类也很多，出过豫剧名家马金凤、崔兰田。家乡有一种热闹而又质朴的文化氛围，让人乐在其中，回味悠长，人们对生活充满了热情，乐享生活的滋味，所以名吃也不少。在曹县历代沿传的民间风味小吃里，米家烧牛肉、仲堤圈红、烧驴肉、传统蒸碗、魏湾红烧兔肉、吊炉烧饼、城里糟鱼、青岗集烧鹌鹑、杂烩菜、李家烧鸡、火神台五香豆腐干、孙老家绿豆糁丸子、五香花生米、韩集麻酥糖等，都是当地人如数家珍的美食。

当年家境一般，对老家的名吃虽有所耳闻，大多没有品尝过。在上个世纪的六七十年代，只有到过年才能跟着大人吃顿席。在我们家，爷爷做得一手好菜，记得有一次他让我约了邻居的小伙伴，亲自下厨做了一桌好吃的，有八盘八碗，大家真是解馋。其实老人的用意是这些孩子们长大成人了，让我们聚一聚听听他的教诲，邻里之间要亲如一家，互帮互助，相互有个照应。一席饭下来，让我们回味的是做人的道理。

我家祖辈曾经营制作酱菜，“潘家酱菜园”在当地小有名气。公私合营后，我爷爷哥仨都是公家酱菜厂的师傅。我小时候常穿行在酱菜缸中玩耍，在烧醋蒸馏的味道中度过假期，看着爷爷凭经验料理这所酱菜作坊，用心细致，投入其中，自己也较早体验到了一种沉淀发酵着的文化的味道，它是艰苦时一碗清粥一碟酱菜的自足，丰足时对日后生活的

a《潘家酱菜园》，潘鲁生装置作品（2011 年）
b 曹县名吃：绿豆丸子汤

储备与节蓄。日后读到《论语 · 雍也》中孔子曾赞颜回：“一箪食，一瓢饮，在陋巷。人不堪其忧，回也不改其乐”，称之为“贤”。我深有感触，觉得酱菜里的滋味与这种“一箪食，一瓢饮”而不改其乐的人生智慧一脉相通。一口腌制酱菜的陶土大缸，丰收时腌渍储备，荒寒时取用品味，最能体现普通老百姓的勤俭自持、不改其乐，是生活的经验，也是智慧和乐趣。前几年，我为此专门创作了一组以潘家酱菜为题的装置艺术，怀念往昔岁月，追忆乡土亲人，也记录一种朴素的生活方式，在传统文化的味与道、器与道里，有着耐人寻味的意义。

从上世纪 80 年代初到省城读书，我离开家乡已三十多年了，但家乡的风土人情、生活气息都在我的心里存续着，又亲切又熟悉。记得 1984 年大冬天到陕西临潼收集民间刺绣，天寒地冻，又冷又饿，在兵马俑展馆前的集市上看见一个醒目的布幌子，上面写着“曹县胡辣汤”，当时就像回到老家见到亲人似的激动，就着烧饼一口气喝了一大碗，那种踏实和暖和记忆犹新。人的味蕾是有记忆的，这记忆不单是味道，还串联了彼时的人与物、境和情，古诗有云：“记得儿时好，跟随阿娘去吃茶。

a b c
d e

a 羊肉垛子
b 糖糕
c 曹县烧饼
d 面泡子
e 馓子

门前磨螺壳，巷口弄泥沙。”岁月沧桑，难返来时路，只有家乡的味道有迹可循，就像那冬日异乡的一碗热汤，如同一个神奇的按键、一把记忆的钥匙，底气和热情随之开启，蓄满能量。

回想这几十年里执着于民艺调研，行走在田野民间，和老家的味道带来的亲切感一样，那是一种亲情的牵挂、乡愁的延续。至今记得儿时母亲教我的童谣，她手纳鞋底的松紧口布鞋，还有春节时自己做的灯笼，其中刻录着岁月的温度，印在我心灵的深处，随时可被唤起，让人觉得充实。在匆匆忙忙的日子里，我们需要那些美好的细节和滋味带来慰藉，不荒芜，不寂寥。当下，物质越来越丰富，人们衣食无忧，回忆老家的味道，与其说是守护一种历史的记忆、传统的存在，不如说是守护人心人性中最本质、最温暖的东西，它让我们挣脱商品与物欲的洪流，重新打量事物，体味人情，感受生活的意义。它们无法以商品的价格来衡量，却与人生经历和世事相交融，凝结着个人成长、家庭生活、挚友亲朋、邻里乡情的点点滴滴，无声无息，散发着岁月的光华，让我们静守本心，珍惜情谊，珍重生活。

离别家乡岁月多，老家的味道、老家的记忆绵长而又亲切。年节里一碗刚出锅的扁食，隆冬里一碗热腾腾的胡辣汤，还有家乡剧大平调铿锵悠扬的曲拍，堂屋条几上灶爷山的威严，都相和相依，辉映成趣，这就是老百姓的日子，是寻常生活的礼赞，是流动不息的岁月里一块稳固的基石，有美好的向往，有朴素的追求，吉祥喜乐，静享生活的滋味。

老家的味道里，有浓浓的情意，有家乡至亲的回忆，是人生岁月轮转中不变的牵挂。

a
b
c

a 曹县烧牛肉（烧饼夹肉）
b 锅贴
c 酱菜

郓城派山东古筝的琴筝清曲

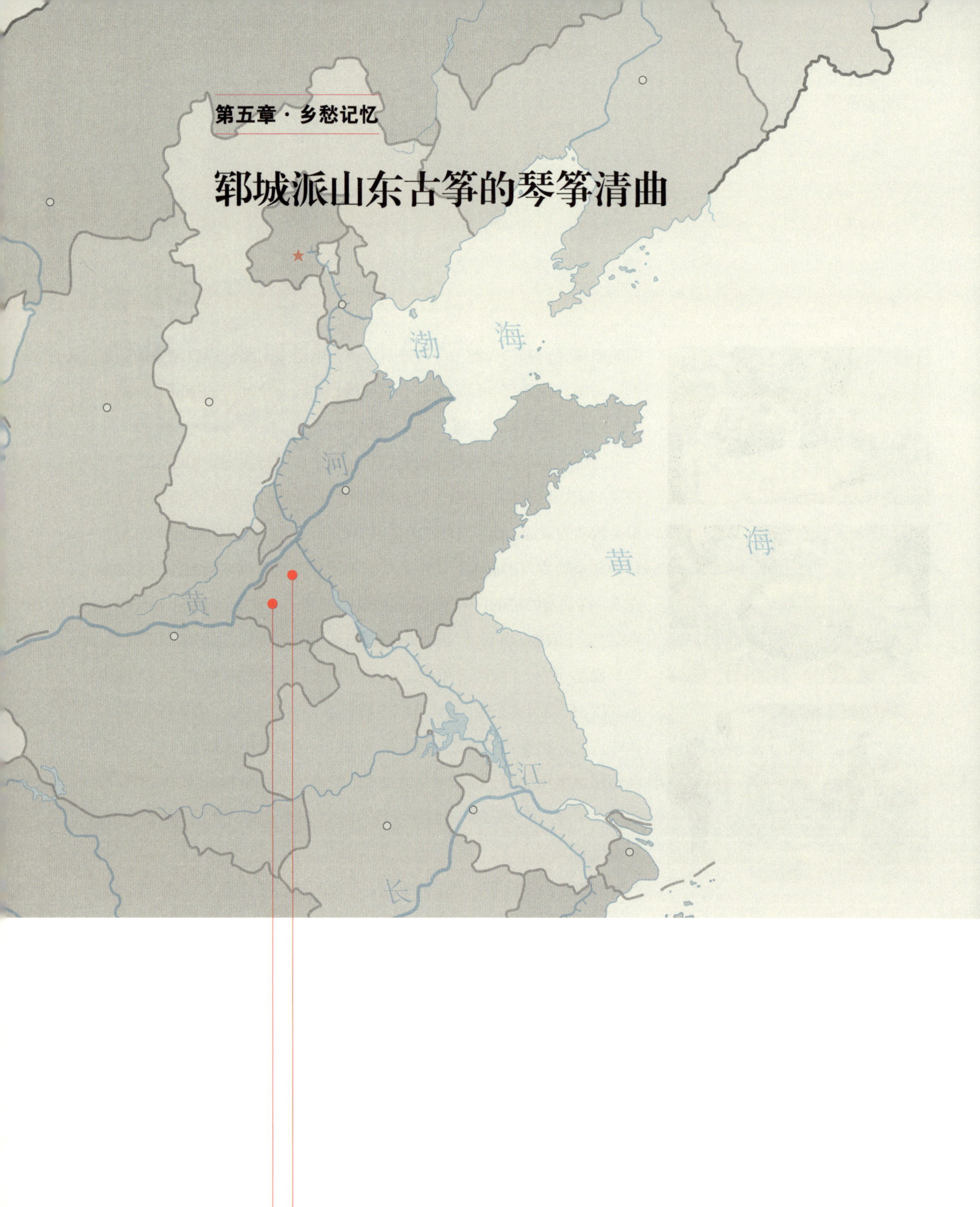

山东省

2018年调研菏泽市郓城县黄堆集镇刁庄村制筝技艺

2018年调研菏泽市文艺院团古筝艺人

a 水浒好汉城的仿古建筑

郓城派山东古筝的发展历史由来已久，在菏泽郓城、鄄城、牡丹区一带广为流传，素有“城内大户多有瑟，城外村村都有筝”的说法。郓城筝曲多为宫调式，以八大板编组而成。在长期流传过程中，这一流派受到当地曲艺、戏曲、民间音乐的影响，逐渐形成了刚柔并济、洪亮率真的演奏风格，像山东人的性格一样粗犷、耿直、豪爽大气。郓城古筝乐的发展带动了制筝业的发展，当地俚语“哪里有扬琴班，哪里有制琴筝”，说的就是哪里有山东琴书的表演，哪里就有制作古筝的作坊。郓城筝与郓城制筝发展相辅相成，赵玉斋、张燕、高自成、赵登山、韩庭贵等全国著名古筝演奏名家都使用郓城刁庄古筝作坊的筝。

一、郓城古筝制作技艺

历史上，菏泽城区的高庄、城东张营乡高庄、城西武安镇张坑村、郓城刘花园、刁庄等地分布着很多制筝作坊。新中国建立之前，郓城刘花园制筝以刘世旺木工活最好，他制作的古筝、扬琴深受弹奏者的喜爱，后来刘世旺的儿子刘学新去世得早，刘花园的制筝业就此中断。中华人民共和国成立后，郓城制筝业主要集中在刁庄，刁庄古筝技艺传承谱系相对较为完整。

（一）郓城古筝制作谱系

据古筝制作艺人刁望河介绍，郓城制筝作坊产生于明洪武三十年（1297 年），至今已有 600 多年的历史。《刁氏宗谱》记载，一世祖刁琅在移民途中，巧遇一李姓流浪制筝艺人，遂拜其为师，并定居于郓城北七公里刁庄，随后这里便有了第一家制筝作坊。

刁望河是第 24 代郓城制筝艺人，17 岁开始跟伯父刁秀钦学习制作古筝。他从木工基础开始学起，逐渐掌握了古筝制作技艺。制筝是旧社会手艺人糊口的营生，手艺传内不传外，传男不传女。人民公社时期，制筝作为生产队的副业得到了延续发展，技艺传承也由单一的家传变成了家传和师传两种并行方式。随着郓城古筝演奏名家在各大专业院校任教，郓城古筝制作在 20 世纪 80 至 90 年代出现了繁荣景象，刁庄古筝销售到北京、上海、河北等国内市场以及美国等海外市场。在 20 世纪 90 年代后期，由于多方面原因，刁庄古筝销售出现了一段时间的萧条。

2007 年，水浒好汉城旅游开发项目实施，郓城县文化局把刁庄古筝制作技艺作为郓城地方特色文化引入了水浒好汉城，既展示刁庄古筝制作技艺，又作为一个销售窗口面向游客开放。刁庄手工制筝作坊迁入水浒好汉城以后，仍采用传统工艺技法全手工制作古筝，并不断进行改良和创新发展。刁望河等刁庄的制筝艺人迁至作坊里，采用按件计酬的方式制作古筝，由水浒好汉城负责销售。刁望河的儿子刁兆霞出生于 1971 年，他不仅在水浒好汉城里跟随父亲制作古筝，还在老家刁庄营建了自己的作坊，钻研古筝制作技艺。从古筝装饰着手，刁兆霞把麦秆画和雕刻引入古筝装饰，改善了古筝的造型，使其更加精致。

（二）郓城古筝制作技艺

古筝结构由面板、筝码（雁柱）、琴弦、前岳山、弦钉、调音盒、琴足、后岳山、侧板、出音口、底板、穿弦孔组成。古筝形制为长方形木质音箱，弦架“码子”（也称雁柱、筝柱）可以自由移动，一弦一音，按五声音阶排列。最早以二十五弦筝为最多，唐宋时有弦十三根，元明清为十四、十五弦。过去山东筝多为十五弦，外边低音部分用的是七根老弦，

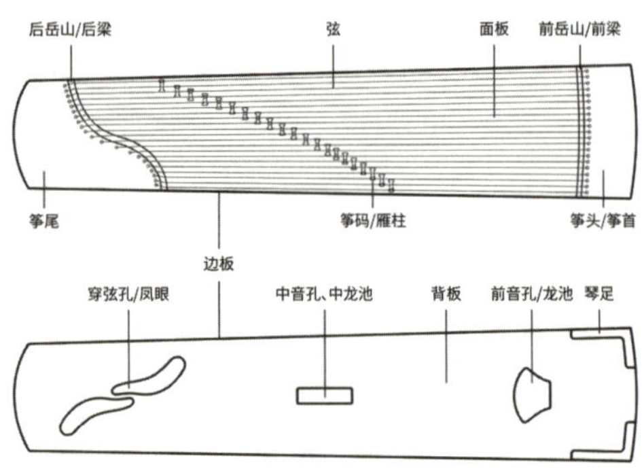

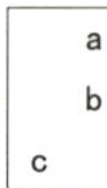

a 水浒好汉城制筝坊的烘炉
b 古筝制作
c 郓城古筝结构图

里边是八根子弦，俗称“七老八少”。几经改革研制，现在刁庄古筝已经发展到十六、十八、二十一、二十三、二十六弦等五个品种系列。

刁氏作坊祖辈传下来很多制筝的秘诀。据刁望河介绍，一台筝要做十三四天。制作流程分为“选材、剖解、凉板、烘烤、刨板、对接、组装”七个步骤，每道流程又分为十几道工序。

制筝的流程大略如下：

第一是选材。在制筝选材方面要使用优质的泡桐木，要求必须是野外沙土中生长的约 10–20 年生泡桐树，这种泡桐树生长速度快，质地松软，透气性好，特别适合制作乐器。树高不能低于 5 米，地上 1 米处直径要达到 0.5 米以上，树干的小头直径不能低于 40 厘米。鲜树干要在背阴通风处放置半年。选材时将树干分三截，上边和下边都不能用，截去靠地面生长的 1.2 米，选中间部分的向阳面截下 2.5 厘米厚的板材做筝面生料。一棵树最多只能截出来 5–6 块好板子，如果遇到有疤的树干就无法使用。同一块地域上的桐树还要讲究“七不取”。“七不取”，即施过化肥的桐木不取，明水灌溉的不取，生长过快过缓的不取，树身低于 5 米的不取，地上 1 米处直径达不到 50 厘米的不取，有疤痕烂皮的不取，阴面丰满阳面萎缩的不取。顶弦的码子则要选枣木或梨木等硬木，同时制作码子也需要十八道工序。

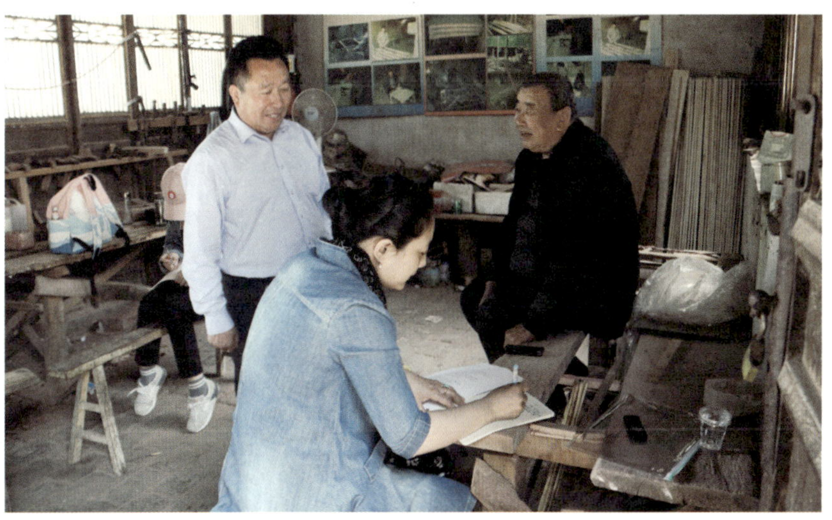

a 正在晾晒的板材

b 水浒好汉城古筝坊的刁庄制筝工具

c 学术团队成员采访非遗传承人刁望河

第二是烤面。截下的板材按顺序码放在砖架上，再通风放置 7 天左右，然后放到炉上烘干。烤面讲究烘烤火候，上炉点火必须得是晴天，只要点着火，烘烤人就不能离开火炉，不能吸烟，不能吃饭，不能小便，即“三不能”。烤炉内的燃料以锯末或者碎木屑为最好，以不见明火，不冒烟为宜。烘烤时由一人守候观察，并随时翻板。一块板大约烤 15–20 个小时，直到完全熟透定性为止。刁庄制筝的烘烤工艺是郓城制筝的秘诀。

第三是刨板。刨刀选用 8 分口平面刨，刨刀露出刨床底约 1 毫米，先由刨工双臂伸直平躺一遍，第一遍的目的是刨净毛茬，标准为手背放到板面上摩擦时觉不出跄肉皮。然后再把刨刀退回半毫米，继续净面，直到刨净的板面用嘴吹可以听到嗞嗞的出气声，才算完成。

第四是散板接缝黏合。接缝黏合只用鱼鳔，不用化工合成胶。鱼鳔的使用方法是，把炮制好的鱼鳔用布包住，先放置锅内，上笼蒸大约 30 分钟，待完全熟透后取出，放到木板上用锤头反复砸，直到砸成白沫状，再晾干，用时再加热熔化。用鱼鳔黏合的散板经久耐用，即便放入水中也不开裂。

第五是安装组合。刁望河介绍，仅组装一项又分为“扣框、串门、上底、镶边、上乐山、粘花、抹泥子、喷漆、上码、上弦、调音”十一道工序。郓城筝是通过榫卯连接方式制作的，各个构件之间严丝合缝，使用古法制作的郓城筝结实耐用、音域宽广、音色纯正，受到古筝名家的青睐。

（三）旅游对于传统制筝的影响

刁庄传统全手工古筝制作是在 20 世纪 80 年代逐渐繁荣起来，这种

a 琴筝清曲古乐社演奏现场

情况一直延续到90年代。由于高自成、赵玉德、韩廷贵、赵登山等古筝大家都是郓城籍，刁庄制筝业一时发展非常红火。郓城筝行销全国各地，还销往美国、日本、新加坡、韩国等国家。20世纪90年代，由于各种原因，古筝制作一度出现萧条。2007年刁庄古筝制作技艺进驻水浒好汉城后，销路状况得到改善，郓城古筝制作技艺在旅游景区再度得到传承。由于旅游经济的影响，郓城古筝制作和销售的形式发生了改变。随着国家非遗保护和人们对于传统民间手工技艺的关注，近年来郓城手工制筝慢慢得到了复苏，在景区里作为一种传统手艺的传承，还成为各地游客了解手工制筝工艺的窗口。相对于机器加工的古筝来说，郓城传统全手工古筝制作仍然保持着选材考究、技艺精准的传统制作工艺，具有无可替代的优势，榫卯结构的郓城古筝更加耐用，鱼鳔制作的胶粘合得更加坚固耐用，音域更加宽广。目前，刁庄手工制筝艺人正在探讨如何创新发展的问题，以克服手工制筝造型上的单一，使古筝制作细节更加美观和精致。随着当前人们艺术品位的提升，传统古筝制作技艺正逐步向更高的水平发展。

二、郓城派山东筝与地方曲艺、戏曲

郓城派山东古筝乐在发展过程中受到了当地戏曲、说唱、民歌和其他器乐的影响，与山东琴书关系十分密切。古筝是山东琴书的主乐器，山东琴书艺人无论乐器和演唱都要非常擅长。往往会唱琴书的艺人，乐器掌握得也很好，能做到一专多能，各种乐器的演奏都可以达到独奏的水平。古筝艺人常利用赶庙会以及冬闲时期在家庭院落、寺庙、地窖等处合乐演出。作为弦索乐的一种类型，古筝乐深受社会各界人士喜爱，是一种雅俗共赏的艺术形式。如今古筝演奏在社区、学校、音乐高考、艺术考级等各个方面得到普及，进入许多寻常百姓家，作为一种重要的艺术文化教育方式普及在当地的音乐教育中。

古筝演奏名家赵登山，8岁时跟随杨安字学习曲艺《道清》；14岁向民间老艺人王登吉学习坠琴，同时向梁衍义学习软弓胡；后来向民间艺术家樊西雨、张应易、李大邦、王邦贵等前辈学习古筝；1950年拜师于赵玉斋先生专攻古筝，1953 年奔赴东北音乐专科学校深造音乐理论并兼习雷琴等。一专多能，这种情况在当地很常见。可见菏泽弦索乐既有自己独特的艺术风格，又表现出和其他民间音乐融合的特点。黎邦荣对郓城派山东筝艺的传播作出了重要贡献。他是郓城县黎同庄一位教书先生，张为昭、黎连俊、张为台、张念胜、樊西雨、黄怀德等山东筝乐演奏家都是他的门生，这一古筝流派影响遍布全国各音乐艺术院校和专业文艺团体。

山东筝曲多为宫调式，从曲目上说包括大板体，即八板体 30 多首古曲，小曲有 200 多首，有多少曲牌都能演奏，还有传统筝曲十大套。如《汉宫秋月》《鸿雁捎书》等。在民间常常用套曲联奏的形式来表现多侧面的音乐形象，如山东派《高山流水》是由《琴韵》《风摆翠竹》《夜静銮铃》《书韵》四首联缀套曲组成，在 20 世纪 50 年代广为流行。此外，由山东琴书的唱腔和曲牌演变而来的《凤翔歌》《叠断桥》等曲牌也非常受欢迎。演奏时，大指使用频繁，以“大指托劈”为主要特色，声韵刚健有力，即令是“花指”，也是以大指连“托”演奏的下花指为多；而左手的吟揉按滑则刚柔并蓄，铿锵深沉，特别讲究“阴、暗、滑、柔”这些技法。山东筝派不花哨，弹好慢曲子比较难，其演奏风格纯朴古雅。

自 2000 年始，为保护山东古筝乐这一古老的传统艺术，菏泽市政府及有关部门给予了大力支持，每年投入资金，专门用于传统筝艺的挖掘整理、资料收集、音像录制、曲谱文字印刷、调演、比赛、进京演出等有关工作和活动。为进一步保护山东古筝乐，菏泽市政府组织制定了五年保护计划，菏泽市非物质文化遗产保护领导小组和市文化局负责监督、检查，市非物质文化遗产保护中心和市艺术馆具体实施。2007 年，继续深入普查，搜集收购民间遗存的曲谱、老筝等实物，走访尚健在的民间艺人，对他们进行抢救性的文字记录、录音录像。2008 年，对已有文字、图片、录音、录像资料进行全面、系统的分类、整理、存档。2009 年举办培训班，聘请菏泽籍在外专家和民间艺人传授山东筝艺，对年轻古筝教师加强培养，使其全面掌握古筝传统曲目和演奏技法。全面开展山东

传统筝艺的普及教学，使山东古筝乐的演奏技法和传统曲目传承下去。2010 年，深入开展山东古筝乐的理论研究工作，并把研究成果编撰成书陆续出版。2011 年，建立包括山东古筝乐在内的菏泽传统文化生态保护村，并对重点艺人进行保护，建立健全有关赛事和奖励机制。

三、古筝与菏泽百姓的生活

古筝与菏泽百姓生活有着不可分割的联系，不仅作为菏泽地方戏曲的必备乐器，还作为一种合奏和独奏乐器进入了当地的百姓家庭。在学校教育方面，古筝作为一种民乐艺术进入高等学府。中央音乐学院、中国音乐学院、台湾艺术大学等高等音乐艺术院校均把山东古筝乐作为教材进行研习。山东古筝乐经常出现在各种舞台上，展现出其旺盛的生命力。它寓意深长的传统曲目、古朴的音韵、纯朴而又有难度的指法，更显示出一定的鉴赏价值，对丰富人民群众的文化生活，增强人们对中华民族优秀传统文化的重视程度，保护我国民间传统艺术，起到了重要的促进作用。

郓城古筝进校园是从 20 世纪 90 年代开始的，当时郓城一中、二中、十八中等四个中学开设了古筝课程，陆续地发展古筝爱好者和学生进入古筝学习的队伍。郓城人刘瑞强在 1989 年创办了“鲁韵古筝艺术学校”，将自己的演奏总结成为教学内容，辅导学生考入厦门大学、四川音乐学院、山东师范大学等知名大学的古筝专业。20 世纪 50 年代开始，全国

a

a 郓城古筝产品

很多音乐院校聘请了山东筝派的民间艺人任教，如山东艺术学院韩庭贵、沈阳音乐学院赵玉斋、西安音乐学院高自成等，他们在传承山东筝派的基础上形成了个人演奏特色，他们教出的学生广泛散布在全国音乐界，在郓城筝派的发展中发挥了重要的作用。

郓城古筝进社区演出形式主要有三种：第一，作为山东琴曲团队的一部分，古筝乐师随团演出；第二，作为合奏的乐器，参加公益活动的演出；第三，作为古筝独奏乐器演出。在社区文化传承和艺术培训方面，古筝由高校教学进入寻常百姓生活，成为一种地方文化教育特色。古筝教师刘瑞强说，从 2015 年开始，培训班在学生班之外还开设了成人班。现在经济条件好了，很多成人甚至是老年人有了闲暇时间，为了提高生活品位会报古筝班来学习。现在郓城古筝在群众中的普及率很高，说明古筝不仅仅是高等殿堂和基础教育的一部分，还发展成为社区文化，丰富了普通百姓的生活。

四、琴筝清曲古乐传承地方特色

琴筝清曲是在明清时期流行于鲁西南地区的艺术形式，它是山东琴书、山东古筝乐、菏泽弦索乐三个国家级非物质文化遗产项目的早期形式，主要分布在郓城、鄄城一带，琴筝清曲音乐丰富，风格古朴典雅，并带有浓郁的地方民间色彩。演唱曲牌有 200 余首，唱段百余个，演奏曲目有十大套曲和 200 余首小板曲。演唱者自操乐器，亦唱亦奏，是一种一专多能的艺术表演形式，常用乐器有古筝、扬琴、琵琶、如意钩、软弓胡、坠琴、擂琴等，被原中国音乐家协会主席吕骥先生称之为“元明诸宫调在民间的遗存”。曲坛名家张军先生称之为“远溯唐宋，近谐乡音，明清俗曲，串珠集珍”，可见其综合性艺术形式的特征。琴筝清曲是多种艺术形式的母体，衍生了山东琴书、山东古筝、菏泽弦索乐、小曲子、软弓胡、擂琴六项国家级和省级非物质文化遗产项目。

琴筝清曲古乐社是 2012 年成立的民办非企群众团体，菏泽地区艺术馆是山东古筝乐和弦索乐的保护单位，其主要职能为挖掘整理传统曲目、唱段，有演出时作为展示平台展示，常在外巡演。从建立乐社以来，

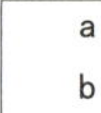

a 国家级非遗代表性传承人刘士福（左）携弟子表演山东琴书
b 弦索乐《乡音和鸣》

2012 年去中央音乐学院演出；2014 年参加中国音乐学院、南京晓庄学院举办的全国首届民间艺术表演；2016 年参加第十一届中国艺术节，在陕西西安演出，随后到四川音乐学院、浙江音乐学院演出；2017 年到台湾艺术大学、台湾世新大学、大同大学进行展演及公演。乐社在继承传统的基础上，进行了许多创新探索。比如，根据山东梆子音乐改编《戏韵》，乐曲以擂琴模仿戏曲旦、生的叫板开始，运用民间特色乐器的音色与个性，生动地演绎了山东梆子生、旦角色的行当声腔，表现了独特的审美韵味。乐社以古筝作为主奏，软弓胡、扬琴、琵琶、如意钩作为协奏,加上当地民间戏曲曲艺素材,所创作的新曲子受到当地老百姓喜爱。此外，琴筝清曲古乐社还经常组织一些公益演出，致力于将这种传统艺术传播到大众群体里去。

山东古筝乐的发展根植于民间，是广大人民群众在生活中创造的艺术形式，与当地人文艺术、语音语调、地方戏曲、曲艺等都有着不可分割的联系。郓城山东派古筝乐与古筝手工制作技艺二者相辅相成，共同创造了山东筝乐的辉煌。当下民众生活条件发生了很大的变化，各地筝派出现了互相交融的特点，无论是古筝演奏还是古筝制作都面临着如何传承发展的问题。这就要求古筝演奏者在演奏技法上既要兼容并蓄又要发掘传统、传承传统，才能够更好地保持竞争力。在古筝制作上，随着人们审美水平不断提高，古筝造型和功能更要跟随现代发展步伐，找准定位，保持特色，形成山东筝品牌文化，推动山东筝演奏的发展。今天，古筝已成为社区文化的一部分，从郓城走出去的古筝名家在天南地北传播着山东古筝文化。作为一方水土的地方文化，郓城古筝已成为当地人凝聚文化自信、建设乡风文明的重要载体。

包楞调从民间小调到大雅之堂

渤海
河
黄海
黄
江
长

山东省

2018年调研菏泽市成武县包楞调艺人

2018年调研菏泽市文化管理部门

成武县位于鲁西南菏泽市的东南部，地处苏、鲁、豫、皖交界地带。“包楞调”是成武传统民歌，发源于担经包楞戏。包楞调唱词内容丰富，格式严密，曲调富有节律感，自挖掘整理出来后，迅速传遍全国，具有很高的学术价值和实用价值，引起了音乐界关注。担经和包楞调两个省级非遗项目结合而成的“担经包楞调”具有表演艺术形式和演唱为一体的特点，受到了人们的喜爱。

一、成武包楞调的产生与演变

包楞调是担经包楞戏中的一首，是担经人唱的小曲。历史上成武县多寺庙，每逢庙会，总有许多中年妇女到寺庙里求神拜佛，以祈求家人平安。当地妇女在拜佛念经的时候挑着扁担，一边放着拜佛用的香火，另一边放着日常使用的物品，以起到平衡的作用。后来，这种挑着扁担的形式，发展成为一边担莲花盆，另一边担着使用布或绢制成的鲤鱼，也有人用手抱起莲花盆，边舞边唱小曲，向进香人化缘，这种一边跳舞一边唱歌念经的形式被称作“担经”。它的唱词内容丰富，有的来自佛经，有的来自孝经或者是民间故事。担经的曲调融合了佛教音乐与本地民歌、戏曲，巧妙地把当地民俗文化和民间音乐杂糅在一起，形成了一种带有方言特色和语调的民间形式。

包楞调作为一种民间小调，最早在担经人之间口口相传，并没有文字资料记载。因此，早期的传承谱系不详。1962 年，县文化馆干部魏传经在农村采集民歌时，遇见了会唱这种小曲的 65 岁老人周金英。经过反复沟通，周金英向魏传经、孙啸天演唱了包楞调，这种由民间艺人口传的包楞调才得以整理传世，并广泛流传。后来，包楞调受到了专业人士的关注，音乐家姚月兰、张瑛、彭丽媛、郑宝华等都曾演唱过包楞调。

a 担经包楞调演出

二、包楞调的特色与传承

作为一种地方传统民歌，包楞调的唱词、唱腔和表演艺术形式具有独特的表现特点。专家们认为，包楞调的问世打破了国外音乐界认为只有欧美才有民间花腔的论断。由于其唱词来源于民间大众，其丰富的曲词内容和思想内涵为学界所关注。不论是曲词表现的文学内涵，还是其曲牌形式，包楞调都具有亟待开发的丰富可能。

（一）包楞调唱词

《包楞调》现存的唱词由魏传经搜集整理，是周金英跟当地说书、唱戏、担经的艺人学来的民间唱词。这是由一首诗发展而来的64段唱词，诗的内容为“晴空明镜，松峰凤鸣，星亭清静，景动风轻”。诗中的每个字按先后顺序演变成四段词，每段由四句组成。第一句末尾是“白楞楞楞”，第二句末尾是“一点红”，第三句末尾是组诗中的字眼，第四句末尾是“紧包楞”。据介绍，“紧包楞”是紧紧相连、永不可分割的意思。

如“清空明镜”一句中“镜”字后的一段词为：

“天上的银河白楞楞楞，织女的头绳一点红，鹊桥通天水如镜，牛郎织女紧包楞。嫦娥奔月白楞楞楞，天女散花一点红，中秋月圆明如镜，星星月亮紧包楞。玉马如生白楞楞楞，马铃的缨缨一点红，金童马背托宝镜，金童玉马紧包楞。少女素装白楞楞楞，指甲拨琴一点红，月夜晴空悬明镜，少女月琴紧包楞。”

由此可以看出包楞调的唱词特点。

又如“星亭清静”中的“静”字后的一段词为：

“光天化日白楞楞楞，花儿朵朵一点红，世无欺心人平静，春夏秋冬紧包楞。诗书画卷白楞楞楞，中了状元一点红，寒窗苦读心安静，苦和甜来紧包楞。关公的大刀白楞楞楞，赤兔战马一点红，闯过五关不平静，又斩蔡阳紧包楞。大江东去白楞楞楞，火烧战船一点红，三国鼎立难平静，争权夺利紧包楞。”

《包楞调》共64段，全词总计2211字，内容之丰富，可谓包罗万象。

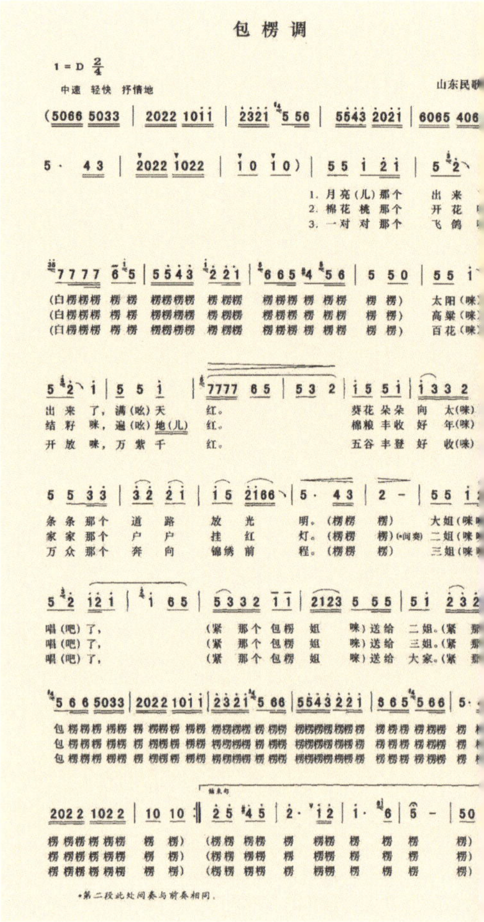

包楞调

1＝D $\frac{2}{4}$

中速 轻快 抒情地

山东民歌

1. 月亮(儿)那个出来了，满(呟)天红。(白楞楞楞 楞 楞 楞楞楞楞 楞 楞楞 楞楞楞 楞 楞楞 楞 楞) 太阳(啋)……葵花朵朵向太(啋)……条条那个道路放光明。(楞楞 楞) 大姐(啋……唱(吧)了，(紧 那个 包楞 姐 啋)送给 二姐。(紧 那……

2. 棉花桃那个开花……结籽啋，遍(呟)地(儿)红。(白楞楞楞 楞 楞 楞楞楞楞 楞 楞楞 楞楞楞 楞 楞楞 楞 楞) 高粱(啋)……棉粮丰收好年(啋)……家家那个户户挂红灯。(楞楞 楞)(*间奏) 二姐(啋……唱(吧)了，(紧 那个 包楞 姐 啋)送给 三姐。(紧 那……

3. 一对对那个飞鸽……开放啋，万紫千红。(白楞楞楞 楞 楞 楞楞楞楞 楞 楞楞 楞楞楞 楞 楞楞 楞 楞) 百花(啋)……五谷丰登好收(啋)……万众那个奔向锦绣前程。(楞楞 楞) 三姐(啋……唱(吧)了，(紧 那个 包楞 姐 啋)送给 大家。(紧 那……

*第二段此处间奏与前奏相同。

a b c
d

a 成武县梁王庙担经场面
b 2018年采访成武担经包楞调现场表演
c “担经包楞调”现场表演
d《包楞调》简谱

它运用借喻的手法巧妙地将眼睛里看到的、脑子里想到的、内心里希望的情景用富有节律的调子唱出来，抒发了劳动人们内心的情感。整个唱词内容涵盖生活中人们耳闻目睹的春夏秋冬、山水花草、日月星辰、君王贤士、才子佳人、天仙神怪、名胜古迹、说教劝诫等，包含了儒道释的义理，曲调脍炙人口。关于包楞调唱词的来源，人们不得而知，但是包楞调唱词内容具有非常重要的文学价值。

（二）包楞调曲调旋律

包楞调作为民间传唱的歌曲，由担经人和民间艺人不断更新、充实、完善，具有独特的风格和浓郁、淳朴的乡土气息，属于民间花腔。它的曲调揉进了抒情乐句，与头尾的花腔形成鲜明的对比，装饰音和滑音运用得非常巧妙，强弱对比惟妙惟肖。花腔干净利落，特别是花腔中的1 $\dot{1}$和5的八度大跳，更反映出了民间音乐的一种泼辣风情。作为民间花腔的代表性民歌，包楞调经常出现在舞台和荧屏上，具有旺盛的生命力。

（三）包楞调的表演特色

担经包楞调是省级非遗项目。担经表演者通常身穿彩衣，担着经挑，前面是鲤鱼后边是花篮，演员边唱边舞。这项古老的民间艺术在菏泽鄄城、成武一代流传较广，在鄄城县的沙土庙会、郭北口庙会和信义庙会上均有表演。它常表现民间故事、民间传说，劝诫人们尊老爱幼，多做善事。

a

a 中央电视台到成武采录本二胡齐奏《包楞调》

序号	姓名	出生时间	身份及工作	备注
1	周金英	1898 年生	自幼学唱民歌和担经	包楞调的传承人（女）发现《包楞调》
2	魏传经	1931 年生	1963 年成武民歌普查	包楞调的曲谱整理者 1963 年首唱《包楞调》（女）
3	孙啸天	1934 年生	成武一中高级教师	1963 年《包楞调》录制了唱片（女）
4	宋慧芳		成武镇二中音乐老师	1964 年《上海之春》音乐会上演唱了《包楞调》（女）
5	姚月兰		山东省民歌会演	解放军总政歌舞团
6	张瑛		山东歌舞团独唱演员	1964 年“上海之春”音乐会上演唱了《包楞调》（女）
7	彭丽媛	1962 年生	解放军总政歌舞团	1980 年参加全国民间民族唱法会演；1982 年，春晚演唱《包楞调》（女）
8	郑宝华			1983 年参加山东省民歌会演

如表所示，《包楞调》最初由魏传经、孙啸天根据周金英演唱改写填词，并记谱整理完成。1963 年 2 月，《包楞调》由成武一中学生宋慧芳学唱，并参加了七县文艺会演。1963 年，由魏传经整理记词、魏传经和县一中音乐教师孙啸天共同整理记谱的成武民歌《包楞调》，发表在中国音乐界权威杂志——《歌曲》第四期上。之后，姚月兰、张瑛、郑宝华等歌手分别在山东省民歌会演和“上海之春”音乐会上演唱了《包楞调》，并由上海唱片厂录制了唱片。1980 年，彭丽媛参加全国民族民间唱法会演，演唱的《包楞调》博得了专家和听众的好评。1982 年，彭丽媛首次在春节联欢晚会上演唱了《包楞调》。此后，彭丽媛随中国艺术团出访北欧六国，把《包楞调》介绍给了世界。多年来，《包楞调》又由吴碧霞等歌唱演员多次在重大文艺活动中演唱。中央音乐学院、中国音乐学院等高等院校已把《包楞调》编入音乐教材；交响乐《包楞调》由中国国家交响乐团演奏，广受好评；古筝曲《包楞调》已被全国民间器乐考级委员会指定为八级曲目。《包楞调》现已由独唱发展为合唱、舞曲、器乐曲、交响乐等艺术形式。

三、担经包楞调的创新模式

《包楞调》是一首具有浓郁地方特色的民间歌曲，随着推广与演变，形成了具有中国民间花腔特色的民族曲调，它作为中国民歌界的一种独特民间音乐形式广泛流传。《包楞调》在《中国民歌》发表以来，还受到了音乐界专业人士的广泛关注，作为一种地方音乐遗产进行多方面的演绎。如今，许多歌手对《包楞调》进行改编，《包楞调》不仅仅作为一首歌曲进行传颂，还被演变成了集舞曲、器乐曲和合唱曲于一体的歌唱题材。各种不同形式的创新发展，为这一传统民间乐曲的发展提供了更加宽广的舞台。包楞调所蕴含的丰富内涵和技法特点仍在不断发掘中，是一种源流不息的母体艺术，有待于更加多样化的深入探讨。

担经与包楞调相结合的表演形式，满足了大众对于表演艺术的需求，这种艺术形式又回归到民间生活中，继续在民众中流传，成为一种地域文化符号。包楞调作为一种从民间担经包楞戏中挖掘出来的民间小调，在不同的音乐艺术领域生根发芽，创新转化成为二胡曲、交响乐，被音乐家们发展提升为花腔高音，在表现形式上进行创新发展和艺术提炼，逐步形成了具有丰富艺术表现力的音乐形式。从民间小调到走向大雅之堂，包楞调的传承体现出其自身发展的特性。包楞调体现了担经人丰富的生活经验和在历史长河中的文化积淀，其丰富的文化内容是取之不竭的宝藏，具有深刻的文化价值。

a 古筝曲《包楞调》被定为全国考级八级曲目
b 演员深情演绎菏泽民调《包楞调》

四平八稳花鼓腔四平调

渤海
黄河
黄海
海
长江

山东省

2018年调研菏泽成武县四平调演出团体

2018年调研菏泽市文化管理部门

在苏、鲁、豫、皖交界地带，悠久的历史孕育了丰富绚丽的民间文化，四平调就是其中之一。四平调是由旧时流行于四省接壤地的一种民间说唱艺术“花鼓”发展而来的。它的主要曲调由花鼓“平调”发展衍变而成，曲调四平八稳，四句一平，因而得名。四平调剧种流行于山东成武、金乡、曹县、单县，江苏沛县、丰县、徐州，安徽砀山，河南的商丘、范县、长垣及河北南苑、丘县、大名和山陕部分县市。

一、豫东花鼓与四平调

豫东花鼓与四平调之间存在深厚的渊源。“花鼓”是流行于苏、鲁、豫、皖四省接壤地带的一种古老的说唱艺术，旧时以撂地演唱的形式深受地方群众喜爱。1930 年，艺人们在济南将“花鼓”搬上舞台，其间名称变化多样，曾称过“山东干砸梆”“山东老调”“山东老梆子”等。四平调由花鼓演变而成，形成于 20 世纪 40 年代。1943 年—1945 年，以甄友明、邹玉振为首的两个班社进行了“花鼓”加弦乐伴奏的尝试，以平板为基础，吸收豫剧、评剧、京剧的长处，将《花庭会》《陈三两爬堂》作为脚本试验演出，形成了四平调的雏形。

a 2011 年 11 月四平调《李文忠征北》演出剧照
b 成武县百合演唱团演出

中华人民共和国成立后，在党的“百花齐放、百家争鸣”方针指引下，四平调获得了很好的发展。1956 年，商丘市四平调剧团排演的《陈三两爬堂》在河南省首届戏曲会演中荣获表演一等奖，极大地增加了该剧种在豫、鲁、苏、皖的影响。成武县四平调剧团的前身是河南省柘城县新生剧社，成立于 1950 年。经成武县与柘城县协商，该剧团于 1952 年划归成武县，便更名为成武县工农剧社。甄友明为第一任团长，张旭为剧团第一任指导员。1960 年，该团改称为成武县四平调剧团。除成武外，当时山东曹县、单县、鄄城、范县（1964 年划归河南），江苏的丰县、沛县、徐州，安徽的砀山，河南的商丘、长垣、清丰，河北的丘县、大名等地，也相继成立了专业四平调剧团，最多时达到三十多个，活动范围遍及苏、鲁、豫、皖及冀、陕、晋等地。

四平调剧种发展中涌现了甄友明、邹玉振、王汉臣、王桂芳、王世君、胡世君、刘玉芝、冯守君、周庆泰、邹爱琴、李桂荣、王凤云、拜金荣等一批优秀演员，在广大戏迷中享有盛名，深受人民群众喜爱。四平调剧团在“文革”时期全部被撤销。1978 年，山东成武、金乡，河南的商丘、长垣恢复了四平调专业剧团。十一届三中全会以后，四平调发展进入一个新时期，这个剧种的发展达到高潮。1980 年，山东、河南、江苏、安徽的四平调研究专家在河南商丘召开四平调音乐座谈会，共同研究四平调剧种存在的问题，确立了四平调各类板式名称，议定了剧种的发展方向，并在山东代表刘犟、朱广英的倡议下，成立了四平调音乐学会。20 世纪 90 年代，四平调剧种受到电影、电视等新媒体的冲击，许多演员下海经商或从事了其他行业，剧种的发展走向低谷。21 世纪初，河南商丘、长垣、范县，山东金乡等地很多四平调剧团处于瘫痪状态，甚至被撤销，只有成武县四平调剧团常年坚持演出。2006 年成武四平调入选山东省非遗保护项目，2009 年入选国家级非遗保护项目，王凤云被评为四平调国家级非遗项目代表性传承人。成武县四平调剧团还聘请了商丘市四平调演员拜金荣、金乡四平调演员苏献芹，编排了《弯弯鸳鸯河》《玉桃恨》《春暖梨花》《情满人间》等一批优秀剧目，跑河南，下河北，到安徽、江苏等地演出，深受当地广大群众的喜爱，进一步扩大了剧种的影响。

四平调庄户剧团主要由各村文艺爱好者、农村文化经营户、非物质文化传承人等人士组成，自编自演，节目多以感化和教育为主，表现形式贴近民众生活。成武县白浮图镇百合演唱团就是一个庄户剧团，团里有 25 个演员，团长为侯照银，平时演员们从事农业生产，每逢有演出的时候就聚集到一起。这个剧团是 2004 年建起来的，每年在全镇各村演出 100 多场次。庄户剧团的收入很微薄，多数演员都是靠着爱好在坚持，希望能把这个剧种传承下去。

按照地方政府公共文化服务要求，“丰富群众文化生活，推进乡村文明建设”，每个行政村一年一场戏，专业剧团难以完成所有演出任务，成武县文广新局就邀请四平调庄户剧团参与“送戏下乡”演出活动，庄户剧团的演员都是本镇的人，所以费用相对会较低。

a 成武县四平调剧团送戏下乡演出剧目《泪洒相思地》

b 王凤云与小学员在山东电视台演出《裴秀英》选段

二、四平调唱腔特点与审美内涵

四平调是在吸收花鼓艺术的基础上，不断融合其他剧种的优点逐步创新发展的，形成了独特的唱腔特点和审美特征。之所以四平调受到民众的广泛喜爱，与花鼓艺术的文化基础和演员们不断传承创新有着不可分割的关系。无论是加入弦子以后逐渐丰富乐器伴奏形成的音乐美，还是融入地方语音语调的声腔之美，丰富的内容题材和不断提高的造型美，都为四平调发展增添了更为深厚的审美内涵。

四平调以花鼓平调为基础，吸收了评剧、豫剧、京剧的营养，经过实践，派生出不同板式，主要有“平”“直”“念”“散”四种声腔板式。“平板”包括平板、慢平板、反平板、快平板、货郎调、娃娃等板式，是四平调唱腔音乐中的基本曲调，一板一眼，2/4 节拍，闪起板落。唱词由起、承、转、合四句体组合而成，以十字句和七字句对偶居多，一般不要求过于规范。“直板”包括直板、直板垛腔、直板哭腔等板式。演唱中等速度，有板无眼，以平板曲调为基础，也是起、承、转、合四句体结构，多表现豪迈奔放、刚直雄壮、悲愤哀沉等感情，是一种表现力很强的声腔系统。“念板”有“紧打慢唱”之说，包括念板、念板哭腔、念板垛腔等板式。演唱有板无眼，由平板唱腔发展而来，说唱性很强，多表现激昂愤慨、

a 成武县汶上镇四平调《借闺女》演出剧照

紧张急切、悲愤欲绝、欢快活泼等情感。其唱词以七字上下句为宜。“散板”包括散板、引腔、叫板起腔、 散板哭腔等板式，以花鼓的“迷子”为基础，无板无眼，节奏自由。多表现悲哀沉痛、沉思哀叹、忧伤疼痛、悲喜交集等情感。因它不受节奏的制约及过门音乐的限制，所以曲调的发展变化要求更加自然、真切。

四平调的演奏乐器包括文场乐器和武场乐器两种搭配形式。文场乐器主奏乐器是高胡，为使演员的演唱趋向自然、流畅，将定调从降 B 降为 A 调。拉内弦时，弓杆同时将外弦擦响，形成一个纯五度和弦，形成四平调独特的风格。其他乐器有扬琴、三弦、唢呐、竹笛、笙、坠胡、二胡、月琴、琵琶、中胡、小提琴、大提琴、单簧管、大管、小号、圆号、长号等。武场乐器使用板鼓、堂鼓、大鼓、大锣、手镲、小锣、碰铃、木鱼、低音锣、大铙、大镲等。

四平调的器乐分为吹奏乐和丝弦曲两种主要形式。吹奏乐即唢呐曲牌，多用于起兵、迎宾、修书、舞蹈等处。常见曲牌有点绛唇、三枪、马扬欢、打老虎、四大锣、娃娃、砍头序、辕门鼓、落马令、吹牌、欠场、唢呐皮、尾声、金鼓吹、猎舞等。丝弦曲有普天乐、风摇柳、望宫、清闲游、临江楼、喜洋洋、苦相思、扯红绫、巧梳妆、赶鸡娃、广寒宫、步步坎、斗蝎子、猪拱泥、小牵牛、美平调、羊喜草等。

四平调剧目多为反映男女爱情、家庭伦理的“三小戏”，即小生、小旦、

a 四平调伴奏乐器

a

a 王凤云为小学生讲解四平调唱腔

小丑，以花鼓为基础搬上舞台演出后，又借鉴了一些小说、鼓词，改编成连台本戏。后又移植和编写了部分现代戏，剧目有二百余出，分为传统剧目、连台本戏和现代剧目三种类型，题材涵括神话故事、道德伦理、男女爱情、民间传说和历史故事。剧目故事教育人们崇尚正义、向往美好、惩恶扬善，弘扬真善美，传播正能量，在当前社会生活中具有教育意义。四平调常演的传统剧目有《陈三两爬堂》《小借年》等50余出；连台本戏有《访昆山》《蜜蜂记》《白玉楼》《杨家将》等20余出；现代剧目有《白毛女》《小二黑结婚》《春暖梨花》等20余出。

四平调演出剧目统计如下：

传统剧目：《宝莲灯》《杜京郎寻父》《贾宝莲拐马》《鞭打红桥》《断双钉》《琵琶词》《太行山》《姜司打药》《马家寨》《老少换》《乾隆私访》《马棚》《鲤鱼精打水》《马前泼水》《刘廷玉赶考》《秦雪梅》《骂鸡》《刘秀封宫》《清宫断》《西岐州》《汾河湾》《刘芳福借银》《小二门》《小井台》《访江南》《罗鞋记》《小南京》《梁祝》《访冀州》《访昆山》《吕蒙正赶斋》《小姑贤》《家春院》《高文举赶考》《许仕林祭塔》《铡美案》《打蛮船》《赶三关》《站花墙》《人劈棺》《跪寒桥》《张荣贵赶考》《大隔帘》《捆被套》《张大郎休妻》《钓金龟》《何文秀私访》《红灯记》《张美蓉进京》《朱买臣休妻》《王定保借当》《陈三两爬堂》《王汉喜借年》《小书馆》《于秀英求情》《紫金镯》《玉环记》《彩楼记》《私访李月英》《四宝珠》《三元会》《三打苏凤英》《三告李彦明》《安郎送米》《夜祭》《杨二舍化缘》《吴汉杀妻》《王林休妻》《武家坡》。

连台本戏：《访昆山》《蜜蜂记》《金镯玉环记》《空棺记》《白玉楼》《巧连珠》《巧奇冤》《丝绒记》《清官断》《孟丽君》《玉剑缘》《金鞭记》《千里驹》《紫金镯》《迴龙传》《大红袍》《杨家将》。

现代剧目：《白毛女》《小二黑结婚》《王贵与李香香》《三世仇》《夺印》《八一风暴》《智取威虎山》《沙家浜》《红灯记》，自编的《英雄母亲》《战羊山》《湖上红莲》《谢媒人》《小团圆》《谁当家》《三把镰》《春暖梨花》《情满人间》。

花鼓时期的剧目：《樊梨花点兵》《金秀英点仙庄》《李玉良赶考》《崔花庆下书》《秦琼回家》。

其他剧目有：《游西湖》《许仙游湖》《司马懿扒墓》《通之口》《李存孝打虎》《潘金莲拾麦子》《吴香女观花》《诸葛亮借箭》《贤良女劝丈夫》《王二姐劝母》《小如意卖货》《货郎担》《张良辞朝》《古城会》《偷诗》《割肝孝母》《白海棠》《岳飞出世》《樊江关》《黑驴段》《锏打宫门》《秦琼》《唐王探病》《小两口争灯》《谭香女哭瓜》。

作为一种新剧种，四平调的脸谱通常借鉴其他剧种来绘制，有“红脸”、“黑脸”、“白脸”、“二花脸”、“小花脸”及其他“勾脸”的脸谱类型。四平调的表演程式与其他传统戏曲一样，有生、旦、净、丑行当的差别。生行有红脸、净面文生、架子生、袖生、武生；旦行有青衣、红衣、闺门旦、老旦、丑旦；净行有大花脸、二花脸；末行称白胡、老外或外脚，已归入生行；丑行有文丑、武丑。旦行讲究“青衣走，大甩手；小旦走，风摆柳”。再如“推圈”，各个行当“出手”推合的具体要求是花脸与眼齐、小生与嘴齐、旦角齐胸、小丑单指等表演技巧。四平调表演吸收其他戏剧表演形式，不断丰富表演内容，随着人们审美品位变化不断创新融合，无论题材形式还是表演技法，都受到民众的喜爱。

三、四平调的传承与出新

成武四平调有专业剧团，也有庄户剧团，深受当地民众喜爱。2011年各地剧团改革时，菏泽市出台政策，每个剧团编制是 40 人，纳入财政支出。在文广新局指导下，四平调剧团根据地方特色编写剧本，创作了一批与现实生活有关系的剧目，以满足人们日益增长的审美文化需求。新排练的《三子争父》《小姑闲》和《小姑姑闲》获得了观众的好评。成武还是伯乐的故里，剧团克服资金困难编排了新戏《伯乐传奇》，聘请四平调剧团退休的资深编剧编排新剧，发挥了剧团文化宣传作用。四平调剧团还在社区文化广场举办演出活动，通过送戏进城增加民众对剧种的认知度，弘扬积极向上的精神面貌。

a

a 成武县百合演唱团（庄户剧团）表演

四平调虽然是一个年轻剧种，但却显示了强大的生命力。通过几代艺人的实践和创新，逐渐形成了自己的艺术特色。据王凤云老师介绍，早期四平调唱腔，四句一喝，六句一喝，一个快板一个慢板，板式比较单一。经过发展，四平调唱词增加了大慢板、平板、快板、锣鼓冲、散板等板式，表现方式更加灵活了。戏曲创新要追求声腔优美，只有观众觉得好听，才能够流传下去。由于脱胎于花鼓说唱艺术，四平调尤其注重吐词清晰，一字一句地送到观众的耳朵里。比起大平调等其他梆子腔戏，四平调的曲调没有大幅度的起伏，其四平八稳的唱腔形式，别具一格。

成武四平调剧团采取“请进来，送出去”的方法，邀请国内名家和资深老艺人提供艺术指导，打磨唱腔，提高演艺水平；同时，通过与菏泽艺校等高校的合作培养了一批年轻艺人。通过不断吸收兄弟剧种的表演艺术优势和长期舞台演出实践，形成了该剧种武戏粗犷豪放、文戏细腻典雅的独特艺术风格。四平调不但能演行当齐全的《梁山将》《戚继光斩子》，还能演出《四杰村》《拿高登》《闹天宫》《三岔口》《武松打虎》等高难度的武戏、身段戏。成武县文广新局汪雁征局长介绍，每年麦收前是比较集中的“文化惠民”演出时间，过了这段时间演员主要是集中排练新戏，进行创新的尝试，近几年剧团基本上每年都能推出两到三部新戏。

历史上有很多剧种在外部环境发生改变的情况下，因为没有听众和市场而消亡。成武四平调剧团之所以能够在时代的大潮中存活下来并得到了持续发展，一方面是地方文化部门重视，另一方面还是艺人们不断创新的结果。当前人们生活水平有了很大的提高，生活娱乐方式也发生了很多变化，四平调只有在发展中以更加符合人们艺术审美的姿态改革创新，才能够获得更加持续的发展。

大平调的前世今生

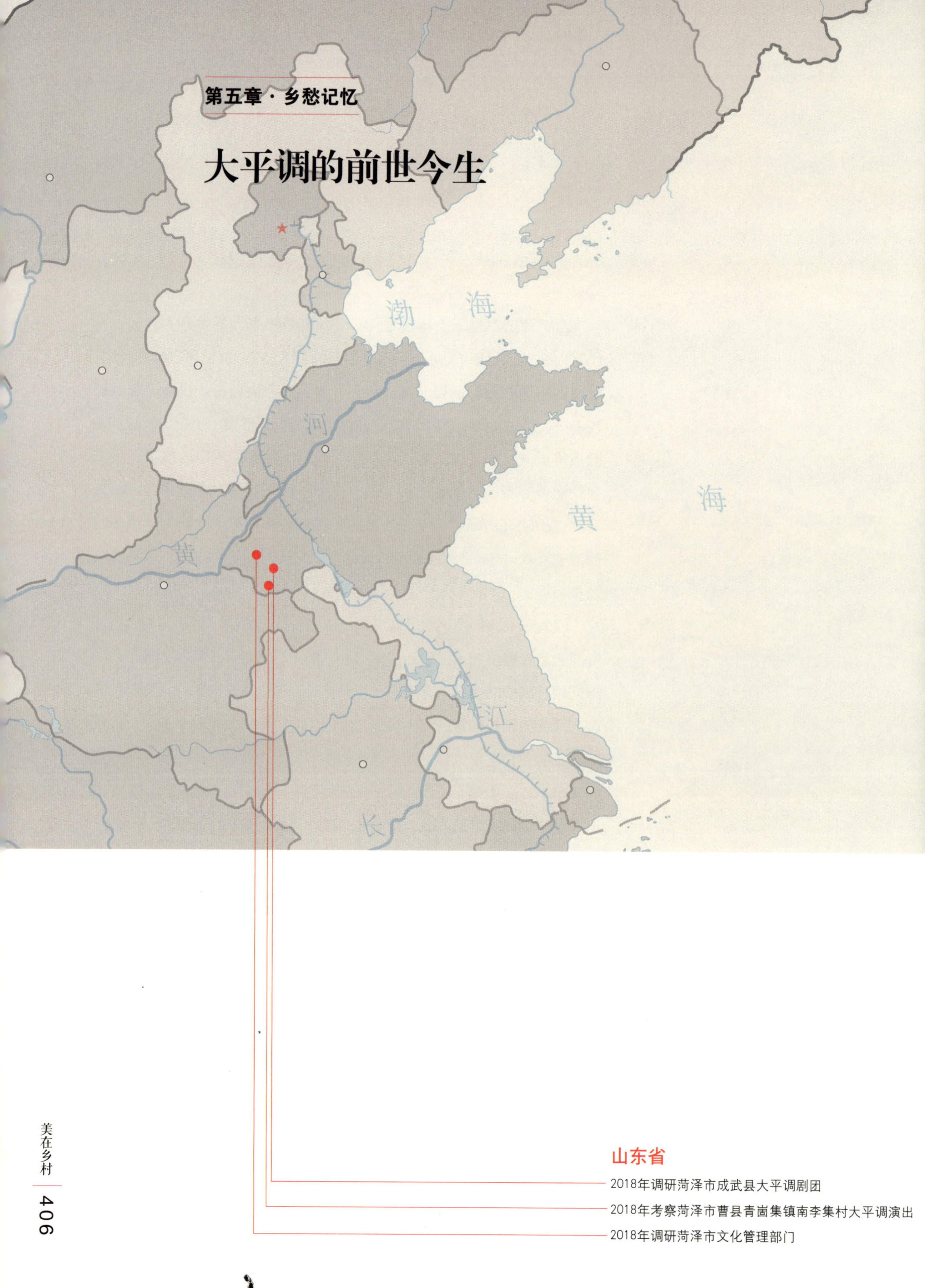
渤 海
河
黄 海
黄
江
长
山东省
2018年调研菏泽市成武县大平调剧团
2018年考察菏泽市曹县青崮集镇南李集村大平调演出
2018年调研菏泽市文化管理部门

大平调本名平调，属于梆子声腔系统的地方大戏剧种。由于它的定弦、唱腔比当地流行的山东梆子、豫剧、河北梆子等梆子戏音调都低，故称平调或大平调。又因其击节的梆子规格特别大，又被民众称为“大梆戏”或“大油梆”，现今通称大平调。大平调主要流行于以菏泽东明县为中心的冀、鲁、豫、苏、皖五省相临近地区，西到郑州，南到亳州，北到大名、磁州，东到济宁、兖州等地，演出范围号称“五省八州”。目前，菏泽大平调专业剧团有两个，牡丹区大平调剧团和东明县大平调剧团。成武大平调剧团则是菏泽唯一一家获得国家非物质文化遗产项目传承单位的民营剧团。

一、大平调的渊源与发展

据文字记载，大平调已有五百余年的历史。关于大平调的起源有两种说法：其一是由木偶戏或皮影戏演化而成，因此其唱腔、上场式、下场式、亮相等带有木偶戏的痕迹；其二是由高调梆子或武安平调发展而来，河南大梆戏流入东明，吸收当地戏曲表演形式而形成。大平调的起源可追溯到明代。据1497年河南滑县《滑台重修明福寺碑记》记载：“以上布施，除修葺佛塔外，敬献大梆戏、大弦戏各一台。”河南滑县还发现了一份1659年“大兴班”大平调演出合同。清朝末年，菏泽地区有名的大平调班社有东明县包其营的“三鳖肚”班、曹县袁家班、菏泽县尤家班和彭堂天兴班。艺人中流传着“七东八西莫乱窜，曹州还有四个班”的说法。1830年前后，菏泽县衙的马班、步班、快班三班总管李玲秀和安兴镇艺人魏守法，成立了职业班社“双盛班”。之后，又出现了东明县东明集的耿发深班、曹县的袁豁子班、菏泽县尤保田的德盛班。中华人民共和国成立后，菏泽、东明、成武、梁山等县成立了大平调专业剧团。20世纪60年代初进行了院团调整合并，“文革”初期全部取消。改革开放后，东明、菏泽又恢复了大平调剧团。大平调分为河东平、东路平、

a 东明县平调剧团演出
b 成武县大平调演出现场

西路平三大流派，东明大平调属于河东平一派。

大平调的唱腔与山东梆子大体相同，属板腔体，唱词结构为上下句式，以七字句和十字句为主，也有数字不等的长短句唱词，男女同宫同调，都是七声音阶徵调式。唱腔的基本板式分为正板、慢板、二八板、流水板、三板、起板、金钩挂、散板等 30 多个板式及辅助板。大平调演唱声韵基础属于汉语北方方言语言范畴，在山东、河南方言中归属“鲁西”“豫东”语言片区，以东明、菏泽、长垣、濮阳、滑县一代为基础语音。女声唱腔优美抒情，男声唱腔朴实刚劲，多用真嗓。大平调的特殊唱腔是“讴腔”，在吸气时发音可以长达十几秒，是大平调的一大特色。

大平调使用的主要乐器包括文场和武场两大类，文场乐器有大弦（八角月琴）、二弦（短杆皮弦二胡）、三弦（钢弦），俗称“老三把”。武场除一般锣鼓外，还有四大扇（大铙、大钹各两扇）、尖子号等，多用于主要角色出场和战斗场面，以烘托角色的威风，当地有歌谣“四大扇、尖子号，论听还是大平调”。大平调的音乐唱腔吸收了其他剧种的精华，曲调行腔委婉动听、高亢明亮。

大平调艺人善于用表演来彰显不同人物的性格身份特征。尥腿、推圈、抄脸、外摆连儿都是大平调的独特表演程式。此外，还有翎子、甩发、髯口、水袖等技巧程式。大平调的练功吸收了京剧的动作程式，角色分生、旦、净、末、丑。大平调的曲牌有大金钱、小金钱、水上漂、滚龙珠、五字开门等 100 多个曲牌，还有朝元歌、紫金杯、嗦咯皮等 30 多个笛牌，开场锣鼓俗称“打闹台”。

a《梁祝》演出剧照
b《三进士》演出剧照

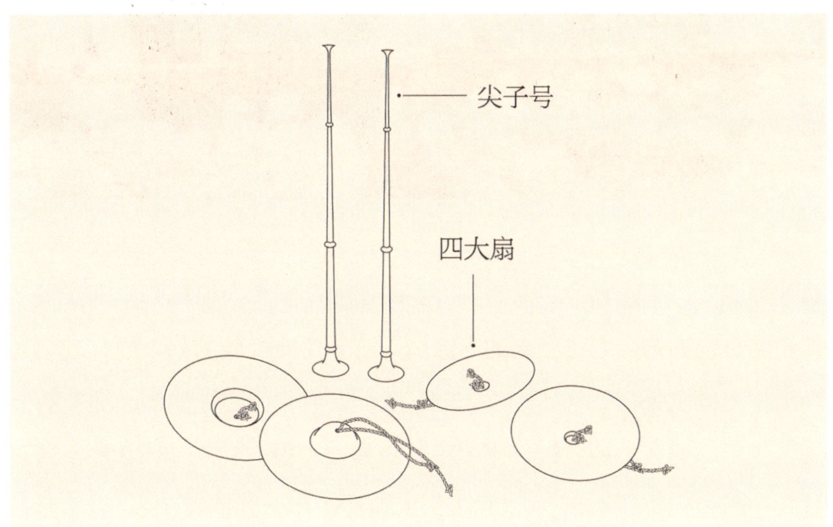

a 尖子号和四大扇

大平调经常上演的剧目有140多种，多数是根据《东周列国志》《三国演义》《包公案》《杨家将》等古典演义小说改编而成，部分取材于民间传说、历史故事，演绎帝王将相、英雄豪杰的事迹。黑脸、红脸、花脸戏多，武打戏多，袍带戏多。主要剧目有《百花亭》《无水关》《铡美案》《铡赵土》《铡梁友辉》《铡郭槐》《战洛阳》《哭头》《陈平打朝》《盗卷宗》《白玉杯》《收邳彤》《栖梧山》《盘坡》《大登殿》《困河东》《李炳下江南》《雷振海征北》《对金抓》《闯幽州》《无盐探地穴》《双龙剑》《汤文明私访》《辕门斩子》《东昌府》《打门楼》《无头案》《琥珀珠》《胡奎卖人头》《反洪山》《游四门》《打面缸》《下河关》《禅宇寺》《阴阳扇》《胭脂配》《徐策跑城》《徐林造反》《晋阳关》等50余出戏，其中《二打金枝》《滚鼓山》《楚王灭夏》《弑朝篡》是大平调独有的剧目。

二、大平调专业剧团的发展模式

东明县大平调的前身是菏泽县彭堂“天兴班”。1930年，由刘西魁、牛良材掌班，在东明人支悦刚的资助下开始演出。刘天成掌班后改称“天成班”。1948年，“天成班”经冀鲁豫军区登记，改名“利民剧社”。中华人民共和国成立后，河南省东明县人民政府将剧团命名为“东明县

新艺剧团”，后改名为“东明县大平调剧团”至今。该剧团出现了很多著名演员，如艺名为花脸虎的申德高，艺名为麻红脸的刘天成，艺名为小黑牛的郭盛高，等等。1968 年 12 月，大平调剧团被撤销，演员有些去了工厂，有些下放农村，剧团服装道具被焚毁。1975 年 10 月，东明县政府恢复大平调剧团。1978 年，东明县在社会上招收了 50 名学生，成立了东明县大平调戏曲培训班，校址在东明县大平调剧团院内，学制三年。1981 年，东明县在戏训班的基础上，组建了东明县大平调二团，1985 年，为贯彻每个县保留一个专业剧团的国家政策，两个剧团合并为东明县大平调剧团。2009 年，东明县大平调入选国家级非物质文化遗产保护名录。

现在的东明县大平调剧团属于国家财政拨款的专业院团。全团有 40 多人，多数演员年龄在 50 岁左右。近些年招收的学员是与菏泽学院联合培养的学生，刚刚实行了不到三年的时间，效果如何还要进一步探讨。过去大平调演员培训是随团学习的，年轻艺人跟着老师在剧团里边学习边参演，现在由于经济条件的限制，很多父母不愿意孩子从事演戏这个职业，所以在剧团里通过招收学徒的方法培养演员变得非常困难。由于待遇问题，即便是招来学员，体制外能够留下的演员人数也非常少。

菏泽县于 1957 年成立了大平调专业剧团。20 世纪 60 年代初，大平调剧团进行调整合并。“文革”期间所有剧团被砍掉。1978 年，菏泽县恢复了大平调剧团。1980 年，剧团组织培训了一批新学员，为期三年。1985 年，剧团升级为菏泽市大平调剧团。2001 年，更名为牡丹区大平调剧团。2006 年，牡丹区大平调入选省级非物质文化遗产名录，2008 年入选国家级非物质文化遗产保护名录。2012 年，剧团改名为牡丹区大

a

a 成武县大平调剧团在曹县青崮集镇南李集村演出现场

平调非遗保护传承中心，成为国家全额拨款的事业单位。目前牡丹区大平调剧团有 40 余名演员，多数为年龄在 50 岁左右的中年演员。年轻演员人数较少，但多数受过专业教育，目前剧团演员青黄不接的问题较为突出。

三、大平调庄户剧团生存状态

成武县大平调剧团是鲁西南地区具有代表性的大平调庄户剧团。1940 年初，成武县成立大平调班社。1948 年归属成武县人民政府，定名为新艺剧社。1955 年更名为成武县大平调剧团，1960 年 3 月，剧团撤销，演职人员大多回乡务农。在那个特殊的年代，两代艺人都没有把唱功丢下。牛现争说，祖父以及父亲两代人将原剧团人员组织在一起，在“文革”末期农闲时节组团演出，至 1980 年正式组建成武大平调剧团，开始了自负盈亏的商业化运营发展。成武大平调剧团于 2009 年入选省级非物质文化遗产保护名录；2011 年，入选国家级非物质文化遗产名录。

成武县大平调庄户剧团目前有 38 人，演员有 20 多人，年龄多在 48–55 岁之间。最年轻的演员宋志祥 23 岁，是唱红脸名角马德良的徒弟。据剧团业务团长马德良介绍，剧团每年唱戏 500 余场，演出地域北到河北邯郸、聊城，南到河南信阳、商丘，西到河南濮阳。虽然剧团演出能够获得文体局一部分补贴，但不能像国有剧团那样获得方方面面的支持保障。团里演员仍是唱一天戏有一天的收入，唱完戏回家继续种地。近年来，县文体局、文化馆相关部门在业务和资金方面对大平调剧团加大了支持，使得剧团整体演出质量有很大的提高，并形成了一定的知名度。对于剧团来说，缺少年轻演员是目前剧团发展面临的主要问题。团长牛现争介绍，自他 1995 年接手成武大平调剧团以来，剧团在唱腔、音乐、

a 成武县大平调戏服
b 成武县大平调演员

舞美、表演等方面进行了革新，服装、灯光、音响等设备也曾多次更新换代，但是培养的二十多名年轻演员绝大多数离开了剧团。

四、大平调的传承与发展

鲁西南一带，自古就有每逢重大节日和祭祀活动请大戏的习俗。大平调是一种凝聚地方文化、凝聚村民关系的纽带。如今大平调剧团文化惠民活动在农村舞台和城市广场演出，丰富了群众的文化生活，在现代生活中延续了传统文化生活基因。为了更好地留住年轻人，使这种非物质文化遗产有“传”有“承”，当地剧团和文化部门在教育方式和传承途径方面与高校、与企业等进行了多方面的探索，以保证这种民间艺术形式可以传承下去并且发扬光大。

无庙不成村，村落庙会往往具有诸多文化功能。曹县青崮集镇南李集关帝庙庙会，由村民共同集资邀请戏班子演出。这种群体关系的维系，是由当地的“会首”统筹张罗的。他们负责沟通剧团演出剧目和主题内容，有针对性地进行演出。在戏曲影响下，乡村形成了和谐共处、敬睦四邻的文化氛围。乡村戏迷多数是老年人，有些中年人陪伴老年人来观看演出，年轻人由于白天工作谋生，晚上才有时间观看演出。总体来说，大平调

a

a 曹县青崮集镇南李集村庙会聚精会神看戏的村民

的观众群体具有老龄化的倾向。

大平调专业剧团是政府“送戏下乡”文化惠民活动的重要参与者。当地公共文化服务政策是每年每个行政村演出一场戏，在专业剧团演不完的情况下，还会邀请庄户剧团演出。成武县大平调剧团是发展较好的庄户剧团，参与这项工作后，每年能够获得大约 60 万的演出补助。其他庄户剧团一个剧团 20 多名演职人员，文体局以每场 500 到 1000 元的标准补贴他们在附近的乡村演出。2015 年 1 月，成武大平调剧团还参与了菏泽首届民营剧团调演。在菏泽梨园剧场，成武大平调剧团演出了家喻户晓的传统剧目《下河东》，受到了戏迷的广泛欢迎。大平调剧团进城演出，提高了民众对传统文化的认知，培养了不同年龄层次的观众群体。近年来，为了培养大平调年轻演员，东明大平调剧团与菏泽艺校进行合作，招收了一批 13 岁到 19 岁的学员学习大平调，毕业以后到剧团工作。

作为一种民间戏曲，大平调承载着菏泽这片土地的生存方式和历史文化印象，蕴含了民众的家国情怀、正义与坚守，是老百姓多年来创造并活态传承的本源文化形式，具有引导价值观、传播正能量的作用，在文化传承中发挥着凝聚、淳化民风的作用。当前不论是专业剧团还是庄户剧团，大平调的受众还是以农村中老年观众为主，存在培养新人难、观众结构老龄化、排演新戏难和宣传途径单一的问题。在演出方面，除了送戏下乡、送戏进城，还可以送戏进企业、学校，扩大演出的受众面。在互联网传播方面，可以在微博、微信、网站、论坛建立信息共享平台，使艺人与艺人之间、艺人与观众之间、艺人与企业之间建立行之有效的联络，资源共享，将大平调戏曲公共资源转化为文化传承的公共平台，促进大平调的传承、传播和宣传。目前，东明县热爱大平调的演员和群众，自发组建了大平调微信交流群，发布演出计划和演出视频，吸引了国内外大平调爱好者的参与，无形中形成了一种文化共生体，实现了大平调在现代社会空间中的传承发展。

a

a 曹县青崮集镇南李集关帝庙

第五章·乡愁记忆

乡音里的梆子腔

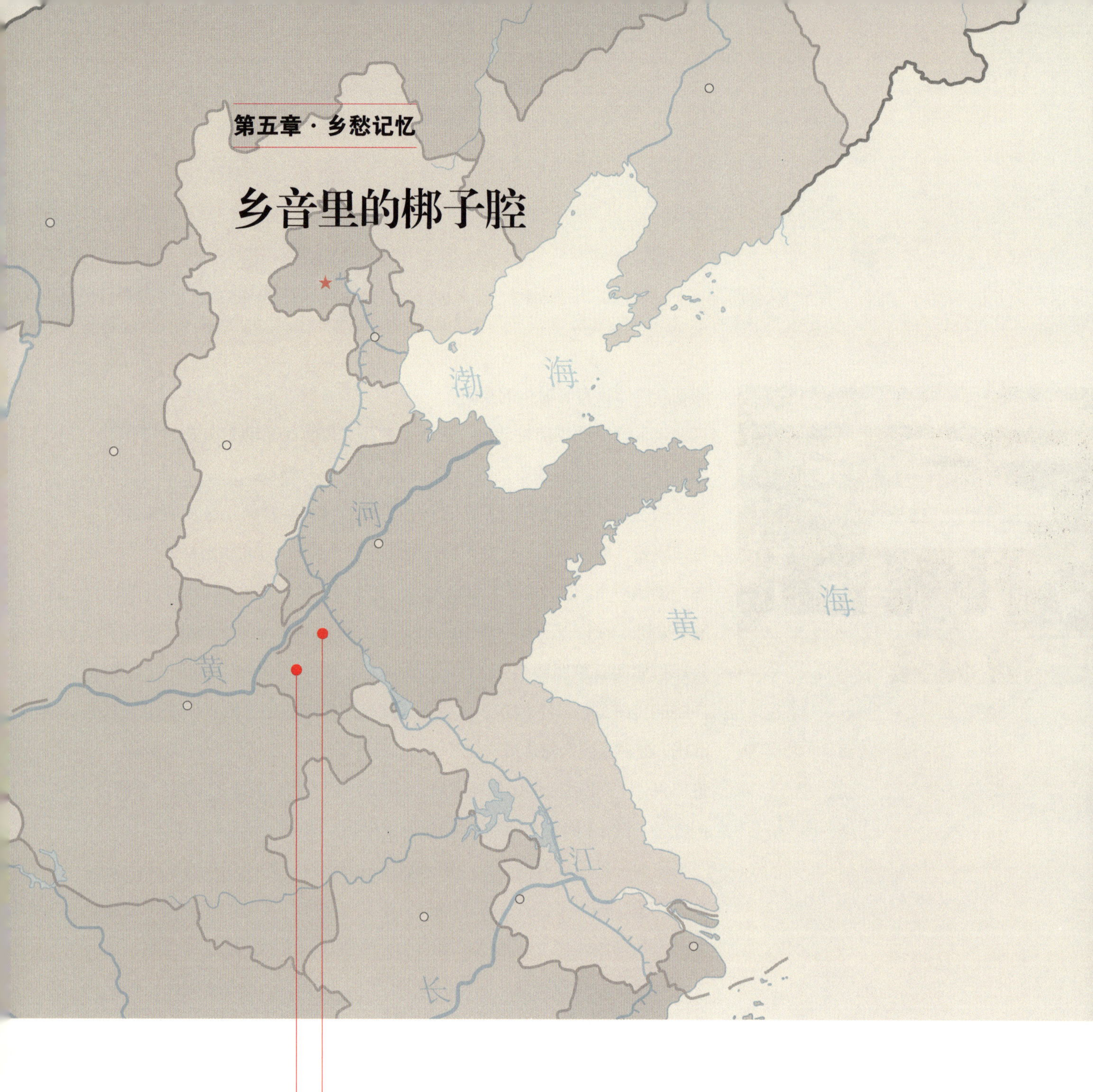

山东省

2018年调研菏泽市郓城县杨庄集镇陈屯村山东梆子剧团演出状况

2018年调研菏泽市地方戏曲传承研究院山东梆子剧团运营状况

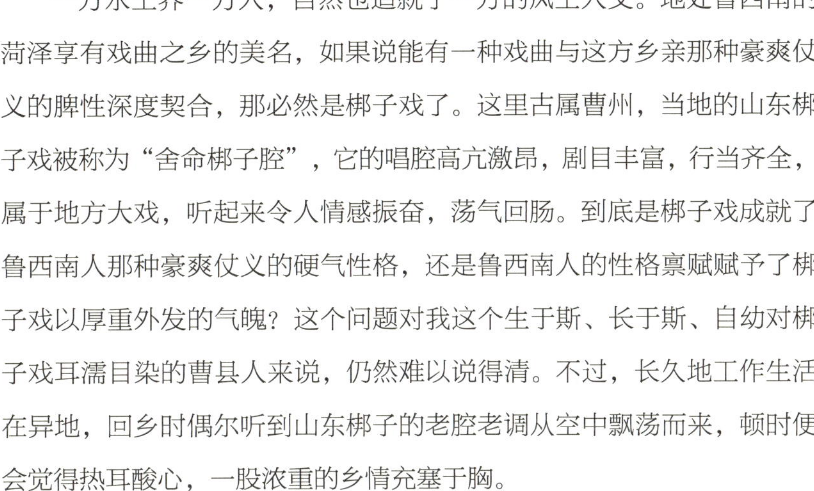

一方水土养一方人，自然也造就了一方的风土人文。地处鲁西南的菏泽享有戏曲之乡的美名，如果说能有一种戏曲与这方乡亲那种豪爽仗义的脾性深度契合，那必然是梆子戏了。这里古属曹州，当地的山东梆子戏被称为“舍命梆子腔”，它的唱腔高亢激昂，剧目丰富，行当齐全，属于地方大戏，听起来令人情感振奋，荡气回肠。到底是梆子戏成就了鲁西南人那种豪爽仗义的硬气性格，还是鲁西南人的性格禀赋赋予了梆子戏以厚重外发的气魄？这个问题对我这个生于斯、长于斯、自幼对梆子戏耳濡目染的曹县人来说，仍然难以说得清。不过，长久地工作生活在异地，回乡时偶尔听到山东梆子的老腔老调从空中飘荡而来，顿时便会觉得热耳酸心，一股浓重的乡情充塞于胸。

一、慷慨激昂的梆子腔

高亢激越的唱腔、情感充沛的表演，是曹州梆子所代表的山东梆子以鲜明特色立于梨园行的艺术特质。

戏曲的腔调是辨别剧种的基本方式，梆子腔源自山陕梆子，在传播过程中与地方方言融合，形成了多种地方剧种。在山东境内流行的就有山东梆子、莱芜梆子、平调、东路梆子、枣梆等地方戏剧种。曹州梆子是对以菏泽为中心的高调梆子的统称，它成为独立剧种已有 300 余年的历史，其行腔方式与当地流行的大平调、四平调等“平调”唱腔有明显的不同。那种似乎铆足了劲慷慨激昂飙高腔的行腔方式就是曹州梆子艺术最为重要的唱腔特征。调高、气足、有劲，有一种鲁西南人独有的精气神，令人听起来十分畅快、过瘾。以前的梆子戏红脸、黑脸演员全部采用本嗓大本腔唱，后来逐渐变化改用假嗓二本腔演唱。

一代老艺人窦朝荣，出科于巨野县大姚班，20 岁时即以唱红脸名震

a 山东菏泽市地方戏曲传承研究院梆子剧团演出《秦雪梅》

b 观众欣赏菏泽市地方戏曲传承研究院枣梆剧团演出

鲁西南。中华人民共和国成立后，曾出任山东省梆子剧团团长。他的唱腔音色嘹亮，高亢浑厚，刚柔相济，情感充沛，1960 年录制的《两狼山》经典唱段被制作成音配像节目视频广泛传播。郓城有山东梆子戏“戏窝”之称，县山东梆子剧团红脸须生任心才老艺人的唱腔声音洪亮，音域广阔，高亢激越，极富山东梆子传统唱腔韵味，代表作有《剿杜府》《临潼关》《闯幽州》等，他的唱腔影响深远，堪称一代宗师。任心才先生的再传弟子孟凡义，为郓城山东梆子剧团知名红脸演员，谈到山东梆子唱腔特点时他认为：“山东梆子的红脸唱腔的音从丹田气发出来的，非常浑厚，这是它与本地流行的豫剧艺术相比最为明显的特点。”

高亢的梆子腔所演绎的山东梆子传统剧目浩如烟海，数量众多。目前仍在菏泽各地演出的山东梆子戏剧目主要有《老羊山》《反西唐》《对花枪》《桃花庵》《界牌关》《闯幽州》《辕门斩子》《穆桂英挂帅》《地藏板》《日月图》《胭粉记》《茶瓶记》《刘公案》《抄杜府》《赵匡胤哭头》《八宝珠》《红遇路》《黑遇路》《芈建游宫》《青蛇传》《盘丝洞》《一丈青奇缘》《三子争父》《墙头记》等。据 20 世纪 50 年代初山东省戏曲研究室挖掘记录统计，山东梆子戏共有 440 出，待抄剧目 63 出。老艺人们常用“老十八本”“四大征”等行话来概括常演剧目。“老十八本”是指《春秋配》《梅降雪》《千里驹》《全忠孝》《江东》《战船》《宇宙锋》《玉虎坠》《百花咏》《老边庭》《富贵图》《虎丘山》《佛手橘》《天赐禄》等。“四大征”通常是指《穆桂英征东》《秦英征西》《姚刚征南》《雷振海征北》。郓城县山东梆子剧团冀梅霞团长谈到：“团里经常下乡演出的剧目有《老羊山》《闯幽州》《铡西宫》《抄杜府》等 40 余出看家剧目，这些虽然是传统剧目，但老百姓百看不厌。”

山东梆子戏人物形象塑造个性饱满，大多具有大义凛然的英雄气概。《两狼山》中的杨继业、杨六郎、杨七郎，《抄杜府》中的贾勇，《刘公案》中的刘墉，《穆桂英挂帅》中的穆桂英，《老羊山》《反西唐》中的樊梨花，《对花枪》中的姜桂芝等都是鲜活生动的经典人物形象。他们的故事情节跌宕起伏，唱词脍炙人口。很多故事情节以及名角的亮相姿势都为戏

a 郓城县山东梆子剧团年轻演员

迷们所津津乐道。如窦朝荣演的《两狼山》，杨继业父子三人被困荒山，老英雄唱道："老父我年迈六十三，六十三占了个先行官。老天爷再赐我二十年寿，定宋宝刀劈狼山。"英雄易老，壮志难酬，心有不甘之情溢于言表。任心才演的《闯幽州》片段也常为戏迷们称颂。杨家将因奸臣通敌幽州受困，杨继业为了振奋士气，高声唱道"军营之中只许千声喜，不许一声忧——我看哪个敢哭？都得给我笑，都得给我笑。哈哈，哈哈，哈哈。"老将军托髯抖盔的三声大笑，强烈反衬出其内心的悲凉。

犹记得家乡曹县冬春农闲时节，每逢庙会或有人家的婚寿庆典，那些演员们在戏台上卖着力气唱，观众在台下听得如痴如醉的情景。在那个娱乐方式并不丰富的年代，演员与观众，演戏与听戏，共同实现了一种集体化的审美生活。曾经有剧团的演员朋友说，很多梆子戏经典唱段往往唱上千遍也不觉厌烦，每次演出都能很自然地情绪饱满地投入到角色之中。山东梆子戏对于演员如此，对于观众而言又何尝不是如此呢？长久地浸润于山东梆子戏营造的文化氛围中，人的性格与思想、平日里的情感与行为也难免会受其影响。我在他乡遇到的很多从鲁西南走出的老乡，闲暇时都能哼唱上几句梆子腔，每每遇上，乡音乡情便会油然而生，人与人之间的距离也会在无形中被拉得很近。

二、梆子剧团的历史和现状

在曹州梆子300余年的发展历史中，活跃在鲁西南的大大小小的知名班社为数众多。晚清民国时期，巨野县的田家班、大姚班，汶上县的大曹班，都是当时名声在外的大戏班。我的家乡曹县也有牛家班、吕围子班、曹家班、王堤圈班、蔡兴科班、火神台班、李同百班、大张楼张班、孙老家班等十多家梆子戏班社。中华人民共和国成立后，山东梆子戏发展进入了新的阶段。据山东省文化局戏曲工作组1953年调查统计，山东共有43个专业梆子剧团和演出团体。1958年，山东省文化局组织了山东梆子剧目工作队，对传统剧目、唱腔和曲牌，进行了挖掘和整理。

a 山东菏泽市地方戏曲传承研究院梆子剧团演出《秦雪梅》

同年，在菏泽专署人民剧团基础上，从济宁地区调集了窦朝荣、卢胜奎等梆子戏老艺人成立了山东省梆子剧团，排演新编剧目。7 月，山东省梆子剧团进京汇报演出了《万家香》《墙头记》《玉虎坠》《两狼山》等剧目。之后，排演了现代戏《三回船》《前沿人家》《老王卖瓜》《铁马宏图》《柳下人家》等。山东梆子在丰富戏迷们的精神生活方面发挥了重要作用。

遗憾的是，在改革开放的大潮中，它的发展一度陷入低谷。1986 年，山东省梆子剧团在院团调整改革中被撤销。20 世纪 80 年代中后期至 21 世纪初，在歌舞、电影、电视等新兴娱乐方式冲击下，民间戏曲演出市场萎缩，各地市县级山东梆子剧团也曾一度面临发展困境。在最困难时，演员们的温饱问题都难以解决，许多演员离职自谋生路。令人欣慰的是，即使面临了很多困难，很多演员因为对山东梆子的喜爱坚持了下来，为这门地方戏曲的薪火相传保留了珍贵的火种。2008 年，山东梆子入选国家级非物质文化遗产。在文化体制改革中，山东梆子国有专业院团的地位也得到了加强。在社会各界的广泛关注下，这门古老的戏曲艺术形式在民间又重新焕发了活力。

如今，除了菏泽市地方戏曲传承研究院山东梆子剧团外，隶属菏泽市的巨野县、郓城县都有国营专业的山东梆子剧团。这些基层国营剧团

a 菏泽市地方戏曲传承研究院枣梆剧团演出

主要承担了送戏下乡惠民演出的任务，每年剧团年送戏下乡的演出场次都在 400 场以上，为乡村的戏迷奉献了实实在在的“精神食粮”。剧团送戏下乡的剧目充分尊重了当地村民的意愿。郓城县山东梆子剧团下乡演出之前，都要到村中拜访“大知”，征求他们的意见，确定演出剧目。这些“大知”都是村中德高望重的“明白人”，他们不当官，但是能够代表老百姓的心声。如果某个村喜欢听旦角唱的戏，剧团就会多安排旦角担纲主唱的戏；如果喜欢听黑头唱的戏，剧团就安排黑头类的戏；如果喜欢听生角唱的戏，剧团就多安排《刘公案》这类大生的戏。冀梅霞说：“我们下乡演出要投戏迷所好，一样是要演出，咱让人家高兴多好。”话说得朴实，也足够真诚。

农历三月十一，郓城杨庄集镇陈屯村三官爷庙会的山东梆子戏演出已经唱到了第六天，观众的热情依然不减。当天演出的是《刘公案》，观众有三四百人，他们大多是方圆二十里以内的村民，以中老年人居多。时值阳春三月，田里的农活还不算太多，很多戏迷都是天天来看戏。67 岁的田先敬老人是梆子戏的铁杆戏迷，在等待演出时和我们聊起梆子戏，老人家显得神采飞扬。他说喜欢梆子戏的原因是“舍命梆子腔，腔好，有劲，高亢，尤其是红脸唱起来嗷嗷叫，让人听了就是过瘾”。的确，山东梆子声腔的优势是很多剧种所没有的，不管是红脸还是黑头，唱起来即使

a

a 郓城县山东梆子剧团在郓城杨庄集镇陈屯村演出《铡西宫》

不用扩音器声音也能传遍十里八乡。我问这位老爷子喜欢哪些梆子戏，老人家一口气说出《对花枪》《刘墉下南京》《桃花庵》《界牌关》《打渔杀家》等十多出戏。

陈屯村是以陈、房、钱三大姓氏为主的两千人大村。村中有一处三官爷庙，供奉三官爷神像。庙宇坐北朝南，原建筑早已损毁，近年来香客们捐钱在原址重建，红墙红瓦，建得十分周正。据村民说这位三官爷是唐朝人，姓陈，三月初六是三官爷的生日，也是举行盛大庙会的日子。逢庙会必请大戏是这里的规矩。香客们认为“谁捐钱请戏三官爷就会让谁发财”，因此捐款踊跃，这让剧团原本三天的演出延长到了六天。当地的朋友介绍，这个村子是个典型的“戏窝”，县剧团的多名演员就出自陈屯村。有庙会的地方必有戏班，这是民间文化很自然的生成逻辑。

专业剧团的演出代表了山东梆子艺术水平的高度，大量的庄户剧团则成为专业剧团的补充。据当地政府文化官员介绍，郓城县注册的山东梆子剧团有 41 个，常年有演出活动的有 20 家。这些庄户剧团规模相对较小，大多以家庭戏班为主体，部分演员为专业院团的退休人员，班主联系商业演出台口，演出剧目一般以传统剧目为主。

三、梆子戏的传承与开新

戏曲，是中华优秀传统文化的载体，是戏迷们的精神家园。发挥道德教化作用是山东梆子剧目发展拓展的主轴。从建国初期的《墙头记》，到动漫梆子舞台剧《跑旱船》，再到现代戏《百鸟朝凤》，都体现了这样一个创作主旨。

山东梆子《墙头记》是根据蒲松龄的同名俚曲、结合淄博五音剧团《二子争父》改编的，将说唱艺术转化为了戏曲艺术的表现形式。故事演绎的是张木匠年老，两个二子大乖、二乖不孝，在老人的养老问题上相互推诿，终得报应的故事，讽刺鞭挞了农村不孝敬老人的现象。该剧首演由赵剑秋、尚之四导演，刘玉鹏饰演大乖，刘桂荣饰演李氏，卢胜奎饰演王银匠，刘翠仲饰演张木匠。1960 年 5 月，毛泽东主席曾在济南观看了山东梆子《墙头记》的演出。《墙头记》演出受到了戏迷们的喜爱，

a
b
c

a 郓城县山东梆子剧团演员们后台备戏
b 郓城县山东梆子剧团乐队
c 郓城县山东梆子剧团在郓城杨庄集镇陈屯村演出《铡西宫》

久演不衰，传承至今。后来，这出戏还成为吕剧、曲剧、秦腔、豫剧等剧种的移植剧目，是山东梆子艺术对中国戏曲界的贡献。

《跑旱船》是郓城山东梆子剧团与中国戏曲学院联合创作的戏曲动漫舞台剧，传统戏曲与现代3D动漫技术融为一体，探索了戏曲艺术新的表现形式。该剧讲述的是鲁西南黄河岸边的农民高连喜、王二月、何老四、胖婶四位鳏寡老人黄昏恋的故事。在新农村文化建设背景下，以老年人再婚为切入点，剧情贴近生活，通过喜剧动漫舞台剧的形式展现了新时代农村文化新风貌。舞台上演员和屏幕里的动漫人物一起跑旱船，对白幽默，唱腔高亢，很受老中青各个年龄段戏迷的欢迎。目前正在编排完善的扶贫剧目《百鸟朝凤》，讲述的是驻村第一书记刘喜莲在贫困的唢呐村扶贫先扶志，不靠输血靠造血，因地制宜带领贫困户闯难关，最终让全村脱贫的故事。

记得戏曲研究学者冯其庸先生曾说，中国的戏曲如果灭亡了，中国传统文化也就灭亡了一半或三分之一；一个民族如果失去了传统文化，这个民族也就失去了独立存在的精神基础。冯先生之所以这样说，是因为戏曲具有极强的教育意义，如果放弃传统戏曲，也就是放弃了一种有力的民众教育形式。像山东梆子戏这样的传统戏曲，扎根乡土，以春风化雨的方式孕育了一方文化，教化着一方百姓，在新时代显示了旺盛的生命力。

a c 郓城县山东梆子剧团在郓城杨庄集镇陈屯村演出《铡西宫》
b 郓城县山东梆子剧团演员扮相

从花鼓丁香到两夹弦

渤　海

河

黄

黄

海

江

长

山东省

2018年调研菏泽市定陶县两夹弦非遗保护传承中心文化惠民服务

2018年调研菏泽市文化管理部门

两夹弦是由花鼓丁香发展起来的一种盛行于鲁西南地区的地方戏。它的唱腔婉转活泼，清新优美，甜脆悦耳，在民间有“两夹弦，半碗蜜”之说。比起山东梆子、枣梆那些征战杀伐的大架子戏，生活化内容的表现是两夹弦艺术所专擅的方面。如果说梆子戏是一桌精美丰盛的满汉全席，那么两夹弦则是素日里餐桌上的清粥小菜。常言道，大鱼大肉固然能够让食客们大快朵颐，一直吃到痛快淋漓，但用得多了容易上火；清粥小菜则不然，不仅能够养胃健脾，还能在咀嚼吞咽中品出细碎日子的味道。两夹弦带给你的就是这般味道，要细品。

a b 定陶两夹弦非遗保护传承中心演出剧照

一、两夹弦的发展历程

作为一种乡土气息浓郁的地方戏，两夹弦脱胎于民间曲艺，花鼓丁香是它的前身。清道光年间，花鼓丁香是流行于鲁西南、豫东、皖北等地的一种民间俚俗小唱。这种曲艺形式多为单人清唱，凸肚腰鼓击节伴唱，唱词多为《休丁香》《梁祝下山》《安安送米》《小姑贤》《王定宝借当》等民间耳熟能详的故事传说。濮州引马集的穷秀才白殿玉夫妇农闲时间就靠演花鼓丁香贴补家用。白秀才擅诗词、通音律，能填花鼓调新词，颇有些才华。受妻子纺车“嗡嗡”声的启发，他制作出了类似二胡的乐器“弦子”为妻子伴唱，使得唱腔听起来更加优美和谐。老百姓根据乐器赋予了这门曲艺“两根弦”的称谓。

白氏夫妇在从艺生涯中带出了莘县的李季安、东平的戚成兴和济宁的梅福成三个徒弟。他们三人又收徒数十人，搭班在曹县、定陶、东平、梁山、郓城、鄄城等地撂地摊演出。为了适应观众口味，两夹弦的演出逐渐由一人清唱变为两人对唱，乐器除了凸肚花鼓、弦子外，增加了手锣和梆子。弦子后来由两根弦增加为四根弦，弓上马尾由一股变为两股，从而获得了“两夹弦”的称号。唱腔方面，两夹弦在演出中吸收了划船调、

琴书、梆子、大鼓、坠子等民歌、曲艺、戏曲的演唱要素。演出剧目主要是三小戏，即由小生、小旦、小丑组台演出的小戏目，如《安安送米》《小姑贤》《蓝桥会》等。在艺人们的努力下，两夹弦逐渐从地摊唱到了舞台，从乡野唱到了城市，成为一种成熟的地方戏剧种，一生一旦唱响了鲁西南。李季安一脉后来发展了"北词两夹弦"；戚梅二人人称"大蒲扇""二蒲扇"，则创立了"南词两夹弦"。

在两夹弦发展历程中，职业化的班社"洪兴班"和"共艺社"贡献很大。1910 年，"大蒲扇"的传人王玉华在曹县马楼组织了第一个两夹弦职业班社"洪兴班"，让这门艺术形式由民间艺人的农闲业余演出正式发展成为一种靠唱台口为生的职业。剧团适应演出需要，排演了公案戏、武打戏、连台本戏。1928 年，南词两夹弦的传人王文德在菏泽安兴镇贤圣寺组建"共艺班"，聚拢了当时大量优秀的两夹弦艺人，他们共同努力革新唱词，改掉了粗鄙的内容，同时吸收了山东梆子的表演程式，让两

a

a 定陶两夹弦《三拉房》

夹弦这种地方小戏逐渐具有了“大戏”的面貌。中华人民共和国成立后，“共艺班”被政府接管，组建菏泽县新艺剧社，为现定陶两夹弦剧团的前身。在“改戏、改人、改制”思想的指导下，剧团在传统戏目基础上，重新排演了一批剧目，赢得了社会各界的认可。1959 年 10 月，毛泽东主席观看了菏泽专区两夹弦剧团演出的《三拉房》。不久后，剧团跟随山东省联合演出团进京，为党和国家领导人演出了《三拉房》《站花墙》《拴娃娃》三出折子戏。两夹弦剧团还编排了《向阳人家》（1964 年）、《相女婿》（1979 年）、《红果累累》（1982 年）等现代戏，受到了群众的欢迎。

声腔是戏曲艺术的灵魂，两夹弦艺术历来重视唱功甚于重视做功，唱腔的铺陈拿捏是其塑造鲜活人物形象的基本方式。从形式上看，两夹弦的唱腔有独唱、对唱和帮唱三种，其中独唱运用较多。演员常用独唱来表白身世、描情绘景、吐露心声。人称“小白鞋”的著名艺人黄云芝的唱腔最为典型。她的声线贴着弦音高高低低地行走，甜脆质朴，婉转悠扬，韵味醇正，深受当时戏迷们的喜爱。坊间有“拆了房子卖了梁，也要听小白鞋的《站花墙》”之说。

a

a 定陶两夹弦非遗保护传承中心演出剧照

与小白鞋师出同门的李京华老艺人认为："两夹弦最重要的艺术特征就是唱词清晰，先吐词后拉腔，唱出来缠缠绵绵、黏黏糊糊的，关键时候很脆很甜，贴近群众的喜好。"两夹弦常用的唱腔板式有二十多个，能够贴切地表现剧中人或欢快舒畅、或悲伤沉重的内心情感。为适应唱腔表现，两夹弦的伴奏乐器主要有四弦、坠琴、柳琴或琵琶，这种组合"主弦音量大，共鸣好，间质嘹亮而浑厚"，衬托得演员的曲调拖腔更为优美动听，可谓曲尽人情。

二、两夹弦剧目

两夹弦作为一种由民间曲艺发展而来的戏曲艺术，其最擅于表现的内容是村社中的生活轶事或家庭琐事，也有少量公案戏、武打戏和连台本戏。

两夹弦的传统剧目有200余出，演员多为"三小"组合，人物角色性格鲜明，内容富有浓郁的乡土气息，渗透了传统社会伦理教化的思想观念。这些剧目除了观众耳熟能详的《三拉房》《站花墙》《拴娃娃》外，还有《王小过年》《打老道》《打城隍》《打棒槌》《打面缸》《打瞎子》《吃腊肉》《翻箱子》《穷劝》《富劝》《贾金莲拐马》《王二姐思夫》《梁祝隔帘相会》《秦雪梅吊孝》《汾河湾》《七错》《老少换》《王林休妻》《劝丈夫》《蓝桥会》《赶三关》《何文秀私访》《武大仨下工》《唐二卖

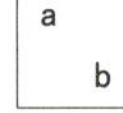

a b 定陶两夹弦非遗保护传承中心演出剧照场面

杆草》《锦缎记》《三看御妹》《大铁山的姑娘》《唐宫血泪》《拴娃娃》《吕蒙正赶斋》《抱灵牌》《杨二舍化缘》《愣姐闹房》《三子争父》《打金枝》《胡尔马月》《雷宝童投亲》《程咬金探地穴》《四郎探母》《清官断》《九女庵》《王宝钏》《王莽篡朝》《海潮珠》《斩杨人》《背箱子》等。其中，《三进士》《三拉房》《狗蛋推车》等戏目还被京剧、吕剧、梆子等剧种移植演出。这些剧目故事情节紧凑，文词通俗易懂，用戏迷们的话来说特别能“抓”人。当地俗语“一摆三拉，看起来不顾家”，说的是观众对王文德演出的《摆果碟》和小白鞋黄云芝演出的《三拉房》两出戏的痴迷。

《三拉房》是两夹弦的看家戏之一，属于民间戏曲“别妻”一类的剧目，其戏词细腻缠绵，情深意长。这出戏的故事情节十分简单，但是对乡土生活趣味及人物情感表现非常到位。戏里的故事说的是新婚不久的乡村小媳妇郭素贞闻听丈夫张文生要进京赶考，匆忙为其打点行李，然后因诸多担心，反反复复将丈夫送出又拉回的情景。戏词采用鲁西南方言，贴近生活而又十分明快。

开场新婚燕尔仍在喜悦中的郭素贞用欢快的唱词描述了洞房夜第一次见到丈夫的情形。“不一会，进来个人，倒坐床沿脱鞋底。俺心里不住扑扑跳，借着灯光看仔细。只见他，大大的眼，粗粗的眉，圆圆的脸，细细的皮，一举一动有神气。哎哟哟，我的亲娘呀！原来俺摊了个俊女婿。”

想了一番夫妻间蜜月里琴瑟和鸣的生活，内心十分欢喜，时间近晌午，需要赶紧去做饭。这段戏词十分接地气。“眼看太阳快晌午，饿坏了相公了不的。急慌忙厨房去做饭，给相公擀面叶，炒鸡子，麻汁、黄瓜拌粉皮，打发相公心如意。”

a 定陶两夹弦非遗保护传承中心演出剧照

刚刚应下丈夫去科考，郭素贞为丈夫准备行李时想起了看戏时知道的宋朝薄情郎陈世美的故事，转而心里又升起几分担忧。这段唱词表现人物的心理转圜极细致。“忽然一事想心坏，为闺女俺也曾看过戏，戏中负义之人记得明白。宋朝里有个陈世美，得中了他把香莲害，相公今天去赶考，不得中他还能回来，要是相公得了中，招驸马，金花戴，陪公主，笑颜开，御花园里把花采，可就苦了俺女裙钗。”这段唱词节奏越唱越快，将剧中人越想越慌张的心理表现得淋漓尽致。郭素贞得到丈夫盟誓之后，心虽稍宽但仍存隐忧，在准备行李时，反反复复试探丈夫对自己的心意和态度。

郭素贞唱：“你可知草房高来楼房低，楼房底下两只鸡，野鸡打得团团转，家鸡不打扑扑棱棱往空飞，论吃还是飞罗面，论穿还是绫罗衣，知冷知热是半路的妻，人家疼你是真疼你，为妻疼你是假的！”张文生唱二板回应：“明明是楼房高来草房低，草房底下两只鸡，家鸡打的团团转，野鸡不打往空飞，论吃还是家常饭，要穿还是粗布衣，家常饭来粗布衣，知冷知热是亲妻，贤妻疼我是真疼我，人家疼我是假的！”

这最后一段夫妻间的对唱，妻子反说正话，丈夫正面回应，你来我往，语言诙谐风趣，情感真挚，唱腔婉转动听，将一对即将分别的小夫妻之间的浓情蜜意委婉地表现了出来。这出戏妻子俏皮泼辣，丈夫情深意切，人物形象性格跃然而出。难怪戏迷们为两夹弦送了个“半碗蜜”的称号。

三、两夹弦的时代发展

在改革开放的历史发展大潮中，两夹弦艺术的发展一度面临萎缩消亡的困境。2008 年，两夹弦艺术被评为国家级非物质文化遗产项目后迎

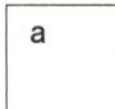

a 定陶两夹弦非遗保护传承中心演出剧照

来了发展的春天。定陶区两夹弦剧团2012年在文化体制改革中，更名为“定陶两夹弦非遗保护传承中心”，成为政府全额拨款的公益性事业单位。全团现有演职人员60余人，脚色行当齐全，演员老中青搭配均衡。

文化体制改革后，剧团主要承担的是文化惠民演出任务，其他时间排演反映新形势发展及乡风文明风尚的现代戏。剧团送戏下乡一般选在春天农闲时节开展，演出人员分为两队同时下乡演出，每年演出400余场，能够覆盖到定陶最偏远的村子。观众主要是中老年群体，剧目多为《三拉房》《雷宝童投亲》《三看御妹》《三子争父》《打金枝》《胡尔马月》《王宝钏》《打花厅》《唐宫血泪》等传统剧目。据定陶区两夹弦非遗保护传承中心主任侯艳丽介绍，“为了适应下乡演出需要，剧团恢复编排了52出传统剧目”。夏季剧团则在城市文化广场为市民进行消夏演出，每年的七月或八月份举办，演出的剧目既有传统戏，也有现代戏，一个月的时间能够演出100余场。来看戏的观众几乎天天都能够达到上千人，老年人、中年人、青年人、孩子，各个年龄层面的观众都有。对于这些观众来说，在广场上听戏的乐趣要远大于坐在电视机前。据了解，在消夏演出中，文化体制改革以来剧团新创排的《春秋商圣》《爱心家园》《退彩礼》《回家过年》《砖头记》《心灵的呼唤》《厚土》《干娘》等20余出现代戏，也受到了观众的热烈欢迎。

a b

a 定陶两夹弦非遗保护传承中心演员备戏
b 定陶两夹弦非遗保护传承中心演员扮相

庄户剧团也是传承两夹弦艺术的一股重要力量。仿山镇过去是两夹弦艺术的“戏窝”。镇文化站站长李怀鹏先生介绍：“新中国成立初期，仿山镇有 48 个村，两夹弦剧团就有 12 个，现在仍有多个庄户剧团在乡下各个台口演出。”这些庄户剧团的经营主要有两种形式，一种是职业化的演出，一种是业余的自娱自乐性的演出。仿山镇定陶陶韵两夹弦庄户剧团是一个职业化的群众性演出团体，成立于 2014 年，初创时只有韩继刚、梁秀真、范清峰、孔凡芹、董沛青 5 人，现有演职人员 27 人，主要承担政府购买服务形式的送戏下乡演出和商业台口演出。剧目主要有《三拉房》《站花墙》《雷宝童投亲》《四郎探母》《换亲》等，演出地域遍及菏泽各个乡镇。这个剧团还创排了《状告老村长》《豆腐张相亲》《逛仿山》等表现乡村文明新风的现代戏。仿山镇邓集社区两夹弦庄户剧团 2015 年成立，演职人员 22 人，是群众自发组织的自娱自乐性演出团体，目前在仿山镇各个村庄义务演出。

戏曲艺术最为直接地承载了民间文艺的精神价值。归入“花部”的民间戏曲在清中期逐渐繁荣兴盛起来。经学家焦循在《花部农谭》中谈道：“花部，原本于元剧，其事多忠、孝、节、义，足以动人；其词质，虽妇孺亦能解；其音慷慨，血气为之动荡。郭外各村，于二八月间，递相演唱，农叟、渔夫，聚以为欢。”花部戏曲表现土俗俚情与乡野况味，观众看戏能够“奇痒得搔”“郁气得申”，有“快畅”之意。两夹弦这类地方戏曲均属“花部”，深具民间乡野气息与艺术韵味，故事情节代入感强，容易引起乡民们精神与情感的共鸣，像油盐酱醋一样成为一方民众精神生活中不可分割的组成部分。两夹弦戏词里的故事有的改编自本土的乡情轶事，有的来自历史传说，有的从其他兄弟剧种移植而来，主题千千万，都因满足观众的口味而在岁月淘洗中沉淀形成了今天的面貌。

菏泽真是个戏窝子，名不虚传。我家住在曹县老县城的大隅首，离剧院很近。父亲是个戏迷，家里有几台留声机，匣子里经常放的就是戏曲。我从小也喜欢跟着大人们去看戏听书，对两夹弦的剧目可以说是耳熟能

a 定陶两夹弦非遗保护传承中心文化惠民演出场面

详。如今回忆起年少时骑自行车专程到附近的定陶县看戏的情形，仍然历历在目。正是因为从小就对戏曲有爱好，我后来在做民间美术研究时才会专门拿出一段时间做鲁西南戏曲纸扎研究。那段研究经历让我更加深刻体会到民间戏曲是蕴含民族文化精神基因的一座富矿。民间借由戏曲传颂百年千年的俏媳妇郭素珍、忠贞多情的富家小姐王美容、苦守寒窑十八年的王宝钏等人物故事为什么一直为戏迷们所欢迎，其中正是体现了中华民族在精神上所推崇的一种价值。

民间戏曲之所以能够代代传唱，就在于其中所蕴蓄着的那种永恒的价值。现在中华传统文化正在迎来全面复兴，相信终有一天，中国戏曲也能够在更为普遍的意义上成为滋养国人秉性气质的精神家园。

a

a 《三拉房》

第五章 · 乡愁记忆

老腔老调说枣梆

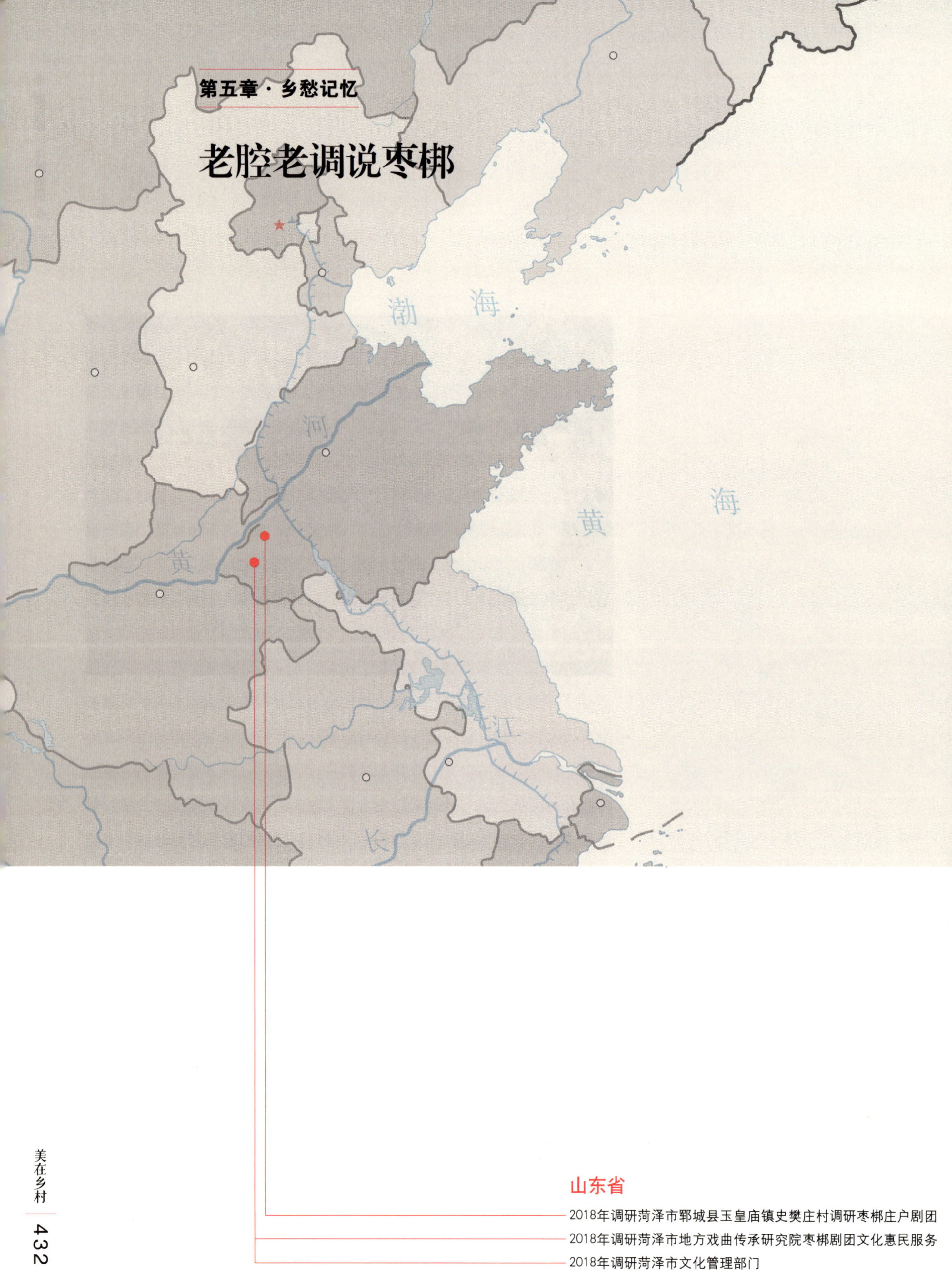

山东省

2018年调研菏泽市郓城县玉皇庙镇史樊庄村调研枣梆庄户剧团

2018年调研菏泽市地方戏曲传承研究院枣梆剧团文化惠民服务

2018年调研菏泽市文化管理部门

枣梆戏是一种发源于山西上党，形成于山东鲁西南的一种老腔老调的梆子戏。长期研究民间艺术的原因，我曾有幸接触过很多地方的民间戏曲，也常常为其中质朴的表演和优美的唱腔所打动。假如一定要让我从其中选出一种乡土味最重的剧种，那这必然是家乡的枣梆戏了。枣梆的唱腔就像是白酒中的高度酒，醇厚中带着几分野辣，劲足而味浓。那种土味十足的"咿呀腔"听上一出，便足够回味上一整天。

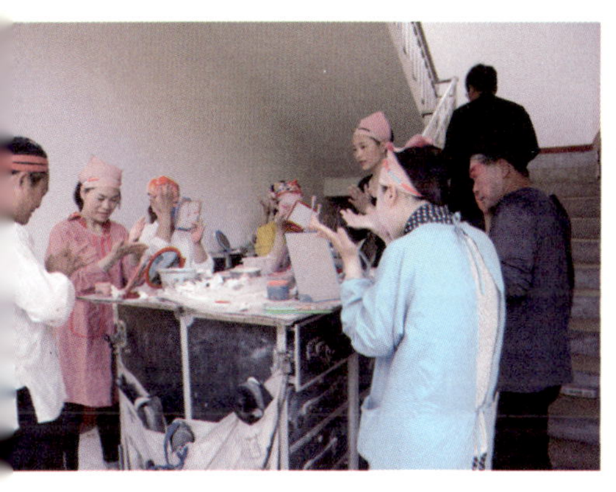

一、枣梆戏的源起与发展

枣梆源于上党梆子，清末由晋东南传播至鲁西南。相传，最早有一位晋城的银匠业余时间教授当地人唱"泽州调"，后来发展成为唱围鼓戏。清光绪初年，山西遭受灾荒，上党梆子"十万班"到菏泽、郓城等地流动演出一年，这种高亢有力、豪放淳朴的声腔形式逐渐为当地人所接受。

郓城人对这种戏曲艺术尤为喜爱，他们最早聘请了上党梆子职业艺人潘朝绪在当地授徒传艺。这位艺名为"大闺女"的艺人，先后在郓城的刘口、樊庄、郭屯、于庙、张集、方庙、南旺等地教授唱腔，上党梆子的声腔逐渐与本地方言相融合，形成了唱腔独特的枣梆艺术。潘朝绪被枣梆艺人尊称为"潘师爷"，他的弟子学成后，在郓城组织了第一个职业枣梆戏班"义盛班"，后来又从中独立出高升班和义和班，在鲁西南各地流动演出。1925 年，河北大名一批上党梆子艺人加入了鲁西南的枣梆剧团，并带来了《徐龙铡子》《铜花环》《海棠关》等剧目，枣梆的流传地也逐渐由郓城扩展到巨野、鄄城等鲁西南各地，演出地域辐射到河南、安徽、河北等省份。

戏曲艺术总是会循着一方民众的审美趣味而做着适应性的调整变化。上党梆子在传入鲁西南之初由"昆、梆、罗、卷、黄"五种声腔组成，

a 菏泽市地方戏曲传承研究院枣梆剧团演出《三关排宴》
b 菏泽市地方戏曲传承研究院枣梆剧团演员备戏

戏班能够兼唱五种声腔的，称为“五套俱全”，只能唱梆子腔的，称为“一把锨”或“缺门”。据《齐鲁民间艺术通览》记载，义盛班能演唱昆腔《赐福加官》，罗罗腔《时迁打铁》，梆子腔《八卦阵》《八仙关》《彩仙桥》《代州愿》《天波楼》等，皮黄腔《桑园会》《天水关》《取巴州》《斩郑文》等。在后来的演出中，梆子腔因为粗犷豪迈的唱腔风格适合鲁西南民众的口味，其发展一枝独秀，其他的上党梆子声腔逐渐消失了。因为这种戏曲艺术形式以枣梆击节，1960 年被正式命名为枣梆。

枣梆艺术与山东梆子相似，生旦净末丑脚色行当齐全，一出戏登台演员有时多达二三十人，场面气势宏大，属于大架子戏一类。枣梆唱腔真假嗓结合，真嗓吐字、假嗓拖腔，刚中带柔，吐字清晰真切，通常一句收尾处音调突然翻高转为韵味悠长的拖音，耐人寻味，具有区别于上党梆子的明显特点。枣梆唱腔板式有大花腔、二板大花腔、流水花腔、栽板小花腔等二十余种。因角色不同，唱腔风格也多有变化，有的粗犷健壮、高亢激扬，有的委婉活泼、缠绵悱恻。红脸黑脸的唱腔尾音用假声立嗓，翻高八度发“ou”“ɑ”两个拖音。小生小旦唱腔立嗓尾音，发“yi”“yɑ”拖音。枣梆伴奏乐器主要有锯琴、二把、三把、笛、笙、三弦、二胡、琵琶等。锯琴是枣梆的当家乐器，形似板胡，椿木制筒，桐木蒙面，弓子用竹篾支撑，上系粗马尾，弦用羊肠制成。琴师演奏时需要左手带铁指帽，展臂开合幅度大，音色高扬明亮，音域浑厚宽广，由此演奏出的曲调既可以激扬高亢，也可以低回缠绵，表现力强。

枣梆剧种虽然形成较晚，但是借鉴兄弟剧种的表演形式，根据剧情需要发展出了甩袖、抖髯、搓手、顿足等程式化的表演动作，大开大合，极大增强了角色人物的性格特点。挂彩戏是枣梆艺术发展出的独特表演

a 菏泽市地方戏曲传承研究院枣梆剧团演出《三关排宴》

形式，有开膛、开铡、钉人等惊险刺激的表演，月牙彩铡、假腹皮、弓子钉等道具制作生动逼真。枣梆唱腔、伴奏与表演相融合，浑然一体，听起来独具风韵，引人入迷。老百姓有“不吃饭，不喝汤，也要听枣梆的咿呀腔”“看了头晌看后晌，不看枣梆心痒痒”之说。

二、枣梆剧目

枣梆传统剧目有80余出，很多都是老百姓耳熟能详具有教育意义的历史题材，如三国演义、杨家将、水浒等故事内容，也有民间故事传说、神话剧、生活喜剧等内容。这些故事主题包含了忠孝仁义、惩恶扬善、扶困济危、精忠报国等主题，蕴含了传统伦理价值观念和深刻的人文精神，在今天仍有积极的现实意义。

菏泽市地方戏曲传承研究院枣梆剧团目前仍经常演出的传统剧目有《生死牌》《天波楼》《徐龙铡子》《剐王莽》《蝴蝶杯》《珍珠塔》《杀宫》《千古奇冤》《游西湖》《大红袍》《风流才子》《三关排宴》《凤冠梦》《彩仙桥》《五世倾英》《姊妹易嫁》等剧目。

在众多枣梆剧目中，情节最令人惊心动魄的当数《徐龙铡子》了。这出戏为枣梆戏的传统剧目，1954年曾参加山东省第一届戏曲观摩演出大会。故事讲的是明朝定国公徐龙千岁被贬汉阳为官，其子徐萌到江边游玩，以买鱼之名登船强抢渔女，并将渔女之父打死。渔女誓死不从，跳江自尽，被赴云南安民归京复命的小王朱吉和御史海瑞救起，二人问明情由后携渔女到汉阳堂问罪，刚正耿直的徐龙知情后，不顾徐母和朱吉的求情大义灭亲，忍痛铡子。

《徐龙铡子》如今仍是菏泽市地方戏剧研究院枣梆剧团的常演剧目。刘长安饰演铜锤花脸徐龙，户庆如饰演须生海瑞。刘长安的戏学的是正净，演绎铜锤花脸，徐龙有架有嗓，唱功做功俱佳，最受戏迷们欢迎。故事高潮铡子一幕最为精彩，刘长安饰演的徐龙在确知徐萌打死渔女之父属实之后，以瞪眼、颤身、甩袖、踱步一系列的动作，配合着锯琴紧促的声调起伏，展现了愤怒、震惊、无措等内心深处复杂的情感，充分展现了戏曲作为表演艺术的魅力所在。《徐龙铡子》这出戏自1925年由河北

大名的上党梆子艺人传入鲁西南以来之所以常演不衰，就在于揭示了法理与亲情之间的冲突。据徐母所言，徐家三代单传，徐萌一死意味着徐家绝后，但为了维护王法公义，在法理与私情面前，徐龙毅然选择了前者，大义灭亲，并赠送了渔女银两让其回家处理父亲后事。在徐龙心中，“国家的王法震山河”，不允许任何人侵犯，哪怕犯法的是“龙子龙孙”也绝不退让。正是这种执法严明、不徇私情的正义品质，让徐龙这一艺术形象深入人心，获得了戏迷们的认可。

《天波楼》讲的是杨家将的故事。朝中奸佞之臣谢金吾、王钦若挑拨年少的宋王赵德昌下旨拆除杨府天波楼，镇守三关的杨延景奉母亲佘太君之命回京城汴梁驰援。手下鲁莽将领焦赞怒杀谢金吾全家，宋王将此事降罪杨延景，千岁王爷赵德芳与小柴王为保杨门忠良据理力争，救下杨延景。整个故事情节跌宕起伏，紧张处扣人心弦。这出戏是郓城县枣梆剧团的保留剧目，王爱萍饰演刚烈坚毅的佘太君，她将老太君临危不惧的巾帼风范演绎得生动逼真。正义凛然的千岁王爷赵德芳、疾恶如仇的焦赞、胸怀大义的杨延景等剧中人物性格鲜明，也令人印象十分深刻。

枣梆艺人在现代戏创排方面也有良好的传统。在不同的历史时期创作的《刘百万》《白毛女》《变天账》《小放牛》《王桂祥翻身》《西店子》《牡丹向阳开》《送子参军》《光棍苦乐记》《菊花魂》《父女情》《生儿容易养子难》《鸳鸯歌》《走出大山》《枣树情》《生日》等剧目，反映了时代与生活变迁，传递着弘扬真善美的艺术精神。

三、枣梆剧团的传承与振新

在鲁西南枣梆艺苑之中，国营专业剧团和民营剧团有着各自的发展路径，共同经历了枣梆艺术发展的起伏变迁，也共同肩负着枣梆艺术传

a 菏泽市地方戏曲演出

承与振兴的重任。

菏泽市地方戏曲传承研究院枣梆剧团是目前菏泽地区唯一的枣梆专业院团。该剧团是 1960 年在菏泽专署枣梆剧团、郓城县文娱剧团、梁山县晨光枣梆剧团的基础上成立的。在近 60 年的历程中，剧团经历了枣梆艺术在时代大潮中的数次颠簸沉浮。在张梦龙、户庆如、刘长安、孟凡金等中年一代剧团主演眼中，20 世纪 80 年代中期到 21 世纪初期是全团最为艰难的时期。在改革开放初期，枣梆等古装戏曾经历过短暂的辉煌。但随着电视、电影的普及以及歌舞艺术的兴起，民间戏曲的演出市场迅速萎缩。为了能够生存下去，剧团只能到仍在盛行戏曲的晋东南演出。在十多年中，剧团通常每年正月初四出发，中间除了麦收季节的短暂假期外，一直演出到农历十月初。不论寒暑，他们钻山沟、下矿区、睡古庙，一个台口赶着一个台口地唱，最终却只能获得微薄到不足以支撑家庭开支的收入。对剧团的每个演职人员来说，那都是一段背井离乡、刻骨铭心的艰苦岁月，正是他们的这种坚守为枣梆艺术的重生保留了火种。

进入新世纪以来，随着国家文化政策的调整，剧团的国有事业单位属性逐步得到明确。2008 年 6 月，枣梆经国务院批准列入第二批国家级非物质文化遗产名录。在国家文化体制改革中，2012 年，剧团所属的山东菏泽市地方戏剧院更名为山东菏泽市地方戏曲传承研究院，下辖枣梆剧团和山东梆子剧团。作为财政全额拨款的国营剧团，演员们的生活有了保障，枣梆剧团的演出重点转为文化惠民演出。

目前枣梆剧团每年下乡惠民演出 245 场，演出时间一般选在农民农闲季节，上下午一天演出两场。其他时间主要用来排演新戏，并参加省市、地区的文化艺术节演出。剧团排演的《枣树情》2011 年入选山东省文艺精品工程奖，在第十届中国艺术节汇报演出。老兵高秉涵的故事《乡魂》入选国家艺术基金支持项目。最新编排的《草根大师》在菏泽大剧院完成首演。该剧以当地坠子艺人霍永昌的故事为原型，通过“失琴—封琴—传琴”这一故事主线，讲述了盲人坠子书艺人霍永昌对人生的豁达胸怀，对艺术的热爱执着，对群众的感恩奉献。

a
b

a 菏泽市地方戏曲传承研究院枣梆剧团演出《三关排宴》
b 台下观众

最近几年，在国家文化政策的支持下，枣梆艺术的发展呈现了欣欣向荣的景象，但是传承问题仍是剧团发展面临的最为紧迫的问题。张梦龙团长介绍，目前剧团 35 名演员中，年龄在 35 岁以下的仅有 5 人，主演年龄偏大、后继乏人的问题十分突出。剧团中演员脚色的传承主要是靠传帮带的方式来实现的。出于对枣梆艺术的热爱，年轻演员喜欢主动跟着适合自己的老演员学戏，那些资深的老演员也愿意将自己的唱腔和舞台经验倾囊相授，久而久之，学和授之间自发结成了师徒关系，台上台下，其乐融融。须生户庆如的徒弟任国栋，张梦龙的徒弟李志坚、刘永乐，铜锤花脸刘长安的徒弟目前都可以担纲主演相应的剧目，在舞台上已经能够独当一面。这些优秀的年轻演员需要良好的发展平台。由于剧团编制属于事业单位，人才引进受限于招聘制度，有些业务好的优秀年轻演员因为学历、资历等原因，难以获得体制内的相关待遇，收入低限制了他们钻研业务的热情，这亟待有关部门在人事管理政策上能够破题。

民营剧团的存在昭示了枣梆艺术在鲁西南有深厚的群众基础。如今在这一地区乡村庙会活跃的剧团有郓城县枣梆剧团、巨野张楼枣梆剧团、鄄城民意枣梆剧团。这些剧团多在家庭戏班的基础上自发组建而成，演员多为农民，他们农忙种田，农闲唱台口排新戏，郓城县枣梆剧团是其中的典型代表。该剧团 1998 年成立于郓城县武安镇于庙村，初名新国枣梆剧团，后经县政府批准改名为郓城县枣梆剧团。团长于新国出身于梨园世家，是枣梆老艺人于恒久的侄子。于庙村枣梆艺术发展较早，早在 1938 年潘朝绪的徒弟李世魁就在此开设于庙枣梆科，开科授徒，带出了于恒久、刘允臣、于天宝等著名枣梆艺人。1946 年，于恒久在于庙组建了“游击剧团”，配合当时的政治运动排演了《刘百万》《二流子的转变》等剧目。郓城县枣梆剧团，曾汇集了于恒久、田福运、刘其军、王爱萍等著名枣梆艺人。剧团主要唱的是庙会台口，演出地点遍及鲁西

a 郓城县枣梆剧团演出《天波楼》

南、豫东、冀南、苏北，常演的剧目有《蝴蝶杯》《天波楼》《彩仙桥》《风雨亭》《武家坡》《徐龙铡子》《代州还愿》《三子争父》《狸猫换太子》《千古奇冤》等40余出戏。2007年秋，剧团在河南范县白衣阁连续演出半个月，一天三场共计演出了45场戏没有翻箱，最后还剩下一出《蝴蝶杯》没有上演，这次演出颇令于新国和演员们感到自豪。于新国说，郓城县枣梆剧团因为传承的是老腔老调、原汁原味的枣梆，所以特别受当地老百姓的欢迎。

作为民营剧团，郓城县枣梆剧团是在处境艰难的境况下生存下来的。于新国团长谈到剧团发展历程颇有几分心酸。他将这段经历描述为“比孙悟空陪唐僧西天取经遭的难都多”。剧团成立之初资金缺乏，仅添购了一些小件戏服，大件戏服靠租借，在后来的演出中才逐渐将戏服道具添置齐全。于新国的爱人王爱萍说，剧团有一次赶台口路途遭遇的严重交通事故，差点让剧团解散。那次事故中，王爱萍的母亲不幸身亡，她本人也身受重伤。事后夫妇俩在犹豫是否继续办剧团时，王爱萍的父亲跟他们说：“郓城的枣梆剧团就剩下你们一家了，不能因为恁母亲的去世造成枣梆这个剧种的灭亡。你们应该把剧团继续办下去。”在老人的支持和鼓励下，郓城县枣梆剧团虽然面临演员老龄化、戏曲市场状况不佳等诸多困难，却仍然坚守至今，他们传承枣梆艺术的信念令人由衷敬佩。

乡村曾经是中华文化的道德高地，淳朴的乡风乡情寄予了不尽的乡愁。在长期稳定的农耕生活形态中，男耕女织，尊亲睦邻，人心向善。这种乡风文明的形塑，在很大程度上就是由民间戏曲实现的。老辈人常说，听书看戏都是劝人方。在资讯与娱乐都匮乏的传统社会，人们的日常生活就浸润在戏曲营造的文化氛围之中，戏中人的喜怒哀乐牵动着人们的情绪神经，戏中的人义利取舍成为人们处理世事人情的标尺。戏如人生，人生如戏，人们看戏，即是在进行一场精神上的游历，与剧中人一同经历一种或精彩或悲戚的人生。往深了说，这既是一种美的熏陶，也是一种道德的化育。

第五章 · 乡愁记忆

老家是一种乡愁

山东省

2002年考察菏泽市曹县江米人制作工艺

2018年调研菏泽市曹县民间戏曲四平调

我的家乡菏泽曹县，地处鲁、豫、皖、苏四省八县的交界的鲁西南，有黄河故道和运河水系，历史上是政治、经济、文化的交融汇通之地。据文献和历史遗迹，在夏朝之前，作为东夷之地即有大汶口、龙山、岳石文化发展，是尧舜禹中原活动之地。关于商都考证，有学者认为，商王在此立国建都，因而是商王朝 230 年的京畿之地，也是历史上的华夏第一都。此后东周春秋战国诸侯争霸会盟多在此地，涂山是夏禹会万国诸侯之地、商汤会三千诸侯之地，景山是商汤受命之地，青山是项羽发迹之地。大圣商汤、元圣伊尹、名圣惠施、兵圣吴起、农圣氾胜之、科圣燕肃等在此诞生，也落叶归根安葬于此，如汤陵、盘庚陵、箕子墓、伊尹祠、莱朱墓、穰侯魏冉墓、春申君墓、项羽龙须岗、澹台子羽祠等。皇天后土、文脉汤汤，成汤陵之“左海岱，右华岳，黄流经其前，济水引其后，鲁、宋、徐、燕四面环绕”是壮阔的自然风貌，也是励精图治、风厉人心的境界写照。土台残碑、斜阳余晖，历史融进了这块土地，也绵延成家乡人的胸怀气度和精神血脉。

曹县地域宽广，水域丰富，从儿时记事起，县城周边全是水面，老百姓在水泊滩涂上植藕养鱼、种植林木，往往有烟波浩渺荷田如盖、接天莲叶映日荷花的胜景，不仅农田和树林子多以万亩计，就是娇艳如牡丹也“如种黍粟。动以顷计。东部二十里，盖连畦接畛也”。舒展开阔的平原风貌与人文智慧相生相长。历史上伊尹发明了“区田法”和“挑杆子”，能在种田时因地制宜，在抗旱时有水可用，据说在农学史上把作物水肥管理提高到农业之根本的高度。到汉朝有农学家氾胜，写出了应用至今的农学著作《氾胜之书》。记得中学时，查到曹县这些历史名人，我颇引以为豪。

a 曹县村落场景
b 曹县四平调节目《老剧院》

家乡的历史沧桑，多黄河水患，充满稼穑艰辛，但当地人对待农耕有着精算的气度，积累了不少经验智慧，有着从农从商从学的勤奋。连畦接畛的牡丹勺药、十里盛放的荷花，即使瘠薄盐碱之地也有牛羊繁育。守住一方乡土，感到自得其乐，种瓜得瓜种豆得豆，写就了自家的田园史诗，繁衍的是华夏的文明。耕农田、植林木、食为天，这是生活之本，拜自然之所赐，家乡在我记忆中一直保留了田园的品格和生机。

作为历史上夏商两代和西周时期政治、经济、文化的中心，加之中原农耕文明积淀深厚，家乡重礼通俗，体现在衣食住行用的各个方面。曹县人崇尚面上的礼节和生活上的简朴，从饮食习俗看，老百姓把晚饭叫喝汤，既是饮食习惯，后来也成了对晚饭的称谓。即使喝汤，老一辈也喜欢聚在一起，夏天的树荫下、冬天的向阳处，边吃边聊，注重交流。过去年下喝扁食是最重要的饮食，大年三十包好，初一起五更煮开锅，放鞭炮，先敬神祇祖先，然后全家围坐在一起享用，饭后大家出门互相拜年。在食物相对匮乏的日子里，年下也以扁食为礼，表示敬老添寿。到了端午节，当地有“吃粽子、吃糖糕”的习俗；中秋节，人们会馈赠月饼、烧鸡和石榴等作为礼物；冬至这天，也要吃扁食，认为不吃会冻掉耳朵；到腊八，煮红枣黏米粥，俗语有“腊八插花，祭灶年下”的说法，说的是过年的讲究。可以说，饮食既是物质口味的需求与享用，也被寄

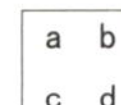

a 菏泽市地方戏曲传承研究院枣梆剧团演出
b 曹县电影院
c 菏泽市地方戏曲研究院梆子剧团
d 曹县江米人

予了美好的愿望。饮食成为民俗活动的组成部分，甚至是重要的生活内容，比如家乡的江米人目前已成为国家级传统工艺，久负盛名。过去每逢年节，大大小小的庙会、集市上都能看到江米人，是混合了糯米粉和颜料制成的面塑，各种神话人物、祥瑞动物都有，用作祭祀、观赏和娱乐。当地桃源集正月初七祭祀火神的花供会，是用白面捏蒸鸡、鱼、猪头，用软面捏塑戏剧人物、吉祥瑞兽，用山药泥彩塑各种瓜果，用白萝卜雕刻建筑物、花草鱼虫等用作供品，也是民间传统雕塑工艺品展览盛会。这些面塑的传统与鲁西南地区常受黄河水患困扰，人们为祈求风调雨顺举行祭天敬祖的仪式有关。如果说传统的民俗活动与人们对自然的尊重、对习惯的遵循有关，那么民间工艺就赋予了这些情感智慧以生活的色彩和形态，是愿望的表达，也是对生活生命的礼赞。

就民居建造和居住的习俗来说，家乡的传统民居多为土木结构，院墙、屋墙一般用泥土垛墙或砖块砌成，建房用木梁、木檩。富裕人家盖瓦房在屋脊上安脊兽，在门楼上装吻兽及饰物，名曰“五脊六兽大堂屋”、“插花门楼”，是当地的传统建筑习俗。有关民居院落布局的研究显示，“院落布局分为散居、四合院、三合院（簸箕叉）等形式。散居的院落不设院墙，不设大门，这种院落在黄河滩区及其附近地方常见。但黄河滩上的台房虽无院墙，一户一台，界限还是分明的，房台就是院子。四合院由堂屋、南屋和东西厢房所组成。正房最高，南屋次之，近街门的厢房又次之，正对大门的厢房最低。大门走向视地理环境而确定。‘簸箕叉’，有正房、厢房而无南屋”[①]。再者，房屋高低的讲究也和邻里关系有关，过去通常认为新房子低于邻居对自家不利，高于邻居则是“欺邻”，所以一般前不高于后，左不高于右，是观念习俗的一种外化。此外，传统民居在建造时比较注重建房仪式，建房开工要“看日子”，“打地工”打夯必唱夯歌，正午时分上梁最隆重，贴对子，放鞭炮，喝上梁酒，所

a 调研山东曹县桃源花贡

①山东省菏泽地区地方史志编纂委员会编：《菏泽地区志》，齐鲁书社，1994，第771页。

谓“吉日立柱凝百瑞，良辰上梁集千祥”，“上梁的酒，古来有”，这是生活里重要的仪式。随着城镇化发展，而今县乡以及农村的一些居民已经建造楼房，传统民居的格局和建造仪式大多已成过往，但安居乐业的愿望是一样的。

家乡的不少村子是由家族发展起来的，也有傍近城镇、要道等多姓家族结成的村子，民风淳厚，待人热情，讲究邻里互助。过去日常见面先问“吃了吗”、“喝水吗”，集市上相遇常问“花着钱了不”，因为吃饭、喝水是生活所必需，需要用钱时也当解囊相助。家乡人好客，重礼仪，过去农村摆酒席多用八仙桌，长幼有序，主次有别。往往一家有婚、丧事，乡亲们都来帮助。从前嫁女儿，亲戚邻里有“送面”的习俗，给闺女送些麦面作体己干粮。随着生活水平提高，送面改为送鸡蛋、布料、帐子等。对娶媳妇的人家往往用红纸包上礼金，随人情份子，是经济上的相助。遇有婴儿降生，岳父家（后来拓展到姑舅姨等亲戚家）要来“送粥米”，有小米、红糖、鸡蛋、芝麻盐和新生儿衣帽等，添丁人家设宴款待。丧葬之事，都有乡亲互相帮助，有的村庄还有“一家有丧事，全村都盖锅”的习俗。生产劳动中也讲究互助，役畜农具，相互借用。在这样的环境里生活，人情味儿足，亲戚、邻里在生活里形成了紧密的联系，大事小情，你来我往，人生的岁月就在这样的来往中慢慢流淌，氛围是热闹的，内心是丰赡的，相互支撑，少有孤寂和焦虑。

家乡的生活丰富而充满韵味，最有代表性的是民间的戏曲。作为农业文明发达的地区，加上鲁文化影响，尊礼重教，岁时节日、民俗活动非常讲究。大家好热闹，也爱讲究排场，不太讲究吃穿，心里有了念想，精神有了起伏，嗓子便痒痒，于是在家乡人们就把唱戏作为抒发情感的

a 70 年代在曹县衙门前衔街的习武场景
b 幼儿武术操
c 著名豫剧表演艺术家马金凤演出

一种方式。结婚时唱戏，生孩子时唱戏，老人祝寿时唱戏，祭奠祖先也唱戏，故去老人过三年也要唱大戏，喜忧大典都要请戏班子唱戏以显示排场，这是比较普遍的现象。百姓需要戏曲，戏曲更需要百姓。“大嫂在家蒸干粮，锣鼓一响着了忙，灶膛忘了添柴火，饼子贴在门框上。”流行在农村的顺口溜形象地说明了农民对地方戏曲的厚爱。家乡人喜欢戏曲，加上地处交汇之处，与河南、安徽、江苏三省相邻，北倚黄河，东靠京杭大运河，为不同剧种的交流发展提供了便利。所以，民间唱戏听戏时，演戏的都是戏痴，演员们一般都唱好几个剧种，唱了曲剧也唱梆子，也唱两夹弦、大平调、枣梆、大弦子、柳子戏等；看戏的都是戏精，熟知套路神韵结果，往往可以观众现场点自己喜欢的唱段，甚至有时候参加宴会的亲友还会现场演唱形成互动。台上剧目出出精彩，台下观众掌声阵阵，老家真是个“戏窝子”。

从文化渊源上看，家乡深受“周孔遗风”影响。历史上，曹国与鲁国相邻，受周礼教化影响很深，民风朴实，不善商贸，男耕女织。同时，由于地处多方交错之地，历史上一直是军事战略要地，战乱较多，所以军事思想、兵法战略、侠义文化、民间武术比较讲究，我们小时候都有习武的经历，也有尚武的精神。虽然这种勇猛尚武的文化与传统鲁文化的温雅敦厚有明显区别，但“侠之大者，为国为民”，侠义文化与儒家“修身齐家治国平天下”的理想也产生了融合与共鸣。从今天的视角看，其实，侠义文化里的“一诺千金”就是诚信，扶助弱小就是“友善”，为国为民行大义就是“爱国”，“可以托六尺之孤，可以寄百里之命”，守信重诺就是敬业。路见不平、行侠仗义，疾恶如仇、肝胆相照的好汉精神是优秀的传统文化和传统美德，是家乡人骨子里的东西，的确应该传承好、发展好。

a b

a 鲁西南织花布纹样
b 鲁西南鞋样本子图

时常会想念家乡，生于斯，长于斯，那里的城里与乡下、那里的乡音与人情，在我的生命里烙下了最初的印记，那里的风土人情成了我从事专业研究和事业追求的启蒙和起点。这几十年，我曾与老一辈专家和同事、学生一起研究曹县的民间工艺和民间戏曲，一次次走进家乡的村庄田野、乡镇街道、作坊院落，带着专业的视野一次次回首打量，细细体味家乡的文化，亲切而又充满了韵味。人近一甲子，每年的春节都回到家乡与家人团圆，每年的清明都去祭奠祖父、祖母、父亲、母亲。身处其中，内心不免惆怅，时间总在流逝，人生总在行进，家乡也在发生着时过境迁的改变，不变的是家乡与自己之间的牵挂，柔韧而又绵长。不论何时何地，一句乡音、一曲小戏、一碗家乡的热汤就能唤起关于一方水土的全部情感和记忆。这就是乡愁吧，有乡愁乡情就有了根，不会飘零，能够常常回首，感到温暖和幸福。

a

a 菏泽地方戏曲

后记

《美在乡村》是近年来关于乡村文化与民生发展的思考与调研结集，记录了行走乡村探访民艺的见闻、对民艺文化乡土的深度观察，回顾梳理了对乡村文化发展的认识和建议，也有一些篇章回忆寻访了乡村的人、农家的物、故乡的戏，追溯了自己执着于心的文化乡愁。常感慨，民艺的事业使我能够不离乡土，几十年里无论社会遇到多少发展变迁，都守护着积蓄着情感与创造力的民间文化。民艺的保护与发展也使我们更加关注作为文化母体的乡村，关注乡村乡民与乡风乡情，这一切相互交织的是文化本元的生命力。

近年来，有幸承担了几项国家研究课题，从“手艺农村——山东农村文化产业调研”到国家社科基金艺术学重大项目“城镇化进程中的民族传统工艺美术现状与发展”，组建科研团队，研究调研方法，与诸多青年学者和学生一道，几乎走遍了全国三十一个省区市的典型乡村。大多数调研都在寒暑假和节假日展开，有酷暑有严寒，但跋涉探寻充满了热情和动力。同道相和，同志相助，调研路上虽苦亦甜。田间地头的访谈、作坊内外的记录、大量统计数据的整理、图片影像的摄录都离不开大家的合作努力。对于乡风文明、乡村文化产业以及乡村发展相关的艺术学、社会学、人类学、美学等问题离不开各专业学者的深入探索。正是志同道合者共同的探索、交流和相互启发才成就了乡村问题研究的点点滴滴。在文集出版之际，衷心感谢团队的每一位成员。

进入新时代，国家高度重视乡村命运，乡村振兴提升到中华民族伟大复兴的战略高度。国家人文社科和文化出版都更加关注乡村、关注乡土、关注民生，践行乡村文明的使命。关注乡村、研究乡村、服务乡村，也成为文集出版的契机。感谢山东教育出版社刘东杰社长和责任编辑王慧、何欣竹的大力支持，感谢清华大学美术学院陈楠教授富有创意的书籍设计，感谢大家为文集出版付出了辛勤的努力。

美在乡村，守望乡土，维系乡愁，时光的长河里永远有寄托有深情有追求。在文集付梓之际，是记之。

图书在版编目（CIP）数据

美在乡村 / 潘鲁生著．—济南：山东教育出版社，2019.3

ISBN 978-7-5701-0477-2

Ⅰ．①美…　Ⅱ．①潘…　Ⅲ．①农村—社会主义建设—研究—中国　Ⅵ．① F320.3

中国版本图书馆 CIP 数据核字（2018）第 294934 号

责任编辑　王　慧　何欣竹

整体设计　陈　楠

MEI ZAI XIANGCUN

美在乡村

潘鲁生　著

主管单位：山东出版传媒股份有限公司

出 版 人：刘东杰

出版发行：山东教育出版社

地　　址：济南市纬一路 321 号　邮编：250001

电　　话：（0531）82092664　网址：www.sjs.com.cn

印　　刷：济南龙玺印刷有限公司

开　　本：890mm × 1240 mm　1/16

印　　张：28　插页：1

印　　数：1–3000

字　　数：400 千

版　　次：2019 年 3 月第 1 版

印　　次：2019 年 3 月第 1 次印刷

定　　价：258.00 元

审 图 号：GS（2019）1091 号

（如印装质量有问题，请与印刷厂联系调换）

电话：0531-86027518

美在乡村

目录

绪言

第一章·乡风文明

第二章·村落保护